田辺 理［著］
TANABE Tadashi

ガンダーラの歴史とコイン

臨川書店

図1-6　表

図2-1　表／裏

図3-3　表

図5-1　表／裏

図5-4　表／裏

図5-17　表／裏

図1-6　ダーリック金貨
図2-1　アレクサンダー大王　10ドラクマ銀貨
図3-3　セレウコス1世　4ドラクマ銀貨
図5-1　ディオドトス1世　金貨
図5-4　デメートリオス1世　4ドラクマ銀貨
図5-17　エウクラティデース1世　4ドラクマ銀貨

図 6-3　表／裏　　　　　　　　　　図 6-17　表

図 7-8　表／裏　　　　　　　　　　図 6-17　裏

図 7-11　表／裏

図 8-5　表／裏

図 6-3　メナンドロス1世（ヘルメット）　4ドラクマ銀貨
図 6-17　ヘルマイオス　4ドラクマ銀貨
図 7-8　アゼス1世　4ドラクマ銀貨
図 7-11　アジリセス　銀貨
図 8-5　ゴンドファーレス　ビロン貨

図 9-16　表／裏　　　　　　　　　　　　　　図 9-21

図 9-46　表／裏　　　　　　　　　　　　　　図 10-15

図 9-23　　　　　　図 9-28

図 9-16　クジュラ・カドフィセス　金貨
図 9-21　カニシュカ1世　金貨
図 9-23　カニシュカ1世　金貨
図 9-28　釈迦牟尼仏陀（図 9-23金貨裏）金貨
図 9-46　ヴァーシシュカ　金貨
図 10-14　ホルミズド1世　銀貨
図 10-15　ホルミズド1世　金貨

図 10-14　表／裏

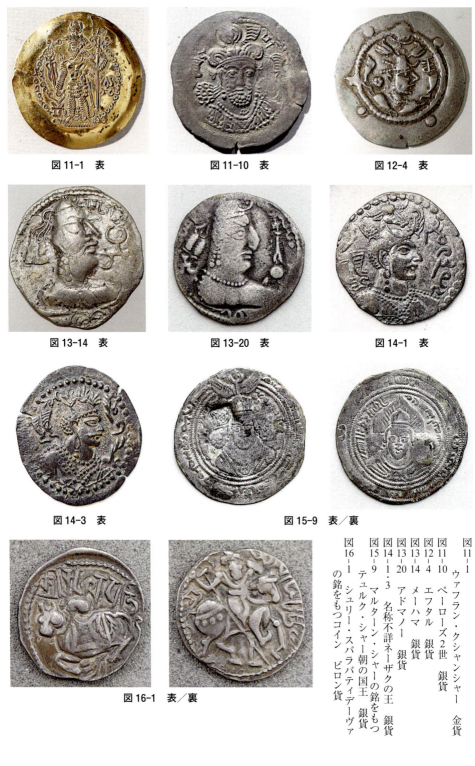

図11-1　表　　　　図11-10　表　　　　図12-4　表

図13-14　表　　　　図13-20　表　　　　図14-1　表

図14-3　表　　　　　　図15-9　表／裏

図16-1　表／裏

図11-1　ヴァフラン・クシャンシャー　金貨
図11-10　ペーローズ2世　銀貨
図12-4　エフタル　銀貨
図13-14　メーハマ　銀貨
図13-20　アドマノー　銀貨
図14-1・3　名称不詳ネーザクの王　銀貨
図15-9　マルターン・シャーの銘をもつテュルク・シャー朝の国王　銀貨
図16-1　シュリー・スパラパティデーヴァの銘をもつコイン　ビロン貨

ガンダーラの歴史とコイン

目　　次

序　章 ——————————————————————— 1
　　ガンダーラの名称　4

第 1 章　アケメネス朝ペルシア ————————————— 7
　　アケメネス朝ペルシアとは　7
　　アケメネス朝ペルシア治下におけるガンダーラの歴史　7
　　アケメネス朝ペルシアのコイン　11
　　アケメネス朝ペルシアの美術　15

第 2 章　アレクサンダー大王 —————————————— 21
　　アレクサンダー大王とは　21
　　アレクサンダー大王の東方遠征
　　　―ガンダーラとインド征服―　21
　　アレクサンダー大王のガンダーラ支配　22
　　アレクサンダー大王のコイン　24
　　アレクサンダー大王に関連する事績と美術　27

第 3 章　セレウコス朝 ————————————————— 33
　　セレウコス朝とは　33
　　セレウコス朝の歴史
　　　―アレクサンダー大王死後からセレウコス朝へ―　33
　　セレウコス1世とガンダーラ　35
　　セレウコス朝のコイン　38
　　セレウコス朝の美術　42

第 4 章　マウリヤ朝 —————————————————— 46
　　マウリヤ朝とは　46
　　マウリヤ朝のガンダーラ支配　46
　　アショーカ王の法勅　49
　　マウリヤ朝のコイン　50
　　マウリヤ朝の美術　52

第 5 章　グレコ・バクトリア朝 ──────── *57*
　　　　　グレコ・バクトリア朝とは　*57*
　　　　　グレコ・バクトリア朝の歴史　*58*
　　　　　グレコ・バクトリア朝のコイン　*60*
　　　　　グレコ・バクトリア朝の美術　*74*

第 6 章　インド・グリーク朝 ──────── *78*
　　　　　インド・グリーク朝とは　*78*
　　　　　インド・グリーク朝の歴史　*79*
　　　　　インド・グリーク朝のコイン　*82*
　　　　　インド・グリーク朝の美術　*91*

第 7 章　インド・スキタイ朝 ──────── *94*
　　　　　インド・スキタイ朝とは　*94*
　　　　　インド・スキタイ朝の歴史　*95*
　　　　　インド・スキタイ朝のコイン　*96*
　　　　　インド・スキタイ朝の美術　*104*

第 8 章　インド・パルティア朝 ──────── *108*
　　　　　インド・パルティア朝とは　*108*
　　　　　インド・パルティア朝の歴史　*109*
　　　　　インド・パルティア朝のコイン　*110*
　　　　　インド・パルティア朝の美術　*115*

第 9 章　クシャン朝 ──────── *118*
　　　　　クシャン朝とは　*118*
　　　　　クシャン朝の歴史　*119*
　　　　　クシャン朝のコイン　*126*
　　　　　クシャン朝の美術　*151*
　　　　　ガンダーラの仏教美術　*155*
　　　　　紀元について　*157*

第 10 章　クシャノ・ササン朝 ────────── 166
　　　　クシャノ・ササン朝とは　*166*
　　　　クシャノ・ササン朝の歴史　*166*
　　　　クシャノ・ササン朝のコイン　*170*
　　　　クシャノ・ササン朝の美術　*193*

第 11 章　キダーラ朝 ───────────────── 205
　　　　キダーラ朝とは　*205*
　　　　キダーラ朝の歴史　*207*
　　　　キダーラ朝のコイン　*212*
　　　　キダーラ朝の美術　*222*

第 12 章　エフタル ─────────────────── 225
　　　　エフタルとは　*225*
　　　　エフタルの歴史　*226*
　　　　エフタルのコイン　*230*
　　　　エフタルの美術　*232*

第 13 章　アルハン朝 ───────────────── 237
　　　　アルハン朝とは　*237*
　　　　アルハン朝の歴史　*238*
　　　　アルハン朝のコイン　*254*
　　　　アルハン朝の美術　*270*

第 14 章　ネーザク・フン族 ──────────── 278
　　　　ネーザク・フン族とは　*278*
　　　　ネーザク・フン族の歴史　*278*
　　　　ネーザク・フン族のコイン　*281*
　　　　ネーザク・フン族の美術　*285*

第 15 章　テュルク・シャー朝 ────────── 288
　　　　テュルク・シャー朝とは　*288*

テュルク・シャー朝の歴史 *289*

テュルク・シャー朝のコイン *295*

テュルク・シャー朝の美術 *302*

第 16 章　ヒンドゥー・シャー朝ーーーーーーーーーーーーーーー *308*

ヒンドゥー・シャー朝とは *308*

ヒンドゥー・シャー朝の歴史 *309*

ヒンドゥー・シャー朝のコイン *313*

ヒンドゥー・シャー朝の美術 *319*

終　　章ーーーーーーーーーーーーーーーーーーーーーーーー *323*

あとがき *327*

キャプション *329*

参考文献 *343*

索　引 *355*

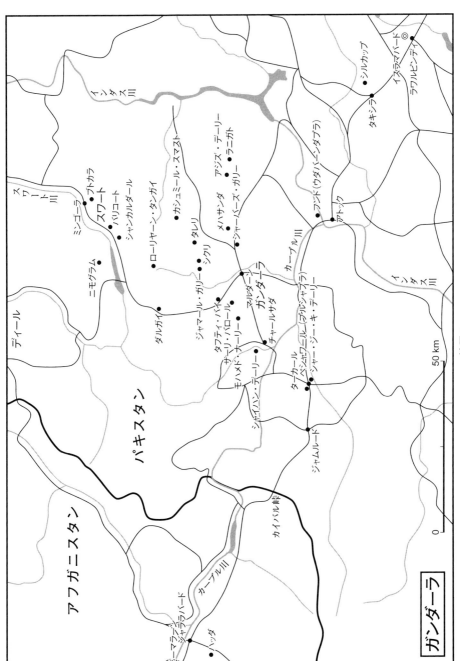

地図1

地図 2

序　　章

　本書のタイトルにもなっているガンダーラとは、インド亜大陸の北西部に位置しており、現在のパキスタン北部の都市ペシャワールの周辺地域をいう。仏教美術史や仏教学の研究者にとって、この地域が有名なのは、1世紀から6世紀の間に仏教が栄え、釈迦牟尼仏陀の像（いわゆる狭義の仏像）が創造された地域だからであろう。ガンダーラの仏陀像、菩薩像、仏伝浮彫はギリシアやローマの彫刻を連想させるところから、ギリシア・ローマ文明の後裔である欧米人の強い関心を惹きつけ、イギリス、ドイツ、フランスなどでは19世紀半ば頃から、ガンダーラの仏教彫刻の収集が始まった。

　一方、日本においては第2次大戦以前に、東洋古美術商の山中商会がガンダーラ彫刻を扱ったので、その一部は日本にももたらされていた[1]。しかしながら、ガンダーラの仏教彫刻が、大量に日本にもたらされたのは終戦後のことである。エベレストに次ぐ世界第2位の高さを誇り、カラコルム山脈にある雄峰K2の登山を試みた日本人登山家や探検家が、帰国する途中にペシャワールなどに立ち寄った際、現地の古美術商の店で、ガンダーラの仏像や浮彫などを購入し、それを日本の古美術商に転売し、その美術商がそれらを日本人美術コレクターや博物館などに売ったことによって、この仏教彫刻は一部の美術コレクターや仏教美術の愛好家の間で、少しずつ知られるようになった。

　その後、1961年以降日本において、パキスタン、アフガニスタンやインドの博物館などから、ガンダーラの仏教彫刻の優品を借用した展覧会が、新聞社や百貨店などの賛助と後援によって行われた。そして、日本の仏教彫刻とは異なる外観やおもむきを示すこの仏教彫刻は、仏教美術に関心をもつ日本人の間に次第に愛好されるようになった[2]。筆者も5歳の時、両親に連れられて初めて西武美術館と東京国立博物館に行き、そこで開催されていた展覧会において初めてガンダーラの仏陀像を眼にする機会に恵まれ、名作の「ガンダーラの釈迦苦行像」を「ガンダーラ爺さん」という子供じみた名称

1

をつけて知ることができた。

　しかしながら、このガンダーラという名称が、広く日本国内に知られるようになったのは、1970年代から1980年代に活躍した、日本の音楽グループのゴダイゴが発表した「ガンダーラ」という曲の大ヒットによる。この曲は、日本テレビ系で放送され大変人気を博したドラマ「西遊記」のエンディング曲にも選ばれた。この曲の中で、「ガンダーラ、ガンダーラ、They said it was in India、ガンダーラ、ガンダーラ、愛の国ガンダーラ」と歌われることによって、ガンダーラの名称は、理想郷、愛の国として日本中に広まった。筆者も初めて会った人に、ガンダーラ美術の研究をしていることを伝えると、「愛の国」の研究をしているのですか、と返答をされたことがしばしばある。

　このように、ガンダーラは一般的には愛の国として有名となっただけで、ガンダーラの歴史、特に古代の歴史については、日本においては、その専門書も出版されなかったので、人々の関心が格別に高まることはなかった。しかしながら、ガンダーラという地域は東西文化の交流の要衝の1つであり、また、日本の仏教美術の故郷でもある。それ故、日本の仏教美術をより深く理解するためには、ガンダーラの仏教彫刻を生み出した地域の歴史と文化を知っておいた方が良いと思われる。このような観点から、その手助けを目的として本書を出版することにした。

　それ故、本書の目的は、ガンダーラの地域の歴史について概観していくことにある。しかしながら、残念なことに、この地域からは、その歴史を詳述するのに必要な文書が殆ど発見されていない。それ故、ガンダーラの歴史を復元するためには、ガンダーラを統治した歴代の王朝が発行した金、銀、銅のコイン（古銭）や、碑文、ガンダーラ語の仏教経典写本や、舎利容器などに刻まれたカローシュティー文字銘文などの物的資料に頼らざるを得ないのが現状である[3]。

　何故、物々交換に代わる貨幣経済のために生まれた金属貨幣のコインを資料として、ガンダーラの歴史を語るかといえば、コインは経済学の研究資料であるばかりではなく、「彫刻のミニアチュア」といわれる、世界で最も数の多い美術資料でもあるからである。ガンダーラのコインの表と裏に描写されている国王肖像や神像、動植物などの図像は、優れた美術品である。それ

故、コインの精巧なイメージを用いれば、優れた美術品を見ながら具体的に楽しく、ガンダーラの歴史を学ぶことができるのである。

　コインは歴史資料や宗教資料としても重要であるにも関わらず、コインを用いて書かれたガンダーラ史は日本にも、外国にも未だに存在しない。コインには発行した王朝の国王名や信仰した神の像などが具体的に表現されている。その上、コインでしか知られていない国王名も多く、また神像にもコインだけにしか残っていない例もある。

　このようなわけで、コインのもつ長所を最大限に活用したガンダーラ史を著そうと思ったのである。といっても、本書は古銭学の研究書ではない。コインは文字資料にはない貴重な情報を与えてくれるが、その情報は断片的であるので、それだけで歴史を再構築することはできない。文字資料と併用すると極めて有効な力を発揮する。それ故、本書でも、漢文、ギリシア語、ラテン語、サンスクリット語、パフラヴィー語（中世ペルシア語）、アラビア語などの文献資料を適宜用いて、歴史的叙述を試みている。

　なお、本書で扱う時代は、先史時代や原史時代は省略して、前6世紀のアケメネス朝以降の歴史時代に限定した。考古学が扱う先史時代や原史時代の文化は、古墓から発掘された土器などが知られているが、ガンダーラの最も重要な仏教文化の形成には、それらの資料は殆ど関与してないので、省略しても全く支障はないと思うのである[4]。一方、歴史時代では、ガンダーラを属国として支配したイランのアケメネス朝ペルシアから始めることにした。というのは、この時代以降のガンダーラについては、若干の文字資料と多くの古銭資料が存在するからである。この時代のコインは、J・クリブが述べているように、中央アジアや南アジアの文化の継承と変遷を明瞭に語る絶好の目印なのである[5]。

　一方、下限はイスラームがガンダーラを支配し始めた11世紀とした。11世紀前半まではヒンドゥー・シャー朝（843年‐1026年）がガンダーラを支配し、イスラームの侵入を退けていた。イスラーム時代以後になると、ガンダーラでは、偶像否定のイスラーム文化が中心となり、イスラーム以前のギリシアやローマ帝国に代表される地中海文化、アケメネス朝ペルシア、アルサケス朝パルティア、ササン朝ペルシアに代表されるイラン文化や、インド

の仏教文化を引き継いだガンダーラの仏教文化は衰退してしまったからである。また、イスラームのコインには神像や国王像、動物像などの図像表現はなく、文字だけであるので、文化の目印にはなりにくいという欠陥があるからでもある。

　また、本書はコインから得られるイメージを補強するために、そのコインと同時代の美術についても若干紹介を行い、ガンダーラの歴史について理解したいと思う読者のために執筆した。

ガンダーラの名称

　はじめに、ガンダーラという言葉の意味を述べておきたい。ガンダーラは、英語で表記すると「Gandhāra」となる。この「Gandhāra」の「gandha」という語は、サンスクリット語では、「香、芳香、薫香」を、「Gandhāra」は「芳香を有する（場所）」を意味する。それ故、ガンダーラは「良い香りの漂う場所」、「芳香の国」という誠に結構な所を意味するのである。

　2023 年から 2024 年に北京で開催されたガンダーラ美術展のカタログの題名は、「譬若香山（譬えれば香山の如し）」である。この四字熟語の出典は『仏説弥勒大成仏経』で、「爾時閻浮提中常有好香。譬若香山」と記されている[6]。この経典では、56 億 7 千万年後に弥勒がこの世（閻浮提＝インド亜大陸）に現れた時、ガンダーラを含むインドはいつも良い香りが満ちており、あたかも芳香のある山のようであると釈迦牟尼が予言している。

　次に、本書で扱うガンダーラという名称について定義しておきたい。ガンダーラという名称は、凡そ前 2 千年頃に成立したといわれる古代インドの聖典『リグ・ヴェーダ』にすでに見える。『リグ・ヴェーダ』には、「ガンダーラの牡羊の如く（gandhārīṇām ivāvika）」と書かれている[7]。また、前 5 世紀のアケメネス朝ペルシアの古代ペルシア語碑文にも、「ガンダラ／ガダーラ（Gandara / Gadāra）」という地名（民族名）が記されている[8]。さらに 5 世紀の始めにガンダーラを訪れた中国人巡礼僧の法顕の『高僧法顕伝』には「犍陀衛国」、同じく 7 世紀に当地を訪れた玄奘の『大唐西域記』にも「健駄邏国」と明記されている。

　ガンダーラはパキスタン北部、旧インド北西辺境州、現カイバル・パフ

トゥンフワ州の州都ペシャワール市の周辺地域を意味し、地理的に今日のペシャワール渓谷を指す[9]。このペシャワール市の周辺地域のみを、狭義のガンダーラないし狭域ガンダーラ（Gandhāra Properと呼ばれる）という。一方、広義のガンダーラないしは広域ガンダーラ（Greater Gandhāraと呼ばれる）といった場合、通常、ペシャワール周辺地域を中心として、その北方のスワート、ディール、インダス河東方のハザーラ、タキシラ周辺を含むパンジャーブ地方北部、西方のアフガニスタン東南部のジャララバードとカーピシー（現ベグラム周辺）、カーブルを含む。

　さらに美術史においてガンダーラ美術ないしガンダーラ美術圏といった場合、狭域ガンダーラに加え、アフガニスタン北部とウズベキスタン、タジキスタン南部のオクサス河中流域のバクトリア（Bactria）をも含める場合もある。それに加えて、中央アジアのタリム盆地の一部地域までもガンダーラという名称に含める研究者もいる[10]。

　これらの地域からは、狭域ガンダーラの仏教彫刻やその影響を顕著に受けた美術作品が発見されているので、美術史の分野では、ガンダーラという呼称はそのような広範囲を包含することも許されるかもしれない。しかしながら、本書で広義のガンダーラといった場合、ペシャワール周辺地域、インダス河を越えた東隣のタキシラ、マンキアーラ、北方のスワート、ディール、アフガニスタン東南部のジャララバード、ハッダ、カーブルの周辺、その北方のカーピシーに限定しておきたい。さらに、本書で単独で、「ガンダーラ」と記した場合は、原則として狭域ガンダーラを意味していると解釈されたい。特別に限定する場合には、広域ガンダーラという語を用いることとする。

　なお、本書に掲載したコインの図は拡大してあるので、実際の寸法（直径）は、巻末のキャプションを参照されたい。コインの表は左側に、裏は右側に図示されている。

注

1　Yamanaka & Co., *Exhibition Bronzes and Stone Sculpture of Cambodia-Siam-Gandhara and Siamese Paintings*, Boston, 1926, Nos. 72-74.

2　以下の展覧会が開催された。1961年パキスタン古代文化展．毎日新聞社；1963年イ

ンド古代美術展，日本経済新聞社；1963年アフガニスタン古代美術展，日本経済新聞社；1984年パキスタン・ガンダーラ美術展，日本放送協会；1984年インド古代彫刻展，日本経済新聞社．

3 残念ながら，ガンダーラのコインを1冊にまとめたカタログは内外ともに出版されてはいない。日本で出版されたコインカタログの例は以下のとおり．田辺勝美『シルクロードのコイン』古代オリエント博物館，1979年；『平山郁夫コレクション：シルクロード・コイン美術展』古代オリエント博物館，1992年；『平山郁夫コレクション：シルクロードのコイン』講談社，1992年；龍谷大学龍谷ミュージアム『平山郁夫悠久のシルクロード』龍谷大学龍谷ミュージアム，2013年．

4 A. H. Dani, *Timargarha and Gandhara Grave Culture, Ancient Pakistan*, vol. III, 1967, Peshawar.

5 J. Cribb, "Money as a Marker of Cultural Continuity and Change in Central Asia," In *After Alexander Central Asia before Islam*, eds. by J. Cribb/G. Herrmann, Oxford, 2007, pp. 333-375.

6 『大正新脩大蔵経』巻14，428頁下．

7 R. T. H. Griffith, *The Hymns of the Rigveda,* vol. I, Benares, 1926, p. 649; Th. Aufrecht, *Die Hymnen des Rigveda*, Teil. I, 1968, Wiesbaden, p. 115; B. A. Van Nooten/G. B. Holland, *Rig Veda: A Metrically Restored Text with an Introduction and Notes*, Harvard Oriental Series, vol. 5, Massachusetts, 1994, p. 76.

8 R. Schmitt, *The Bistun Inscriptions of Darius the Great: Old Persian Text*（Corpus Inscriptionum Iranicarum, Pt.1），1991, London, pp. 27, 50 には、アケメネス朝ペルシアの属国の名称として g-d-a-r という名称が見え、これがガンダーラを指している。

9 A. Foucher, *Notes sur la Géographie Ancienne du Gandhâra*, Paris, 1902; J. Pons, "Gandhāran Art(s): Methodological and Preliminary Results of a Stylistic Analysis," In *The Geography of Gandhran Art*, eds. by W. Rienjan/P. Stewart, Oxford, 2019, pp. 4-11, 28-29.

10 R. Salomon, *The Buddhist Literature of Ancient Gandhara: An Introduction with Selected Translations*, Somerville (Massachusetts), 2018, p. 11.

第 1 章　アケメネス朝ペルシア

アケメネス朝ペルシアとは

　アケメネス朝ペルシア（Achaemenids、前 550 年 – 前 330 年）とは、古代ペルシア語でハカーマニシュ（Haxāmaniš）と呼ばれ、古代ギリシア語でアカイメネース（Ἀχαιμένης）と呼ばれた、ペルシア人がイランに建国した王朝である。インド・ヨーロッパ語族であるペルシア人が、それまでメディア、リュディア、新バビロニア、エジプト第 26 王朝の 4 王国に分立していた古代西アジアを統一した。その歴史については、いまだ不明瞭な点が多いが、支配者であった国王の名前とその在位年代は以下のように明らかになっている。

　キュロス 2 世（Cyrus II、在位：前 559 年 – 前 530 年）

　カンビュセス 2 世（Cambyses II、在位：前 530 年 – 前 522 年）

　ダレイオス 1 世（Darius I、在位：前 522 年 – 前 486 年）

　クセルクセス 1 世（Xerxes I、在位：前 486 年 – 前 465 年）

　アルタクセルクセス 1 世（Artaxerxes I、在位：前 465 年 – 前 424 年）

　クセルクセス 2 世（Xerxes II、在位：前 424 年 – 前 423 年）

　ダレイオス 2 世（Darius II、在位：前 423 年 – 前 404 年）

　アルタクセルクセス 2 世（Artaxerxes II、在位：前 404 年 – 前 359 年）

　アルタクセルクセス 3 世（Artaxerxes III、在位：前 359 年 – 前 338 年）

　アルセス／アルタクセルクセス 4 世（Arses / Artaxerxes IV、在位：前 338 年 – 前 336 年）

　ダレイオス 3 世（Darius III、在位：前 336 年 – 前 330 年）

　これらの王の中で、ガンダーラに関わるのは、ダレイオス 1 世からダレイオス 3 世にいたる国王である。

アケメネス朝ペルシア治下におけるガンダーラの歴史

　ハカーマニシュ王家のキュロス 1 世とカンビュセス 1 世の後を継いだキュ

図1-1

図1-2

図 1-3

ロス2世（キュロス大王とも呼ばれる）が、メディア王朝や新バビロニア王朝を滅ぼし、前560年頃イラン南部のファールス地方のパサルガダエに王都を定めた。パサルガダエには現在でもキュロス2世の宮殿址（図1-1）と王墓（図1-2）などが残っている。また、大英博物館所蔵キュロス円筒（図1-3）では、キュロス2世の功績が称えられている[1]。前525年には、キュロス2世の息子カンビュセス2世がエジプトを征服し、西アジアから北アフリカまで領土を拡大した。カンビュセス2世の死後、メディア人のガウマタなどが政権を一時的に簒奪していたが、これらの簒奪者は、キュロス2世の家系には属さない傍系のダレイオス1世によって、打倒された。このようにして、キュロス大王の家系から王権を奪ったダレイオス1世は、パサルガダエの南方数10キロの地にあるクー・イ・ラフマト（Kuh-i Rafmat）山の麓に、宮殿と謁見の間（アパダーナ）、倉庫などを備えた複合施設である王都ペルセポリスの建設に着手した[2]。この王都は後にアレクサンダー大王によって焼却されたが、現在でも、石柱、門柱や階段壁の浮彫などは残っており、その栄華を現代に伝えている。

一方、ダレイオス1世は国外遠征を積極的に行い、はじめにエジプトを征服し、ギリシア人とペルシア戦役で戦い、北方の遊牧民族のスキタイ領にも遠征を行った。スーサからはダレイオス1世の肖像（図1-4）が出土している。この像はエジプトで制作され、その台座のヒエログリフ銘に、属国の名が刻まれ、さらにダレイオス1世にエジプト全土の支配権が付与されたことが示されている[3]。恐らく、この頃にガンダーラもアケメネス朝ペルシアの支配下に組み込まれたのであろう。P・ブリアンによれば、ガンダーラがアケメ

第1章 アケメネス朝ペルシア　9

図1-4

ネス朝ペルシアの統治下に入ったのは、ダレイオス1世の治世、前518年頃のようである[4]。

ダレイオス1世の業績や簒奪したその王位の正当性については、イラン北西部にあるビストゥーン碑文（図1-5）で弁明しており、ダレイオス1世が支配した地域の中に、ガンダーラの名称が見られる[5]。このビストゥーン碑文の他に、ガンダーラの名称が古代ペルシア語の史料に現れるのは、ダレイオス1世やその後を継いだクセルクセス1世が、ペルセポリスとスーサの宮殿の壁に刻んだ碑文である。これらの碑文によれば、インダス河上流の地域をガンダーラまたは、ヒンドゥー・クシュ山脈の南方を意味するパロパミサダエと呼んでいた[6]。パロパミサダエの政治的中心地はカーピシー・カーニシュと呼ばれた町で、ここはキュロス2世によって破壊されたが、ダレイオス1世の時に再建されたという[7]。また、ヘロドトスの『歴史』によれば、ダレイオス1世が行政官サトラップを配置した徴税区の中にガンダーラ人（Γανδάριοι (Gandarioi)）の名称が見られる[8]。さらに、前述のペルセポリスやスーサの宮殿の壁に刻まれた碑文では、ガンダーラからの朝貢品はヤカーという木材であると記されている[9]。

ガンダーラにおけるアケメネス朝ペルシアの支配の拠点は、カーブル川とスワート川が合流するチャールサダ近くのバーラー・ヒサールの都城であった。この遺跡はM・ウィーラーや、ペシャワール大学、ケンブリッジ大学などによって部分的に発掘されたが、アケメネス朝ペルシア時代の文化の様相を知るのに十分な資料は発見されなかった[10]。このように考古学的調査が不十分であるので、ガンダーラが、いつ頃までアケメネス朝ペルシアの支配下にあったのか、正確な時期は明確になっていない。確かに、後の前4世紀の後半にアレクサンダー大王がガンダーラに侵攻した際に、アケメネス朝ペ

図 1-5

ルシアの特定のサトラップが存在していなかったので、ある時期からアケメネス朝ペルシアの支配がガンダーラに及ばなくなっていたという解釈も可能である。しかしながら、ブリアンによると、インダス河とヒューダスペース（現在のジェーラム）河の間を支配していたインド人が、サトラップ制度を引き継いでおり、さらにガンダーラにおいては、アケメネス朝ペルシアの公用語であるアラム語を表記するアラム文字に由来するカローシュティー文字が用いられていたという[11]。それ故、アケメネス朝ペルシアの影響は、前4世紀後半から終末にかけても、依然としてガンダーラに残っていたと考えられる。いずれにせよ、アケメネス朝ペルシアがガンダーラに関係したのは、ダレイオス3世がアレクサンダー大王との戦いに敗れた前330年前後までのことだろう。

アケメネス朝ペルシアのコイン

　アケメネス朝ペルシア治下の西アジアで発行されたコインは2種類ある。1つは王朝が発行したコインである。もう1つはサトラップが発行したものである。

　王朝が発行したコインに関しては、ダレイオス1世以後、各国王は特に小アジア（現在のトルコ）の住民向きに金貨と銀貨を発行したが、コインには発行者の名前が記されていないので、王家の系譜に従ってコインの発行者を特定できない。さらに、コイン表の図像の形式と様式に時代による変化が殆

ど認められないので、コインの発行時期もわからず、編年もできない。このようなわけで、本章では国王ごとにコインを解説することは行わない。王朝発行のコインにおいて表に国王ないし英雄を表現したのは、コインに不純物が少なく、また重量が正確であることを保証するためである。一方、サトラップが発行したコインは、ギリシアのコインにならって、発行者の名前や神像を表現しているが、これもコインの質量を保証するためである。

　アケメネス朝ペルシアがガンダーラを支配していた頃には、ガンダーラの北方にあるバクトリアから金を入手していた。また、ヘロドトス『歴史』やメガステネースには、パキスタン北部の山岳地帯を流れるダレル川、ギルギット（カスパテュロスの街とパクテュイケー地方に接しているダルディスターン）では、砂金を採る蟻がいると述べているが、玄奘も『大唐西域記』第3巻と第4巻において、この地方や北インドのパンジャーブ地方北東部において金や銀が採れると記している[12]。それらの金は朝貢品としてアケメネス朝ペルシアに献上され、ペルセポリスの倉庫で金塊として蓄えられていたと思われる[13]。無論、その他の属国からも、金はアケメネス朝ペルシアに献上されていただろうが、いずれにせよ、朝貢によって得た金などを用いて、アケメネス朝ペルシアは、ダーリック（daric）金貨（図1-6）を発行している。凡そ8.4gのダーリック金貨には、冠を被ったアケメネス朝ペルシアの王のような人物ないし英雄が、衣を着て、左手に弓をもち、右手に槍をもっている。矢を入れた矢筒を背負っているためか、矢の先が右上腕の上に見える。また、シグロス（siglos）銀貨が、ガンダーラやカーブルで発見されているが、表現された図像は、ダーリック金貨と同様である。タキシラからは、右手に短剣をもつ王を表現したシグロス銀貨（図1-7）が発見されている。シグロス銀貨は凡そ5.5gほどである。J・マーシャルによれば、クセルクセス2世の頃に鋳造されたものであるという[14]。これらの銀貨によって、アケメネス朝ペルシアがガンダーラを支配していたことが確認される[15]。

　これらの他に、両端に花文型のシンボルマークが刻印されたパンチ刻棒銀貨（図1-8）がガンダーラやカーブルから出土している。このパンチ刻棒銀貨は、恐らくアフガニスタン東部のカーピシーやガンダーラにおいて発行されたものであり、重量は凡そ11グラム前後である。このコインの重量はア

図 1-6

図 1-7

図 1-8

ケメネス朝ペルシアのシグロスのほぼ2倍であるので、アケメネス朝の重量単位に基づいて造られていたことがわかる。恐らくガンダーラにおいて西方との交易や納税のために使用されたものであろう[16]。シンボルマークはコイン質量の保証印である。

　一方、インド系の銀貨も多数発見されている。ほぼ円形ないし方形のパンチ刻銀貨（**図 1-9**）で、片面（表）に、花文のようなシンボルマークが刻印

図 1-9

されている。その発行年代には異論があって明白ではないが、前600年から前400年頃のものとみなされている。発行地は北インドのマガダ国やコーサラ国などと推定されており、インドのプラーナ（Purāna）文献などにカハパナ（kahapana）ないしは、カールシャーパナ（kārshāpana）と記されたものではないかといわれている。例えば、牡牛1頭の値段は12カールシャーパナで、ヴァイシャーリー市の高級娼婦の一夜の値段は50カールシャーパナであったという[17]。シンボルマークは保証印であるが、古代インドでは、王家や支配者の名前は記されていないので、コイン発行における王朝の関与は明らかではない。

一方、小アジアやレバノンなどのサトラップが発行したコインは、ギリシアのコインにならって、神像などを表現している。例えば、キリキア（Cilicia）のサトラップのマザイオス（Mazaios）が発行した金貨やスタテール銀貨（図1-10）には、表に鷲と葡萄の房、小麦の穂をもつタルソス（Tarsos）のバール（Baal）神、裏に牡牛を襲うライオンが表現されている。さらに、レバノンのシドンのサトラップであったバールシャリム（B'alshallim）2世の2シェケル銀貨（図1-11）には、表にフェニキアの戦闘用ガレー船、裏に2頭立ての戦車に乗る主家のアケメネス朝ペルシアの国王アルタクセルクセス2世と、シドンの歩行する王が刻印されている[18]。ちなみに、牡牛を襲うライオンの

図 1-10

図 1-11

モティーフは古代西アジアの伝統的な図像であり、後述するペルセポリスの建築装飾（図1-17）に由来する。また、サトラップのコインの銘文は、アケメネス朝の公用語であったアラム文字で記されている。

アケメネス朝ペルシアの美術

　以上のように、ガンダーラは、前6世紀以降アケメネス朝ペルシアによって支配されていた。残念ながら、当時の記念碑的な建造物は、ガンダーラからはまだ発見されてはいない。アケメネス朝ペルシアの美術は古代西アジアの諸美術の伝統を折衷した、形式美を尊ぶ装飾性豊かな宮廷美術である。その見事な成果は現存するペルセポリス（図1-12）の建物の浮彫に見られる。その代表的な作例は、ペルセポリスの謁見の間（アパダーナ）の北と東の階

図 1-12

第1章　アケメネス朝ペルシア　15

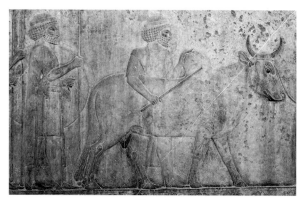

図 1-13

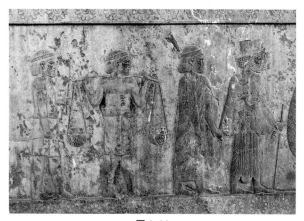

図 1-14

段壁に彫刻された朝貢者群像であるが、その中には、インド産瘤牛を連れた男（図 1-13）が描かれ、それがガンダーラ人と解釈されている[19]。同様に、インダス河下流域のシンド（Sind）のインド人朝貢者（図 1-14）は、砂金を入れた袋を天秤に吊して運んでいる。

また、アケメネス朝ペルシアの建築の特色である「牡牛背あわせの柱頭」が、遙か後代のガンダーラの彫刻（図 1-15）に描写されている[20]。牡牛背あわせの柱頭（図 1-16）は、ペルセポリスのみならずスーサからも発掘されているが、アケメネス朝ペルシアの美術からガンダーラ美術への影響がうかが

図 1-15

図 1-16

図 1-17

われる好個の例である。忘れてならないのは、ペルセポリスの壁面を飾っている、ダイナミックで勇壮な「牡牛を襲うライオン」（**図 1-17**）のモティーフである。この図像の象徴的意味については異論があるが、ライオンがアケメネス朝で、牡牛は征服された属国の民、あるいは牡牛は、ゼウス神を崇拝するギリシア人で、ライオンはアフラ・マズダー神ないしは、それと習合したバール神を崇めるペルシア人ではないだろうか。

さらに、アケメネス朝ペルシアの栄華の一端を示すのが、いわゆる「オクサスの遺宝」と、アフガニスタン南東部のミル・ザカーから発見された金属

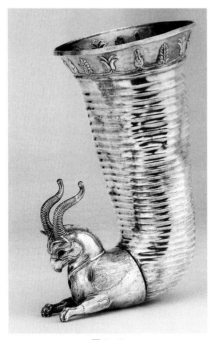

図1-18　　　　　　　　図1-19

工芸品である[21]。前者はタジキスタン南部のオクサス河（アム・ダリア）北岸にあるタフティ・カワード（Takht-i Kavad）から、19世紀の末に出土したといわれている。この地方はバクトリアとも呼ばれている。現在、大英博物館所蔵鍍金銀製リュトン（図1-18）や、ヴィクトリア・アルバート博物館所蔵の金製腕輪などが残っている。ミル・ザカーの金属工芸品は、前2世紀頃に池の中に隠匿されたものであったが、水を汲みにきた女性が偶然、そこで金貨を入手したことから、現地民による本格的な盗掘が始まり、2トンから3トンもの金銀貨や工芸品が発見され、世界の骨董市場に流れたという[22]。その一部が日本にもたらされ、現在滋賀県のMiho Museumの所蔵（図1-19）となっている[23]。いずれにせよ、アケメネス朝ペルシア治下で制作された優秀な金属工芸品がバクトリアやミル・ザカーに運ばれていたわけだから、類似の品物が、ミル・ザカーに比較的近いガンダーラにも運ばれ、支配層が愛好する貴重品となり、ひいては神殿に奉納されていた可能性は十分にあるだろう。

注
1 J. Curtis/N. Tallis, *Forgotten Empire: The World of Ancient Persia*, London, 2005, p. 59.
2 現在ペルセポリスは、閻魔大王の玉座を意味するタフティ・ジャムシード（Takht-i Jamshid）と呼ばれる。
3 J. Curtis/N. Tallis, *op. cit.*, p. 99.
4 P. Briant, *From Cyrus to Alexander: A History of the Persian Empire*, Eisenbrauns, 2002, p. 140.
5 伊藤義教『古代ペルシア』岩波書店，1974 年，23 頁；Schmitt, *op. cit.*, pp. 27, 50.
6 伊藤前掲書，76，81，84，87，88，138 頁；田辺勝美「迦畢試国の仏教彫刻の製作年代について」『オリエント』第 15 巻，1971 年，91 頁；P. Callieri, "India ii, Historical Geography," *Encyclopedia Iranica* online.
7 R. Ghirshman, *Bégram, Recherches archéologiques et historiques sur les Kouchans,* Cairo, 1946, p. 12.
8 A. D. Godley, *Herodotus*, vol. II, London, 1921, p. 120-121；松平千秋（訳）『ヘロドトス歴史』上，岩波書店，1971 年，347 頁．
9 伊藤前掲書，81，84 頁．
10 M. Wheeler, *Charsada*, London, 1962; Shao Xuecheng, "The Discovery of The Royal City of Gandhara: A Turning Point in Pakistan Archaeological Art Studies," In 譬若香山 *Gandhara Heriatge along the Silk Road: A Pakistan-China Joint Exhibition*, Beijing, 1924, pp. 55-66.
11 Briant, *op. cit.*, pp. 754-757.
12 J. W. McCrindle, *Ancient India as described by Megasthenes and Arrian*, Calcutta, 1926, pp. 94-06；松平前掲書，352 頁；玄奘（著）／水谷真成（訳）『大唐西域記』平凡社，1971 年，99-143 頁；R. Stoneman, *The Greek Experience of India from Alexander to the Indo-Greeks,* Princeton, 2019, pp. 271-274.
13 D. Fleming, "Achaemenid Indian Gold," In *Cairo to Kabul, Afghan and Islamic Studies*, eds. by W. Ball/L. Harrow, London, 2002, pp. 95-101.
14 J. Marshall, *Taxila*, vol. II, Cambridge, 1951, p. 834; *Taxila*, vol. III, pl. 235-no. I.
15 R. Curiel/D. Schlumberger, *Trésors monétaires d'Afghanistan*, Paris, 1953, pp. 37, pl. III; O. Bopearachchi/A. U. Rahman, *Pre-Kushana Coins in Pakistan*, Karachi, 1995, pp. 74-79.
16 Bopearachchi/Rahman, *ibidem*, p. 56.
17 Bopearachchi/Rahman, *ibidem*, p. 24.
18 M. Mitchiner, *The Ancient & Classical World*, London, 1978, pp. 52-53；田辺勝美『平山コレクション　シルクロードのコイン』講談社，1992 年，15，152-153 頁；Miho Museum『古代バクトリア遺宝』Miho Museum，2002 年，71，166 頁，図 44a, b.
19 G. Walser, *Die Völkerschaften auf den Reliefs von Persepolis,* Berlin, 1966, pp. 27, 60, 65, 89-90, Tafel 21, Falttafel 2.
20 A. Foucher, *L'art greco-bouddhique du Gandhâra,* t. I, Paris, 1905, pp. 192-193, figs. 76, 77; H. Ingholt, *Gandhāran Art in Pakistan*, New York, 1957, pp. 125-126, fig. 257；栗田功『ガンダーラ美術』II，仏陀の世界，二玄社，1990 年，2-8 頁，図 462；W. Zwalf, *A Catalogue of the Gandhāra Sculpture in the British Museum*, London, 1996, vol. I, p. 253, vol. II, fig. 455；栗田功『ガンダーラ美術』I，仏伝，二玄社，2003 年，197-199 頁，図 396，397，398，400；F. Tissot, *Gandhâra*, Paris, 1985（2002），p. 179, pl. XIII；F・ティッソ／前田龍彦・佐野満理子訳『ガンダーラ』東京美術，1993 年，70-71 頁，挿

図 13-1, 13-2.
21 O. M. Dalton, *The Treasure of the Oxus*, London, 1905; F. Holt/O. Bopearachchi (eds.), *The Alexander Medallion*, Lacapelle-Marival, 2011, pp. 33-73, figs. 14-52; O. Bopearachchi, *From Bactria to Taprobane, Selected Works of Osmund Bopearachchi*, vol. I, Central Asian and Indian Numismatics, pp. 636-657, figs. 1-40; F. Grenet, "The votive plaques in the Oxus and Mir Zakah treasures: what they tell about cults," *Studia Hercynia*, no. 1, 2023, pp. 54-64, figs. 1-2.
22 Bopearachchi/Rahman, *op. cit.*, p. 11.
23 Miho Museum 前掲書，2002 年，78-98 頁；Holt/Bopearachchi, *op. cit.*, pp. 43-47.

第 2 章　アレクサンダー大王

アレクサンダー大王とは

　アレクサンダー 3 世（Alexander III of Macedon、在位：前 336 年 – 前 323 年）、通称アレクサンダー大王（Alexander the Great）は、古代ギリシアのアルゲアス朝（Argead dynasty、紀元前 700 年頃 – 紀元前 310 年）マケドニア王国の国王である。前 356 年にギリシア北方のペラで生まれ、前 336 年に父王のフィリッポス 2 世が暗殺されると、その王位を継承した。その治世の殆どを、北アフリカやアジアにおける大遠征、いわゆる東方遠征に費やし、30 歳までに、ギリシアからエジプト、西アジア、中央アジア、インド亜大陸の北西部にまで至る大帝国を建設した。

アレクサンダー大王の東方遠征―ガンダーラとインド征服―

　アレクサンダー大王の最大の偉業とされるのが、彼が行った東方遠征である。大王の東方遠征は、前 334 年にアケメネス朝ペルシアとの戦争から始まった。はじめに、前 334 年に現在のトルコ西部で行われたグラニコスの戦いにおいて、ギリシア人の傭兵メムノン（Memnon of Rhodes、前 380 年 – 前 333 年）が率いるペルシア軍を破ると、前 333 年に、ダレイオス 3 世が率いるペルシア軍に、トルコ南部で行われたイッソスの戦いにおいて勝利した。最終的に、前 331 年にイラク北部で行われたガウガメラの戦いにおいて、ダレイオス 3 世率いるペルシア軍に大勝して、ダレイオス 3 世を東方へ追い払った。大王との決戦に敗れたダレイオス 3 世はイラン、さらに中央アジアへと逃亡したが、逃亡した先のバクトリアで家臣のベッソス（Bessus、? 年 – 前 329 年）の裏切りにあって殺害され、アケメネス朝ペルシアは滅亡した。かくしてアレクサンダー大王は、アケメネス朝ペルシアの後継者の地位を手に入れ、中央アジアやインド征服に着手するに至った。

アレクサンダー大王のガンダーラ支配

　アレクサンダー大王の東方遠征については、ディオドロス著『歴史叢書』や、アッリアノス著『アレクサンダー大王東方遠征記』などのギリシア、ラテン語史料に詳細が記されているので、本書では、アレクサンダー大王によるインド征服の概要を記すことにする[1]。

　アレクサンダー大王は、ダレイオス3世を追跡して、バクトリアやソグディアナまでを平定するために、さらに行軍を続けた。その際、現アフガニスタンの西部、ヘラート周辺地域に相当するアリア、アフガニスタン南部、現カンダハル周辺に相当するアラコシアなどの諸地方を通過し、各地にアレクサンドリアという名前をつけた都市を建設した。現在のカーブルや、カーピシーとベグラムを過ぎて、前329年にヒンドゥー・クシュ山脈を越え、バクトリアに進攻すると、難なく首都のバクトラ（現バルフ）を攻略し、バクトリアを征服した。その後、アレクサンダー大王は、オクサス河を渡り、ソグディアナに入った。ソグディアナでは、ダレイオス3世を殺害したベッソスを捕え、ダレイオス3世殺害の罪で処刑した。その後、ヤクサルテス河（シル・ダリア）に進み、スキタイによる反抗にあうが、これを平定してソグディアナを征服した。ソグディアナとバクトリアを征服した後、南進してインドへの進攻を始めた。

　インドへ進攻するにあたって、アレクサンダー大王は、タキシラを治めていた首長のタクシレス（Taxiles）に事前に使者を送り、できる限り早く出頭するように命じていた。そして、現ジャララバード北方にあったとされるニカイア市を出発すると、軍を二手に分けた。将軍のヘパイスティオンとペルディッカスには、タクシレスを伴ってインダス河に向かうために、現チャールサダ周辺地域とされるペウケラオティス地方へ派遣した。両者は、インダス河に到達すると、渡河のために舟橋を造る作業にとりかかった。一方、アレクサンダー大王は、現在のバジョール及びスワート地方の山岳民族の征服に向かった。追い詰められた山岳民族は最終的に、アオルノスと呼ばれる岩山にある砦にたてこもったが、アレクサンダー大王は、激戦の末、この砦を奪取した。この砦を奪取したアレクサンダー大王は、インダス河を下り、ヘパイスティオンとペルディッカスが待つ地点へと向かった。

やがて、アレクサンダー大王はインダス河に到達した。この河を渡る前に、アレクサンダー大王は、河の西側を統治すべき太守としてマケドニア人のニカノールを任命した。その後、アレクサンダー大王は、インダス河に到達するや、先に分かれて行動していたヘパイスティオンとペルディッカスたちと合流し、インダス河を渡った。インダス河を渡ったのち、タキシラに到達した。タキシラでは、首長のタクシレスとインド人たちがアレクサンダー大王を迎え入れた。当時のタキシラは、ヒュダスペース河（現ジェーラム河）とインダス河の間にある都市の中で最も大きい豪華なものであると称されている。

　アレクサンダー大王がタキシラからヒュダスペース河に軍を進めると、その対岸には、インド人のポロス（Poros）王が大王の渡河を阻止するために、軍勢を集結させていた。ポロス王はヒュダスペース河とアケシネース河（現チェーナブ河）の間を支配していた。ストラボンは、ポロスの王国は広くて地味も豊かで、凡そ300の都市があると記している[2]。アレクサンダー大王は、インダス河を渡るために建造した船を解体して、ヒュダスペース河に送り、ポロス王と対峙した。そして大王は、ヒュダスペース河を渡ることに成功し、ポロス王は戦車隊と歩兵部隊の他に、戦象を配置し、ポロス王自身も巨大な象に乗って指揮をとった。戦象部隊は、狭い所に追い込まれると、敵味方関係なく踏みつぶしてしまい、ポロス王の軍隊も大損害を被った。結局、ポロス王は息子をこの戦いで失い、アレクサンダー大王と和睦し同盟を結んだという。

　アレクサンダー大王は、ポロス王と戦った場所と、彼がヒュダスペース河の渡河を試みた場所にそれぞれ都市を建設した。1つは、勝利の女神ニケからその名をとってニカイアと名付けられ、もう1つは、この戦で亡くなった愛馬ブーケファロスを記念して、ブーケファラと命名された。大王はこの地の統治をポロス王に任せると、さらに軍を東南に進め、アケシネース河とヒドラオーテース河（現ラヴィ河）を越えて、各地に駐屯軍を配置しながら進軍した。ヒュファシス河（現ビーアス川、サトレジ河の支流）までたどり着いたが、この河の対岸の地は、インドの他の地域よりも多数の戦象を所有しており、さらに兵が勇敢であることで評判であった[3]。アレクサンダー大王はさらに進軍を行おうとしたが、疲弊した兵士たちは、断固拒否の態度を見

せた。そこで大王は会議を招集し、演説を行い、将兵たちを奮い立たせようとしたものの、失敗に終わった。最終的に、老臣のコイノスの説得に応じ、軍勢を引き返すことを決めた。そして大王は、ヒュダスペース河まで戻り、そこから河を下ってインダス河のパタラに至り、さらに周辺地域を征服しつつインダス河を下り、インダス河の河口に前325年に到達した。その後、ネアルコス率いる艦隊と連絡をとりながら、そこから陸路、パキスタン、イラン南部を横断してスーサからバビロンに前323年に帰還した。やがてアレクサンダー大王はバビロンにおいて高熱に襲われ、前323年6月10日に32歳の若さで息をひきとることとなった。

　大王はインダス河畔を去る前に、部下のペイトーン（Peithon）をガンダーラのサトラップに、エウデーモス（Eudemos）をパンジャーブのサトラップに任命したが、両者とも前316年にはガンダーラを去ってバビロンへ帰った。

アレクサンダー大王のコイン

　東方遠征の間、アレクサンダー大王がガンダーラの地を支配したのは、極めて短期間であった。アレクサンダー大王がガンダーラを征服したことを示す資料は、アッティカの重量単位に基づいて発行された10（デカ）ドラクマ、4（テトラ）ドラクマないしドラクマ銀貨しか知られていない。1ドラクマは、凡そ4gに当たる。

　アレクサンダー大王が発行した10ドラクマ銀貨（**図2-1**）は、ポロス王との戦いを記念してバビロンで発行したものである。その表面には、象の尻に乗る象使いとともに象の首に乗るポロス王が表現されており、後方からアレクサンダー大王が愛馬ブーケファロスに乗って、長槍で攻撃している。象に乗る2人の人物の1人は槍を振り上げて応戦しているが、これがポロス王であろう。裏面には、武装したアレクサンダー大王の立像が表現されている。大王は兜をかぶり、マントを羽織り、左腰に剣を帯び、左手に槍をもち、右手にゼウス神の持物の雷霆をもっている。大王の面前には、勝利の女神ニケが飛んでおり、大王の頭部に勝利の花冠をかけようとしている[4]。大王の右足近くにギリシア文字のBとAを合成した「BABILON（Babilon、バビロン）」ないしは「ΒΑΣΙΛΕΩΣ ΑΛΕΞΑΝΔΡΟΥ（Basileōs Alexandrou、アレクサンダー王

図 2-1

図 2-2

の)」のモノグラムもある。この像は明らかに大王の神格化を示しているが、ゼウス神に匹敵するアフラ・マズダー神から、正当な王位を神授されたアケメネス朝ペルシアの帝王の先例にならったのであろう。この大型の銀貨は貨幣としてではなく、むしろインド征服を記念して発行した記念メダルであったと思われ、現在まで数点しか発見されていない。我が国では、平山郁夫シルクロード美術館が1点（**図 2-2**）所蔵している。なお、大王の10ドラクマ銀貨は、「オクサスの遺宝」に含まれていたという見解もかつてはあったが、たとえそうでなくとも、バクトリアのタフティ・サンギーン（Takht-i Sangin）の神殿から出土した可能性もあるだろう[5]。

　アフガニスタンやパキスタンから出土した、アレクサンダー大王のコインで最も多いのは、表にギリシア神話の英雄ヘラクレスないしは、アレクサンダー大王の頭部を右向きにし、裏に玉座に坐るゼウス神を表現した4ドラクマ銀貨である。平山郁夫シルクロード美術館所蔵の4ドラクマ銀貨（**図 2-3**）

では、ヘラクレスないしは大王の頭部が右向きに表現されており、マケドニア王家の祖先と見なされたヘラクレスになぞらえ、ヘラクレスが倒したネメアのライオンの毛皮を被る姿で表現されている。裏には、玉座に座り、右手にゼウス神の象徴である鷲をのせ、左手に錫杖を手にしているゼウス神倚像が刻印されている。裏にはギリシア文字の銘文があり、椅子の下方に左から右へ、「ΒΑΣΙΛΕΩΣ（Basileōs、王の）」と刻印され、錫杖の右方に縦に「ΑΛΕΞΑΝΔΡΟΥ（Alexandrou、アレクサンダーの）」と刻印されている。この表裏の図柄を模倣した4ドラクマ銀貨は大王の死後、前1世紀の前半くらいまで、多数の国王が発行している。タキシラからは、この図柄を表現した銀貨が3枚出土している[6]。

さらに大王のインド征服を顕示する図像を刻印した金貨（図2-4）がアフガニスタンで発見された。それは表にインド象の頭皮を被った大王胸像を写

図2-3

図2-4

図 2-5

実的に、裏面にインド象とギリシア文字「Ξ(ks)」と「BA」を刻印している[7]。インド象は明らかに大王のインド遠征を象徴してる[8]。

　同じような図柄が、エジプトのプトレマイオス朝のプトレマイオス 1 世の 4 ドラクマ銀貨にも見られる[9]。さらに、アレクサンダー大王を神格化した騎馬像が没後（前 300 年前後）、セレウコス朝の国王などが発行したコインの裏面に刻印されている[10]。

アレクサンダー大王に関連する事績と美術

　アレクサンダー大王が通り過ぎたカーブル川とインダス河の間には、ニュサと呼ばれる都市があったという伝説が残っている。ニュサは諸説あるが、現在のジャララバード北東の山岳地帯にあったと考えられる。この都市は、ギリシア神話に登場する酒神ディオニューソスがインドを征服する際に創建したという伝承が残っている。帝政ローマの彫刻には、ディオニューソス神のインド征服を表現した石棺（図 2-5）や、舗床モザイク画が見られる[11]。ギリシア神話に登場するディオニューソス神は、ブドウ栽培の方法を習得していたので、ギリシアやエジプト、シリアなどを放浪しながらインドまで征服したという。ディオニューソス神には踊り狂う女信者のマイナスや、サテュロスたちが付き従い、その宗教的権威と魔術、呪術によって、自分の神性を認めない人々を狂わせ、動物に変えるなどの力を示し、神として畏怖される存在ともなった[12]。

　ディオニューソス神がゼウスの腿（メロス）の中で成長したという故事に

第 2 章　アレクサンダー大王　27

ちなんで、近くにある山をメロス山と名付けている。この都市では、至る所にインドや他の土地では見られない、ディオニューソス神のシンボルである木蔦が生育しており、アレクサンダー大王はメロス山も訪れ、その山が木蔦や月桂樹で満ちており、様々な獣を狩るのに格好の狩猟場となっているのを見たという。マケドニア人たちも長い間、木蔦を見ていなかったため、王とともに祝宴を行ったという[13]。この都市の存在は伝説となっているが、後の時代のガンダーラでは、ディオニューソス神と眷属による飲酒饗宴を表現した図像（図2-6）が多く制作されている。ニュサ自体は伝説的な都市ではあるが、このジャララバード北東の山岳地帯（ヌーリスターン）には、或る山岳民族カラシュ族が住んでおり、彼らは、後にイスラーム教に改宗したけれども、近隣のイスラーム教徒からカーフィル（不信心者）と呼ばれた。彼らは、古くから葡萄酒によって象徴されるディオニューソス神信仰に似た特徴をもった、シャーマニズムや多神教的な信仰をもっていた。そのためイスラーム化されるまでは、インドの神インドラをワインの神として崇拝していたという。なお、カラシュ族の子孫と考えられる人々が、現代にいたるまで、ワインを醸造する習慣を残しており、生産量はわずかであるもののワインを醸造しているようである[14]。

図2-6

大王の肖像と称される彫刻は幾つか知られている。最も著名なものはイスタンブールの考古学博物館所蔵の大理石製頭部（図 2-7）であろう。頭部をやや傾け、額の頭髪をライオンのたてがみのように2分したアナストレー（anastolē）という髪型をしており、遠くを眺めるような瞳に特色がある。一方、大王の実際の容貌を写実的に再現しているといわれる作例は、ルーヴル美術館蔵品（図 2-8）である[15]。ジャララバード南方のハッダの仏寺遺跡タペ・ショトール（Tape Shotor）から発掘された粘土像の頭部は大王の肖像といわれる[16]。同遺跡からは、粘土製のディオニューソス神とヘラクレスの頭部が発見されており、アレクサンダー大王とディオニューソス神、ヘラクレスとの緊密な関係が窺える。

図 2-7

図 2-8

　大王の東征に関係深い有名な作例が、2点存在する。その1つはイスタンブールの考古学博物館が所蔵する、いわゆる「アレクサンダーの石棺」と呼ばれる大理石製石棺（図 2-9）であり、レバノンのシドンの王墓から1887年に発掘された。切妻式の屋根を備えた箱型の石棺で、側面4面に彫刻が施されている。この石棺を制作させたのは、シドンの国王で、アレクサンダー大王の同盟者のアブダロニモス（Abdalonymos）ないしは、バビロンのサトラップであったマザイオスではないかと推定されている。長い側面の1つには「イッソスの戦い」が表現されている。画面の左端にはライオンの毛皮を被った、騎馬のアレクサンダー大王が描写され、その右方にギリシア軍とペルシア軍との激しい戦闘が展開している。反対側のもう1つの側面には、大王の側近であった

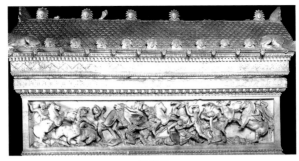

図 2-9

ヘパイスティオン（Hephaistion）とアブダロニモスのライオン狩と鹿狩が描写されている。さらに、短い側面の1つには豹狩り、その反対側の短い側面には前312年のガザの戦いが表現されている。この作品は前320年から前311年に制作され、ギリシア彫刻の写実的様式で高浮彫りされた後に彩色されていた[17]。石棺に収められていたのはアレクサンダー大王ではなく、ガザの戦いで戦死したアブダロニモスであったと推定されている。

　もう1つの作例はナポリの国立考古学博物館が所蔵する、いわゆる「アレクサンダー・モザイク」（**図 2-10**）である。これはポンペイ遺跡内の牧神の家の床面を飾っていたもので、騎馬のアレクサンダー大王と戦車に乗ったダレイオス3世の戦いを描写している。この作品は、前4世紀に描かれたが消失したオリジナルを、前120年から前100年の共和制ローマ時代にモザイクにコピーしたものであるといわれる。画面はギリシア軍とペルシア軍で2分され、ヘルメットを飛ばしたアレクサンダー大王が長槍をペルシア人騎兵の体に突き刺している。一方、ダレイオス3世の戦車を牽引する2頭の馬はパニックに陥ったり、あるいはその場から逃げ出そうとしている。さらに、戦車の御者は右手で鞭を振りかざして、恐怖から撤退しようとする自軍の騎兵を威嚇して、踏みとどまらせようとしている。天下分け目の戦いの勝敗が、明瞭に表現されている。この場面は、イッソスないしはガウガメラの戦いを表したといわれている。

　大王の東征は、アケメネス朝ペルシアの正当な後継者を広く世界に認知させるためのものであったが、侵略された側のペルシア人や他の民族にとって

図 2-10

は、大王は強盗のような憎むべき存在でしかなかったであろう。しかしながら、その東征は文化的見地からみれば、ペルシア文明に対抗できる優れたギリシア文明を中央アジアとインドに伝え、これら地域の文化に大きな影響を与えた。恐らく、大王の東征がバクトリアとインドにまで及ばなかったならば、後述するガンダーラの仏教美術が創造され、仏像が日本にまで伝わることはなかったであろう[18]。

注

1 アレクサンダー大王の東方遠征については以下の書籍などを参照した。ピエール・ブリアン（著）／桜井万里子（監修）『アレクサンダー大王未完の世界帝国』創元社，1991 年；合阪學（訳）『地中海世界史』京都大学出版会，1998 年；アッリアノス（著）／大牟田章（訳）『アレクサンドロス大王東征記』岩波書店，下巻，2001 年；谷英一郎／上村健二（訳）『アレクサンドロス大王伝』京都大学学術出版会，2003 年；城江良和（訳）『英雄伝』5，京都大学学術出版会，2019 年；ディオドロス（著）／森谷公俊（訳・註）『アレクサンドロス大王の歴史』河出書房新社，2023 年.

2 ストラボン（著）／飯尾都人（訳）『ギリシア・ローマ世界地誌』II，龍渓書舎，1994 年，397 頁.

3 アッリアノス（著）／大牟田（訳）前掲書，73-74 頁.

4 F. L. Holt, *Alexander the Great and the Mysetery of te Elephant Medallions*, Berkely, 2003, pp. 117-138, fig. 6; J. Boardman, *The Greeks in Asia*, London, 2015, p. 57, fig. 28; *Alexander the Great from His Death to the Present Day*, Princeton, 2019, pp. 49-51, fig. 15.

5 F. L. Holt, *op. cit.*, pp. 35-54.

6 Marshall, *op. cit.*, vol. III, pl. 235, no. 2-4.

7 Holt/Bopearachchi, *op. cit.*, pp. 79-81, figs. 4a, b, 7; J. Boardman, *op. cit.*, 2015, pp. 57-58, pl. VII.

8 Holt/Bopearachchi, *op. cit.*, p. 11.

9 J. Boardman, *op. cit.*, 2019, pp. 39-40, fig. 8.
10 Cribb, op. cit., pp. 341, 343, figs. 12, 13.
11 J. Boardman, *The Triumph of Dionysos, Convivial processions, from antiquity to the present day*, Oxford, 2014, pp. 26-44.
12 なお、ディオニューソス神のインド征服を表した作品には、アフリカないしインドの象、ライオン、豹に加えてしばしば虎が描写されている。象はともかく、虎はアフリカには棲息していなかったから、恐らくディオニューソス神とアレクサンダー大王によるバクトリアやインダス河流域までのインドの征服を象徴し得たであろう。ただし、インド征服を表現した図像は東方の人々には受け入れられなかったようである。
13 アッリアノス（著）／大牟田（訳）前掲書，2-7 頁．
14 M. Klimburg, "Transregional Intoxications: Wine in Buddhist Gandhara and Kafiristan," In *Borders: Itineraries on the Edges of Iran*, ed. by S. Pellò, Venezia, 2016, pp. 271-302.
15 東京国立博物館『アレクサンドロスと東西文明の交流展』NHK／NHK プロモーション，2003 年，図 24-31.
16 Ch. Mustamandy, "Herakles, Ahnherr Alexanders, in einer Plastik aus Hadda," In *Aus dem Osten des Alexanderreiches*, eds. by J. Ozols/V. Thewalt, Köln, 1984, pp. 176-180, figs. 1, 2.
17 A. Pasinli, *The Book of Alexander Sarcophagus*, Istanbul, 2000; A. Inversnizzi（ed.）, *Sulla Via di Alessandro da Seleucia al Gandhara*, Milano, 2007, pp. 40-43.
18 田辺勝美「ギリシアから日本へ」東京国立博物館『アレクサンドロスと東西文明の交流展』NHK／NHK プロモーション，2003 年，12-18 頁．

第3章　セレウコス朝

セレウコス朝とは

　セレウコス朝（Seleucids、前312年–前63年）は、アレクサンダー大王のディアドコイ（後継者）の1人、セレウコス1世がシリア、バビロニア、アナトリア、イラン高原、バクトリアに跨る地域に築いた王国である。セレウコス1世は、勝利王を意味するニカトールという称号を冠してセレウコス1世ニカトールとも呼ばれる。首都は、トルコ南部のアンティオキア（現アンタキア）である。ただし、ガンダーラの歴史に関係するのはバクトリアで、セレウコス1世、アンティオコス1世、アンティオコス2世、アンティオコス3世は造幣所をアフガニスタン北部のバクトラやアイ・ハヌムに置き、特色のあるコインを発行していた[1]。以後、ほぼ30名の国王が西アジアを支配したが、前1世紀半ばにローマによって滅ぼされた。

　本章ではバクトリアに関係するアンティオコス3世までについて述べることにし、それ以下はガンダーラの歴史には関係がないので省略する。

　セレウコス1世（Seleucus I Nicator、在位：前312年–前280年）
　アンティオコス1世（Antiochus I Sōtēr、在位：前281年–前261年）
　アンティオコス2世（Antiochus II Theos、在位：前261年–前246年）
　セレウコス2世（Seleucus II Callinicus Pogon、在位：前246年–前225年）
　セレウコス3世（Seleucus III Sōtēr、在位：前225年–前223年）
　アンティオコス3世（Antiochus III the Great、在位：前223年–前187年）

セレウコス朝の歴史―アレクサンダー大王死後からセレウコス朝へ―

　前323年6月に、アレクサンダー大王はバビロンにおいて病死したが、その死後については、ディオドロス著『歴史叢書』の第18巻などに叙述されている。それによれば、アレクサンダー大王は、死に際に「最も強い者へ、私の友人たちの大闘争が私の葬儀のゲームになることを予見する」といったという。かくして、以後アレクサンダー大王の後継者たち（ギリシア語で

33

ディアドコイと呼ばれる）の争いが始まった[2]。大王はその後継者を指名していなかったので、大王配下のマケドニア人や貴族たちが集まり、会議が行われた。大王の後継者候補としては、王妃ロクサネ（Roxane）が身籠っていた赤子ないしは、妾のバルシネが産んだ庶子のヘラクレスしかいなかった。そこで、後継者として、アレクサンダー大王の異母兄のアリダイオス（Arridaios）をフィリッポス3世として即位させ、ロクサネの産んだ男子をアレクサンダー4世として、征服した大帝国を共同統治することとなった。大王配下の将軍たちは領内各地にサトラップとして封じられることとなった。しかしながら、フィリッポス3世は不治の精神障害をもち、アレクサンダー4世はまだ幼少であったため、その後見人として大貴族のペルディッカス（Perdiccas）が最高権力者となった。

ペルディッカスは、アジアの各州を分割しないことに決め、従来の支配者のままにしておくことを許した。またタキシラの王タクシレスとアレクサンダー大王と戦った王ポロスは、大王自身の意向に沿って彼らの王国を支配するべきであると決定した。それ故、この時点では、インダス河東岸のガンダーラはタクシレスが支配していたと推測される。同じ頃、セレウコス1世には最も優秀な騎兵部隊の指揮権が与えられた。

しかしながら、ペルディッカスの権力は盤石なものではなく、後継者たちが争う、ディアドコイ戦争が勃発する。紀元前321年に、ディアドコイ戦争の最中、エジプトを統治していたプトレマイオスとの戦いにおいて、ペルディッカスが、セレウコス朝の創始者セレウコス1世に殺害されると、以後のマケドニアの体制を決定するための会議がシリアの都市トリパラディソスで再び開かれ、前回会議の合意事項の修正が行われた。その結果、引き続き、インダス河上流域の支配者にはポロスが、ヒューダスペース河流域はタクシレスが引き続き統治することとなった[3]。

この後、エウメネスを始めとするペルディッカス派はマケドニア王国の敵として討伐することが決定され、その討伐軍の最高司令官には、アンティゴノスが任命された。エウメネスの軍には、パンジャーブからエウデームス（Eudemus）が500騎の騎兵と300人の歩兵、そして120頭の戦象を連れて参加していたが、これらの軍勢は、アレクサンダー大王の死後、エウデームス

がポロス王を裏切って殺害して手に入れたものである[4]。

　それまでのいきさつを述べると、紀元前326年、アレクサンダー大王がインダス河とアケシネース河流域のサトラップに任命したフィリップが、自らの傭兵部隊に殺害された。その後、エウデームスは、アレクサンダー大王によってインドに残された部隊の指揮官に任命された。大王は、エウデームスとタクシレスに、新たなサトラップを派遣してこの地方を統治させるまでの間、かつてフィリップが統治していた地区の指揮を執るようにとの書簡を両人に送ったといわれている[5]。その後エウデームスはポロスを殺害したと考えられるので、前321年以降には、ガンダーラやインダス河上流域は、タクシレスとエウデームスが支配していたと考えられる。エウメネスとの戦いに勝利したアンティゴノスは、ギリシアから小アジアに至る広大な地域を制圧したことになる。しかしながら、アンティゴノスはマケドニアを中心に支配しており、アジアの東方地域の支配には興味がなかったようである。

セレウコス1世とガンダーラ
　バビロンの太守であったセレウコス1世は、アンティゴノスに味方してエウメネス打倒に尽力した。しかしながら、ディアドコイの中でも強力な軍隊をもち、強勢であったセレウコス1世は、マケドニアを支配していたアンティゴノスに疎まれた結果、前315年にバビロンから追放されてしまい、エジプトのプトレマイオス1世のもとに身を寄せた。その後、セレウコス1世は紀元前312年に、セレウコス1世を慕うバビロンの住人の手によって、バビロンに戻ることができた。この時をもってセレウコス朝の開始とされている。その後、アンティゴノスとプトレマイオス1世が争ったことによって、ディアドコイの争いが膠着化すると、セレウコス1世はアレクサンダー大王が征服した、中央アジアとインドの領地回復に乗り出した。マルクス・ユニアヌス・ユスティヌス著『地中海世界史（ピリッポス史）』には、セレウコス1世はバビロンの征服によって勢力を増し、バクトリアを征服したと書かれている[6]。バクトリア征服において、アレクサンダー大王が行った時のように、バクトリア人との戦争があったわけではなく、バクトリアのサトラップであったスタサノールを援助するためにセレウコス1世が軍隊を率いてやっ

てきたようである。

　そのようなわけで、セレウコス1世は容易にバクトリアを征服したといわれている。バクトリアを征服すると、セレウコス1世は、かつてアレクサンダー大王が征服したインド北西部地域を回復するために、インダス河上流域に侵攻した。ところが、ここにおいて、セレウコス1世を待ち受けていたのはマウリヤ朝の創始者チャンドラグプタ・マウリヤ（以後チャンドラグプタと表記）王であった。アッピアノス著『ローマ史』には、前305年には、セレウコス1世はインダス河を渡り、インドの王チャンドラグプタ（ギリシア語ではサンドゥラコットス（Sandracottus））と戦った後、セレウコス1世の娘をチャンドラグプタ王に嫁がせて婚姻関係を結んだと記されている[7]。プリニウス著『博物誌』によれば、チャンドラグプタ王は60万の歩兵部隊と8千頭の戦象を有していたという[8]。また、ストラボン著『世界地誌』によれば、チャンドラグプタ王と姻戚関係を結び、その見返りとして戦象を5百頭得ることになったという[9]。セレウコス1世とチャンドラグプタ王の戦の詳細は知られていないが、どちらが勝利したのかは、講和条件の内容から一目瞭然である。このように、チャンドラグプタ王の圧倒的な軍事力を前にして、セレウコス1世のインド遠征は完全に頓挫してしまった。決定的な勝利を得ることができなかった結果、ガンダーラよりも西方のアフガニスタン西部のアリア（現ヘラート市周辺）、同南部のアラコシアとゲドロシア（現マクラーン）、パロパミサダエなどの4州までをマウリヤ朝に割譲して、セレウコス1世はバクトリアに戻らなければならなかった。

　この後、前301年にフリュギアのイプソスで、セレウコス1世とリュシマコスの連合軍が、マケドニアのアンティゴノスと息子のデーメートリオスの連合軍と対戦した。アンティゴノスが戦死したことによって、セレウコス軍が勝利したのだが、セレウコス1世がチャンドラグプタ王から送られた50頭の戦象は、アンティゴノスとデーメートリオス連合軍との戦いで非常に重要な役割を果たしたという。P・コスミンによれば、マウリヤ朝においては、戦象の所有は王室の特権であり、独占していたという。セレウコス1世が譲り受けた象も同様であり、メガステネースの『インド誌』によれば、セレウコス1世へのインド戦象の供与は、それ自体がディアドコイの王としての地

位を認めるものであり、セレウコス朝のシンボルとなっていたという[10]。セレウコス1世がバクトリアで発行したコインの中に、インド象が刻印されているのはそのような理由による[11]。

　次のアンティオコス1世は、マウリヤ朝のビンドゥサーラ王のもとに、大使のデイマコス（Deimachus）を派遣するなど、同朝との友好を維持した。

　前3世紀の半ばに至ると、セレウコス朝は東方に難しい問題を抱えることになった。1つはアルサケス（Arsaces）なるものが率いる遊牧民族のパルニ（Parni）が中央アジア西部からイラン高原東北部のホラサーン地方に進出して、セレウコス朝のパルティア州総督アンドラゴラス（Andragoras）を殺害して独立し、アルサケス朝パルティア（Arcacid Parthians、前250年 - 後224年）を樹立したことである。もう1つはほぼ同じ頃にバクトリアにおいて、ディオドトス1世がセレウコス朝に反旗を翻して独立し、グレコ・バクトリア朝を創始したことである。この2つの地域における独立劇は上掲のユスティヌス著『地中海世界史』によれば、アンティオコス2世ないしは、セレウコス2世の時に起こったという[12]。

　この後、アンティオコス3世は失った東方領土を回復するためにバクトリアに遠征を試み、イラン高原北東部のパルティア州や、アリアをアルサケス朝パルティアから奪い返した後、前208年頃にバクトリアに侵入して、エウティデーモス1世の居城（バクトラ？）を包囲した。しかしながら、エウティデーモス1世は、近辺にスキタイ系遊牧民族の巨大な軍勢がおり、それは双方にとって脅威であるから、和議を結んだ方が得策であると申し出たところ、アンティオコス3世も同意して婚姻を約束し、同王が所有していた戦象を得ることを条件に和睦したと、前2世紀のギリシア人歴史家ポリュビオス著『歴史』は述べている[13]。また同『歴史』によれば、アンティオコス3世はその後、ヒンドゥー・クシュ山脈を超えて南下し、カーブル川に沿ってガンダーラに至り、マウリヤ朝の王ソーファガセーナ／ソーファガセノス（Sophagasena / Sophagasenus）と会って、その主権を認めるかわりに、さらに戦象を得て帰還したという[14]。以後、セレウコス朝の勢力はアフガニスタン東部、バクトリア、ガンダーラからは駆逐されてしまった。

第3章　セレウコス朝　37

セレウコス朝のコイン

　セレウコス朝のコインは、アレクサンダー大王のコイン制度とアッティカ（Attic）の重量位を踏襲して、銀貨はドラクマ単位を用いて4ドラクマ、2ドラクマ、ドラクマ、半ドラクマ、2オボル、オボル（1/6ドラクマ）を、銅貨はカルコン単位（4g）を用いて4種類の銅貨を発行した。1ドラクマは4g、1オボルは1/6g、1カルコンは4gになる。コインの図柄としては、正当な国王であることを明示するために、アケメネス朝ペルシアのサトラップ、神官、兵士や古代ギリシアの慣習などの先例にならって、頭にリボン・ディアデム（鉢巻）を巻いた国王像を創始した[15]。特に、リボン・ディアデムは正当な王位を証明する標識として、セレウコス朝の国王たちが常用したが、以後、西アジア、中央アジア、南アジアなど東方世界に広く伝播し、長期間にわたり継承された。

　セレウコス朝は、コインの表には国王の胸像、裏に王家の守護神像とギリシア語・ギリシア文字銘を刻印するコインタイプを定めた。国王肖像と神像はコインの質量に偽りがないことを保証する印であった。銘文は属格で、発行者国王の所有物、あるいは国王の発行したコインを意味する。それ故、国王の許可なしにコインを発行するものは国王への反逆者とみなされた。コインの重量は原則としてギリシアのアッティカの重量単位に基づくが、バクトリアではインドの重量単位も併用している。また、昨今の新発見により、セレウコス朝によってバクトリアで発行されたコインの種類の多様性が明らかとなった[16]。

　以下において各王の代表的なコインを挙げて解説する。

＊セレウコス1世

　セレウコス1世は、最初にアレクサンダー大王の正当な後継者を明示するような図柄をコインに刻印した。

　バビロンでアレクサンダー大王の名前で発行した4ドラクマ銀貨（図3-1）では、表にヘラクレスの胸像、裏に鷲を右手で支え、左手で錫杖をもつゼウス神倚像（ゼウス・アエトフォロス（Zeus Aetophoros））とギリシア語・ギリシア文字銘「ΒΑΣΙΛΕΩΣ ΣΕΛΕΥΚΟΥ（Basileōs Seleukou、セレウコス王の)」を

図 3-1

刻印している。左側にセレウコス家の家紋の錨を刻印している。この鷲を手にするゼウス神倚像の周りの銘文は、「ΒΑΣΙΛΕΩΣ ΑΛΕΞΑΝΔΡΟΥ（Basileōs Alexandrou、アレクサンダー王の）」となっていた極印の文字の後半を変えて用いたのである。

別の 4 ドラクマ銀貨（**図 3-2**）の表にはゼウス神の胸像、裏に 4 頭のインド象が牽引する戦車に乗って戦うパラス・アテナ女神像が表されている。このタイプはアイ・ハヌムなどのバクトリアの造幣所で発行されたという[17]。

また、スーサないしエクバタナの造幣所で発行された 4 ドラクマ（**図 3-3**）の表には、牡牛の角と耳をつけた豹皮製ヘルメットを被り、ライオンの毛皮を首に巻いたアレクサンダー大王ないしセレウコス 1 世の胸像、裏にヘルメット、胸甲、剣、盾よりなるトロフィーに花冠を授与するニケ女神立像、ギリシア語・ギリシア文字銘「ΒΑΣΙΛΕΩΣ ΣΕΛΕΥΚΟΥ（Basileōs Seleukou、セレウコス王の）」を刻印している。

図 3-2

第 3 章　セレウコス朝　*39*

図 3-3

図 3-4

　特異なコインとして、セレウコス1世と共同統治者のアンティオコス1世がアイ・ハヌムの造幣所で発行した銅貨（**図 3-4**）がある。表にはオクサス河を象徴する人面の牡牛、裏にセレウコス家の家紋の錨とギリシア語・ギリシア文字銘「ΒΑΣΙΛΕΩΣ ΣΕΛΕΥΚΟΥ ΑΝΤΙΟΧΟΥ（Basileōs Seleukou Antioxou、セレウコス王とアンティオコスの）」、アイ・ハヌムの造幣所で発行されたことを示す丸に三角形のマークが刻印されている[18]。

＊アンティオコス1世

　4ドラクマ銀貨（**図 3-5**）では表に、リボン・ディアデムを着けた国王の胸像、裏に、弓矢をもってオンファロス（デルフォイの神殿にあった石の遺物で地球の中心を示す）に坐す裸体のアポロン神像を初めて導入した。セレウコス家の守護神であり、デルフォイの神殿の主神アポロンは、弓矢で当地に棲んでいた大蛇を殺したので、弓矢がシンボルとなった。

図 3-5

＊アンティオコス2世

　4ドラクマ銀貨（**図 3-6**）では、表にリボン・ディアデムを着けた国王胸像、裏に、右手に矢を、左手に弓をもってオンファロスに坐す裸体のアポロン神を刻印している。

図 3-6

＊セレウコス2世

　4ドラクマ銀貨（**図 3-7**）では裏に、右手に矢をもって、花輪を巻いた三脚の鉢に寄りかかるアポロン神像を導入している[19]。

＊アンティオコス3世

　4ドラクマ銀貨は裏の図像によって2種類に分かれる。典型的なもの（**図 3-8**）は、表にリボン・ディアデムを着けた国王胸像、裏に右手に矢を、左手に弓をもって、オンファロスに坐すアポロン神と、ギリシア語文字銘

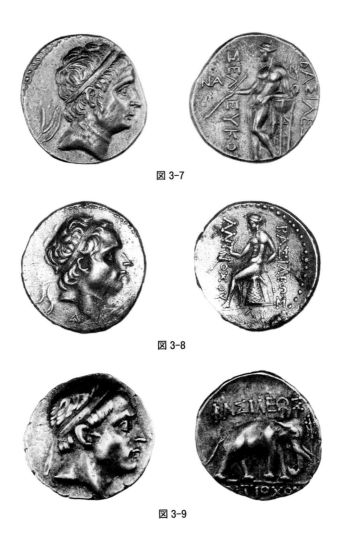

図 3-7

図 3-8

図 3-9

「ΒΑΣΙΛΕΩΣ ΑΝΤΙΟΧΟΥ（Basileōs Antioxou、アンティオコス王の）」を刻印している。もう1つは、裏にインド象（**図3-9**）を表している[20]。

セレウコス朝の美術

　トルコ南部のアンティオケイア（現アンタキヤ）に都した、セレウコス朝の文化を偲ばせる記念碑的な文化遺産は、ほぼ消滅してしまっている。しか

しながら、現在のアンタキヤの遺跡の下層には、セレウコス朝時代の宮廷や都市文化が眠っている。それゆえ、現在ではセレウコス朝の洗練された高度なヘレニズム文化を実証するのは、セレウコス朝が発行した優秀な銀貨だけである。ガンダーラからも、セレウコス1世やアンティオコス1世が発行したコインが、若干発見されている[21]。

一方、中央アジアでは、タジキスタン南部のタフティ・サンギーン（Takht-i Sangin）都市遺跡から発掘されたオクサス神殿が、セレウコス朝と中央アジアとの関係を示してくれる[22]。この神殿は方形の建物で、四方の周壁を粘土で固めて一か所だけ出入口を設け、屋根はドーリア式の柱で支えた、イワーン式建築である。それはオクサス河の北方の、オクサス河の支流であるワフシュ川とピャンジュ川の合流点の近くにあり、また「オクサスの遺宝」があったタフティ・カワードにも近い。この神殿がオクサス河の北方近くにあったのは、それがオクサス河の水神ワフシュ（Vakhshu）に捧げられたものであったからである。この神殿が、セレウコス1世ないしは、アンティオコス1世の時代に当たる、前4世紀の末から、後2世紀のクシャン朝時代まで存続したことが、出土した多数の奉納品から判明している。それらはヘレニズム美術の様式と、アケメネス朝の形式を用いて造られている。例えばアケメネス朝ペルシアのアキナケス剣の象牙製鞘（図3-10）やアレクサンダー大王の頭部を飾った象牙製鞘、2本管のアウロス笛を吹くシレーノス・マルスヤスを乗せた石灰岩製祭壇（図3-11）などである。この祭壇にはギリシア文字で、「オクサス河に謹んで捧げる」というバクトリア人アトゥロソコス（Atrosokos）の奉納文が刻まれている[23]。また、粘土像には、セレウコス朝のセレウコス1世ないしは、アンティオコス1世、あるいはセレウコス朝に反旗を翻したグレコ・バクトリア朝の創始者ディオドトス1世、その後継者のエウティデーモス1世の肖像らしきものが含まれている[24]。

残念なことに、セレウコス朝の栄華を物語る遺構は、殆ど消滅してしまったが、セレウコス朝の美術は、アレクサンダー大王が種を撒いたヘレニズム文化、すなわちギリシア美術様式とその図像が西アジアや中央アジアに伝播する上で、極めて大きな役割を演じたのである[25]。

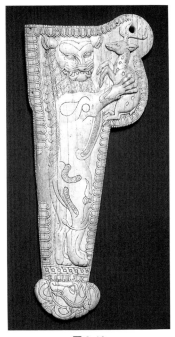

図 3-10　　　　　　　　　　図 3-11

注

1. E. T. Newell, *The Coinage of the Eastern Seleucid Mints from Seleucus to Antiochus III*, New York, 1978, pp. 231-249, pls. L-LIII; B. Kritt, *The Seleucid Mint of Aï Khanoum*, Lancaster, 2016, pp. 156-166.
2. R. M. Geer, *Diodorus of Sicily, in ten volumes*, vol. IX, London/Cambridge/Massachusetts, 1967, pp. 11-13.
3. Geer, ibidem, pp. 122-123.
4. Geer, ibidem, pp. 268-269.
5. アッリアノス（著）／大牟田（訳）前掲書，145 頁.
6. 合阪（訳）前掲書，242 頁.
7. J. W. M'Crindle, *The Invasion of India by Alexander the Great, as described by Arrian, Q. Curtius, Diodoros, Plutarch and Justin*, NewYork/London, 1896, pp. 404-405; H. G. Rawlinson, *Intercourse between India and The Western World*, Cambridge, 1926, p. 39; B. McGing (ed.), *Appian Roman History*, vol. III, London, 2019, pp. 114-115.
8. B. Turner/R. J. A. Talbert, *Pliny the Elder's World: Natural History*, Books. 2-6, Cambridge, 2002, p. 225.
9. ストラボン（著）／飯尾（訳）前掲書，432 頁.
10. P. Kosmin, "Apologetic Ethnography: Megasthenes' Indica and the Seleucid Elephant," In *Ancient Ethnography, New Approaches*, eds. by E. Almagor/J. Skinner, 2013, London, p.

105.
11 B. Kritt, *Seleucid Coins of Bactria*, Lancaster, 1996, pp. 2, 4, 13-16, pls. 1-2.
12 合阪（訳）前掲書，433-434 頁；H. Sidky, *The Greek Kingdom of Bactria*, Lanham, 2000, p. 140-145, 149.
13 ポリュビオス著・城江良和（訳）『歴史』3，京都大学出版会，2004 年，198-200 頁；Sidky, *op. cit*., pp. 165-173.
14 ポリュビオス著／城江（訳）前掲書，200 頁；Sidky, *op. cit*., p. 174.
15 A. Lichtenberger et al., *Das Diadem der hellenistischen Herrscher*, Bonn, 2012; M. J. Olbrycht, "The Diadem in the Achaemenid and Hellenistic Periods," *Anabasis* vol. 5, 2014, pp. 177-187.
16 Kritt, *op. cit*, 1996: *New Discoveries in Bactrian Numismatics*, Lancaster, 2015; *op. cit*., 2016.
17 Kritt, *op. cit*, 2016, pp. 1-18, pls.1-8, pp. 19-63, pls. 9-19.
18 Kritt, *op. cit*, 2015, pp. 100-110, color plate B.
19 P. Gardner, *A Catalogue of the Greek Coins in the British Museum, The Seleucid Kings of Syria*, 1963, p. 16, pls. 6-1.
20 Gardner, ibidem, p. 26. pl. IX-1.
21 Bopearachchi/Rahman, *op. cit*., pp. 80-85.
22 遺跡と出土遺物の概要については，以下を参照のこと。I. R. Pitschikjan, *Oxos-Schatz und Oxos-Tempel*, Berlin, 1992; B. A. Litvinsky/I. R. Pichikian, *The Hellenistic Temple of the Oxus in Bactria*, vol. 1, Moscow, 2000; B. A. Litvinsky, *The Temple of Oxus in Bactria*, vol. 2, Moscow, 2001; B. A. Litvinsky, *The Temple of Oxus in Bactria*, vol. 3, Moscow, 2010.
23 R. Schmitt, "Der Flussgott Oxos in der iranische Anthroponymie," In *Studia Philologica Iranica, Gherardo Gnoli Memorial Volume*, eds. by E. Morano, E. Provasi/A. V. Rossi, pp. 413-426. Roma, 2017.
24 K. Abdullaev, *Buddhist Iconography of Northern Bactria*, New Delhi, 2015, p. 53-58, figs. 18-24.
25 Boardman, *op. cit*., 2015.

第 4 章　マウリヤ朝

マウリヤ朝とは

　マウリヤ朝（前 322 年頃 – 前 185 年頃）は、インド亜大陸を初めて統一した王朝である。前 317 年頃、マガダ国のチャンドラグプタ・マウリヤ（以後チャンドラグプタと表記）は反乱を起こし、ナンダ朝を打倒して、首都を北インドのパータリプトラ（現パトナ）に置き、マウリヤ朝を建国した。第 2 代目のビンドゥサーラ王の後を継いだ第 3 代目のアショーカ王の時に全盛期を迎え、インド亜大陸全域を統一した。しかしながら、アショーカ王の死後国家は分裂し、紀元前 2 世紀初頭、シュンガ朝の勃興により滅亡した。

　マウリヤ朝の歴史については、史料が僅少な故に、いまだ不明瞭な点が多いが、支配者であった王の名前とその在位は、以下のように明らかになっている。

　チャンドラグプタ（Chandragupta maurya、在位：前 317 年頃 – 前 298 年頃）

　ビンドゥサーラ（Bindusara、在位：前 293 年頃 – 前 268 年頃）

　アショーカ（Asoka、在位：前 268 年頃 – 前 232 年頃）

　以後、ジャラウカス（Jalaukas）、ヴィーラセーナ（Vīrasena）など多数の支配者の名前が挙がっているが、王統が錯綜しているので、省略する[1]。

マウリヤ朝のガンダーラ支配

　チャンドラグプタ王は、ガンジス河とインダス河の流域を征服し、さらに東はベンガル湾に達し、西はアラビア海、南はヴィンディヤ山脈を越えてデカン地方まで征服した。特に、既述したように、セレウコス朝の創始者セレウコス 1 世と戦い、ガンダーラを含む西北インドからアフガニスタン南部までをその版図とした。かくして、インド亜大陸で初めて統一王朝を樹立したのである。このようにして、ガンダーラは初めてインド系王朝の支配を受けることとなったと考えられる。

　チャンドラグプタ王の時代のガンダーラについて記した史料は非常に乏し

く、上述したセレウコス1世との戦いについて言及しているギリシア語文献以外には、宰相であったカウティリヤが著した『実利論（Arthaśāstra）』に、以下のような記述があるのみである。「マドゥは葡萄汁（からできた酒）である。その産地（からつけられた）名称が、カーピシーヤーナとハーラフーカである」と書かれている[2]。カーピシーヤーナはアフガニスタン東南部のカーピシーである。一方、ハーラフーカはH・バッカーによれば、ハーラフーナとも呼ばれるが、フン族ではなく、パキスタン南部のシンド（Sindh）やトハーリスターンなどに住む民族とともに、『マハーバーラタ』などに言及される人々であり、ここではアフガニスタン南部からパキスタン南部のバローチスターンまで広がるスレイマン山脈付近を指しているかもしれないという[3]。それ故、葡萄酒の産地として、アフガニスタン南部および東部地域が、チャンドラグプタ王の時代にもマウリヤ朝下のインドにおいて知られていたと考えられる。

　チャンドラグプタ王の死後、息子のビンドゥサーラが即位した。ストラボン著『世界地誌』には、インドに長期滞在した者たちの疑わしい報告として、セレウコス朝の使者のメガステネースが、サンドゥラコットス（チャンドラグプタ）王のもとに、ディマコスが、この王の息子アリトゥロカデス（ビンドゥサーラ）王のもとへ赴いたと記している[4]。ビンドゥサーラ王の治世に関しては、インド側の史料もギリシア語の史料も、両方ともあまり語っていないようであるが、サンスクリット本『ディヴィヤ・アヴァダーナ』は、ビンドゥサーラ王とガンダーラについて叙述している[5]。『ディヴィヤ・アヴァダーナ』には、ビンドゥサーラ王の治世において、西北インドの中心地であったタクシャシラー（現タキシラ）市が反乱を起こしたので、息子のアショーカを派遣して鎮圧したことが記されている。『ディヴィヤ・アヴァダーナ』では、アショーカが武力をもって制圧したわけではなく、ビンドゥサーラ王から十分に兵士や、戦車、武器が与えられず、神々がアショーカに兵士と武器を貸与し、しかもタクシャシラーの住人はアショーカを出迎えて手厚い歓迎をしたという[6]。この伝説は、ビンドゥサーラ王と王子であったアショーカの仲が悪かったことを述べる際にしばしば引用されている[7]。『ディヴィヤ・アヴァダーナ』では、さらにその後、ビンドゥサーラ王が余

命いくばくもない頃に、再びタクシャシラーが反乱を起こすが、今度はスシーマ王子が派遣され、その間に、ビンドゥサーラ王が亡くなり、アショーカが即位するという話が語られている[8]。

　この他には、アテナイオス著『食卓の賢人』には、前281年にセレウコス1世が死去し、アンティオコス1世が即位すると、インド王アミトゥロカテス（アリトゥロカデス＝ビンドゥサーラ）が、東方の支配者となったアンティオコス1世に手紙を送り、上等な葡萄酒、干したイチジク、ソフィストを市場で買って送るように依頼してきたが、アンティオコス1世は葡萄酒とイチジクの売却には応じたが、ギリシアの国ではソフィストの売却は法に反するので拒否したとある[9]。このようなやり取りから、チャンドラグプタ王に続き、ビンドゥサーラ王も西方諸国とは良好な関係を築いていたことが判明するので、西方諸国もマウリヤ朝の領土に侵攻せず、ガンダーラの地が依然としてマウリヤ朝の支配下であったと考えられる。

　結局、ビンドゥサーラ王の後には、息子のアショーカが即位した。同王は特に、法（ダルマ）による支配を重視していたことで知られているが、仏教の保護者としても有名である。漢訳『阿育王伝』第1巻などは、アショーカ王が、同王の即位に反対した兄弟や多くの大臣、宮女等の家臣たちを殺害して即位したと極端に誇張して伝えている[10]。アショーカ王は仏教に改宗し、それを保護、奨励し、第3回の仏典結集を行ったといわれている。チャンドラグプタ王はジャイナ教の信者であったことが知られており、ビンドゥサーラ王の宗教も同様であったかは不明であるが、同王が多数のバラモンを供養し、アージーヴィカ教の僧が宮中に出入りしていたことなどが知られており、両王ともにバラモンが異端とみなす諸宗教に寛容であったといわれている[11]。アショーカ王が、仏教徒であったか否かについては賛否両論があるが、北伝の経典である『阿育王伝』第1巻には、アショーカ王の仏教改宗について伝説的な物語が伝えられている。誤って地獄に落ちたサムドラ比丘を救うために、アショーカ王が地獄に赴き、比丘から「仏陀が在世中に自分の死後100年後にアショーカという名の転輪王が出て、仏舎利を納めた8万4千塔を建立する」と予言され、アショーカ王は仏法僧に帰依し、地上を多数の仏塔で飾ることを誓ったという[12]。アショーカ王は釈迦牟尼仏陀の死後に分配され

たその舎利を全て集め、それをさらに再分配して8万4千の仏塔を建立したという伝説は、他の経典にも伝えられており、アショーカ王が仏教徒であったことの根拠となっている。それ故、少なくとも、アショーカ王は仏教を手厚く保護していたと考えられよう。

ガンダーラに仏教が伝播したのはアショーカ王の時代であったと考えられている。アショーカ王以前の2人の王は仏教に改宗したわけでもなく、特別に厚く保護したことも知られていないので、アショーカ王以前にガンダーラに仏教が伝播したとは考え難い。スリランカに伝わる『島史（Dīpavaṃsa）』などのパーリ文献によれば、アショーカ王は7カ所の地方に仏教の伝道師を派遣したが、カシュミールとガンダーラに派遣されたのはマッジャンティカ（Majjantika、末田底迦）であったという[13]。この伝説は、アショーカ王の時代に仏教がガンダーラに伝えられた蓋然性を示唆している。

アショーカ王の後、ガンダーラは後裔のジャラウカス、ヴィーラセーナなどが支配したが、やがて前章において既述したソーファガセーナはマウリヤ朝から独立して王となり、セレウコス朝のアンティオコス3世と同盟を結んだようである[14]。

アショーカ王の法勅

アショーカ王の名声や偉業は、ガンダーラにも伝わっていたと考えられる。アショーカ王は、カリンガ王国を武力で征服しようと、いわゆるカリンガ戦争を引き起こしたが、それによって多くの犠牲者を出してしまった。その反省から、武力ではなく法（ダルマ）による統治が必要と考え、自己の理想を官吏や民衆に知らしめるために、王国内の岩石や石柱に詔勅を刻ませた。これがいわゆるアショーカ王の法勅といわれるものであり、マウリヤ朝故地のインドのみならず、パキスタンやアフガニスタンにも布告した。H・ファルクによって、アショーカ王柱やアショーカ王碑文の出土地点と碑文の解釈の先行研究、その訳文がまとめられている[15]。パキスタンに関してはペシャワール地方のシャーバーズ・ガリーや、ハザーラのマーンセーラにアショーカ王碑文の中の摩崖法勅碑が残されている。この摩崖法勅は、原則として全14章から成る。その内容は、広く一般民衆や官吏にダルマの政治を示し、

ダルマの実践を求めたものであり、シャーバーズ・ガリーとマーンセーラ出土の磨崖法勅碑の第5章には、ガンダーラに法大官が設置され、法の確立と法の増進に従事していると刻まれている[16]。

図 4-1

このほか、パキスタンやアフガニスタンからは、アケメネス朝ペルシアの公用語であったアラム語で書かれたアショーカ王碑文が発見されており、伊藤義教によってタキシラの碑文と、1点のカンダハルの碑文及び、アフガニスタン東南部のラグマーンの碑文2点が和訳されている[17]。パキスタンのタキシラの都市遺跡シルカップにある双頭の鷲のストゥーパの近くにあった家屋の城壁からは、アラム語で書かれたアショーカ王碑文（図 4-1）が出土している。この碑文の内容は、生類の不殺生、法の実践などを説いたものである[18]。この他、アフガニスタンのカーブル東方のポーレ・ダルーンタ（Pol-e Darūnta）からも、アラム語のアショーカ王碑文の断簡が発見されている。カンダハルから出土したアショーカ王碑文は3点あり、ギリシア語とアラム語で書かれた碑文が1点と、ギリシア語で書かれた碑文が1点、マガダ語とアラム語の混成刻文碑文が発見されている[19]。また、ラグマーンからもアラム語碑文が2点出土している[20]。伊藤義教の和訳を参照すれば、ラグマーンの第2碑文では、アショーカ王によって、これまでは武器を備えて警護するための施設だった場所が、旅行者を救済する案内所に改められたことを伝えている。アショーカ王の治世における北西インドの治安が比較的良かったことがうかがえる。

マウリヤ朝のコイン

マウリヤ朝のコインはマガダ国などが発行していたパンチ刻銀貨（カールシャーパナ）を踏襲したものである。そのコイン（図 4-2）の形は、方形や矩

図 4-2

形であるが、不整形である。図柄は主に表に刻印されているが、花、太陽、丘、車輪、瘤牛、象、孔雀、人間、幾何学文など様々である。それらの文様をグループに分けて編年を行い、各王のコインを特定しようとする試みがあるが、発行者の名前が記されていないので、信憑性に難点があり、本書では、採用しない[21]。セレウコス朝や以下に述べる諸王朝のコインと比べると、コインの外観が貧弱で魅力に乏しいので、代表的な例を若干挙げるにとどめることにした。

マウリヤ朝下で発行されたコインの形態と図柄などは、同朝の滅亡後も、前2世紀半ば頃までタキシラなどで発行された銅貨（**図4-3**）に受け継がれていた。それらは新たに支配者となったギリシア人国王によっても模倣されたように、西パンジャーブの人々の幅広い支持を得ていたようである。

図 4-3

第4章 マウリヤ朝 *51*

マウリヤ朝の美術

　マウリヤ朝はイラン、西アジアのギリシア人やイラン人と友好関係をもっていたので、西方の文化を摂取することができた。その結果、アケメネス朝とセレウコス朝のギリシア文化が伝播した。建築面では、アケメネス朝ペルシアの列柱建築が採用され、パータリプトラの宮殿のアパダーナ（謁見の間）ともいうべき豪壮な建物が建設された。セレウコス1世が派遣した外交官のメガステネースの見聞録によると、非常に大きな都城で、建物は木と日干レンガで造られていたという[22]。また、法顕は5世紀の初めにパータリプトラを訪れ、「王宮の城壁や楼門石を積み重ねて造り、この世の人が造ったとは思えない見事な彫刻や文様が今も残っている」と記録している[23]。メガステネースは、建物の柱身は木製であったというが、現存するラウリヤー・ナンダンガルの砂岩製アショーカ王柱（図4-4）を見ると、そうではない。一般的にアショーカ王柱の柱頭は高さ2m、幅1mほどの大きな岩塊であるから、木製の柱では、長期間支えられなかったのであろう。アショーカ王柱は、30本ほど造られたが、いずれもチュナール産の石灰岩1本から造られており、ペルセポリス式の釣鐘蓮弁の上にアバクス（冠板）を、その上にペルシアライオンやインド産瘤牛などの丸彫りを乗せている。表面を磨研しているのはギリシアやアケメネス朝ペルシアの石柱や彫刻を手本としているからである。特に傑作といわれるサールナート出土のライオン柱頭（図4-5）は4頭のライオンを背合わせしたものであるが、アケメネス朝ペルシアの「牡牛背合わせ柱頭」に範をとったものである。ライオンの背中には、ライオンに匹敵する転輪聖王アショーカの法輪が乗せられ、法が獅子吼のように四方八方に伝導するインド的発

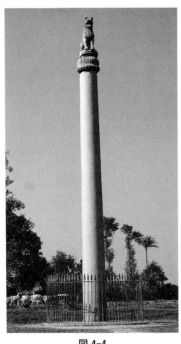

図 4-4

想が反映している。一方、非常に写実的なライオン像には、セレウコス朝の優れた写実的な丸彫り彫刻技術と、アケメネス朝の形式美を尊ぶ装飾的彫刻の影響が見られる。この他、ギリシアのイオニア式柱頭や波頭文、古代西アジアのパルメット文などを加えた折衷的な柱頭も発見されている[24]。

なお、玄奘は、この石柱を見て『大唐西域記』巻第7において、次のように称えている。

> （仏塔の）前に石柱の高さ七十余尺のものが建っている。石は玉のような潤いを含み、鏡のように綺麗に物を映す。心をこめて祈念すれば色々な影像が現れる[25]。

マウリヤ朝時代からは、ギリシアの神像に匹敵するような礼拝像のようなものは発見されていない。マウリヤ朝における最も有名な美術作品として、払子をもったヤクシニー像（図4-6）がある。これは、紀元前3世紀のマウ

図4-5

図4-6

第4章 マウリヤ朝 53

図 4-7

リヤ朝の時代に制作された女性の立像で、浮彫ではなく完全な丸彫りである。表面は極めて丁寧に研磨されて美しい光沢がある。出土地はマウリヤ朝の首都があったパータリプトラの郊外のディーダルガンジで、他のヤクシャ像などの男子像などと共に発見された。アメリカのインド美術史家D・M・シュリニバサンによって、この女性像は、高級娼婦ガニカーをモデルとして作成されたと推定されている[26]。この女性像は、ヤクシニーとしては、装飾品が少なく、また邪鬼や怪獣などにも乗っていないので、高級娼婦として比定しても何ら奇異なことではない。この他、南インドからは、ラーマグラーマの竜王からアショーカ王が仏陀の舎利を奪う物語を表現した浮彫が数点出土している[27]。

　また、マウリヤ朝の後の時代であるが、ガンダーラにおいても、アショーカ王が支配した足跡を示すものとして、アショーカ王の「施土説話」を表現した仏伝浮彫（図 4-7）が幾つか発見されている。

注
　1 中村元『インド古代史』（上）』春秋社，1978 年，422-429 頁．

2 カウティリヤ（上村勝彦訳）『実利論―古代インドの帝王学―（上）』岩波書店，1984年，195頁．
3 H. T. Bakker, *The Alkhan: A Hunnic People in South Asia*, Groningen, 2020, p. 38. 原文は，02.25.24/mṛdvīkāraso madhu//02.25.25/tasya svadeśo vyākhyānaṃ kāpiśāyanaṃ hārahūrakam iti//と書かれている．Cf. R. P. Kangle, *The Kauṭilīya Arthaśāstra*, part. I, 1969, Bombay, reprinted in 1986, p. 79: *The Kauṭilīya Arthaśāstra*, part. II, 1963, Bombay, p. 178.
4 ストラボン（飯尾都人訳）『ギリシア・ローマ世界地誌 I』龍渓書舎，1994年，126-127頁．
5 平岡聡『ブッダが謎解く三世の物語―『ディヴィヤ・アヴァダーナ』全訳―』下巻，2007年，78-81頁．
6 平岡前掲書，2007年，78-79頁．
7 中村前掲書，407頁．
8 平岡前掲書，2007年，80-81頁．
9 アテナイオス／柳沼重剛（訳）『食卓の賢人たち』第5巻，西洋古典叢書，京都大学学術出版会，2004年，294頁．
10 山崎元一『アショーカ王伝説の研究』春秋社，1979年，45-48；『大正新脩大蔵経』第50巻，101頁上‐下．
11 山崎元一『アショーカ王とその時代―インド古代史の展開とアショーカ王』春秋社，1982年，111-112頁．
12 山崎前掲書，1979年，57-58頁；『大正新脩大蔵経』第50巻，101頁中‐102頁上．
13 H. Oldenberg, *The Dīpavaṃsa*, reprint of 1879 edition, New Delhi, 1982, pp. 53, 159；山崎前掲書，1979年，103-138頁．
14 A. K. Narain, *The Indo-Greeks*, Oxford, 1957, pp. 8-9.
15 H. Falk, *Aśoka Sites and Artefacts: A Source-Book with Bibliography*, Mainz am Rhein, 2006.
16 E. Hultzsch, *Inscriptions of Asoka, New Edition*, Oxford, 1925, p. 56-57, 75；塚本啓祥『アショーカ王碑文』レグルス文庫54，第三文明社，1976年，90-91頁．
17 伊藤義教「阿育王のアラム語碑とそのイラン学的価値について―アヴェスター語の故土にも言及して」『ゾロアスター研究』岩波書店，1979年，447-496頁．
18 H. Humbach, "Die Aramäische Aśoka-Inschrift von Taxila," *Akademie der Wissenschaften und der Literatur*, Geistes- und Sozialwissenschaftlichen Klasse, Jahrgang 1969-1, 1969, pp. 3-13；伊藤前掲論文，1979年，450-457頁．
19 Falk, *op. cit.*, pp. 241-257.
20 ラグマーンから出土した碑文のうち、第1碑文はH・フンバッハによって独語訳されており、第2碑文は、D・ダヴァリとフンバッハによって発見され、解読されているが、第1碑文及び第2碑文は、伊藤義教による和訳もあり、フンバッハなどの独語訳を訂正している。"Die Aramäische Aśoka-Inschrift vom Laghman-Fluss," *Indologentagung 1971*, eds. by H. Härtel/V. Moeller, Wiesbaden, 1973, pp. 161-169: D. Davary/H. Hunbach, "Eine weitere aramäoiranische Inschrift der Periode des Aśoka aus Afghanistan," *Akademie der Wissenschaften und der Literatur, Geistes- und Sozialwissenschaftlichen Klasse*, Jahrgang 1974-1, 1974, pp. 3-16；伊藤前掲論文，1979年，468-469頁．
21 M. Mitchiner, *The Ancient & Classical World*, London, 1978, pp. 537-546.
22 McCrindle, *op. cit.*, 1926, pp. 65-68.

23 長澤和俊訳注『法顕伝』雄山閣,1996 年,81-82 頁.
24 B. Rowland, *The Art and Architecture of India Buddhist/Hindu/Jain*, Baltimore, 1968, p. 45. fig. 3.
25 玄奘（著）／水谷（訳）前掲書,217 頁；京都帝大文科大学（編）『大唐西域記』巻第 7,国書刊行会,1972 年,3 頁：高七十餘尺。石含玉潤鑒照映徹。慇懃祈請影見衆像。
26 D. M. Srinivasan, "The Mauryan Ganikā from Dīdārgañj (Pātaliputra)," *East and West*, vol. 55, 2005, pp. 345-362.
27 田辺理「インド古代美術に見られるナーガ王の舎利容器供養と仏塔供養」『美術史』178,2015 年,234-248 頁,挿図 1-6.

第 5 章　グレコ・バクトリア朝

グレコ・バクトリア朝とは

　グレコ・バクトリア朝（Greco-Bactrians、前 255 年 – 前 130 年頃）は、ヒンドゥー・クシュ山脈からアム（オクサス）河の間、すなわち現在のアフガニスタン北部、ウズベキスタンとタジキスタン南部に建てられたギリシア人王国である。王国の名称のグレコ・バクトリアとは、ギリシア人のバクトリアという意味であり、地域名としてバクトリアと区別するために、グレコ・バクトリアと呼ばれている。首都はバクトラで、アフガニスタン北部のバルフであるといわれているが、残念ながらバルフの都市遺跡の考古学的発掘がまだなされていないので、その実態は不明である。

　さらに、この王朝の歴史についても、文献史料が殆ど存在していないので、以下の国王たちが発行したコインの研究によって、歴史を復元することがなされてきた。本書では O・ボペアラッチー著『グレコ・バクトリアとインド・グリーク朝の貨幣』に基づいて解説を行う[1]。

ヒンドゥー・クシュ山脈の北方を支配した国王
　ディオドトス 1 世（Diodotus I Sōtēr、在位：前 255 年 – 前 235 年頃）
　ディオドトス 2 世（Diodotus II Theos、在位：前 235 年 – 前 230 年頃）
　エウティデーモス 1 世（Euthydemus I、在位：前 230 年 – 前 200 年頃）
　デーメートリオス 1 世（Demetrius I、在位：前 200 年 – 前 190 年頃）
　エウティデーモス 2 世（Euthydemus II、在位：前 190 年 – 前 185 年頃）
　アンティマコス 1 世（Antimachus I Theos、在位：前 185 年 – 前 170 年頃）
　デーメートリオス 2 世（Demetrius II、在位：前 175 年 – 前 170 年）
　エウクラティデース 1 世（Eucratides I、在位：前 170 年 – 前 145 年頃）
　エウクラティデース 2 世（Eucratides II、在位：前 145 年 – 前 140 年）
　プラトーン（Platon、在位：前 145 年 – 前 140 年）
　ヘリオクレス 1 世（Heliocles I、在位：前 145 年 – 前 130 年）

ヒンドゥー・クシュ山脈の南方を支配した国王

　アガトクレス（Agathokles、在位：前190年 – 前180年頃）

　パンタレオン（Pantaleon、在位：前190年 – 前185年頃）

　アポロドトス1世（Apollodotus I、在位：前180年 – 前160年頃）

　アンティマコス2世（Antimachus II Nikephorus、在位：前160年 – 前155年）

グレコ・バクトリア朝の歴史

　バクトリアのギリシア人植民者は当初、セレウコス朝に服属していたが、帝政ローマの歴史家ユニアヌス・ユスティヌスが著した『地中海世界史（M. Iuniani Iustini Epitoma Historiarum Philippicarum Pompei Trogi）』によれば、やがて前3世紀の半ばに、ディオドトスがアンティオコス2世ないしはセレウコス2世に反旗を翻して独立し、グレコ・バクトリア朝を開いたという[2]。ポリュビウス著『歴史』は、やがてディオドトス1世ないしその息子のディオドトス2世は、部下の将軍のエウティデーモス1世に王位を奪われたと述べている[3]。また、前206年に、セレウコス朝のアンティオコス3世が失地回復をめざしてバクトリアに侵入し、首都のバクトラを包囲したが、エウティデーモス1世は、和議を結ぶことに成功して事なきを得たという[4]。その後を継いだ息子のデーメートリオス1世は、グレコ・バクトリア朝の支配を、ヒンドゥー・クシュ山脈の南方にまで拡大した偉大な国王であった。同王が新たに獲得した領土は、アフガニスタン東南部のカーピシーと南部のアラコシアであって、ギリシア人の支配は、まだガンダーラには及んでいなかったようである。

　デーメートリオス1世の没後、エウティデーモス2世が即位したが、アガトクレスとパンタレオン兄弟と争った結果、グレコ・バクトリア朝はヒンドゥー・クシュ山脈を境にして南北に分裂した。エウティデーモス2世はヒンドゥー・クシュ山脈以北のバクトリアの一部だけを支配したが、アガトクレスとパンタレオンはバクトリアの一部のみならず、ヒンドゥー・クシュ山脈以南のカーピシーから南方のガズニー、アラコシア、さらに東方のガンダーラ及びパンジャーブ地方を支配した。

　バクトリアでは、エウティデーモス2世の後にアンティマコス1世が即位

したが、デーメートリオス2世を経て、エウクラティデース1世が台頭した。ユニアヌス・ユスティヌス著『地中海世界史』によれば、エウクラティデース1世は「インド人の王（Rex Indorum）」と呼ばれたデーメートリオスと戦って勝利したという[5]。デーメートリオス2世はカーピシーとアラコシアなどのいわゆる「インド」領（アフガニスタン南部）を支配していたから、上記の「インド人の王」と呼ばれたデーメートリオス王は、デーメートリオス2世の可能性もある。しかしながら、この見解には異論もある[6]。

一方、ヒンドゥー・クシュ山脈南方のカーピシー、ガズニー、アラコシアでは、アポロドトス1世がアガトクレスとパンタレオン兄弟の所領を継承し、ガンダーラからパンジャーブをしばらくの間、実効支配した。その後、バクトリアを支配していたデーメートリオス2世がヒンドゥー・クシュ山脈を超えて南方のカーピシーからアラコシアへと進出した。しかしながら、しばらくすると、その領土はアンティマコス2世に奪われた。

やがてエウクラティデース1世がバクトリアの王となり、ヒンドゥー・クシュ山脈を越えて南進して、アンティマコス2世の所領を奪った。かくして、エウクラティデース1世は、ヒンドゥー・クシュ山脈の南北を支配するに至り、グレコ・バクトリア朝の版図を大幅に拡張したが、バクトリアとガンダーラを統治した最後のグレコ・バクトリア朝の国王となった。というのは、彼は極めて精力的な征服者であったが、「インド」侵略からの帰路、3人の息子の中の1人に殺害されてしまったとユニアヌス・ユスティヌスは『地中海世界史』において記しているからである[7]。その暗殺者はエウクラティデース2世、あるいはプラトーン王ないしはヘリオクレス1世であるが、父親の血の海の上を戦車で蹂躙し、遺体を埋葬せずに捨て去ったといわれる[8]。

エウクラティデース1世の没後、グレコ・バクトリア朝の衰退が始まり、前145年頃、中国北部にいた大月氏や中央アジアの遊牧民アシオイ（Asioi）、パシアノイ（Pasianoi）、トハロイ（Tokharoi）、サカラウロイ（Sakarauloi）などがバクトリアに侵入したので、グレコ・バクトリア朝のギリシア人たちは主都アイ・ハヌムから去ったといわれるが、それはアイ・ハヌムで発掘されたグレコ・バクトリア朝のコインからも確認される[9]。上記のヘリオクレス1世はバクトリアを支配した最後のギリシア人王となり、その後ギリシア人

の支配は、ヒンドゥー・クシュ山脈以南に限定された。これ以後のギリシア人の王朝を、本書ではインド・グリーク朝と呼ぶことにする（第6章参照）。

グレコ・バクトリア朝のコイン

バクトリアではセレウコス朝時代に少なくともアイ・ハヌムの都市に造幣所があって、コインを発行していたことが判明している[10]。この王朝のコインはセレウコス朝のコインタイプと同じく、表に発行者の胸像（肖像）を、裏面に信仰しているギリシアの神とギリシア語文字（属格）を用いた銘文を刻印している。国王の肖像とギリシアの神像は、セレウコス朝由来のヘレニズム美術の技法で造られたので、非常に写実的な様式で見事に表現され、古代世界の最も優れた貨幣美術の1つと絶賛されている。アフガニスタン北部のクンドゥーズの西方ほぼ70km、クンドゥーズ川のほとりにあるキシュト・テペ（Khisht-tepe）から一括埋蔵コインが発見されている[11]。

グレコ・バクトリア朝のコインは、アッティカの重量単位を採用しており、スタテール金貨が約8.6gあり、銅貨は4種類あり、そのうち4ドラクマとドラクマは、それぞれ約17gと約4.25gである。それ以下の重量のコインでは、3種類のオボル銅貨がある。1オボルは、約0.6gとなる[12]。

＊ディオドトス1世

グレコ・バクトリア朝の創始者であるディオドトス1世が発行したスタテール金貨（**図5-1**）には、表には宗主のセレウコス朝のアンティオコス2世の胸像とギリシア語・ギリシア文字銘「ΒΑΣΙΛΣΩΣ ΑΝΤΙΟΧΟΥ（Basileōs Antiochou、アンティオコス王の（発行））」が刻印されている。この金貨の胸像の頭部の部分に切れ込みがあるのは、金の質を確かめるために後世の人が刻んだものである。裏に、左手に盾、右手に雷霆を掲げるゼウス神を表している。戸田敬によれば、このようなディオドトス1世発行のコインに描写された「投擲するゼウス」のデザインは、後のアンティマコス2世やメナンドロス（1世、Menandrus）が発行したコインの「投擲するアテナ」の図像にも受け継がれ、貨幣を通して「槍で勝ち取った領土」を表明しているという[13]。ディオドトスという名前は「ゼウス神からの贈り物」を意味するので、ゼウ

図 5-1

ス神によって自己の卓越性を顕示したのであろう。この他にも、ディオドトス1世は同じ図柄の4ドラクマ銀貨を発行している。

＊ディオドトス2世

　ディオドトス2世が発行したコイン（**図 5-2**）の表裏の図柄は、ディオドトス1世のコインの場合と同じであるが、銘文にはアンティオコスという名前はもはやなく、ディオドトスという発行者の名前と称号「ΒΑΣΙΛΣΩΣ ΔΙΟΔΟΤΟΥ（Basileōs Diodotou、ディオドトス王の）」が刻印されているので、彼がセレウコス朝から独立したことが確認される。このように発行者名と称号を属格（「の発行」）でコインに表記する銘が、以後の諸王に継承された。

図 5-2

＊エウティデーモス1世

　ディオドトス2世はエウティデーモス1世に王位を奪われた。エウティデーモス1世のコイン（図5-3）は、表に国王の胸像、裏に、アレクサンダー大王が信仰した英雄ヘラクレスの坐像を刻印した4ドラクマ銀貨を発行した。ヘラクレスは、岩の上に腰をおろして、右手に棍棒をもって坐っている。ギリシア語・ギリシア文字銘文は裏面に「ΒΑΣΙΛΕΩΣ ΕΥΘΥΔΗΜΟΥ（Basileōs Euthydemou、エウティデーモス王の）」とある。

図 5-3

＊デーメートリオス1世

　エウティデーモス1世の息子のデーメートリオス1世の発行した4ドラクマ銀貨（図5-4）には、裏にヘラクレス立像、表にインド象の頭部をかたどった冠を戴く国王胸像が刻印されている。これは、アレクサンダー大王のインド征服を象徴するインド象を冠のモデルとしており、インド象によってインド征服を象徴すると同時に、第2のアレクサンダー大王を自負したからだと解釈されている[14]。そのインドは、上述したように、インド亜大陸ではなく、アフガニスタン南部のカンダハル（Kandahar）地方であるといわれている。裏のヘラクレス立像は左手に棍棒とネメアのライオンの毛皮をもち、中央アジア原産の野生チューリップの花よりなる冠を右手で頭に乗せ、軍事的勝利を象徴している[15]。ギリシア語・ギリシア文字銘文は裏面に「ΒΑΣΙΛΕΩΣ ΔΗΜΗΤΡΙΟΥ（Basileōs Demetriou、デーメートリオス王の）」とある。

図 5-4

＊エウティデーモス 2 世

　バクトリアでは、その後エウティデーモス 2 世が即位したが、その支配はヒンドゥー・クシュ山脈以北のバクトリアに限られた。そのコイン（**図 5-5**）は表に国王の胸像、裏にデーメートリオス 1 世の場合同様、チューリップ冠をいただき、右手でリボン・ディアデム、左手にネメアのライオンの毛皮と棍棒をもったヘラクレスの立像を刻印している。ギリシア語・ギリシア文字銘文は裏面に「ΒΑΣΙΛΕΩΣ ΕΥΘΥΔΗΜΟΥ（Basileōs Euthydemou、エウティデーモス王の）」とある。

図 5-5

＊アンティマコス 1 世

　エウティデーモス 2 世の後にバクトリアの支配者となったのは、アンティマコス 1 世である。アンティマコス 1 世は、4 ドラクマやドラクマ銀貨を発

図 5-6

行した。同王のコイン（**図 5-6**）は、表にギリシアの典型的なカウシア帽を被った国王胸像を、裏に、左手に棗椰子の枝葉、右手に三叉の矛をもった、オクサス河を象徴する海神ポセイドーンの立像を刻印している。ギリシア語・ギリシア文字銘文は裏に「ΒΑΣΙΛΕΩΣ ΘΕΟΥ ΑΝΤΙΜΧΟΥ（Basileōs theou Antimacou、アンティマコス神王）」とあって、同王を神格化している。

＊デーメートリオス 2 世

アンティマコス 1 世の後にバクトリアからカーピシーとアラコシアを支配したデーメートリオス 2 世のコインは 2 種類あるが、4 ドラクマ銀貨とドラクマ銀貨しか知られていない。コイン（**図 5-7**）の表裏の図柄は同一で、表に国王胸像、裏に神盾（aegis）と槍をもち、武装したアテナ女神の立像を正面観で表し、ギリシア語・ギリシア文字銘「ΒΑΣΙΛΕΩΣ ΔΗΜΗΤΡΙΟΥ（Basileōs

図 5-7

Demetriou、デーメートリオス王の)」を刻印している。

＊パンタレオン

　一方、エウティデーモス 2 世のライバルとなったのは、パンタレオンとアガトクレスの兄弟であった。彼らはヒンドゥー・クシュ山脈の南方のカーピシー、アラコシア、ガンダーラ、パンジャーブを領有した。パンタレオン王のコイン（**図 5-8**）は、表に国王胸像、裏にヘカテ女神を右手に乗せ、左手に錫杖をもって背もたれのある椅子に坐るゼウス神倚像を刻印した 4 ドラクマ銀貨である。ギリシア語・ギリシア文字銘文は裏に「ΒΑΣΙΛΕΩΣ ΠΑΝΤΑΛΕΟΝΤΟΣ（Basileōs Pantaleontos、パンタレオン王の）」とある。

図 5-8

＊アガトクレス

　アガトクレス王が発行した 4 ドラクマ銀貨（**図 5-9**）では、表に国王胸像、裏に左手に錫杖、右手にヘカテ女神を乗せたゼウス神立像を正面観で表現している。ヘカテ女神は両手に松明をもっている。ギリシア語・ギリシア文字銘文は、裏に「ΒΑΣΙΛΕΩΣ ΑΓΑΘΟΚΛΕΟΥΣ（Basileōs Agathokleous、アガトクレス王の）」と刻印されている。さらに、アレクサンダー大王、アンティオコス 2 世、ディオドトス 1 世ないしは、ディオドトス 2 世、エウティデーモス 1 世、デーメートリウス 1 世（**図 5-10**）、パンタレオンなどの先王と兄弟を神格化した胸像を刻印して、グレコ・バクトリア朝の正当な後継者であると主張した系譜コインも発行している。それらコインにおいては、表に先王

図 5-9

図 5-10

の胸像とギリシア語・ギリシア文字銘、裏にゼウス神ないしはヘラクレス像を刻印し、己の名を刻印している[16]。

さらにアガトクレス王は、ヒンドゥー教ヴィシュヌ派の神サムカルシャナ・バララーマ（Saṃkarṣaṇa-Balarāma）とヴァースデーヴァ・クリシュナ（Vāsudeva-Kṛṣṇa）の方形銀貨（**図 5-11**）を発行している。表にはギリシア語・ギリシア文字で王名「ΒΑΣΙΛΕΩΣ ΑΓΑΘΟΚΛΕΟΥΣ（Basileōs Agathokleous、アガトクレス王の）」と棒（杵）と農具の鋤をもつサムカルシャナ・バララーマが刻印され、裏にはブラーフミー文字銘「Rajane Agathuklayasa（アガトクレス王の）」とヴィシュヌ神の美しい車輪（sudarśanacakra）と法螺貝をもつクリシュナ神が表現されている[17]。アガトクレス王は、葡萄と葡萄酒の神ディオニューソスの胸像とその眷属の豹、葡萄の樹を刻印したニッケルの4ドラクマ銀貨をも発行している。サムカルシャナ・バララーマは農業の神であるので、農業の神でもあるディオニューソス神と習合したのであろう。その結果、良質の

図 5-11

　葡萄と葡萄酒の産地として著名なカーピシーで発行したニッケルの 4 ドラクマ銀貨と、それに対応するようなこの方形銅貨をカーピシーないしタキシラで発行したのではないかと思う。この稀有な方形銅貨は、アフガニスタン北部のアイ・ハヌムの行政区から発掘されたが、ブラーフミー文字銘を用いたこのコインは、ギリシア人がインダス河東岸のパンジャーブ地域にまで支配を拡張したことを物語る。かくして、アガトクレス王はヒンドゥー・クシュ山脈以南のカーピシーからガンダーラ、タキシラに至る、インド人の居住する地域を征服して、統治した最初のグレコ・バクトリア朝の王となったのである。

　興味深いのは、彼ら 2 人がアフガニスタン東南部のカーピシーないしは、タキシラで発行したといわれる方形銅貨（図 5-12）である。表には、インドの都市の守護女神ナガラ・デーヴァター（Nagaradevatā）を、裏には、当時ガンダーラにも棲息していたペルシア・ライオンを表現している[18]。ペルシア・ライオンは、まだ当時はガンダーラに棲息していた可能性があるが、第 13 章において詳述する、西暦 5 世紀の初めにガンダーラを訪れた中国人仏僧の宋雲の見聞録によれば、跋堤国（バクトラ）が 2 頭の獅子をガンダーラの国王であるフン族のテギンのミヒラクラ（？）に贈ってきたという[19]。それ故、6 世紀にガンダーラのペルシア・ライオンは絶滅していたのであろう。いずれにせよ、この方形銅貨の表には国王名「Rajane Agathuklayasa（アガトゥクラヤ王の）」、あるいは「Rajane Pamtalevasa（パンタレヴァ王の）」

第 5 章　グレコ・バクトリア朝　67

図 5-12

がブラーフミー文字で記され、裏面にはギリシア語・ギリシア文字で「ΒΑΣΙΛΕΩΣ ΑΓΑΘΟΚΛΕΟΥΣ（Basileōs Agathokleous、アガトクレス王の）」あるいは「ΒΑΣΙΛΕΩΣ ΠΑΝΤΑΛΕΟΝΤΟΣ（Basileōs Pantaleontos、パンタレオン王の）」と記されている。ブラーフミー文字を銘に使用したのは、インド・グリーク朝の王の中では、この2人だけである。この2人の国王は、マウリヤ朝系の不整形銅貨も発行するなど、コインの銘文や形態のインド化を推進したが、その意図はタキシラから南方の西パンジャーブのインド人住民の支持を得るためであったと考えられる[20]。

＊アポロドトス1世

　次に、ヒンドゥー・クシュ山脈以南において、アガトクレスとパンタレオン兄弟の版図を継承したのはアポロドトス1世であった。同王の時代に発行されたコイン（**図 5-13**）から、ギリシア語・ギリシア文字と、ガンダーラ土着のガンダーラ語・カローシュティー文字でコインの銘文を表記するようになった。これはガンダーラの実効支配を意味し、この後、このギリシア文字とカローシュティー文字の2種類の文字銘は、アポロドトス1世からガンダーラを奪取したエウクラティデース1世以後のインド・グリーク朝の諸王によって踏襲され、ガンダーラのコイン銘文の基準となった[21]。

図 5-13

＊アンティマコス 2 世

　アンティマコス 1 世の後にバクトリアを支配したデーメートリオス 2 世からヒンドゥー・クシュ山脈以南のカーピシー、アラコシアを、さらにアポロドトス 1 世の支配していたガンダーラ、パンジャーブを手にいれたのはアンティマコス 2 世ニケフォロス（Nikephoros）であった。同王が発行したコインは 2 種類で、ドラクマ銀貨と方形銅貨しか知られていない。ドラクマ銀貨（**図 5-14**）は表に、ニケフォロスという称号通りに棗椰子の枝葉をもつ有翼のニケ女神立像と、ギリシア語・ギリシア文字銘「ΒΑΣΙΛΕΩΣ ΝΙΚΗΦΟΡΟΥ ΑΝΤΙΜΑΧΟΥ（Basileōs Nikephorou Antimacou、勝利をもたらすアンティマコス王の）」を、裏面に騎馬人物像とカローシュティー文字銘「Maharajasa jayadharasa Aṃtimakhasa（勝利をもつアンティマカ大王の）」を刻印している。この騎馬の王侯風人物はカウシア帽を被り、馬に乗っている。クリブと S・

図 5-14

第 5 章　グレコ・バクトリア朝　69

グレンの研究によれば、馬には牡牛の角が2本ついているものもあり、この騎馬人物と馬は神格化されたアレクサンダー大王と愛馬ブーケファロスで、以後インド・グリーク朝のフィロクセノス、ヘルマイオスなど数人の国王が発行した銀貨の裏面に刻印されているという[22]。

方形銅貨は、表に神盾とギリシア文字銘（同上）を、裏面に王冠と棗椰子の枝葉とカローシュティー文字銘（同上）を刻印している。

＊エウクラティデース1世

その後、エウクラティデース1世が、恐らくデーメートリオス2世から王位を篡奪して国王となり、さらにアンティマコス2世の領土も奪ったようである[23]。同王は極めて多くのコインを発行したが、コインのタイプは2種類である。最も多いのはギリシア語・ギリシア文字だけの銘文「ΒΑΣΙΛΕΩΣ ΕΥΚΡΑΤΙΔΟΥ（Basileōs Eukratidou、エウクラティデース王の）」を刻印したタイプで、4ドラクマ銀貨（図5-15）、ドラクマ銀貨（図5-16）、オボル銀貨を発行した。図柄はほぼ同一で、表に国王胸像、裏に騎馬のディオスクーロイ（ゼウス神の双子）とギリシア語・ギリシア文字銘を刻印している。表の胸像は無帽の場合と、ヘルメットを被ったタイプに2分されるが、槍を構える場合（図5-17）もある。もう1つのタイプはギリシア語・ギリシア文字銘「ΒΑΣΙΛΕΩΣ ΜΕΓΑΛΟΥ ΕΥΚΡΑΤΙΔΟΥ（Basileōs Megalou Eukratidou、エウクラティデース大王の）」とガンダーラ語・カローシュティー文字銘「Rajasa mahatakasa Eukratidasa（偉大なエウクラティデース王の）」を用いた方形銅貨である。その表の図柄はヘルメットを被った国王胸像、裏はディオスクーロイの騎馬像である。このコインに用いられたガンダーラ語・カローシュティー文字銘文は、同王がカーピシーとガンダーラを支配したことを意味している。さらに、同王が発行した方形銅貨の裏面にはカーピシー市の守護女神が刻印され、「Kavisiye nagara devata（カーピシー市の女神）」と女神名が表されている[24]。

同王が発行した特異なコイン（図5-18）として、両親の並んだ胸像を裏面に刻印したものがある。ギリシア語・ギリシア文字銘文は「ΗΛΙΟΚΛΕΟΥΣ ΚΑΙ ΛΑΟΔΙΚΗΣ（Eliokleous kai Laodikēs、ヘリオクレスとラオディケー）」とあるが、父親は国王の標識たるリボン・ディアデムを頭に着けていないから、

図 5-15

図 5-16

図 5-17

第5章 グレコ・バクトリア朝 71

図 5-18

エウクラティデース 1 世は王族出身ではなかったと、ボペアラッチーは推定している[25]。この他にも、ヒンドゥー・クシュ山脈の北方のバクトリアと南方のカーピシーとガンダーラ地方を統一したエウクラティデース 1 世は、恐らくその偉業を記念すべく、大型の金貨を発行した[26]。

＊エウクラティデース 1 世の後継者 3 人のコイン

　エウクラティデース 1 世の後継者の共同統治者は以下のように 3 人想定されている。エウクラティデース 2 世のコインは 4 ドラクマ銀貨（**図 5-19**）とドラクマ銀貨の 2 種類が知られている。いずれも表に国王胸像、裏面には左手に弓、右手に 1 本の矢をもつアポロン神立像を刻印している。銘文は裏面にギリシア語・ギリシア文字で、父親の場合同様「ΒΑΣΙΛΕΩΣ ΕΥΚΡΑΤΙΔΟΥ（Basileōs Eukratidou、エウクラティデース王の）」と記されている。父親のエウクラティデース 1 世を殺害した最有力候補はプラトーン王で 4 ドラクマ銀貨（**図 5-20**）しか発行していない。その表には無帽あるいはヘルメットを被った国王胸像、裏には、馬 4 頭立て戦車に乗った太陽神ヘリオスが刻印されている。ギリシア語・ギリシア文字銘は、裏面に「ΒΑΣΙΛΕΩΣ ΕΠΙΦΑΝΟΥΣ ΡΛΑΤΩΝΟΣ（Basileōs Epiphanous Platōnos、神が顕現したプラトーン王の）」と刻印されている。もう 1 人の後継者でプラトーン王を殺害したともいわれるヘリオクレス 1 世のコインは 3 種類ある。その 1 つのコイン（**図 5-21**）は、表に無帽の国王胸像、裏にヒーマティオンを纏い、左手に錫杖、右手に雷霆をもつゼウス神の立像を刻印している。少数ではあるが、その他の 4 ドラク

図 5-19

図 5-20

図 5-21

マ銀貨とドラクマ銀貨では、表にヘルメットを被った国王胸像、裏にゼウス神倚像を刻印している。裏のギリシア語文字銘は「ΒΑΣΙΛΕΩΣ ΔΙΚΑΙΟΥ ΗΛΙΟΚΛΕΟΥΣ（Basileōs Dikaiou Hliokleous、正義の人ヘリオクレス王の）」である。この正義という称号は、父親殺しの悪人で、神が顕現しているなどと標榜する、不遜なプラトーンを誅戮した功績を誇示しているのかも知れない。

いずれにせよ、これら3人の国王のコインはギリシア語・ギリシア文字だけの銘文を用いているので、全てバクトリアで発行され、3人ともバクトリアの一部だけを支配していたことがわかる。

グレコ・バクトリア朝の美術

ギリシア人植民都市遺跡がアフガニスタン北部、オクサス河とコクチャ川の合流地点であるアイ・ハヌムにて、フランスの調査団によって1960年代から1970年代にかけて発掘され、円形劇場、体育館（gymnasium）を備えた都市（図5-22）の存在が確認され、ヘルメス柱（Hermaic pillar）（図5-23）、ゼウス神像の左足の大理石彫刻（図5-24）、粘土製肖像、4ドラクマ銀貨、銅貨などが出土した[27]。この発掘結果により、バクトリアにギリシア文化が根付いていたことが初めて確認された[28]。というのは、それ以前には、バクトリアのギリシア文化の存在を実証するのは、ヘレニズム美術の傑作と評価さ

図 5-22

図 5-23

図 5-24

れた優秀な4ドラクマ銀貨に刻印された国王胸像や、ギリシア語・ギリシア文字銘とエルミタージュ美術館所蔵の円形の馬飾りである銀製ファレーラ（図 5-25）しかなく、ガンダーラ仏教美術のギリシア起源説を提唱していた

図 5-25

第5章 グレコ・バクトリア朝 75

A・フーシェが、バクトリアのギリシア文化は「幻」でしかないと嘆かざるを得なかったほど、ギリシア文化遺産が知られていなかったからである[29]。

注

1 O. Bopearachchi, *Monnaies Gréco-Bactriennes et Indo-Grecques*, Paris, Bibliotèque Nationale, 1991; O. D. Hoover, *Handbook of Coins of Baktria and Ancient India*, Lancaster, 2013 も参照した。

2 Narain, *op. cit.*, p. 12；合阪學（訳）前掲書, 433 頁. グレコ・バクトリア朝の歴史については、前田耕作『バクトリア王国の興亡』第三文明社, 1992 年を、また、バクトリアの文化史については、V. マッソン（著）／加藤九祚『埋もれたシルクロード』岩波書店, 1970 年を参照されたい。

3 Narain, *ibidem*, p. 18.

4 Bopearachchi/Rahman, *op. cit*, p. 27.

5 Sidky, *op. cit.*, p. 185.

6 Sidky, *op. cit.*, pp. 190-199.

7 Sidky, *op. cit.*, pp. 221-222.

8 合阪學（訳）前掲書, 436 頁；O. Bopearachchi, *From Bactria to Taprobane*, Selected Works of Osmund Bopearachchi, vol. I, New Delhi, 2015, p. 495.

9 F. Holt, "The Euthydemid Coinage of Bactria: Further Hoard Evidence from Aï Khanoum," *Revue Numismatique*, t. 23, 1981, pp. 7-44, tables I-III; Francfort et al., *Il y a 50 ans...la découverte d'Aï hanoum*, Paris, 2014, pp. 91-97.

10 Kritt, *op. cit*, 2015, pp. 99-102, color pl. B: *op. cit*, 2016, pp. 156-166.

11 R. Curiel/G. Fussman, *Le trésor monértaire de Kunduz*, Paris, 1965, pls. I-LIII.

12 Hoover, *op. cit.*, pp. 80-81.

13 戸田敬「鋳造貨幣からみたグレコ・バクトリア王国の成立」『山形大学歴史・地理・人類学論集』6, 2005 年, 1-26 頁.

14 Cribb, op. cit, 2007, p. 340.

15 田辺勝美「ヘーラクレース神とチューリップ花冠―グレコ・バクトリア王国における東西文化の交流―」『古代オリエント博物館紀要』20, 1999 年, 51-100 頁, 挿図 1.

16 Bopearachchi/Rahman, *op. cit.*, p. 97.

17 J. Filliozat, "Représentations de Vasudeva et Saṃkarṣaṇa au IIe siècle avant J. C," *Arts Asiatiques*, t. 26, 1973, pp. 113-121; R. Audouin/P. Bernard, "Trésor de monnaies indiennes d' Ai Khanoum (Afghanistan)," *Revue Numismatique*, t. 16, 1974, pp. 8-21, figs. 1, 5；Bopearachchi, *op. cit*, 1991, p. 175, pl. 7-série 9F.

18 都市を守護する女神のナガラデーヴァターが城壁冠を戴く図像及びトゥケ女神との関係については、A. A. Di Castro, "Crowns, Horns and Godesses: Appropriation of Symbols in Gandhāra and Beyond," In *Conceiving the Goddess : Transformation and Appropriation in Indic Religions*, eds. by J. Bh. Bapat/I. Mabbett, Clayton, 2016, pp. 27-30.
インド・スキタイのコインやガンダーラの影像に描写された Tyche 女神の作例については、Ch. Fröhlich, "Looking for Tyche: On the Tracks of a Syncretism from Greece to

Gandhara," In *Felicitas, Essays in Numismatics, Epigraphy and History in Honour of Joe Cribb*, eds. by Sh. Bhandare/S. Garg, Mumbai, 2011, pp. 143-153.

19　楊衒之（著）／入谷義高（訳注）『洛陽伽藍記』平凡社，1990 年，225 頁．

20　Bopearachchi, *op. cit*., 1991, pl. 8-Série 11, 9-Série 6.

21　O・ギヨームによれば、グレコ・バクトリア朝のコインには、ギリシア文字の銘文しか見られず、インド・グリーク朝のコインには、カローシュティー文字ないしは、ブラーフミー文字で書かれたインドの言語による銘文が刻印されているという。O. Guillaume, *Analysis of Reasonings in Archaeology*: *The Case of Graeco-Bactrian and Indo-Greek Numismatics*, Oxford/New York, 1990, p. 4.

22　J. Cribb, *op. cit*., 2007, p. 341, figs. 32, 33, 35; S. Glenn, "The Identity of the Rider on Indo-Greek coins," In *Look at the Coins, Papers in Honour of Joe Cribb on his 75th Birthday*, eds. by H. Wang/R. Bracey, Oxford, 2023, pp. 106-114, figs. 1. 1-1. 13.

23　Bopearachchi/Rahman, *op. cit*., p. 30.

24　Narain, *op. cit*., p. 62, pl. IV-8; Bopearachchi, *op. cit.*, 1991, p. 216, pl. 22: 121-122.

25　Bopearachchi/Rahman, *op. cit*, p. 30.

26　O. Bopearachchi, *When West Met East: Gandharan Art Revisited*, vol. II, Manohar, 2020, p. 203, Cat. no. 19.

27　P. Bernard, "Aï Khanum on the Oxus: A Hellenistic City in Central Asia," *The Proceedings of the British Academy* 63, pp. 71-95, pls. I-XX；ポール・ベルナール「中央アジアのギリシャ植民都市アイ・ハヌム」『Miho Museum 研究紀要』5，2005 年，1-18 頁，図 1-27; Francfort et al., *op. cit*.; R. Mairs, *The Hellenistic Far East*, Oakland, 2014, pp. 57-101．その他の発掘報告書も多数出版されている。O. Guillaume, *Fouilles d'Aï Khanoum*, II, Les propylées de la rue principle, Paris, 198; H. P. Francfort, *Fouilles d'Aï Khanoum*, III, Le sanctuaire du temple à niches indentés, Paris,1984; S.Veuve, *Fouilles d'Aï Khanoum*, VI, Le Gymnase, Paris, 1987; O. Guillaume/A. Rougeulle, *Fouilles d'Aï Khanoum*, VII, Les pegits objets, Paris, 1987．これらの発掘報告書の他に、加藤九祚『シルクロードの古代都市―アムダリヤ遺跡の旅』岩波書店，2013 年も参照されたい。

28　J. Boardman, *op. cit*., 2015, color pls. XV-XVIII.

29　K. V. Trever, *Pamyatniki Greko-Baktrijskogo Iskusstva*, Moscow/Leningrad, 1940, pp. 45-48, pls. 1-2: A. Foucher, *La Vieille Route de l'Inde, de Bactra à Taxila*, Paris, 1942, t. I, pp. 73-75, 79-83, 113-114；東京国立博物館『シルクロードの遺宝』日本経済新聞社，1985 年，図版 52．

第 6 章　インド・グリーク朝

インド・グリーク朝とは

　インド・グリーク朝（Indo-Greeks）は、前 2 世紀の半ば頃から、後 1 世紀初期頃までの間に、主にインド亜大陸北西部に領地を所有したギリシア人国王の総称であり、既述したグレコ・バクトリア朝のギリシア人の子孫、後裔である。グレコ・バクトリア朝のデーメートリオス 1 世によるカーピシー地方とアラコシア地方への進出の後、アガトクレス・パンタレオン兄弟がカーピシーから東漸して、ガンダーラとパンジャーブ地方を含めて領土を拡大した。その広大な領土をアポロドトス 1 世が継承したが、結局、エウクラティデース 1 世によって、ヒンドゥー・クシュ山脈の南北のギリシア人王国の所領が統一された。しかしながら、エウクラティデース 1 世の不慮の死によって、ギリシア人王国は南北に 2 分された。その南方地域を継承したのが、仏典にも名を留めるメナンドロス 1 世である。このように、インド・グリーク朝は、ヒンドゥー・クシュ山脈の南方だけを統治したギリシア人の王朝をいう。

　メナンドロス 1 世以降の王たちの名称とその年代、および支配した地域は、ボペアラッチーによれば、以下のように推定されている。

　　メナンドロス 1 世（Menandrus/Menander I Sōtēr、在位：前 155 年頃 – 前 130 年頃）
　　アガトクレイア（Agathocleia and Straton、在位：前 130 年頃 – 前 125 年頃）
　　ゾイロス 1 世（Zoilus I、在位：前 130 年 – 前 120 年）
　　ストラトーン 1 世（Straton I、在位：前 125 年 – 前 110 年）
　　リュシアス（Lysias、在位：前 120 年 – 前 110 年）
　　アンティアルキダス 1 世（Antialcidas I、在位：前 115 年 – 前 95 年）
　　ヘリオクレス 2 世（Heliocles II、在位：前 110 年 – 前 100 年）
　　ポリュクセノス（Polyxenus、在位：前 100 年）
　　デーメートリオス 3 世（Demetrius III Aniketos、在位：前 100 年）

フィロクセノス（Philoxenus、在位：前 100 年 – 前 95 年）

ディオメデス（Diomedes、在位：前 95 年 – 前 80 年）

アミュンタス（Amyntas、在位：前 95 年 – 前 90 年）

エパンドロス（Epardros/Epander、在位：前 95 年 – 前 90 年）

テオフィロス（Theophilus、在位：前 90 年）

ペウコラオス（Peukolaus、在位：前 90 年）

トラソン（Thrason、在位：前 90 年）

ニキアス（Nicias、在位：前 90 年 – 前 85 年）

メナンドロス 2 世（Menandrus/Menander II Dikaios、在位：前 90 年 – 前 85 年）

アルケビオス（Archebius、在位：前 90 年 – 前 80 年）

ヘルマイオス／カリオペー（Hermaeus/Calliope、在位：前 90 年 – 前 70 年）

ヘルマイオス（Hermaeus、在位：前 90 年 – 前 70 年）

テレフォス（Telephus、在位：前 75 年 – 前 70 年）

アポロドトス 2 世（Apollodotus II、在位：前 80 年 – 前 65 年）

ヒッポストラトス（Hippostratus、在位：前 65 年 – 前 550 年）

ディオニューシオス（Dionysius、在位：前 65 年 – 前 55 年）

ゾイロス 2 世（Zoilus II、在位：前 55 年 – 前 35 年）

アポロファネス（Apollophanes、在位：前 35 年 – 前 25 年）

ストラトーン 2 世（Straton II、在位：前 25 年 – 後 10 年）

インド・グリーク朝の歴史

　インド・グリーク朝の歴史に関しては、不明な点が非常に多い。特にこの王朝に関する情報は、メナンドロス 1 世に偏っている。メナンドロス 1 世は、救世者（Sōtēr, trātṛ）とコインの銘文に記されている。ローマの地理学者で、歴史家のストラボンが、メナンドロス 1 世は、アレクサンダー大王よりも多くの部族を征服したと述べているように、インド北部のマトゥラーやガンジス河流域まで進出するなど、インド・グリーク朝の版図の拡張に尽力した[2]。

　パーリ語仏典『ミリンダ王問経（Milindapañhā）』（漢訳『那先比丘経』）には、メナンドロス 1 世（弥蘭陀、弥難陀）と、僧侶ナーガセーナ（Nāgasena）の問答が叙述されている[3]。この経典はパーリ経典と漢訳経典のみが現存してい

図 6-1

るが、その原典は恐らくガンダーラ語で記されていたと考えられている。このように、メナンドロス 1 世と仏教を関係づける経典があることから、同王が仏教徒になり、死後その舎利を奪い合ったという伝説まで生まれたが、王が仏教徒であったことは疑問視されている[4]。しかしながら、ギリシア人の仏教改宗については、前 100 年頃に、メリダルク（meridarkh）と呼ばれる、ガンダーラ北方のバジョール地方の行政官のテオドロス（Theodorus）というギリシア人が仏教に改宗して、舎利容器を仏塔に奉納したという記録がある[5]。また、ヒンドゥー教ヴィシュヌ派に改宗したヘリオドロス（Heliodoros）はタキシラ生まれであったが、アンティアルキダス 1 世の大使となり、北インドのベースナガル（現ヴィディシャー）にヘリオドロス柱（**図 6-1**）を建立している[6]。この柱は、ヘリオドロスによって、ガルダ標幟（garuda-dhvaja）と呼ばれた。このような例を考慮すると、仏教やヒンドゥー教などの現地の宗教に改宗したギリシア人がガンダーラにいたとしても不自然ではない。

　メナンドロス 1 世の後には、メナンドロス 1 世の妻のアガトクレイアが、息子ストラトーン 1 世の摂政として、ガンダーラからパンジャーブに至る地域において王国を継承した。アガトクレイアはヘレニズム世界初の女性統治者の 1 人であり、現在ではメナンドロス 1 世の正当な後継者として認定されている。プルタルコスによれば、メナンドロス 1 世は戦死したようで、後継者に指名された息子のストラトーン 1 世が未成年であったので、未亡人のア

ガトクレイアが一時的に王位を継ぐことになったのである[7]。

　一方、ゾイロス1世は、アガトクレイアやストラトーン1世と同様に、メナンドロス1世の後継者で、カーピシーとアラコシアの領土を継承したようである。かくしてメナンドロス1世の王国は東西に分割されてしまった。ゾイロス1世の後を継いだのはリュシアス、次にアンティアルキダス1世、その次にポリュクセノスであったが、西方のカーピシーとアラコシアを支配した。一方、ストラトーン1世の東方領土はヘリオクレス2世、デーメートリオス3世が継承した。

　やがてフィロクセノスはこの東西に分裂した2系統の国王の所領を一時統合したようであるが、その後、カーピシー地域はディオメデス、テオフィロス、ニキアス、ヘルマイオスが継続的に支配するところとなった。やがてヘルマイオス王が、中央アジア、カラコルムないしは、アフガニスタン南部のスィースターンから侵入したスキタイによって、カーピシーから追放され、ギリシア人のカーピシー支配は終わったといわれる。

　一方、ペシャワールやタキシラなどの東方地域は複数の国王によって分割され、ガンダーラはアミュンタス、ペウコラオス、メナンドロス2世、アルケビオスへと王位が継承された。その東南のパンジャーブ地方の西部は、エパンドロス、トラソーン、アルテミドロスが支配したが、まもなくアルケビオスに併合されてしまったようである。

　しかしながら、アルケビオスのガンダーラの領土はインド・スキタイ朝の王マウエスに奪われてしまった。その後、ガンダーラでは、テレフォスが数年間、インド・スキタイ朝からギリシア人の支配を取り戻した。パンジャーブ西部もアポロドトス2世が領土を奪回し、その後、ヒッポストラトスが継承したが、インド・スキタイ朝のアゼス1世に再び奪われてしまった。それ以後、ギリシア人たちはパンジャーブ東部に追いやられてしまい、ディオニューシオス、ゾイロス2世、アポロファネス、ストラトーン2世が、前1世紀の半ばから後1世紀初期まで数10年間にわたり支配したが、インド・スキタイ朝の太守ラージュヴラ（Rājuvula、在位：後30年–60年）王によって滅ぼされて、インド・グリーク朝の支配は終焉を迎えた。

インド・グリーク朝のコイン

　この王朝が発行したコインは、表にギリシア語・ギリシア文字銘、裏にプラークリット語・カローシュティー文字銘を刻印している。重量単位はアッティカではなく、インドのものを用いているので、ドラクマ銀貨の場合は重量が減少しており、コインの直径もやや短くて厚みも減少している。銀貨は4ドラクマ、ドラクマで、銅貨は方形である。以下において各々の国王の代表的なコインタイプを挙げて解説する。

＊メナンドロス（メナンダー）1世

　メナンドロス1世は、極めて大量の銀貨と銅貨を発行した。銀貨は4ドラクマ、ドラクマでインドの重量単位を採用した。銅貨は方形銅貨である。コインの表には、国王胸像が刻印されているが、無帽の場合（図6-2）と、ヘルメットを被った場合（図6-3）に2分される。特異なのは、右手で槍をもち、向かって左を向いて背中を正面に向けている胸像（図6-4）である。裏面に表現された神像は基本的に、金剛杵と円形楯（aegis）をもち、武装したアテナ・アルキデモス（Alkidemos、民の保護者アテナ）女神である。この女神は、王家の守護神として刻印されている。銅貨の裏には、アテナ女神の他にニケ女神、ヘラクレスの棍棒、インド象、インド産瘤牛、馬、牛頭部、猪頭部、イルカなどの現地人になじみ深い動物を刻印している[8]。ギリシア語・ギリシア文字で、表に「ΒΑΣΙΛΕΩΣ ΣΩΤΗΡΟΣ ΜΕΝΑΝΔΡΟΥ（Basileōs Sōtēros Menandrou、救済者メナンドロス王の）」、裏に「Maharajasa tratarasa Menaṃdrasa（救済者メナムドゥラ大王の）」と銘が刻印されている。

＊アガトクレイアと息子のストラトーンの共同発行貨

　最初は母親が女王として単独で発行したが、後に息子と並んだ胸像を刻印して共同統治と共同発行の形をとった。最初のコインは銀貨と銅貨である。銅貨では、表に女王の胸像、裏に武装した統治者立像、あるいは表（図6-5）にヘルメットを被ったアテナ女神胸像、裏にヘラクレス坐像を刻印した。銘文は「ΒΑΣΙΛΙΣΣΗΣ（ΘΕΟΤΡΟΠΟΥ）ΑΓΑΘΟΚΛΕΙΑΣ（Basilisses（Theotropou）Agathokleias、神のようなアガトクレイア女王の）」と「Maharajasa tratarasa

図 6-2

図 6-3

図 6-4

dhramikasa Stratasa（Agathukriae）（救済であり正義の大王ストラタ（またはアガテュクリア）の）」である。後者のコインタイプ（**図 6-6**）では、表に2人の胸像、裏に武装したアテナ・アルキデモス女神の立像をも刻印した。銘文は表に「ΒΑΣΙΛΕΩΣ ΣΩΤΗΡΟΣ ΣΤΡΑΤΩΝΟΣ ΚΑΙ ΑΓΑΘΟΚΛΕΙΑΣ（Basileōs Sōtēros Stratōnos kai Agathokleias、救済者であるストラトーン王とガトクレイア

第 6 章　インド・グリーク朝　*83*

図 6-5

図 6-6

の)」と、裏に「Maharajasa tratarasa Stratasa Aghathukriae（救済者である大王ストラタとアガテュクリアの)」とある。

＊ストラトーン1世

ストラトーン1世は、成人した後に、単独で銀貨と銅貨合わせて32種類のコインを発行した。表の国王胸像は無帽のものとヘルメットを被ったものに2分される。裏の神像はアテナ・アルキデモス女神、ニケ女神、アポロン神である。ここでは4ドラクマ銀貨（**図 6-7**）を挙げておく。表のギリシア語・ギリシア文字銘文は「ΒΑΣΙΛΕΩΣ ΣΩΤΗΡΟΣ ΚΑΙ ΔΙΚΑΙΟΥ ΣΤΡΑΤΩΝΟΣ (Basileōs Sōtēros kai Dikaiou Stratōnos、救済者で正義の王ストラトーンの)」で、裏のプラークリット語・カローシュティー文字銘文は「Maharajasa tratarasa dhramikasa Stratasa（救済者であるストラタ大王の)」である。方形銅貨（**図 6-8**）は表に弓矢をもつアポロン神立像、裏に三脚台を刻印している。銘文は表に

図 6-7

図 6-8

「ΒΑΣΙΛΕΩΣ ΕΠΙΦΑΝΟΥΣ ΣΩΤΗΡΟΣ ΣΤΡΑΤΩΝΟΣ（Basileōs Epithanous Sōtēros Stratōnos、神の顕現した救済者ストラトーン王の）」、裏に「Maharajasa pracachasa tratarasa Stratasa（神の化身？、救済者ストラタ王の）」とある。

＊ゾイロス１世

　ゾイロス１世のコインは４ドラクマ、ドラクマ銀貨と方形銅貨である。ドラクマ銀貨（**図 6-9**）では、表に無帽の国王胸像、裏にネメアのライオンの毛皮と棍棒、リボン・ディアデムをもつヘラクレスの立像を表す。方形銅貨では、表にヘラクレスの胸像、裏に棍棒とゴリュトス（gorytos、弓ケース）を刻印している。銘文は表に「ΒΑΣΙΛΕΩΣ ΔΙΚΑΙΟΥ ΖΩΙΛΟΥ（Basileōs Dikaiou Zōilou、正義の王ゾイロスの）」、裏に「Maharajasa dhramikasa Zoilasa（正義の大王ゾイラの）」とある。

第 6 章　インド・グリーク朝　*85*

図 6-9

図 6-10

＊リュシアス

　リュシアス王は、4 ドラクマ（図 6-10）、ドラクマ銀貨と方形銅貨を発行した。表には、国王胸像、裏には花冠を右手で戴き、左手にネメアのライオンの毛皮、棍棒、棗椰子の枝葉をもつヘレクレス立像を刻印した。その他の胸像は先王のデーメートリオス 1 世（図 5-4）のインド象の頭部をかたどった冠を戴くものと、メナンドロス 1 世のヘルメットを被ったもの（図 6-3）を踏襲している。方形銅貨の裏の図像はインド象である。銘文は表に「ΒΑΣΙΛΕΩΣ ΑΝΙΚΗΤΟΥ ΛΥΣΙΟΥ（Basileōs Aniketou Lysiou、無敵のリュシアス王の）」、裏に「Maharajasa apadihatasa Lisikasa（無敵のリシカ大王の）」とある。

＊アンティアルキダス 1 世

　アンティアルキダス 1 世は、4 ドラクマ、ドラクマ銀貨、方形銅貨を発行し、コインには 2 種類の図像を用いた。銀貨の表には無帽の国王胸像（図

図 6-11

図 6-12

6-11)、ないしは、カウシア帽を被った国王胸像 (図 6-12)、裏にニケ女神を手にするゼウス神倚像と、インド象の前半身像を初めて導入した。方形銅貨では、裏にディオスクーロイの帽子と棗椰子の枝葉を刻印した。銘文は表にΒΑΣΙΛΕΩΣ ΝΙΚΗΦΟΡΟΥ ΑΝΤΙΑΛΚΙΔΟΥ (Basileōs Nikephorou Antialkidou、勝利者アンティアルキダス王の)」、裏に「Maharajasa jayadharasa Aṃtialkidasa (勝利者アンティアルキダ大王の)」とある。

＊フィロクセノス

フィロクセネス王は、4 ドラクマ、ドラクマと方形銅貨を発行した。図像 (図 6-13) は表に無帽ないしはヘルメットを被った国王胸像、裏面に神格化したアレクサンダー大王騎馬像を導入した。銘文は表に「ΒΑΣΙΛΕΩΣ ΑΝΙΚΗΤΟΥ ΦΙΛΟΞΕΝΟΥ (Basileōs Aniketou Philoxenou、無敵のフィロクセノス王の)」、裏に「Maharajasa apadihatasa Philasinasa (無敵のフィラシナ大王の)」を用いた。この騎馬人物像が愛馬ブーケファロスに乗ったアレクサンダー大

第6章 インド・グリーク朝 *87*

図 6-13

王であることは、グレコ・バクトリア朝のアンティマコス 2 世の銀貨（図 5-14）の項で既述した通りである。

＊アミュンタス

アミュンタス王は、大型の 20 ドラクマ（図 6-14）、4 ドラクマ、ドラクマ銀貨、方形銅貨を発行した。20 ドラクマ銀貨では、表にヘルメットを被った国王胸像、裏には棗椰子の枝葉とニケをもつゼウス神倚像ないしは、豊穣の角をもつテュケー女神倚像が表されている。銘文は「ΒΑΣΙΛΕΩΣ ΝΙΚΑΤΟΡΟΣ ΑΜΥΝΤΟΥ（Basileōs Nikatoros Amyntou、勝利者アミュタス王の）」である[9]。4 ドラクマやドラクマ銀貨では表に無帽あるいはヘルメットを被った胸像、またメナンドロス 1 世（図 6-4）のように槍を構える背中を描写した胸像を用いるなど多様であるが、裏の図柄は、上述したゼウス神倚像が原則として用いられている。

＊アルテミドロス

アルテミドロス王は、4 ドラクマ（図 6-15）、ドラクマ銀貨、方形銅貨を発行した。コインの表には、無帽の国王胸像を、裏には弓を引くアルテミス女神ないしはニケ女神倚像を刻印した。銘文は表に「ΒΑΣΙΛΕΩΣ ΑΝΙΚΗΤΟΥ ΑΡΤΕΜΙΔΟΡΟΥ（Basileōs Aniketou Artemidorou、無敵の救済者アルテミドロス王の）」、裏に「Maharajasa apadihatasa Artemitorasa（無敵のアルテミトラ大王の）」とある。

図 6-14

図 6-15

図 6-16

＊ヘルマイオス・カリオペー共同発行貨

　ヘルマイオスとカリオペーは、4 ドラクマ（**図 6-16**）、ドラクマ銀貨を発行した。表に親子の無帽の胸像、裏に神格化したアレクサンダー大王の騎馬像を刻印している。銘文は表に「ΒΑΣΙΛΕΩΣ ΣΩΤΗΡΟΣ ΕΡΜΑΙΟΥ ΚΑΙ ΚΑΛΛΙΟΠΗΣ（Basileōs Sotēros Ermaiou Kai Kalliopēs、救済者ヘルマイオス王と

第 6 章　インド・グリーク朝　*89*

カリオペーの)」、裏に『Maharajasa tratarasa Heramayasa Kaliyapasa（救済者ヘルマイオス大王とカリヤパの)』とある。

＊ヘルマイオス

　ヘルマイオス王は、20種類有余のコインタイプを用いて多数のコインを発行した。没後にもその図柄がギリシア人諸王に利用されている。主に4ドラクマ銀貨（図6-17）、ドラクマ銀貨を発行した。表に無帽ないしはヘルメットを被った胸像、裏に右手を挙げて祝福するゼウス神倚像を刻印している。銘文は表に「ΒΑΣΙΛΕΩΣ ΣΩΤΗΡΟΣ ΕΡΜΑΙΟΥ（Basileōs Sōtēros Ermaiou、救世者ヘルマイオス王の)」、裏に「Maharajasa tratarasa Heramayasa（救済者ヘルマヤ大王の)」とある。

図 6-17

＊ヒッポストラトス

　4ドラクマ銀貨（図6-18）や、円形と方形の銅貨を発行した。表には無帽の国王胸像、裏に豊穣の角をもつテュケー女神立像あるいは神格化したアレクサンダー大王の騎馬像を刻印している。銘は表に「ΒΑΣΙΛΕΩΣ ΣΩΤΗΡΟΣ ΙΠΠΟΣΤΟΡΑΤΟΥ（Basileōs Sōtēros Ippostoratou、救済者ヒッポストラトス王の)」としている。裏の銘文は、「Maharajasa tratarasa Hipustratasa（救済者ヒプストラタ大王の)」である。円形銅貨（図6-19）には、表にマントを羽織り、矢筒を肩にかけ、手に矢をもつアポロン神立像、裏に三脚台を表したものもある。方形銅貨（図6-20）には、表にイルカとオール（櫂）をもつ海獣トリートー

図 6-18

図 6-19

図 6-20

ン、裏に女神を表現している[10]。以上の他に、数人のギリシア人国王が西パンジャーブやインド領の東パンジャーブを、インド・スキタイ族に奪われるまで支配していたが、それらのコインは省略した。

インド・グリーク朝の美術

　ギリシア人が支配の拠点とした都市遺跡は、ペシャワールの北方のシャイ

図 6-21

図 6-22

ハン・デーリー（旧プシュカラーヴァティー）、タキシラのシルカップなどで確認されているが、考古学的発掘が殆ど行われていないので、実情は不明である。タキシラのジャンディアールにはギリシア式神殿址（図 6-21）が残っている。

この時代の工芸品では、いわゆる化粧皿といわれる石製円形小皿が制作され、ギリシア神話に取材した図柄が浅浮彫りされている。この小皿の用途は明らかではないが、シルカップ遺跡の民家跡から発見されているので、仏教徒の持物ないしは奉納物とみなす見解もある[11]。この化粧皿（図 6-22）の図像は、田辺勝美によれば、仏教説話に登場する一角仙人を表しているという[12]。

注
1 Boparachchi, *op. cit.*, 1991.
2 ストラボン（著）／飯尾（訳）前掲書 II, 70 頁；Bopearachchi, op. cit., p. 198.
3 中村元／早島鏡正（訳）『ミリンダ王の問い』1-3, 平凡社, 1963 年.

4 Bopearachchi, *op. cit.*, 2015, pp. 196-197. メナンドロスの事蹟については、中村元／早島鏡正（訳）前掲書，334-380 頁.
5 S. Konow, *Kharoshṭhī Inscriptions with the Exception of those of Aśoka*, Calcutta, 1929, pp. 1-4, pl. I-1; Narain, *op. cit,* 1957, 118-119, pl. VI-1-3.
6 Narain, *ibidem*, pp. 118-119, pl. VI-3; Mairs, *op. cit.*, 2014, pp. 119-125.
7 Boparachchi, *op. cit.*, 1991, pp. 88-90.
8 Bopearachchi, *op. cit.*, 1991, pl. 31-33.
9 R. Curiel/G. Fussman, *Le trésor monétaire du Kunduz*, Paris, 1965, pl. LII-LIII.
10 田辺理「イルカを双肩に担ぐトリートーン像の起源と展開)『仏教芸術』340，2015 年，37-61 頁，図 2.
11 H-P. Francfort, *Les palettes du Gandhāra*, Paris, 1979, pls. I, III-no.6, IV-no.8, V-no.9, VII-no.14, VIII-no.16, IX-no.17 etc.; K. Tanabe, "Greek, Roman and Parthian Influences on the Pre-Kushana Gandharan "Toilet-Trays" and Forerunners of Buddhist Paradise (*Pâramitâ*)," *Silk Road Art and Archaeology,* vol. 8, 2002, pp. 73-100；田辺勝美「ガンダーラのいわゆる化粧皿の用途について」『古代オリエント博物館紀要』24，2004 年，65-82 頁.
12 田辺理（著）『ガンダーラの高級娼婦たち―ガンダーラの仏教彫刻に表現された貴婦人像のモデルを求めて』柳原出版，2022 年，154 頁.

第 7 章　インド・スキタイ朝

インド・スキタイ朝とは

　インド・スキタイ朝（Indo-Scythians、前2世紀末‐後1世紀初）は、前2世紀末から前1世紀の初めに、中央アジアから現パキスタン北部に進出したスキタイが樹立した王朝である。スキタイとは、ユーラシアの遊牧民サカ族のギリシア語の呼称で、サカ（Saka）とはインド・イラン語の呼称である。パキスタン北部に侵入したサカ族を、ユーラシア草原のスキタイ（漢訳では塞と書かれる）と区別するために、歴史家がインド・スキタイと命名した。残念ながら、その歴史は不明な部分が多い。古銭から判明しているインド・スキタイ朝の王は以下のとおりである。ただし、アゼスに関しては、1世と2世を認める見解と、そうではなくアゼス王は1人だとする見解に分かれるが、本書では前者を採用した[1]。また、各王の在位年代も異論があって、アゼス1世以外は未確定、暫定的である。

　　マウエス（Maues、在位：前85年‐前70年）
　　ウォノーネス（Vonones、在位：前70年‐前65年）
　　スパリリセス（Spalirises、在位：前65年‐40年）
　　アゼス1世（Azes I、在位：前58/57年‐前30年）
　　アジリセス（Azilises、在位：前57年‐前35年）
　　アゼス2世（Azes II、在位：前30年‐後20年）

　なお、この王朝では、国王のみならず、地方を統治した大総督もコインを発行していると考えられてきた。例えば、R・C・シニアによれば、カシュミールではゼイオニセス・ジホニカ（Zeionises-Jihonika）、リアカ・クスラカ（Liaka Kusulaka）など、マトゥラーではラージュヴラ、ソーダサ（Sodasa）などの大総督が、銅貨を発行している[2]。一方、クリブによればマハークシャトラパと呼ばれる大総督ではなく、インド・スキタイ朝の後継者で、例えばカシュミールではゼイオニセス・ジホニカ、タキシラではラージュヴラ、

ジャララバードではカラホステス (Karahostes、後30年‐60年) とムジャトリア (Mujatria、後60年‐90年)、バジョールでは、アプラチャ (Apraca) 王家の諸王 (後30年‐90年) や、スワートではオーディ (Odi) 王家の諸王 (後30年‐90年) が、後継者としてコインを発行していたという[3]。このように、インド・スキタイ朝に関するコインについては、現在、古銭学者の間で異論や新見解が提示されている。それらを含めると煩雑になり、まだコンセンサスが得られていない編年と支配地域を含めるのは適切ではないと思われるので、本章では大総督ないしは後継者の大半は省略し、従来通りマウエス・アゼスの系統のみに限定した。

インド・スキタイ朝の歴史

　インド・スキタイが、いつ、どのような状況でガンダーラ (本章では狭域ガンダーラを指す) に定着したのか明らかではないが、中央アジアに居住していたスキタイがガンダーラに侵入した経緯については、『漢書』巻90に、以下のように書かれている。

　　昔匈奴が大月氏を破り、大月氏は西のかた、大夏 (バクトリア) に君臨し、塞 (スキタイの) 王は南のかた罽賓国 (ガンダーラ) に君臨した。塞種は分散し、往々にして数国となった。疏勒国 (カシュミール) から西北側の休循国、捐毒国の類はみな塞の種族である[4]。

　このように、『漢書』には、大月氏の中央アジア西部への移動によって、スキタイが南進し、ガンダーラの地にたどり着き、同地を支配したことが記述されている。このスキタイは、既述したように、インド・グリーク朝のヘルマイオス王を追放した。初代の国王はマウエスで、ガンダーラにインド・スキタイ朝を樹立した。タキシラ出土の銅板には、モーガ (Moga、虎) という名前でマウエスが言及されている[5]。その後、ウォノーネス王が、アラコシアとカーピシー、ガンダーラ、パンジャーブを支配するに至ったが、マウエスとの血縁関係は不明である。

　しかしながら、タキシラ周辺は、インド・グリーク朝のアポロドトス2世とヒッポストラトスによって一時奪還されたが、ガンダーラを含む西方地域

は依然としてインド・スキタイ朝の支配下であったことが、ウォノーネス王が弟のスパラホーレス（Spalahores）、スパリリセスや、その息子のスパラガダマ（Spalagadama）と共同で発行したコインによって判明する。

やがて、アゼス1世がウォノーネス家の唯一の後継者となり、タキシラを奪い返してガンダーラの殆どを領有した。アゼス1世は、前58/57年に即位した。一方、タキシラおよび周辺のハザーラとカシュミールは、ほぼ同時にアジリセスが支配するに至った。アゼス1世とアジリセス王が、一時期、互いに共存していたが、対立していたのか、協力していたのかは定かではないが、アゼス1世が最終的にガンダーラを支配するに至り、次いでアゼス2世が継承した。

その後も、各地でインド・スキタイ朝のアゼス2世の後継者たちが分散し、独自に支配を続けたたが、1世紀後半にはクシャン朝のクジュラ・カドフィセス王やウィマ・タクトー王によって個別に撃破されて、インド・スキタイ朝は消滅したようである。

インド・スキタイ朝のコイン

この王朝は、銀貨と銅貨の本位制、ドラクマ重量単位、2カ国語と2種類の文字銘、ギリシア神像の使用など、基本的にインド・グリーク朝の貨幣制度を継承した[6]。重量単位はインドのものを採用した。また、インド・グリーク朝の政治制度や文化をも受容したので、インド・グリーク朝のギリシア文化の伝統がガンダーラでも保持されたと考えられる。一方、イラン系遊牧民スキタイの民族的特質がコインの図像にも現れている。

＊マウエス

マウエス王は、銀貨は少ないが、多種の銅貨を多数発行した。そのコインの最大の特色は、インド・グリーク朝のコインが踏襲してきた、表の国王胸像を廃止したことである。

4ドラクマ銀貨（**図7-1**）では、表に右手で祝福の仕草をしているゼウス神立像、裏に左手に棗椰子の枝葉、右手にリボン・ディアデムをもつニケ女神立像を、あるいは表に馬2頭立て戦車に乗るヘリオス神、裏にゼウス神倚像

図 7-1

図 7-2

を刻印したものがある[7]。表のギリシア語・ギリシア文字銘文は、「ΒΑΣΙΛΕΩΣ ΒΑΣΙΛΕΩΝ ΜΕΓΑΛΟΥ ΜΑΥΟΥ（Basileōs Basileōn Megalou Mayou、諸王の王、偉大なるマウエスの）」、裏のプラークリット語・カローシュティー文字銘文は、「Rajatirajasa mahatasa Moasa（諸王の王、偉大なるモアの）」と刻印されている。この「諸王の王」という称号は、アルサケス朝パルティアのミトラダテス 2 世（在位：前 123 年 - 88 年）のコインの銘文から借用した。

珍しいコイン（図 7-2）は表に王妃マクセーネーの倚像、裏面にニケ女神を右手に乗せ左手に錫杖をもつゼウス神立像を刻印したものである。王妃マクセーネーの倚像は、城壁冠を戴いているので、ギリシアの都市の守護女神のテュケー女神のようである。銘文は、表に「ΒΑΣΙΛΙΣΣΗΣ ΘΕΟΤΡΟΠΟΥ ΜΑΧΗΝΗΣ（Basilisses Theotropou Maxēnēs、神の如きマクセーネー女王の）」、裏に「Rajatirajasa mahatasa Moasa（諸王の王、偉大なるモアの）」とある[8]。

円形銅貨では最もよく知られている作例（図 7-3）として、バクトリア王

第 7 章 インド・スキタイ朝 97

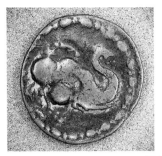 

図 7-3

図 7-4

デーメートリオス1世のコインの図像を模倣したもので、表に首に鈴をかけた象の頭部が、裏にはヘルメス神の杖であるカドゥケウス（Caduceus）が表されている[9]。裏に刻印されたギリシア語文字銘文は、ΒΑΣΙΛΕΩΣ / ΜΑΥΟΥ（偉大な王マウエス）である[10]。マウエスは、王朝の創始者としてだけでなく、インドの征服者としても、デーメートリオス1世の後継者であることを宣言し誇っていたのであろう。さらにコインの表や裏にインドに関係深い動物である、王権を象徴するインド象、権力を象徴するライオン、軍事力を象徴する馬、豊穣を象徴する瘤牛などを刻印している。さらに、ヒンドゥー教の神バララーマ（Baralama）を表に刻印した方形銅貨（**図 7-4**）を発行した。

＊ウォノーネス

ウォノーネス王は、上述したように、兄弟のスパラホーレスや、その息子のスパラガダマと共同でコインを発行している。

図 7-5

　4ドラクマ銀貨（図7-5）の表には、長いリボン・ディアデムを着け、甲冑を着て槍をもつ国王騎馬像を表している。裏には、左下に錫杖を、右手に雷霆をもつゼウス神立像を刻印している。ゼウス神は、中央アジアの野生チューリップの花冠を戴いている[11]。表のギリシア語文字銘文は「ΒΑΣΙΛΕΩΣ ΒΑΣΙΛΕΩΝ ΜΕΓΑΛΟΥ ΟΝΩΝΟΥ（Basileōs Basileōn Megalou Onōnou、諸王の王、偉大なオノーネスの）」、裏のプラークリット語・カローシュティー文字銘文は「Maharajabharata dhramikasa Spalaharasa（大王の兄弟で正義のスパラハラの）」である。別の例では裏の銘が「Spalahoraputrasa dhramikasa Spalagadamasa（スパラハラの息子で正義のスパラガダマの）」とある。

＊スパリリセス
　スパリリセス王は、2種類の方形銅貨と1種類の4ドラクマ銀貨を発行している。スパラガダマと共同で発行した方形銅貨（図7-6）では、表に、甲冑を着け、槍をもつ国王騎馬像を表している。裏に棍棒をもって岩に坐るヘラクレスを刻印している。銘文は表に「ΣΠΑΛΑΥΡΙΟΣ ΔΙΚΑΙΟΥ ΑΔΕΛΦΟΥ ΤΟΥ ΒΑΣΙΛΕΩΣ（Spalaurios Dikaiou Adelphou tou Basileōs、正義の王スパリリセスと兄弟の）」裏に「Spalahoraputrasa dhramikasa Spalagadamasa（スパラハラの息子で正義のスパラガダマの）」とある[12]。もう1つの銅貨では、表に右手に戦闘斧、左手に合弓をもって歩行する国王、裏に右手で祝福の仕草をするゼウス神倚像を表現している。銀貨ではウォノーネス王のコインと同様、表に国王騎馬像、裏にゼウス神立像を刻印している。銘文については「ΒΑΣΙΛΕΩΣ

図 7-6

ΒΑΣΙΛΕΩΝ ΜΕΓΑΛΟΥ ΣΠΑΛΙΡΙΣΟΥ（Basileōs Basileōn Megalou Spalirisou、諸王の王、偉大なスパリリゼスの）」と「Maharajasa mahatakasa Spalirihasa（偉大なるスパリリハ大王の）」を用いている。このようにスパリリセスは、ウォノーネス王から次のアゼス 1 世への政権移行に介在していたと考えられる。

＊アゼス 1 世

　アゼス 1 世は、4 ドラクマ、ドラクマ銀貨、若干の銅貨を発行した。表の図柄には 2 種類ある。その 1 つのコイン（**図 7-7**）では、表に錫杖をもち、右手で祝福の仕草をするゼウス神立像、裏には花冠をもつニケ女神立像を刻印している。これは、マウエス王のコインタイプ（**図 7-1**）を踏襲した図柄である。もう 1 つの図柄（**図 7-8**）は、ウォノーネス王が発行した 4 ドラクマ銀貨の図柄（**図 7-5**）を踏襲した国王騎馬像である。裏は、棗椰子の枝葉とランプをもつ女神像、あるいは錫杖と雷霆をもちチューリップ冠を戴くゼウス神立像、あるいは、アテナ・アルキデモス像である。ゼウス神立像が戴くチューリップ冠はウォノーネス王の 4 ドラクマ銀貨裏面のゼウス神立像のそれを踏襲している。銅貨の場合は裏に瘤牛を用いている。方形銅貨（**図 7-9**）では、表にポセイドーン神立像と河神の上半身像、裏に葡萄（？）の樹に囲まれた女神（ヤクシニー？）立像を刻印している。アゼス 1 世の銘文は表に「ΒΑΣΙΛΕΩΣ ΒΑΣΙΛΕΩΝ ΜΕΓΑΛΟΥ ΑΖΟΥ（Basileōs Baslieōn Megalou Azou、諸王の王、偉大なアゼスの）」、裏に「Maharajasa rajarajasa mahatasa Ayasa（諸王の王、偉大なアヤ大王の）」とある。

図 7-7

図 7-8

図 7-9

＊アジリセス

　アジリセス王は、4ドラクマ（**図 7-10**）、ドラクマ銀貨、方形銅貨を発行した。表の図像はアゼス1世の国王騎馬像を踏襲したが、裏の図像では、右手にランプ、左手に棗椰子の枝葉をもつ女神の立像を導入した。注目すべき

第7章　インド・スキタイ朝　*101*

図 7-10

図 7-11

は、もう1つの4ドラクマ銀貨（図7-11）で、表の槍をもつ国王騎馬像に代えて、合弓（ゴリュトスという弓入れ）を携行し、右手で鞭を掲げる図柄を創出し、裏にも長い槍をもつディオスクーロイ立像を初めて導入した点である。鞭と合弓はイラン系民族にとっては王権のシンボルであった[13]。銘文は表に「ΒΑΣΙΛΕΩΣ ΒΑΣΙΛΕΩΝ ΜΕΓΑΛΟΥ ΑΖΙΛΙΣΟΥ（Basileōs Basileōn Megalou Azilizou、諸王の王、偉大なアジリセスの）」、裏に「Maharajasa rajarajasa mahatasa Ayilishasa（諸王の王、偉大なアイリシャ大王の）」とある。

＊アゼス2世

アゼス2世は、4ドラクマ、ドラクマ銀貨、円形と方形の銅貨を発行した。表の図柄（図7-12）は1種類で、アジリセス王の4ドラクマ銀貨の、右手で鞭を掲げ、合弓を携行した騎馬国王像を踏襲した。このように、アゼス1世

図 7-12

のコインとアゼス 2 世のコインの識別は国王の武器が、槍か鞭、弓かの相違による。馬や弓入れ、剣などに遊牧民スキタイの民族的特色が見られる[14]。

一方、裏の図柄は多様で、三叉の矛をもつポセイドーン神立像、盾をもつアテナ女神立像（図 7-12）、ニケ女神を右手で支えるゼウス神立像である。銘文は表に「ΒΑΣΙΛΕΩΣ ΒΑΣΙΛΕΩΝ ΜΕΓΑΛΟΥ ΑΖΟΥ（Basileōs

図 7-13

Basileōn Megalou Azou、諸王の王、偉大なアゼスの）」、裏に「Maharajasa rajatirajasa mahatasa Ayasa（諸王の王、偉大なアヤ大王の）」とある。

特異なタイプとして、表に国王交脚坐像（図 7-13）を刻印した銅貨がある。アゼス 2 世は右手に鞭を掲げ、左手で剣を握り、座布団の上に胡座をかいている。この坐法は明らかに中央アジアの遊牧民に由来する。裏にはヘルメス神を配す。さらに、別の銅貨では表裏の図像（図 7-14）に、瘤牛とライオンを刻印した。

アゼス 2 世の後継者たちが発行したコインは、アゼス 2 世のコインの図柄を踏襲した、ないしは、模倣したものが多い。例えば、その 1 つアプラチャ王家のアスパヴァルマ（Aspavarma、在位：後 70 年 - 90 年）が発行したビロン貨（図 7-15）は、アゼス 2 世が発行したコインの表の国王騎馬像、裏のパラス・アテナ女神立像の図柄をそのまま刻印し、裏にロゼッタ文を付加して独

図 7-14

図 7-15

自性を表している[15]。

インド・スキタイ朝の美術

　中央アジアから南下したインド・スキタイ族が、ガンダーラを統治していた時代に、王族などの一部は仏教を信仰するようになったことが判明している。この時代には仏像がまだ存在していなかったので、彼らは釈迦牟尼仏と同一視された仏塔を創建し、その中に舎利容器を収めた[16]。そして、舎利容器の表面や、その中に入れた金銀の板にカローシュティー文字銘を点刻し、布施寄進の果報によって安寧安楽（サンスクリット語では hitasukha）を得ようとした[17]。その好個の例が、Miho Museum や平山郁夫シルクロード美術館が所蔵する舎利容器や銀板に刻印されたカローシュティー文字銘で、仏教に帰依したインド・スキタイの名門イシュマホ王家（Ishmaho、Ikshvāku、スワート渓谷を支配）、アプラチャ王家（Apraca、バジョールを支配）による仏塔創建

と聖遺物崇拝を明言している[18]。

また、ディール州のバジョールで発見されたといわれる、インドラヴァルマン（Indravarman）が仏塔に奉納した石製舎利容器（図7-16）には、アゼス紀元63年（西暦6年？）の銘が刻印されている。この銘文から、R・サロモンは、同地方のアプラチャ王家の王であるヴィシュヌヴァルマン（Vishnuvarman）の息子がインドラヴァルマンであると比定している[19]。インドラヴァルマンは、この他 Miho Museum 所蔵の銀製舎利容器を仏塔に奉納しているが、その銘には死後の涅槃願望が記されており、インド・スキタイの一部が小乗部派仏教に改宗したことがわかる[20]。

図 7-16

また、スワートにはイシュマホ王家が定住し、クシャン朝のクジュラ・カドフィセス王に服属していたことを示す、セーナヴァルマ王の金板に刻んだカローシュティー文字銘が発見されている[21]。

このように、インド・スキタイ朝時代後半から末期には、仏塔が各地に造られ、金銀や貴石を入れた舎利容器が仏塔内に納入されるなど、ガンダーラに仏教が、インド・グリーク朝時代よりもさらに幅広く浸透したことがわかる。このような事実を前提として、前1世紀後半から後1世紀前半にかけて、スワートで人間の姿をした釈迦牟尼の肖像、すなわち仏像が初めて創られ、ガンダーラの仏教彫刻がスワートで生まれたとする学説が、主にイタリアやパキスタンの考古学者によって提唱されている[22]。しかしながら、その根拠となった彫刻はスワートのブトカラIの仏塔遺跡から発掘されたものであるが、その編年は、層位学的には殆ど裏付けられていないので、反論する専門家も多い。インド・スキタイは仏舎利と仏塔崇拝が基本で、神人同形説（anthropomorphism）を受け入れていなかったように思われる。彼らの信仰はこの他、前章で言及した化粧皿の図柄に反映しているのではなかろうか。

第7章　インド・スキタイ朝　105

さらに、参考にすべきは、アフガニスタン北部のティリヤ・テペから発掘された黄金遺宝であろう。グレコ・バクトリア朝のギリシア美術の伝統を示す写実的な造形品のみならず、スキタイ・サルマート系の動物意匠や、トルコ石象嵌金製装飾品、さらにローマ、漢からの輸入品などが含まれ、シルクロードの国際交易の要衝がバクトリアにあったことが窺われる[23]。これらの遺宝の担い手は、スキタイや上述した中央アジアのイラン系遊牧民のアシオイ、パシアノイ、トハロイ、サカラウロイあるいは大月氏(クシャン翕侯)などが想定されるが、まだ確定していない。

注

1 R. C. Senior, *Indo-Scythian Coins and History*, vol. I, Lancaster, 2001, pp. 65-8, vol. II, pp. 31-118, vol. IV, pp. l-li; Ch. Fröhlich, *Monnaies indo-scythes et indo-parthes,* Paris, 2008, pp. 28-47, pls. 8-21.
2 Senior, *op. cit.*, vol. I, pp. 95-102, vol. II, pp. 119-121, 125-128.
3 この点に関しては、J・クリブ氏に特別にご示教を得た。2024年8月31日。
4 『漢書』巻96上，西域伝第66上，罽賓国(中華書局標点本，1962年，3884頁)昔匈奴破大月氏、大月氏西君大夏、而塞王南君罽賓。塞種分散、往往為数国。自疏勒以西北、休循、捐毒之属、皆故塞種也。
5 Konow, *op. cit.*, pp. XXIX, 23-29, 45.
6 R. C. Senior, *Indo-Scythian Coins and History*, 4 vols., Lancaster, 2001-2006; Fröhlich, *op. cit.*, pp. 85-126, pls. 1-23.
7 田辺勝美前掲書，1992年，pp. 108, 171, no. 140；Senior, *op. cit.*, vol, IV, p. 1.
8 O. Bopearachchi/Ch. Landes (eds.), *De l'Indus à l'Oxus Archéologie de l'Asie Centrale*, Lattes, 2003, pp. 140, 189, no.115a, b.
9 Bopearachchi/Rahman, *op. cit.*, p. 167, no. 685-686.
10 Bopearachchi/Rahman, *ibidem*, pp. 166-167.
11 田辺勝美前掲論文，1999年，51-100頁。
12 シニアやフーバーは、この銘文を有するコインをスパラホーレスとアブダガダマの共同発行貨としている。Senior, *op. cit.*, vol. II, p. 29; Hoover, *op. cit.*, p. 228.
13 田辺勝美「嘘をついたらなぜ閻魔様に舌を抜かれるのか？」『東洋学術研究』58-2, 2019年，6-7頁，挿図3, 4.
14 Marshall, *op. cit.*, vol. II, pp. 771-772: *op. cit.*, vol. III, pls. 238-239, no. 111-131.
15 Senior, *op. cit.*, vol. IV, 2006, p. 11, fig. 175, 615.
16 A. Bareau, "La construction et le culte de stūpa d'après les Vinayapiṭaka," *Bulletin de l'École Française d'Extrême-Orient*, t. 50, 1962, p. 269. A・バローは、仏塔について、以下のように述べている。Le stupa est plus que le symbole du Buddha, c'est le Buddha lui-même, c'est la partie de celui-ci qui demeure en ce monde après le Parinirvâna (仏舎利塔は仏陀の

象徴である以上に、仏陀そのものであり、パリニルヴァーナの後にこの世に残る仏陀の一部なのである）。

17 D. Jongeward (ed.), *Gandharan Buddhist Reliquaries,* Seattle and London, 2012.
18 G. Fussman, "Documents épigraphiques Kouchans (III) Inscription Kharoṣṭhī de Senavarma, roi d' Odi," *Bulletin de l'École Française d'Extrême-Orient,* t. 71, 1982, p. 46; R. Salomon, "The Inscription of Senavarma, King of Oḍi," *Indo-Iranian Journal,* vol. 29, 1986, p. 289: "An Inscribed Silver Buddhist Reliquary of the Time of King Kharaosta and Prince Indravarman," *Journal of the American Oriental Society,* vol. 116, 1996, pp. 439-450, figs. 1-17: "A Unique Inscribed Gandharan Buddhist Reliquary of the Late First Century B.C.," *Bulletin of Miho Museum* (Miho Museum 研究紀要), vol. 1, 1997, pp. 69-70, 75-77, 78-79, 83-85, figs. 1-1-3: "Three Kharoṣṭhi Reliquary Inscriptions in the Institute of Silk Road Studies," *Silk Road Art and Archaeology,* vol. 9, 2003, figs. 1, 5-21: *The Buddhist Literature of Ancient Gandhāra,* Somerville, 2018, pp. 29-31；定方晟「セーナヴァルマ刻文の研究」『東洋学報』第69巻，1988年，pp. 1-3；H. Falk, "Notes on some Apraca dedicatory texts," *Berliner Indologische Studien,* vol. 11, 1998, p. 107; R. Salomon/S. Baums, "Sanskrit *Ikṣvāku,* Pāli *Okkāda,* and Gāndhārī *Iṣmaho,*" *The Journal of the Pali Text Society,* vol. 29, 2007, p. 218.
19 R. Salomon/G. Schopen, "he Indravarman (Avaca) Casket Inscription Reconsidered: Further Evidence from Canonical Passages in Buddhist Inscriptions," *Journal of the International Association of Buddhist Studies,* vol. 8, 1984, pp. 108-109; R. Salomon, *Ancient Buddhist Scrolls from Gandhāra,* Seattle, 1999, pp. 148-150, fig.3: "The Indo-Greek Era of 186/5 B.C. in a Buddhist Reliquary Inscription." In *Afghanistan ancien carrefour entre l'Est et l'Ouest,* eds. by O. Bopearachchi/M-F. Boussac, Turnhout, 2005, pp. 378-381.
20 R. Salomon, "An Inscribed Silver Buddhist Reliquary of the Time of King Kharaosta and Prince Indravarman," *Journal of the American Oriental Society,* vol. 116, 1996, pp. 428-429, figs. 1-16. Miho Museum『オクサスのほとりより』Miho Museum，2009年，35頁．
21 定方晟前掲論文，1-28頁。
22 P. Callieri/A. Filigenzi (eds.), *Il Maestro di Saidu Sharif alle origini dell'arte del Gandhara,* Roma, 2002, pp. 93-136, 167-200; M. F. Swati, "Special Features of the Buddhist Art in the Swat Valley," *Athāriyyāt,* vol. 1, 1997, pp. 1-60；内記理「仏像の出現について」外村中・稲本泰生他編『「見える」ものや「見えない」ものをあらわす東アジアの思想・文物・藝術』勉成社，2013年，57-82頁．
23 東京国立博物館『黄金のアフガニスタン』産経新聞，2016．

第8章　インド・パルティア朝

インド・パルティア朝とは

　インド・パルティア朝（Indo-Parthians、19年頃 – 2世紀初）は、後1世紀に、パルティア人のゴンドファーレスがアフガニスタン南部からガンダーラに侵入して、ガンダーラのインド・スキタイ朝を滅ぼして樹立した王朝である。その支配領域は、西はスィースターン、アラコシア、ガズニー、カーピシー、ガンダーラ、タキシラ、シンド、東西パンジャーブに及んだ。インド・パルティア朝は、イラク中部のテシフォンを首都としたアルサケス朝パルティアの王家とは系統を異にする。

　この王朝を研究する場合の最大の難点は、確固たる史料がないことである。インド・パルティア朝について言及している文献史料は殆どなく、碑文も1点しか知られていない。考古学的発掘がタキシラのシルカップで行われて多くの資料が発見されたが、インド・パルティア朝史を再構築するための主な情報源は、インド・スキタイ朝の場合と同じく、依然としてコインでしかないので、未確定な部分が多い。

　コインの出土地域から、この王朝は2代目のアブダガセス王以後は4地域を数人の王が分割して統治していたことがわかっている。本章ではパリの国立図書館所蔵のインド・スキタイ朝のコイン・カタログを適宜参照して地域別に国王の系譜を記すことにした[1]。在位年代についてはゴンドファーレス王とウブザネス王以外は不明なので、全て後1世紀後半とした。

（1）カーピシー・ガンダーラ・西パンジャーブ（タキシラ）
　　ゴンドファーレス（Gondophares、在位：後19/20年 – 46年）
　　アブダガセス（Abdagases、在位：後1世紀後半）
　　サセス（Sases、在位：後1世紀後半）
（2）シンド
　　ゴンドファーレス
　　サルペドネス（Sarpedones、在位：後1世紀後半）

サタヴァストレス（Satavastres、在位：後1世紀後半）

　サセス

（3）東パンジャーブ

　ゴンドファーレス

　アブダガセス

　ウブザネス（Ubouzanes、在位：後78年以降）

　サセス

（4）スィースターン・アラコシア・ガズニー

　ゴンドファーレスとアブダガセス

　オルサグネス（Orthagnes、在位：後1世紀後半）

　ウブザネス（Ubouzanes、在位：後78年–？）

　サセス

　サナバレス（Sanabares、在位：後1世紀後半）

　パコレス（Pacores、在位：後1世紀後半–2世紀初）

　ファルン・ササン（Farn Sasan、在位：後1世紀後半–2世紀初）

インド・パルティア朝の歴史

　初代のゴンドファーレス王に関しては、ペシャワール東北の仏教寺院遺跡タフティ・バイ（Takht-i-Bahi）からカローシュティー文字碑文が発見されている。その年紀銘が、アゼス紀元（西暦前57/8年）の103年（西暦45/46年）で、ゴンドファーレス王の治世26年とあるので、ゴンドファーレス王は西暦19/20年に即位したことがわかる[2]。ゴンドファーレス王については、イエス・キリストの使徒の1人である聖者トーマス（Thomas the Apostle）が後30年頃に王都のタキシラのシルカップに赴き、同王に会ったという伝説が残っている[3]。この年代は上記のゴンドファーレス王の治世（19/20-45/46年）に矛盾しない。

　ゴンドファーレス王の死後、王国は分裂した。ゴンドファーレス王の息子と思われるサルペドネス王はゴンドファーレス（Xvarnah、フヴァルナー、栄光を勝ち得たを意味する）という称号を用いたが、南アラコシア、シンド、東パンジャーブなどを支配したらしい。

最も重要な後継者は、ゴンドファーレス王の甥のアブダガセス王で、パンジャーブ地方と、ガンダーラから北アラコシアに至る地域を支配した。
　オルサグネス（古代ペルシア語の軍神ウルスラグナを意味する）王は、スィースターンから南アラコシアを統治した。スィースターンにおいてその後を継いだのはウブザネス王であった。ウブザネス王はドラクマ銀貨のギリシア語銘の中で、自分がオルサグネス王の息子であることを明記している[4]。また、M・アルラムやクリブによれば、ウブザネス王のドラクマ銀貨の国王胸像には、アルサケス朝パルティアのヴォロガゼス2世（Vologases、在位：77-79年）の王冠形式（角状突起）が模倣されているから、その即位は後78年前後であるという[5]。
　その後、サセス王がアブダガセス王の領土、サルペドネス王の領土を引き継いだようであるが、タキシラやスワート渓谷で発見されたクシャン族の2人の国王クジュラ・カドフィセスとソーテール・メガス（Sōtēr Megas）のコインは、サセスの銘の上にソーテール・メガスの銘を打刻しているので、この2人の国王がサセス王のコインを検印し、己が発行したコインとして流通させていたことがわかる。この事実は、サセス王がこれらのクシャン王、恐らくクジュラ・カドフィセス王ないしは、その後継者に敗れたことを示唆している[6]。その結果、インド・パルティア朝の支配は、ガンダーラなどを失い、西方のアラコシアとスィースターンのみに縮小した。
　サセス王の後、スィースターンや南アラコシアをパコレス王が後127/8年頃まで支配したようである。その後も、この地域は、インド・パルティア朝の末裔によって支配されていたようだが、遅くとも3世紀前半にファルン・ササン（以前はアルダミトラ（Ardamitra）といわれていた）なるものに王位を奪われ、最終的にはこれらの地方が、ササン朝ペルシアのアルダシール1世（Ardashir I、在位：224年‐240年、図8-1）ないしは、シャープール1世（Shāpūr I、在位：241年‐272年、図8-2）によって征服されて、インド・パルティア族はアフガニスタン南部の政治史から姿を消したと推定されている[7]。

インド・パルティア朝のコイン

　インド・パルティア朝時代になると、銀貨の質が著しく低下して、銀と銅

図 8-1　　　　　　　　図 8-2

の合金ビロン (billon) が基本的に用いられた。それ故、銘文などが磨滅し、殆ど判読できないものもある。ガンダーラのプシュカラーヴァティー（現シャイハン・デーリー）とタキシラなどに造幣所があったらしく、ゴンドファーレス王、アブダガセス王、サセス王がコインを発行した。コインの表裏の図柄にはインド・スキタイ朝のコインタイプをそのまま継承したものが多い。銘文は、表にギリシア語・ギリシア文字、裏はプラークリット語・カローシュティー文字を用いている。

＊ゴンドファーレス

　ゴンドファーレス王は、表に国王胸像（**図 8-3**）、裏にリボン・ディアデムと棗椰子の枝葉をもつニケ女神立像を刻印した銅貨を発行している。銘文は表に「ΒΑΣΙΛΕωΣ ΣωΤΗΡΟΣ ΥΝΔΟΦΕΡΡΟΥ（Basileōs Sōtēros Undopherrou、救済者ウンドフェル王の）」、裏に「Maharajasa Gudapharnasa tratarasa（救済者グダファルナ大王の）」とある。銘文のギリシア文字はシグマ（Σ）がローマ字のCに、オミクロン（Ω）が小文字 ω に変形している。

　また同王の別のコインでは、表に右手を掲げる国王騎馬像（**図 8-4**）、裏に左手に長い錫杖、盾、長槍をもち、右手で祝福の仕草をするアテナ女神を刻印している。銘文は表に「ΒΑΣΙΛΕωΣ ΒΑΣΙΛΕωΝ ΜΕΓΑΛΟΥ ΓΟΝΔΟΦΕΡΡΟΥ（Basileōs Basileōn Magalou Gondopherrou、諸王の王、偉大なゴンドフェルの）」、裏に「Maharaja rajatiraja tratara devavrata Gudupharasa（諸王の王、救済者、神の兄弟、グドゥファラ大王の）」とある。

第 8 章　インド・パルティア朝　*111*

図 8-3

図 8-4

図 8-5

　一方、新しい点はコインの表に、向かって左向きの国王胸像を表したコイン（**図 8-5**）を初めて導入したことである。表には、アルサケス朝パルティアの国王胸像をモデルとして、リボン・ディアデムを巻いた国王胸像を表し、裏には右手に一輪の花をもつ右向きの国王倚像を表している。国王倚像の背

後には、花冠を掲げるニケ女神立像を表現している。裏のギリシア語・ギリシア文字銘は上下左右に刻印されているが、意味は明らかではない。このようなコインは、ゴンドファーレス王以外にも、パコレス王、オルサグネス王などのコインの表に見られる。

＊アブダガセス

　アブダガセス王のコインは 2 種類である。1 つは、表に国王胸像、裏にリボン・ディアデムをもつニケ女神立像を刻印している。もう 1 つのタイプ（図 8-6）は、表に国王騎馬像と牛頭印のタムガ、裏には右手を挙げて祝福をするゼウス神立像と 2 つのモノグラムを表現している。表の銘文は、8 時から時計回りに、「ΒΑCΙΛΕΥ ΑΒΑΔΑΓΑC ΥΝΔΙΦΕΡΟ ΑΔΕΛΦΙΔΕΩC (Basileu Abadagas Undiphero Adelphideōs、ゴンドファーレスの甥アブダガス王の)」とあり、裏には 5 時から反時計回りに「Guduvharabhrataputrasa maharajasa Avadagashasa (グドゥヴァラの弟の息子アヴァダガシャ大王の)」とある。

＊サセス

　サセスないしはササンと呼ばれた国王のコイン（図 8-7）は、表に右手に斧（鞭？）をもつ国王騎馬像、裏には左手に錫杖をもち、右手で祝福をしているゼウス神立像を刻印している。銘文は、表に「ΒΑΣΙΛΕΥΩΝΤΟΣ ΒΑΣΙΛΕΩΝ ΜΕΓΑΛΟΥ CACOY (Basileuōntos Basileōn Megalou Sasou、諸王の王、偉大なサセスの)」の後半の一部があるようだが、欠落部分が多く字形も崩れているので判読が困難である。裏に「Maharajasa mahatasa tratarasa devavratsa Guduvharasa Sasana (大王、偉大な救済者、神を敬うグドゥヴァラ・ササの)」の後半部が刻印されているようである。ゼウス神の左右にナンディパダ (nandipada、牛の足跡ないしは三宝を意味する) のモノグラムとカローシュティー文字「va」が見られる。

＊オルサグネス

　この国王が発行したコイン（図 8-8）は、表に向かって左向きの国王胸像、裏にリボン・ディアデムをもつニケ女神立像を刻印したものである。国王の

第 8 章　インド・パルティア朝　113

図 8-6

図 8-7

図 8-8

　胸像は、頭にリボン・ディアデムを巻き、頭髪は玉状となった髪を後頭部で結んでいる。上着は胸のところで左右に開き、連珠の縁飾りがある。銘文は表に「ΒΑCΙΛΕΥC ΒΑCΙΛΕΩΝ ΜΕΓΑC ΟΡΘΑΓΝΗC（Basileus Basileōn Megas Orthagnes、諸王の王、偉大なオルサグネス）」、裏に「Maharajasa rajatirajasa

図 8-9

mahatasa Gudavharasa gujhadasa（諸王の王、偉大なグダヴァラ・グジャダ大王の）」とあり、カローシュティー文字「gu」のモノグラムがある。

＊パコレス

パコレス王のコイン（図 8-9）は 1 種類で、表にはオルサグネス王のコイン（図 8-8）と同様に、国王の左向きの胸像、裏にリボン・ディアデムをもつニケ女神立像を刻印している。国王の頭髪は玉状になって、螺髪のように渦巻いている。銘文は、表に 12 時から時計回りに「BACIΛEYC BACILEωN MEΓAC PAKOPES（Basileus Bacileōn Megas Pakores、諸王の王、偉大なパコレス）」とあり、裏には 12 時から反時計回りに、「Maharajasa rajatirajasa mahatasa Pakurasa（諸王の王、偉大なパクラ大王の）」とあるが、本作品では欠落が多く字形も崩れており、判読できない。

その他の国王が発行したビロン貨については、図柄も上記のものとほぼ同じであることが多いので、図柄の解説は省略した。また、銅貨は一般的に図柄が不鮮明であり、さらに図柄が小さくて、描き起こしをしないと理解し難いなど、問題があるので割愛することにした。

インド・パルティア朝の美術

コインの材質の劣化が示唆するように、この時代にはヘレニズム美術の衰退と凋落がインド・スキタイ朝時代よりもさらに進行したと考えられる。一方、それに対応するように、西方のアルサケス朝パルティアやローマ帝国か

らの輸入品が多くなったと思われる。それは、シルカップ遺跡からJ・マーシャルによって発掘された工芸品によって裏付けられる[8]。例えば、銀や銅製の杯（図8-10）がある。このような銀製の杯には横畝文が施されており、インド・パルティア朝時代に制作されたと見なされている[9]。エロスとプシュケーを表現した赤瑪瑙製カメオ（図8-11）、金製装身具、セラ・キュールリス（sella curulis）と呼ばれたローマ製の鉄製折り畳み式腰掛け（図8-12）、

図8-10

図8-11

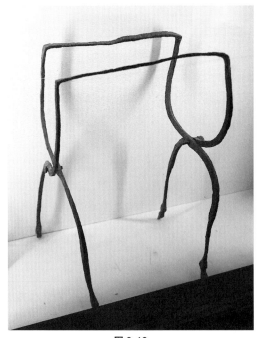

図8-12

図8-13

エジプトのハルポクラテス銅像（図 8-13）など、アレクサンドリアなどの地中海沿岸で生産された品々である。それらの輸入品は陸路のみならず、海路で運ばれたことが、後1世紀に著されたとされる『エリュトラー海案内記』の第38節から39節の叙述から明らかである[10]。それによれば、パルティア人が支配していたスキュティアー（シンド地方に相当）の町ミンナガルに、バルバリコンというインダス河口の港からガラス器、銀器や貨幣などが運ばれたという。その一部は、アフガニスタン東南部のカーピシーのベグラム遺跡からフランス調査団によって前世紀前半に発掘されている[11]。これらローマやアレクサンドリアなど西方のグレコ・ローマ文化の奢侈品の輸入は、アルサケス朝パルティアのギリシア文化愛好（Philhellenism）の趣味が、インド・パルティア朝の上流階級にも伝播していたことを示唆する。

注
1 Ch. Fröhlich, *Monnaies indo-scythes et indo-parthes*, Paris, 2008, pp. 54-77, 23-29.
2 Konow, *op. cit*., 1929, pp. 57-62.
3 J. Kurikilamkatt, *First Voyage of the Apostle Thomas to India*, Bangalore, 2005, pp. 78-94； 定方晟『異端のインド』東海大学出版会，1998年，181-204頁．
4 M. Alram, "Pahlavas: Hybouzanes, ein neuer König, und eine neur Lesung für Gondophares," *Litterae Numismaticae Vindobonenses*, Band 2, 1983, p. 73, pl. 6-4-7.
5 J. Cribb, "New evidence of Indo-Parthian political history," *Coin Hoards*, vol. VII, 1985, pp. 294, 297; M. Alram, "Indo-Parthian and Early Kushan Chronology: The Numismatic Evidence," In *Coins, Art, and Chronology*, eds.by M. Alram/D. E. Klimburg-Salter, p. 41. Wien, 1999.
6 N. Sims-Williams/J. Cribb, "A New Bactrian Inscription of Kanishka the Great," *Silk Road Art and Archaeology*, vol. 4, 1995/96, pp. 119-120.
7 Kh. Rezakhani, *ReOrienting The Sasanians: East Iran in Late Antiquity*, Edinburgh, 2017, pp. 37-45.
8 Marshall, *op. cit*., 3 vols, Cambridge, 1951.
9 F. Baratte, *East and West: A Central Asian silver Hoard from the Parthian Era*, London, 2002, pp. 41-42.
10 蔀勇造『エリュトラー海案内記』平凡社，第2巻，2016年，18-19頁．
11 J. Hackin, *Recherches Archéologiques à Begram*, 2 vols., Paris, 1939; *Nouvelles Recherches Archéologiques à Begram*, 2 vols, Paris, 1954；東京藝術大学美術館『アフガニスタン悠久の歴史展』東京藝術大学／NHK／NHKプロモーション，2002年，86-88，90頁．

第9章 クシャン朝

クシャン朝とは

　クシャン朝（Kushans、49/50年 - 350年）は、中央アジア西南部から北インドにかけて、1世紀から3世紀半ば頃まで栄えたイラン系の王朝である。インド・パルティア朝が衰えると、中央アジアのバクトリアから、クシャン族が後1世紀の半ばにカーピシー、ガンダーラ、タキシラへと進出し、北インドまで征服した。主都をカーピシー、ペシャワールとマトゥラーに定めた。同朝の歴代国王が発行した金貨と銅貨の銘文や碑文などから、現在までに明らかになっているクシャン朝の王名は、クリブの見解に従ってヘラ（イ）オスを除外すれば、以下のような13人である[1]。

　　［ヘラ（イ）オス（Heraus、在位：49/50年 - 90年頃）］
　　クジュラ・カドフィセス（Kujula Kadphises、在位：50年 - 90年頃）
　　ウィマ・タクトー（Wima Takto、在位：90年 - 113年頃）
　　ウィマ・カドフィセス（Wima Kadphises、在位：113年 - 127年）
　　カニシュカ1世（Kanishka I、在位：127年 - 151年）
　　フヴィシュカ（Huvishka、在位：151年 - 190年）
　　ヴァースデーヴァ1世（Vāsudeva I、在位：190年 - 230年）
　　カニシュカ2世（Kanishka II、在位：230年 - 247年）
　　ヴァーシシュカ（Vāsishka、在位：247年 - 267年）
　　カニシュカ3世（Kanishka III、在位：267-270年）
　　ヴァースデーヴァ2世（Vāsudeva II、在位：267年 - 300年）
　　マヒ（Mahi、在位：300年 - 305年）
　　シャカ（Shaka、在位：305年 - 335年）
　　キプナダ（Kipunadha、在位：335年 - 350年）

　以上の国王の中で、ガンダーラに関係深いのは、ヴァースデーヴァ2世以

前の国王たちである。

クシャン朝の歴史

『後漢書』巻88、西域伝によれば、前50年以前には大月氏の五翕侯（yabgu）であった休密、雙靡、貴霜、肸頓、都密が、オクサス河より北方のトハーリスターンを分割して統治していたが、五翕侯中の貴霜翕侯の丘就卻（クジュラ・カドフィセス）が、後50年頃には他の四翕侯を滅ぼし、四翕侯の王となって国名を貴霜と定めたという[2]。その後、クジュラ・カドフィセス王は、安息を侵略し、高附の地を獲得し、さらに濮達、罽賓の国を滅ぼしたという[3]。「安息」は通常パルティアを指すが、同王がアルサケス朝パルティアの領地であったバクトリア西部を侵略したのか、それともインド・パルティア朝が領有していたカーピシー、カーブルを中心とするアフガニスタン東南部の地を得たのか、専門家の見解は分かれる。濮達、罽賓の国についても諸説あるが、クジュラ・カドフィセス王が征服した地域の中で最も可能性が高いのは、それぞれガンダーラのプシュカラーヴァティー（現シャイハン・デーリー遺跡）とカシュミールのようである。クジュラ・カドフィセス王は、バクトリアやカーピシー、カーブル、北アラコシア、ガンダーラ、タキシラ、カシュミール、シンド地方を支配したようである。

一方、アフガニスタン北部のラバータク（Rabātak）で1990年代に発見されたバクトリア語・ギリシア文字碑文には、クジュラ・カドフィセス、ウィマ・タクトー、ウィマ・カドフィセス、カニシュカ1世の4人の名前が順次、明記されている[4]。このラバータク碑文はカニシュカ1世が遺したものであるが、それに従えば、クジュラ・カドフィセス王の後継者は息子のウィマ・タクトーであった[5]。

また、ウィマ・タクトー王の名前は、これ以前に発見されたアフガニスタン中部のダシュテ・ナウル（Dasht-e Nawur）のギリシア文字碑文にも「諸王の王」と明記されていた[6]。さらに2015年にタジキスタンの首都ドゥシャンベの北西37kmにある、アルモースィ（Almosi）渓谷で発見された摩崖碑の断片のギリシア文字碑文、あるいはアラム文字碑文にもウィマ・タクトー王の名前が刻まれている[7]。以上の碑文からウィマ・タクトー王の実在はゆる

ぎないものとなった。

　一方、『後漢書』西域伝は、クジュラ・カドフィセス王の後継者は閻膏珍と記す。それ故、当初は、この閻膏珍をウィマ・カドフィセスであると比定していた。しかしながら、そうではなく閻膏珍はクジュラ・カドフィセス王の息子のウィマ・タクトー王であったことが、ラバータク碑文によって明らかとなった[8]。『後漢書』西域伝によれば、クジュラ・カドフィセス王が80余歳で死ぬと、子供の閻膏珍が王となり、復天竺を滅ぼし、将1人を置いてそれを監領したという。「復」が何を具体的に意味するのか明らかではないが、ウィマ・タクトー王がマトゥラーを含む北インドを征服した功績は大きい。何故ならば、後述するマトゥラーのマート（Māt）のクシャン朝の神殿はウィマ・タクトー王が創建した蓋然性が大きく、同王の肖像（**図9-1**）が祀られていたからである。

　第3代目のウィマ・カドフィセス王は、ウィマ・タクトー王の息子で、ク

図 9-1

シャン朝の隆盛の礎を築いた。同王が行った業績の中で最も重要なものは、グレコ・バクトリア朝由来の銀本位制による貨幣制度を廃止して金本位制を採用し、インド亜大陸において初めて金貨を発行したことである。その金貨はローマ帝国のアウレウス（aureus）金貨をモデルとして、デーナリウス（denarius）とスタテール（stater）というローマ帝国の重量単位を用いて造られている。同王が大量の金貨を鋳造した金の出所については、かつては、インド亜大陸に大量に運ばれたローマ帝国の金貨であると推定されていたが、近年の研究によって、そのようなローマ起源説は否定され、現在ではインド亜大陸の金鉱から採取されたと考えられている[9]。

　ウィマ・カドフィセス王の後、即位したカニシュカ1世は、クシャン朝の国王の中で最も著名な国王である。カニシュカ1世はヒンドゥー・クシュ山脈の北方のバクトリアから、南方のガンジス河流域のパータリプトラまでを支配下に置くなど、クシャン朝の領土を拡大した。このようにして、カニシュカ1世と、次のフヴィシュカ王の治世において、クシャン朝は最盛期を迎えた。カニシュカ1世は、クシャン朝の主都をカーピシー、プルシャプラ（現在のペシャワール）とマトゥラーに置いた。暑い夏は高地の夏都カーピシーで、温暖な春と秋はプルシャプラで過ごし、冬は比較的暖かいマトゥラーで過ごした。アフガニスタン北部のスルフ・コータルに王家の神殿（バクトリア語でbagolaggo）を建立し、ゾロアスター教の神々とともに父や祖父や自身の肖像を祀ったと既述したラバータク碑文は述べている。

　また、同王は仏教の保護者となったといわれるが、ペシャワール市の東南にあるシャー・ジー・キ・デーリー（Shah-jī-ki-Dherī）に仏塔（いわゆるカニシュカ・ストゥーパ）と僧院を建立したことで知られている。これは小乗仏教の部派の1つである説一切有部のために建立したもので、それによってカニシュカ1世やクシャン族が小乗仏教を信奉していたことがわかる。7世紀の半ばに玄奘はペシャワールを訪れ、この仏塔の壮大な有様を『大唐西域記』巻2に記している[10]。

　カニシュカ1世の次には、フヴィシュカが即位した。フヴィシュカ王の名前はいくつかのガンダーラ語の碑文に刻印されている。例えばアフガニスタン南部のワルダク（Wardak）から発見された銅製の舎利容器には、カロー

シュティー文字で「Maharaja rajatiraja hoveshkasa agrabhagae bhavatu（この善根を通して、偉大な王、王の中の王フヴィシュカへの最高の配分のためとならんことを）」と刻印されている[11]。

さらに、スウェーデンのスコイエン・コレクション（Schøyen Collection）に収蔵された、4世紀頃のブラーフミー文字書体で書かれたサンスクリット文書に、フヴィシュカ王が大乗仏教の信者になった旨が記されている[12]。このフヴィシュカ王は、『大荘厳論経』巻第15では憂悦伽王と記されているが、マトゥラーの阿弥陀仏の台座が同王の治世間に制作されたことを併せて考えると、この文書は、大乗仏教がフヴィシュカ王治下のクシャン朝時代において既に興隆していたことを裏付ける証拠となろう[13]。無論、フヴィシュカ王が排他的な仏教徒になったのではなく、依然としてゾロアスター教の神々を信仰していたので、ゾロアスター教の神々を多数コインに刻印した[14]。

次のヴァースデーヴァ1世については、『魏書』に、クシャン王の波調が230年に三国の魏に朝貢品を携えた使者を派遣し、魏の皇帝がクシャン王に称号を与えたことが記されている[15]。ただし、ヴァースデーヴァ1世が、230年に死亡したか否かは明らかではない。230年の後、数年は生存していたかもしれない。波調とは、ヴァースデーヴァという名前のデーヴァ（deva）が欠落した形であり、バクトリア語・ギリシア文字銘文では、「BAZOΔHO（Bazodēo、ヴァースデーヴァ）」と書かれている。

＊ヴァースデーヴァ1世以後の歴史

ヴァースデーヴァ1世の没後、クシャン朝は衰退していったといわれている。その原因は、ササン朝ペルシアにバクトリアを奪われたことにある。アッバース朝時代にバグダードで活躍したウラマー（知識人）であった、アル・タバリー（al-Tabarī, 839-923年）の『予言者と国王の歴史（Ta'rīkh al-rusul wal-mulūk）』によれば、アルダシール1世（**図8-1**）が、メルヴ、バルフなどのマルギアナ、バクトリア、ホラズムを225年頃に侵略した後に、クシャン族、トゥーラーン（Tūrān）やマクラーン（Makrān）地方の国王たちが同王に使節を派遣して服従を申し出たという[16]。一方、アル・タバリーの情報は時代錯誤で信頼できないとする見解もある。アルラムによれば、アルダシール

1世は即位後に、まずメソポタミアに向かい、アルサケス朝パルティアの首都テシフォンを226/7年に陥落させ、その後ローマ皇帝のセウェルス・アレクサンダー（Severus Alexander）と230年から233年まで戦っているから、東方攻略は早くて233年であるという[17]。とすれば、魏書の230年にはまだアルダシール1世のクシャン朝攻撃は開始されていないことになる。恐らく、アルダシール1世のバクトリアへの侵略を予想してヴァースデーヴァ1世は魏に援助を要請したのではなかろうか。波調というクシャン王はヴァースデーヴァ1世以外にはありえないから、アル・タバリーと魏書の記録は、ヒンドゥー・クシュ山脈以北のクシャン領が、233年以降にササン朝ペルシアに奪われたことに関係していることは明らかであろう。

　一方、バクトリア語で書かれた経済文書の年号を研究したN・シムス・ウィリアムスは、バクトリア紀元は233年に始まると推定した[18]。この年代はアルダシール1世のバクトリア制圧を記念した蓋然性が大きいという。しかしながら、シムス・ウィリアムスは後に自身の見解を修正して、バクトリア紀元は223年のアルダシール1世の即位年から始まるとした[19]。現在はこの223年説が有力である。バクトリア紀元はギリシア文字で書かれた「バクトリア文書」にとっては重要であるが、クシャン朝の編年には殆ど関係がない。いずれにせよ、クシャン朝がバクトリアを失ったのは233年以降で、ヴァースデーヴァ1世の没後であろう。

　ヴァースデーヴァ1世の後継者はカニシュカ2世で、しばらくの間、バクトリアを支配していた。カニシュカ2世はペシャワールの造幣所で後述する金貨と銅貨を発行しているので、クシャン朝の支配の中心地はバルフからガンダーラに徐々に移っていったと考えられる。これはササン朝ペルシアないしは、後述するクシャノ・ササン朝によってバクトリアを奪われたことに関係していよう。その結果、ガンダーラを堅持することによって、カーピシー地方とカーブル地方も死守する方針のもとで、北西から南下するササン朝ペルシアの重圧に耐えていたのであろう。

　このヒンドゥー・クシュ山脈以南のクシャン領の攻防に関係するのは、ヒンドゥー・クシュ山脈の北部のラギ・ビビ（Rag-i Bibi）の摩崖に現存するシャープール1世（図8-2）が制作させたと推定されている「国王騎馬犀狩

図 9-2

図浮彫」(**図 9-2**)である。ササン朝ペルシアでは、王権神授や戦勝記念を誇示するために各地の摩崖に浮彫を刻んだが、この作例は同朝版図の最も東にある。犀はインド産で同じくインド産のマンゴー樹と共に描写されているので、この狩猟図は同王ないしは、他のササン系の王侯によるクシャン朝インド領の征服を象徴しているに相違ない。シャープール1世はイラン南部のナクシェ・ルスタムに「王の偉業」を記した碑文を残しているが、それによると、クシャン朝の都プルシャプラ(現ペシャワール)の前まで征服したとある。この文言がもしも歴史的真実であるならば、ラギ・ビビの浮彫はシャープール1世のクシャン領奪取の成功を誇示するために制作させたことになるだろう。ただし、「プルシャプラの前まで征服」は誇張であって、信憑性は希薄であるというのが多くの専門家の見解である[20]。筆者も、もしもペシャワール周辺まで征服したならば、その記念碑はペシャワールに近いカイバル峠の岩壁に刻んだであろうと思う。この峠は現在に至るまで、カーピシー、カーブルとペシャワールを結ぶ交通路の要衝であり、中央アジアからインドへ進出する侵略者にとっては必ず突破すべき「インドへの門」であるからである。

筆者は本書の「クシャノ・ササン朝の美術」の項で後述するように、ヒンドゥー・クシュ山脈南方のカーピシー、カーブルとガンダーラは、カニシュカ2世の後継者のヴァーシシュカ王の時代にシャープール1世とクシャノ・ササン朝の国王によって奪われてしまったと考えている。ヴァーシシュカ王はペシャワールやタキシラの造幣所で金貨と銅貨を発行している。しかしながら、260年前後にはペシャワール以西を奪われ、

図 9-3

クシャン朝の支配はインダス河東岸のタキシラに後退したようである[21]。

　カニシュカ2世の後を継いだヴァーシシュカ王の治世は、カニシュカ2世に続く短い治世であったようである。ヴァーシシュカ王がパンジャーブ地方を支配していたことは碑文によって証明されており、マトゥラー出土の碑文やサーンチー出土の菩薩像（図9-3）の銘文でも確認されている。それには「Mahārāja Rājatirāja Devaputra Shāhi Vāsishka saṃ 20 8（王中の王、大王、神の子のヴァーシシュカ王、28年）」と刻印されている[22]。

　ヴァーシシュカ王の後を継いだのは、カニシュカ3世であった。タキシラの造幣所で金貨を発行しているので、依然としてタキシラからパンジャーブ地方は死守していたようである。

　カニシュカ3世の後は、ヴァースデーヴァ2世がクシャン朝の王となったものの、グプタ帝国の宗主権下にあったパンジャーブ西部のタキシラ地方の支配者であったに過ぎないようである。ヴァースデーヴァ2世の時代には、ガンダーラは既に後述するクシャノ・ササン朝（Kushano-Sasanians）に奪われていたと思われる。

　マヒ王は恐らくヴァースデーヴァ2世の後を継ぎ、その後継者がシャカであったようである。マヒ王は恐らくグプタ朝の国王、サムドラグプタ王（在

位：335年–375年）の宗主権下にあった。

　ヴァースデーヴァ2世ないしはマヒ王の後を継いだといわれているシャカを、以前は支配者の名前だとは考えず、同王の名を刻印したコインはむしろ部族が発行したものだと考えられていたが、近年の古銭学者はシャカを個人名だと考えている。

　シャカ王の後には、キプナダ王が王位を継承したが、クシャン朝最後の支配者であったと思われる。キプナダ王は、シャカ王の後を継いではいるものの、恐らくタキシラ地方の支配者にすぎず、マヒ王と同様に、グプタ朝のサムドラグプタ王の臣下であった可能性がある。

クシャン朝のコイン

　クシャン朝のコインは当初、プラークリット語・カローシュティー文字と、ギリシア語・ギリシア文字を用いた、前代の伝統的なバイリンガル銘を受け継いでいたが、カニシュカ1世が、プラークリット語・カローシュティー文字銘を廃止して、さらにギリシア語・ギリシア文字銘を、バクトリア語・ギリシア文字銘に代え、それだけを用いるユニリンガル銘を採用し、以後、これが継承された。また、インド・グリーク朝以来の銀と銅のコインを廃止して、金と銅の2種類のコインを発行した。金貨は、ローマのデーナリウス・アウレウス金貨（約8g）に対応して、2ディーナール、ディーナール（約8g）と半ディーナールが発行された。一方、銅貨は4ドラクマと2ドラクマが発行された[23]。

＊ヘラ（イ）オス・クジュラ・カドフィセス

　従来の見解によれば、クシャン族の最初のコインは、いわゆるヘラ（イ）オス（後1世紀前半）がバクトリアで発行したドラクマと4ドラクマ銀貨（図9-4）とオボル銀貨（図9-5）といわれる。前者は表に、中央アジアの遊牧民族の上着を着た精悍な容貌を有する国王胸像、裏には、勝利の女神ニケが花環を捧げる国王騎馬像が写実的に刻印されている。この裏の図柄は、前代のインド・スキタイ朝のアジリセス王や、インド・パルティア朝のゴンドファーレス王の騎馬像をモデルとしている[24]。一方、表の国王胸像は、グレ

図 9-4

図 9-5

コ・バクトリア朝のコインの形式と写実的様式を踏襲しているので、発行地と流通域がバクトリアであるのはほぼ疑問の余地がない。その裏の銘文は「TYPANNOYNTOΣ HIAIOY KOPΣANOY ΣANAB（OY）(Turannountos Ēiaou Koshsanou Sanab(ou)、独り立ちした統治者、ヘラ（イ）オス、クシャン族の翕侯の)」とある。「ΣANAB（OY）」の銘は、馬の脚の間に刻印されている。オボル銀貨は表の胸像は同様であるが、裏には剣を帯び遊牧民の服装をした国王立像とギリシア語・ギリシア文字銘「HIAIOY KOPPANOY（Ēiaiou Koshanou、ヘラ（イ）オス、クシャン族)」が刻印されている。

　クシャンを意味するギリシア語「KOPΣANOY（koshsanou)、KOPPANOY（Koshanou）が刻印されているので、この支配者がクシャン族と関係のあることは明かであるものの、在位年代及び彼が初代のクシャン朝の王か否かは議論の余地がある[25]。ヘラ（イ）オスという王名はA・カニンガムの解釈に従って通説化しているが、そうではなくクシャン、サナブ、ミヤオスなど異

第9章　クシャン朝　127

図 9-6   　　　　　　　図 9-7

論もその後提示されたように、未解決である[26]。ただし、ウズベキスタン南部、バクトリア北部のハルチャヤン（Khalchayan）からは、クシャン族の王族の宮殿遺跡と王家の一族を表現した塑像群が発掘されているが、その中の1人の横顔（図9-6）がいわゆるヘラ（イ）オス王銀貨の国王の横顔に酷似しているので、ウズベキスタン及びタジキスタン南部を支配していたことは間違いない[27]。さらに、モンゴル共和国のノイン・ウラ（Noin-ula）には匈奴の墓地が多数あるが、その第20号と第31号の古墓（クルガン）からは、いわゆるヘラ（イ）オス王の横顔に酷似した容貌を示すクシャン族王侯を刺繍した毛織物（図9-7）が発掘されている[28]。この毛織物は、間違いなくクシャン族が住んでいたバクトリアで生産されたものである[29]。

　ヘラ（イ）オス王以後の前期クシャン朝の国王の系譜に関しては既述した通り、クジュラ・カドフィセス王、ウィマ・タクト―王、ウィマ・カドフィセス王、カニシュカ1世の4人が、上述したラバータク碑文によって確認されている。この碑文はクシャン朝の国王の系譜を記しているから、上記のヘラ（イ）オス王の名前がないのは、ヘラ（イ）オス王がクジュラ・カドフィセス王の一族とは異なるクシャンの王族に属していた支配者である翕侯か、あるいは大月氏であった可能性があるだろう[30]。しかしながら、クリブの見解によれば、いわゆるヘラ（イ）オス王のコインは、クジュラ・カドフィセス王が発行したものであるから、ヘラ（イ）オス王とクジュラ・カドフィセス王は同一人物であるという[31]。その最大の根拠は、大英博物館所蔵の珍しい銅貨（図9-8）の表のプラークリット語・カローシュティー文字銘「maharaya

図 9-8

rayatirayasa devaputrasa kuyula katakapasa（大王、諸王の王、天子、クユラカタカパサの）」と、裏のギリシア語・ギリシア文字銘「TYPANNOYNTOΣ HIAOY KOPPANOY（Turannoutos Ēiaou Koshanou、独り立ちした統治者、クシャン族のヘラ（イ）オスの）」にある。

　このコインは、表には無帽の国王胸像、裏にはニケ女神が祝福する**図 9-4**の裏のような国王騎馬像を刻印している。このコインの表裏の図柄は、インド・スキタイ朝のゼイオニセス王やインド・パルティア朝のゴンドファーレス王が発行したコインの図柄をモデルとしているようである[32]。確かにこの銅貨の銘は、上記のヘラ（イ）オスの4ドラクマ銀貨の銘に、一致する部分が多い[33]。ただし、この見解に対しては、若干の反論もある[34]。「HIAOY（Ēiaou、ヘラ（イ）オス）」が、クリブのいうように「yabgu（ヤブグ、翕侯）」のギリシア文字表記であるならば、ヘラ（イ）オスは王名ではなく称号である。「yabgu」はガンダーラ語・カローシュティー文字では「yavuga, yaüa, yaü」と記されるが、それに対応するギリシア語はない[35]。それ故、「yabgu」は HIAOY と音訳されたのではなかろうか。上記の『後漢書』西域伝の記述「貴霜翕侯のクジュラ・カドフィセスが、他の四翕侯を滅ぼし、自立して王となった」を参照すれば、「TYPANNOYNTOΣ HIAOY KOPPANOY（Turannoutos Ēiaou Koshanou、独り立ちした統治者、クシャン族のヘラ（イ）オスの）」は、「他の4人の翕侯を滅ぼして自立して、大夏の唯一の統治者となった貴霜の翕侯」と訳すことができる。筆者はクリブ説に従うが、いわゆるヘラ（イ）オス銀貨と、クジュラ・カドフィセス王がガンダーラで発行した粗雑な銅貨との材質、

図像面での落差は非常に大きい。また、既述した「ΣANAB (OY) (Sanab(ou))」の意味も従来、翕侯と解釈されていたが、クリブは「HIAOY (Ēiaou)」を翕侯と解釈したので、この文字銘は、造幣所の検印であるとみなしている[36]。このような未解決の問題点もあるので、何らかの決定的な新資料が発見されるのを期待したい。

　クジュラ・カドフィセス王がガンダーラで発行したコインは、当地で流通していた既存のコインの図柄を模倣した銅貨が多い。例えばインド・グリーク朝のヘルマイオス王が発行したコインは、国王胸像とヘラクレス立像の図柄をそのまま模倣している。銘文は表に「BAΣIΛEΩΣ ΣΩTHPOΣΣY EPMAIOY (Basileōs Sōtērossu Ermaiou、救済者ヘルマイオス王の)」、裏に「Kujula kasasa kushanasa yavugasa dhamathidasa（法を堅持するクシャン翕侯クジュラ・カサの）」として自身の名前を刻印した。また、インド・スキタイ朝のアゼス2世の交脚坐像を模倣したもの（**図 9-9**）もある。特筆すべきコイン（**図 9-10**）は、表

図 9-9

図 9-10

に、西暦前後ないし1世紀前半のローマ皇帝オクタヴィアヌス、ないしはティベリウスあるいはクラウディウスの胸像、裏に折り畳み式腰掛に坐すクジュラ・カドフィセス王倚像を刻印した銅貨である[37]。銘文は表に「XOPANΣY ZAOOY KOZOΛA KAΔAΦEΣ（Koshansu Zaoou Kozola Kadaphes、クシャン翕侯コゾロ・カダフェスの）」、裏に11時より反時計回りに、「Khushanasa ya'u'asa kuyula kaphasa sacadharmathitasa（正法を堅持するクシャン翕侯クユラ・カファの）」とある。

＊ウィマ・タクトー

クジュラ・カドフィセス王の後を継いだウィマ・タクトー王は原則として、重さ8gの銅貨を発行してコイン表裏の図柄の統一を目指した改革を行っている。ただし、王名を明記したといわれるコインは極めて少なく、また、その銘の解読も疑問視されている。同王のコインの存在を初めて明らかにしたのはクリブである[38]。従来、クシャン朝の編年では、クジュラ・カドフィセス王とウィマ・カドフィセス王の間に、ソーテール・メガス（偉大な救済者）と呼ばれる（無名の）国王の存在を想定していた。この国王が発行した銅貨（図9-11）には、表に槍をもつ太陽神ミスラ（Mithra）ないし光輝に満ちた国王胸像とモノグラム、裏にはムチをもつ国王騎馬像とギリシア語・ギリシア文字銘「BAΣIΛEYΣ BAΣIΛEΩN ΣΩTHP MEΓAΣ（Basileus Basileōn Sōtēr Megas、諸王の王、偉大な救世主）」が刻印されている。このいわゆるソーテール・メガス王発行の銅貨は極めて多数で、クシャン朝版図全域となる、ウズベキス

図 9-11

第9章 クシャン朝 *131*

図 9-12

タン南部、タジキスタン南部、アフガニスタン、バクトリアとカーブル、ガンダーラ、タキシラ、パンジャーブ、マトゥラー、ガンジス河流域などから発見されているので、ソーテール・メガス王が中央アジア西南部から北インドまで征服し、支配したと推定された。クリブはソーテール・メガス王発行とみなされていた、表に国王騎馬像、裏にゼウス神立像を表したコインや、表にインド産瘤牛、裏にバクトリア産双瘤駱駝を表した銅貨（図 9-12）の裏のカローシュティー文字銘中に、「Vema Tak（ta）（ウィマ・タクトー）」という名前を発見して、この「偉大な救世者」をウィマ・タクトーと同一人物であると考定した。しかしながら、ボペアラッチーはその解読を否定し、両者は別人であり、また、コイン銘にクシャンという民族名がない点などを指摘して、ソーテール・メガス王はクシャン朝の王位をウィマ・タクトー王から奪った簒奪者（既出の『後漢書』の記す将軍）であると想定している[39]。このような反論があるが、クリブ説に従えば、多数のソーテール・メガスという銘文がある銅貨は、全てウィマ・タクトー王が発行した、コインの中の一般的、普遍的タイプである[40]。

　以上のコインの他、表にヘルメットを被った左向きの国王胸像（図 9-13）を刻印した銅貨が注目される。クリブの研究によれば、大英博物館所蔵の2点の作例では、表にカローシュティー文字で「vi」というモノグラムがあり、裏には、ギリシア文字銘の後にOという文字が追加されている。前者は「Vima（ウィマ）」の、後者は「OOHMO（Ooemo、ウェーモー）」の略号であるという[41]。

図 9-13

さらに、ウィマ・タクトー王は、グレコ・バクトリア朝のヘリオクレス王の4ドラクマ銀貨、インド・パルティア朝のサセス（ササン）王のドラクマ銀貨、クジュラ・カドフィセス王の表に牡牛、裏に双瘤駱駝の図柄などを模倣した銅貨（図 9-12）を発行している。例えば、ヘリオクレス王の4ドラクマ銀貨の図柄を模倣したコイン（図 9-14）では、表に同王の右向き胸像、裏に右脚を上げた馬と、ギリシア語・ギリシア文字銘「ΒΑΣΙΛΕΩΣ ΗΛΙΟΚΛΕΟΥΣ ΔΙΚΑΙΟΥ（Basileōs Ēliokleous Dikaiou、正義の王ヘリオクレスの）を刻印している[42]。これらの銅貨を、クリブは地方タイプと命名している。極めて特殊なタイプは、表に国王倚像、裏に2人のクシャン王（？）並立像を刻印した銅貨であるが、その詳細は以下のクシャン朝の美術の項において述べる。

図 9-14

なお、ウィマ・タクトー王が自身の名前を、クシャン朝全土に向けて発行した銅貨に刻印しなかった理由については、D・W・マクドワルやクリブが、ローマ皇帝オクタヴィアヌスやアルサケス朝パルティア、インド・パルティ

ア朝の諸王が、自身の名前を明記しないで、カエサル（Caesar）、アウグストゥス（Augustus）、皇帝（Imperator）、アルサケス（Arsaces）、ゴンドファーレス（Gondophares）などの称号だけを銘に用いた先例に従ったのではないだろうかと推定している[43]。

＊ウィマ・カドフィセス

次のウィマ・カドフィセス王は1種類の銅貨の他に様々な図柄を用いた金貨を多数発行した。その多数の金貨の一部が、一括埋蔵物としてペシャワール市内のピパル・マンディ（Pipal Mandi）で発見されたが、その中に極めて興味深いコイン（図9-15）が含まれていた[44]。それは表に国王胸像、裏に三叉の矛をもち、ライオンの毛皮をもつ、ヘラクレスとシヴァ神が習合した神の立像を刻印している。国王胸像は、右手に棍棒をもつ。裏のギリシア語・ギリシア文字銘は（1時より時計回りに）「ΒΑCΙΛΕΩC ΟΟΚΝΟ ΤΑΚΔΟΟΥ ΚΟΟΡΡΑΔΟΥ ΥΙΟC（Basileōs Ookno Takdoou Kooshadou Uios、クシャン王ウィマ・タクトーの息子）」とある[45]。この金貨によってウィマ・タクトー王からウィマ・カドフィセスへの王位の継承が確認された。

ウィマ・カドフィセス王の金貨の表の図像には、国王胸像の他に、全身像を用いて、雲（山）の上に坐す国王全身像（図9-16）、長椅子型の玉座に坐す国王全身坐像（図9-17）、戦車に乗る国王像（図9-18）象に乗る国王像、窓から頭部を現す国王像（図9-19）などがある。表は、このように斬新的で独創的な図柄を採用しているが、裏は三叉の矛をもち、インド産瘤牛ナン

図9-15

図 9-16

図 9-17

図 9-18

ディンを連れたシヴァ神立像あるいはシヴァ神の単独像に限られる。金貨の場合、胸像と全身像には原則として両肩ないし片方の肩から火焔が昇っている。これは、天の水を堰き止めて旱魃や飢饉をもたらす悪竜を退治するために国王が発出する火焔である[46]。この焔肩のモティーフは、以後のクシャン

図 9-19

朝の国王肖像に原則として用いられるようになった。また、国王の頭は頭頂がすぼまった円錐形をしているが、これは中央アジアの遊牧民における頭蓋骨を人工的に変形する風習によるもので、支配者などの高貴な身分、王位などを象徴したといわれる[47]。坐像の場合（図 9-16、17）、国王は左手を長袖の中に隠しているが、これはイラン系民族における礼儀作法で、左手を不浄とみなす風習に由来する[48]。

　国王は、チュニック[49]を着て、パルダメントゥム（Paludamentum）と呼ばれる小形マント、あるいは2つの円形留具で閉じるコートを羽織り、右手には、象を操るための棍棒ないしは、象の突棒（ankus）をもって、長靴をはいている。同王のコインの銘文は、金貨の場合には、表に、ギリシア語・ギリシア文字で1時より時計回りに、「ΒΑΣΙΛΕΥΣ ΟΟΗΜΟ ΚΑΔΦΙΣΗΣ（Basileus Ooēmo Kadphises、ウェーマ・カドフィセス王）」と主格で表記し、裏にプラークリット語・カローシュティー文字で、12時より反時計回りに、「Maharajasa rajadirajasa sarvaloga'ishvarasa mahishvarasa v'ima kathpishasa tradara（大王、諸王の王、全世界の主宰者、大地の主［大自在］、救済者ウィマカトピシャの）」と属格で表記している。

　一方、銅貨の表の典型的図柄は、祭壇に右手をかざす国王肖像（図 9-20）で、裏は金貨の場合と同様である。銘文は表にギリシア語・ギリシア文字で「ΒΑΣΙΛΕΥΣ ΒΑΣΙΛΕΩΝ ΣΩΤΕΡ ΜΕΓΑΣ ΟΟΗΜΟ ΚΑΔΦΙΣΕΣ（Basileus Basileōn Sōtēr Megas Ooēmo Kadphises）」と主格で記されているが、裏のカローシュティー文字銘は、12時より反時計回りに、「Maharajasa rajadirajasa sarvalog'ishvarasa mahisvarasa v'ima kathpishasa tradara（大王、諸王の王、全世界の支配者、大地の主（大自在）、救済者、ウィマカトピシャの）」と刻印されており、金貨の場合と同じく属格で表記されている。

国王が祭壇に右手をかざす行為は、西アジアのアルサケス朝パルティアのコイン、パルミュラや、ドゥラ・エウロポス、ビストゥーンなどの彫刻に描写されているので、パル

図 9-20

ティア文化の影響とみなすことができる[50]。いずれにせよ、この祭壇に右手をかざす国王肖像のタイプが以後のカニシュカ1世、ヴァースデーヴァ1世、ヴァーシシュカ、カニシュカ2世、カニシュカ3世、ヴァースデーヴァ2世などの歴代諸王のコインの表の図柄に踏襲された。裏のシヴァ神は、後にゾロアスター教の風神ヴァーユと習合してウェーショー（Oēsho）と呼ばれた[51]。このシヴァ神像及びコイン裏面のプラークリット語・カローシュティー文字銘文「mahīshvara=mahēshvara（マヘーシュヴァラ）」から同王は、シヴァ神の信者であったと推定されている。しかしながら、近年アフガニスタンのバーミヤン（Bamiyan）ないしパキスタン北部のバジョールで発見されたガンダーラ語・カローシュティー文字で書かれた文書には、同王が仏教寺院に布施を行うほど好意的であった可能性を示す記述が見られる[52]。

＊カニシュカ1世

ウィマ・カドフィセス王の後を継いだカニシュカ1世の治世において、クシャン朝の版図は最大となり、同王発行のコインが、パキスタン、アフガニスタンの各地域だけでなく、ウズベキスタンやタジキスタン、中国のコータンなどからも発見されている。

カニシュカ1世のコインは銘文の種類の相違によって2種類に分類される。最初のタイプは即位1年目に発行したコインで、ギリシア語・ギリシア文字銘文を用いていた。すなわちコイン（**図 9-21**）の表にはカニシュカ1世がチュニックを着て小形マントを羽織り、右肩から火焔を発出し、左腰に剣を

図 9-21

帯び、左手で槍をもち、右手を祭壇にかざす立像を表現している。その左頬には小さな環が表現されているが、これは、黒子、いぼ、毛包上皮腫瘍という良性腫瘍ともいわれるが、吉祥や王権神授、正当な王位を象徴するフヴァルナー（Xvarnah）を表しているといわれている[53]。このマークは次のフヴィシュカ王の胸像にも継承された。頭部はウィマ・カドフィセス王の場合と同じく、人工的に変形されているので、額から上は比較的小さく、額から下方は下膨れで大きくなっている。銘文はギリシア語・ギリシア文字で、1時より時計回りに「ΒΑΣΙΛΕΥΣ ΒΑΣΙΛΕΩΝ ΚΑΝΗϷΚΟΥ（Basileus Basileōn Kanēshkou、諸王の王カネーシュカの）」とある。王の称号は主格で、名前は属格というチグハグな表記である。

図 9-22

図 9-23

コインの裏にはギリシアの神々がギリシア語銘文と共に刻印されている。すなわち、太陽神ヘリオス（Helios、図 9-22）、月神サレーネー（Salene）、風神アネモス（Anemos、図 9-21）、火神ヘーファイストス（Hephaistos）、豊穣の女神ナナイア（Nanaia）である[54]。

次の第 2 タイプ（図 9-23）は、即位 2 年目以

138

図 9-24

降に発行されたもので、ギリシア語に代えてクシャン族が用いていたイラン系バクトリア語銘文を用いたものである。上述したラバータク碑文によれば、カニシュカ1世は即位1年目にギリシア語に代えてアーリア（バクトリア）語を公用語としたという[55]。それに従って、コインの銘文の言語もギリシア語からバクトリア語に変化したのである。それ故、コインの表の国王肖像には変化がないが、ギリ

図 9-25

シア語に代えて、バクトリア語の銘文は7時より時計回りに、「ÞAONANOÞAO KANHÞKI KOÞANO（Shaonanoshao Kanēshki Koshano、諸王の王、クシャン族カネーシュカ）」とある。王の称号は属格ではなく主格で記されているが、以後の国王の銘もこれに準じて主格で記されている。またギリシア文字には存在しない「sh」を「Þ」という形で創造した。

　裏面の神々は殆どゾロアスター教の神々で、わずかであるが仏教の尊像がある。すなわち、太陽神ミイロ（Miiro、図 9-24）、月神マオ（Mao）、風神ウァドー（Oado）、ウェーショー（Oēsho）、勝利の女神ウァニンドー（Oanindo）、軍神ウシュラグノー（図 9-25、Oshlagno、ウルスラグナともいう）、火神アトショー（Athsho）、マナオバゴー（Manaobago）、勝利の神マズドウァノー（Mazdooano）、オクサス河の化身である豊穣の女神アルドクショー（Ardokhsho）、馬の守護神ルローアスポー（Lroaspo）、豊穣の神ファッロー（Pharro=Xvarnah）

第9章　クシャン朝　139

などのゾロアスター教の神々が表現されているが、ローマ帝国のコインにならって神の名称が刻印されている点に特色がある[56]。

結局、最初のタイプの5人のギリシアの神々は、バクトリア語で、それぞれミイロ、マオ、ウァドー、アトショー、女神ナナ（Nana）と記されるようになった[57]。このようにして、バクトリア語・ギリシア文字銘文が、以後のクシャン朝コイン銘文の基準となった。この他に、注目されるのは、銅貨に「ΣAKAMANO BOYΔO（Sakamano Boudo、釈迦牟尼仏陀）」と刻印された釈迦牟尼仏陀立像（図9-26）、「MHTPAΓO BOYΔO（Mētrago Boudo、弥勒仏陀）」と刻印された弥勒仏陀坐像（図9-27）と、金貨に「BOΔΔO（Boddo、仏陀）」と刻印された仏陀像（図9-28）である。銅貨の釈迦牟尼仏陀像が頭光だけで荘厳されているのに対して、金貨の仏陀像は頭光のみならず楕円形の身光で飾られ、光明を強調している。浄土教本尊の阿弥陀仏は無量光と呼ばれているので、この楕円形身光を根拠にしてこの「BOΔΔO」の銘文を有する仏陀像

図 9-26

図 9-27

図 9-28

を、阿弥陀仏（Amitābha/Amitāyus、無量光／無量寿）と比定する見解が2019年に初めて提示された[58]。この仏陀像が阿弥陀仏であるか否かに拘わらず、これらの仏教の尊像やシャー・ジー・キ・デーリーの「カニシュカ・ストゥーパ」を根拠にして、カニシュカ1世は仏教に改宗したという見解も過去に提起された。しかしながら、カニシュカ1世が釈迦牟尼仏陀と弥勒仏陀などを神に等しい存在であると認めただけであって、必ずしも改宗したとはいえないであろう。寧ろ、宗教的に寛容な国王であったと評価すべきである。同王が、銀製皿1点をゾロアスター教の火神ウェーショーの神殿に奉納したことを記すバクトリア語銘文が発見されている[59]。

＊フヴィシュカ

　カニシュカ1世の後を継いだフヴィシュカ王は、コインの表の国王表現を根本的に変革して新たな図柄を創始した。カニシュカ1世が発行したコインの国王全身像に代えて、上半身像に限定した。その1つは早期のタイプで、祖父のウィマ・カドフィセス王のコインタイプにならって口髭や顎髭、頬髭のある国王胸像（図9-29）のように、円筒形ヘルメットを被り、チュニックを着て、右手に棍棒、左手に象の突棒をもち、右肩から火焔を発出し、左頬にはカニシュカ1世譲りの小環が刻印されている。もう1つは、後期のコインタイプ（図9-30）で、耳覆いのついたヘルメットを被り、チュニックの上にマントを羽織り、左手に王笏をもち、ギリシア人諸王と同じく髭を全て剃った顔をしているところが前期のタイプとは異なる。このタイプでは国王頭部のみならず全身が光背で荘厳されているので、国王の神格化が行われたことが判明する。恐らく、ガンダーラの仏像の頭光や挙身光の影響であろう。

図 9-29

図 9-30

第9章　クシャン朝　*141*

この他に、表にインド象に乗る国王像（図9-31）を表した金貨や、ライオン脚つき長椅子に横臥する国王像（図9-32）や雲（岩）の上に坐る交脚坐像（図9-33）などを表した銅貨が発行された。コインの表の銘文は、7時より時計回りに、「ÞAONANO ÞAO OOHÞKI KOÞANO（Shaonano Shao Ooēshki Koshano、諸王の王、クシャン族フヴィシュカ）」とある。

図 9-31

銅貨では、表の図柄は国王の全身像に限定して、金貨のように胸像は用いていない。裏の神像は金貨の場合と同様である。

一方、コインの表に表された図像に対して、コインの裏に表された神像の種類は、多岐に渡る。例えばミイロ、マオ、アトショー、吉祥の神ファッロー（Pharro）、アルドクショー（Ardokhsho）、真実の神アシャエイクショー

図 9-32

図 9-33

図 9-34　　　　　　　図 9-35

図 9-36

(Ashaeixsho)、ウァドー (Oado)、勝利の女神ウァニンドー (Oanindo)、ナナ (Nonito/Noneito)、ナナシャオ (Nanashao、図 9-34)、軍神シャオレオロー (Shaoreoro)、セラピス (Sarapo) (図 9-35)、馬神ルローアスポー (Lrooaspo)、狩猟の神テイロー (Teiro)、ウェーショー、オクサス河の化身ウァクショー (Oaxsho)、アフラ・マズダー神に相当するオオロモズドー (Ooromozdo)、善意の神マナオバゴー (Manaobago)、ウマー女神 (Ommo)、軍神マアセーノ (Maaseno)、韋駄天スカンドー・コマロー・ビザゴー (Skando-Komaro-Bizago) などである[60]。我々日本人にとって興味深いのは、ウァドーと記された風神と、イアムショー (Iamsho) と記され、後に閻魔大王となるヤマ神像（図 9-36）であろう[61]。表には国王胸像を表し、裏にヤマ神立像を表している。ヤマ神は、長剣を帯び、左手に槍を、右手に吉祥、王権神授を象徴するフヴァルナーの化身である鳥（猛禽）をもっている。また、ラバータク碑文において「貴婦人」と明記されているメソポタミア由来のナナ女神坐像（図

第 9 章　クシャン朝　143

図 9-37 　　　　図 9-38

図 9-39

9-37）もある。さらに、ローマの神像を借用してゾロアスター教の神を表現している。例えば、正義の女神アルシュタート（Arshtāt）は、軍神姿のアテナ・プロマコス女神ないしは、ミネルヴァ女神の姿と、「PIÞTO（rishto、リシュトー）」という名前で、カニシュカ1世の金貨に表現された軍神ウルスラグナ神はヘラクレスの姿（図 9-38）と、「EPAKIΛO（Ērakilo、エラキロ）」という名前で刻印されている[62]。さらに葡萄酒の神ディオニューソスを表した金貨（図 9-39）の裏面には、同神の立像と「ΔEHEICO（Deneiso、ディオニューソス）」という銘が刻印されている。このような現象は、2世紀後半にローマ帝国からグレコ・ローマ美術がガンダーラに伝播したことを示唆しているといえよう。

＊ヴァースデーヴァ1世

ヴァースデーヴァ1世からコインの図柄のワンパターン化が始まった。た

だし、国王像は両肩から火焔を発し円形頭光で荘厳されているが、円形頭光だけは以後の国王に伝統的に受け継がれている。金貨と銅貨は全て、表は甲冑で武装した国王立像（図9-40）、裏はウェーショー神で統一している。その他のゾロアスター教の神々の像は全く用いられておらず、恰も一神教の印象を与えるので、王朝の宗教政策に大きな変化があったと想定される。例外的に、金貨の裏にヒンドゥー教のヴァースデーヴァ・クリシュナ神の立像（図9-41）と、国王名と同じ銘文「BAZOΔHO（Bazodēo、ヴァースデーヴァ）」を刻印した作例が、少なくとも1点発見されている[63]。ヴァースデーヴァという名前は完全にインド的であるから、同王はクリシュナ神に帰依した蓋然性が大きい。このクリシュナ神は四臂でヘラクレスの持物である棍棒を

図9-40

図9-41

もっているので、上述したフヴィシュカ王の金貨の裏に刻印されたヘラクレス神と習合していたことがわかる。コインの銘文は1種類で、7時より時計回りに、「ÞAONANOÞAO BAZOΔHO KOÞANO（Shaonanoshao Bazodēo Koshano、諸王の王、クシャン族ヴァースデーヴァ）」とある。

既述したように、クシャン朝はヴァースデーヴァ1世の時代以降、バクトリアを喪失している。この事実に関連する古銭資料としては、かつて誤ってヴァースデーヴァ2世が発行したとみなされた直径がやや大きめ金貨（図9-42）が知られている[64]。確かにコインの大きさと国王立像のスタイルがヴァースデーヴァ1世とは明らかに異なり、さらに、国王の両足の間に3点文ないし卍が刻印されているので、ヴァースデーヴァ2世が発行したものとみなしたのは根拠がないわけではない。しかしながら、クリブなどによって、この金貨はササン朝ペルシアのアルダシール1世が、ヴァースデーヴァ1世の金貨を模倣してバクトリアで発行したとみなされた。その後、クリブは見

図 9-42

図 9-43

解を変えて、この金貨は、クシャノ・ササン朝の初期の国王によってバクトリアで発行されたとみなすに至った[65]。なお、後述するヴァースデーヴァ2世の金貨の表裏の図像はヴァースデーヴァ1世の金貨のものとは大きな相違があり、上述した金貨のモデルにはなりえない[66]。

いずれにせよ、このヴァースデーヴァ1世の模倣金貨によって、ヒンドゥー・クシュ山脈以北のクシャン朝の領土が、ササン朝ペルシアないしは、その分家のクシャノ・ササン朝によって奪われたことが明らかとなった。ただし、その時期はヴァースデーヴァ1世の死後のことである。同王発行の銅貨（図9-43）の場合は、図像の刻印が劣化しており、銘文も欠落している場合が多い。

＊カニシュカ2世

ヴァースデーヴァ1世の後継者であるカニシュカ2世が発行した金貨（図

図 9-44

9-44）と銅貨もワンパターンである。表には、円形頭光で荘厳され、スパンコールで装飾されたマントとズボンを着用した国王立像が表現されている。銘文は表に、1時より時計回りに「ÞAONANOÞAO KANHÞKO KOÞANO (Shaonanoshao Kanēshko Koshano、諸王の王、クシャン族カネーシュカ)」とあり、裏に豊穣の女神アルドクショー女神坐像が表現されており、銘文は「Ardoxsho（アルドクショー）」と

図 9-45

刻印されている。また、表にはブラーフミー文字やカローシュティー文字が1つ、モノグラムのように刻印されている。この他に、カニシュカ2世が発行した金貨には、裏にナナ女神（図 9-45）が表現されたものがある。

銅貨の場合は、図像が非常に粗雑で、図柄が何を表現しているのか理解し難いものが多い。さらに銘文も刻印されていない。

＊ヴァーシシュカ

ヴァーシシュカ王の場合は、コインの表の国王立像は2種類である。その1つ（図 9-46）は、カニシュカ2世の図柄と同一で、裏にはアルドクショー女神坐像と銘「APΔOXÞO（Ardoxsho、アルドクショー）」が刻印されている。もう1つはヴァースデーヴァ1世のタイプで、表に鎧を着た国王立像、裏にウェーショー神とナンディン、銘文「OHÞO（Oesho、オエーショー）」が刻印

図 9-46

されている。表の銘は、1時より時計回りに、バクトリア語・ギリシア文字で、「ÞAONANOÞAO BAZHÞAO KOÞANO（Shaonanoshao Bazēshko Koshano、諸王の王、クシャン族バゼーシュカ）」とある。また、表にはブラーフミー文字やカローシュティー文字が1文字から3文字刻印されている。銅貨の場合はカニシュカ2世の銅貨の場合と同じく図像が不鮮明になっており、また銘文もない。

＊カニシュカ3世

　カニシュカ3世の金貨（図 9-47）では、表裏の図像はヴァースデーヴァ1世の金貨の場合と同一である。同王は、タキシラの造幣所で金貨を発行しているので、依然としてタキシラからパンジャーブ地方は死守していたようである。表の銘文は、1時より時計回りに、バクトリア語・ギリシア文字で、

図 9-47

「ÞAONANOÞAO KANHÞKO KOÞANO（Shaonanoshao Kanēshko Koshano、諸王の王、クシャン族カネーシュカ）」とある。銅貨の図柄はヴァーシシュカ王の銅貨と同じで、材質も同様に劣化している。

＊ヴァースデーヴァ2世

　ヴァースデーヴァ2世の金貨では、表の国王像は2種類ある。1つはカニシュカ2世タイプ（**図 9-48**）で、表の国王立像はスパンコールで飾られたチュニックとズボンを着用している。裏にはアルドクショー女神坐像を刻印している。もう1つは、カニシュカ3世タイプ（**図 9-49**）である。裏には、ウェーショー神と牡牛のナンディンが表現されている。表の銘文は、7時より時計回りに、バクトリア語・ギリシア文字で、「ÞAONANOÞAO BAZOΔHO KOÞANO（Shaonanoshao Bazodēo Koshano、諸王の王、クシャン族バゾデーオ）」とあるが、文字が欠損している場合が多い。銅貨の図像は表が国王坐像、裏は、

図 9-48

図 9-49

アルドクショー女神坐像で統一しているが、劣化しているので、確認しにくい。

以下マヒ王（図 9-50）、シャカ王（図 9-51）、キプナダ王（図 9-52）の金貨では図像が一段と粗雑になり、コインの周縁に沿ってギリシア文字銘文の跡

図 9-50

図 9-51

図 9-52

が若干残っているものもあるが、原則として銘文はコインの周縁部には最初から施されていない。表裏の図柄もこの3人のコインにおいては殆ど変化がなく、表裏とも1種類で、国王立像とアルドクショー女神坐像に限られている。銅貨も同様である。ここでは、シャカ王のコインについて解説をする。コインの表は、チュニックとコートを着て、長ズボンをはき、左手にリボンのついた矛をもち、右手を祭壇にかざす右向きの国王立像を表す。国王は円錐形の冠を戴き、頭にリボン・ディアデムを着け、円形頭光で荘厳されている。裏には、アルドクショー女神が左手にコルヌコピア（cornucopia）と呼ばれる豊穣の角をもち、足先まで隠れる丈長のドレスを着て、右手にリボン・ディアデムをもって、円形頭光で荘厳され、背もたれのある椅子に坐っている。シャカ王のコインの場合には、ブラーフミー文字銘が表の国王像の左手の下方に「shaka（シャカ）」とある。他の2人の国王のコインでも、王名は国王立像に向かって右側に刻印されている。

クシャン朝の美術

クシャン族の故地バクトリアでは、クシャン族はウズベキスタン南部のハルチャヤン（Khalchayan）に王宮ないしは、王家の神殿を造営し、王族の肖像や他民族との戦闘図を表現した塑像（図9-53）で壁面を飾った[67]。それらの造形はグレコ・バクトリア朝のヘレニズム美術の伝統を継承しているので、写実的でクシャン族の民族的特徴を明白に再現している。

さらに、クシャン族は北インドのマトゥラーの郊外のマートに、インド語でデーヴァクラ（devakula）と呼ばれるクシャン王家の神殿を造営し、等身大のウィマ・タクトー王坐像（図9-1）などを祀った。この肖像はウィマ・カドフィセス王の金貨の国王坐像に酷似しているが、ウィマ・タクトー王が発行した銅貨の表（図9-54）にも類似の坐像が表現されている。クリブによれば、この銅貨はカシュミールで発行されたという[68]。コインの状態は非常に悪いが、国王は頭光と挙身光で神格化され、円錐形の冠を戴き、獅子座に坐し、右手を胸に左手を膝に置いて正面を向いている。ギリシア文字銘文は「OOHMO TAKTOO（Ooēmo Taktoo、ウェーモー・タクトー）」とある。裏には2人のクシャン王侯（クジュラ・カドフィセスとウィマ・タクトー親子？）

図 9-53

図 9-54

が並んで立っており、ギリシア文字銘は「TAPOOANAXAO（Tashooanakhao、諸王の王、タクトー？）」とある。クリブの見解が正しければ、マートの神殿はウィマ・タクトー王が建立した蓋然性が大きくなろう。

同王の名前は既述したラバータクの碑文のみならず、この国王坐像の足台のブラーフミー文字にも記されている[69]。この神殿には、カニシュカ1世（図 9-55）やフヴィシュカ王の等身大の肖像が祀られていた。これらク

152

図 9-55　　　　　　　　　　　図 9-56

シャン王の肖像は、中央アジアの遊牧民族らしくチュニックを着て、あるいはその上にコートを羽織り、ブーツを履いた姿で表現されている。カニシュカ1世は、バクトリアのスルフ・コータル（Surkh Kotal）にも、バクトリア語でバゴーラッゴー（bagolaggo）と呼ばれる王家の神殿を創建し、ゾロアスター教の神々とともに父や祖父、自身の肖像を祀ったとラバータク碑文は述べている。この神殿はフヴィシュカ王の時代に修復が行われたが、フランス調査団によって発掘され、カニシュカ1世の立像やフヴィシュカ王と思しき石灰岩製のクシャン王侯立像（**図 9-56**）などが数点出土した[70]。その表現様式には、グレコ・イラン式といわれるように、アケメネス朝ペルシアの抽象的、装飾的造形と、グレコ・バクトリア朝のヘレニズム美術の写実的造形が折衷されている。

　仏教関係では、カニシュカ1世は主都プルシャプラのシャー・ジー・キ・デーリーに仏塔を建立した。この仏寺遺跡はD・B・スプーナーの発掘によって発見された。この仏塔は現在カニシュカ・ストゥーパと呼ばれているが、

図 9-57

図 9-58

スプーナーの発掘によって、その中から青銅製舎利容器（図 9-57）、いわゆる、カニシュカ舎利容器（Kanishka Casket）が発見された[71]。その蓋には仏陀、梵天、帝釈天の三尊像がとりつけられ、本体には、仏陀、日神、月神の三尊が鋳造されている。スルフ・コータルの神殿とほぼ同時代の 2 世紀前半に制作された金製舎利容器（図 9-58）が、アフガニスタン南東部のビーマラン（Bīmaran）の仏塔から出土しているが、その器面には「仏陀の三十三天降下」の挿話が打ち出されている[72]。

フヴィシュカ王については、クシャン朝絵画を彷彿とさせる作例として、同王と家臣を描いた綿布画（図 9-59）を挙げておきたい。これは出土地は不明であるが、恐らく、インド産の木綿を用いてバクトリアでインド人画家が制作したのであろう[73]。これに関連して、出土地は不明ながら、メトロポリタン美術館所蔵の粘土製パネルに描かれたクシャン朝の神々と供養者像の存在も、数少ない絵画例として挙げておきたい[74]。

近年、禅定印の仏陀坐像を線彫りした銀製筒型小箱が発見されたが、その器面にヴァースデーヴァ 1 世の礼拝像とバクトリア語・ギリシア文字で「諸王の王ヴァースデーヴァ、クシャン族」と記した銘文が刻印されている[75]。

図 9-59

この小箱は国王ではなく、政府の高官たちが制作させたと推定されるが、ヴァースデーヴァ1世が仏陀を供養礼拝している図像は、クシャン王と仏教との関係を考える上で注目に値しよう。

ガンダーラの仏教美術

　ガンダーラの仏教美術の基本的な特色は、主にヘレニズム美術ないし帝政ローマ期のグレコ・ローマ美術の図像と、写実的技法や神人同形主義を用いて、人間の姿をした仏陀像や菩薩像などの尊像や、釈迦牟尼仏陀の伝記を造形化した仏伝浮彫などを制作することによって、マウリヤ朝に征服されて以来伝わった、古代インドの仏教美術の内容を発展させた点にある。

　すなわち、外来の2つの造形要素、1つはヘレニズム及びグレコ・ローマ美術の写実的様式と図像、神の擬人表現よりなる西方地中海世界の美術技法、もう1つは仏教という東方の宗教的内容を結合して成立したガンダーラの仏教美術を代表する彫刻は、大別すると、2種類に分類できる。その1つは、一見して仏教的内容を造形化したとわかる図像で、例えば釈迦牟尼仏陀像（図9-60）、菩薩像（図9-61）などの尊像と、釈迦牟尼の生涯を扱った仏伝浮彫（図9-62）などである。もう1つは、一見しただけでは仏教と関係があるのか否かわからない、非仏教的な外観の図像である。これはヘレニズム及び

第9章　クシャン朝　155

図 9-60　　　　　　　図 9-61

図 9-62

　グレコ・ローマ美術の造形的影響を明確に示す異教的な作品であって、例えば、ディオニューソス神と眷属の饗宴図（**図 9-63**）、ディオニューソス神に関係深い葡萄酒製造図、飲酒図、葡萄唐草文や、木蔦文などの装飾文、花綱

156

図 9-63

図 9-64

を担ぐエロース（Eros）の像（**図 9-64**）、ギリシア神話に登場する海獣ケートス（Ketos, Cetus）の像（**図 9-65**）やイクテュオケンタウロス（Ichthyocentauros）、トリートーン（Triton）などの海獣の図像や、アカンサス文、コリント式柱頭である[76]。

図 9-65

紀元について

　ガンダーラの仏教彫刻の制作年代を知るのに重要なのは、彫刻に記された紀年銘であるが、残念ながら、制作年を記した作例は数例に過ぎない[77]。さらに、それらがどの様な紀元に基づいて算出されて記されているのか、20世紀の初頭から論議されてきたが、今だに結論をえるには至っていない[78]。ガンダーラで使用された紀元としてはこれまでに、マウリヤ紀元、セレウコス紀元、ギリシア紀元（ヤヴァナ／ヨーナ紀元［Yavana/Yona ギリシア人］ともいう）、アゼス＝ヴィクラマス紀元（Azes=Vikrama Era）、アルサケス紀元（Arsacid

Era)、シャカ紀元（Śaka Era）、カニシュカ紀元（Kanishka Era）などが知られている[79]。ギリシア紀元は R・サロモンによれば、グレコ・バクトリア朝のデーメートリオス 1 世のインド遠征（実際にはアフガニスタン南部のアラコシア地域）、アンティマコス 1 世、アガトクレス、パンタレオンなどのギリシア人諸王のインドへの進出を念頭に置いたもので、アゼス紀元とは 128 年の年代差があることを「ルクナ（Rukhuṇa）の舎利容器」のカローシュティー文字銘から明らかにした。つまり、アゼス紀元 73 年目はギリシア紀元の 201 年の 1 年目に相当すると銘に記されていたので、その年代差は 201 年 − 73 年 = 128 年ということになる。結局、アゼス紀元は、インド亜大陸で古くから現代まで使用されている前 58/57 から始まるヴィクラマス紀元と同一であるとみなしたサロモンは、ギリシア紀元は前 58/7 年 + 128 年 = 前 186/5 年に始まると結論した[80]。この見解は、ガンダーラを支配したギリシア人王朝の紀元の存在を初めて論証した点に画期的な意義がある。前 186/5 年が、グレコ・バクトリア朝のどの国王の治世に相応するかという問題については、同朝のギリシア人諸王の在位及び統治年代が確定していなければならないが、それを裏付ける文献資料が欠落している現状では、古銭学の知見に依拠するほかない。ボペアラッチーなどが提唱する古銭学の編年論に従って、サロモンは、前 186/5 年を上述したデーメートリオス 1 世のインド征服記念に結びつけた。このギリシア紀元の元年は、ガンダーラの仏教彫刻の紀元の不明な紀年銘の西暦年を決定するのに、役立つとみなされている。

　これに対して、ガンダーラの仏陀像や菩薩像などの彫刻の制作年代を推定するのに重要なのが、クシャン朝の国王カニシュカ 1 世の即位年に基づくいわゆる「カニシュカ紀元」である。H・ファルクと Ch・ベネットは「トラシャカ（Trashaka）舎利容器」のカローシュティー文字で記されたマケドニア暦の閏年のゴルピアイオス（Gorpiaios）月の 8 日という仏塔創建年代を幅広く考察して、前 48/7 年を開始とするアゼス紀元の 1 年目は、前 248/7 年頃を開始とするアルサケス紀元の 201 年目に相当し、カニシュカ紀元の 1 年目はギリシア紀元の 302/1 年目（西暦 128/7 年）であると推定した[81]。カニシュカ紀元については、この推定以前にファルクが、梵本『ヤヴァナジャータカ（Yavanajātaka）』に「シャカ紀元（西暦 78 年）とクシャーナ（カニシュカ）

紀元には149年の年代差がある」と記されている点を根拠として、シャカ／カニシュカ紀元は西暦127/8年に始まると主張していた[82]。このカニシュカ紀元を前提として、ファルクとベネットは、ギリシア紀元の第1年目は、サロモンが想定する前186/5年ではなく、前175/4年であるという新しい見解を発表したのである。

その後、アフガニスタン北部で偶然発見された羊皮紙にギリシア文字で記されたアンティマコス1世の4年目という年代などを手がかりとしてCl・ラパンは、ギリシア紀元はデーメートリオス1世のいわゆるインド遠征とは関係はなく、アンティマコス1世がライバルのアポロドトス1世と同盟を結んだ年であって、それは西方のアルサケス朝パルティアのミトラダテス1世（Mithradates、在位：前171年–138年）の即位年にあたる前171年に近い、前175/4年に相当するとみなして、ファルク・ベネット説に賛意を表している[83]。

以上が、筆者の理解しているガンダーラのいくつかの紀元の骨子であるが、ガンダーラの紀元問題は極めて難解で、真相はまだ充分に解明されたとはいいがたい。現在最も有力な学説とされているカニシュカ紀元＝西暦127/8年説についても、フランスの碩学G・フュスマンのように、依然として西暦78年説を採用する専門家もいる[84]。また、近年、桑山正進によって、前漢時代の木簡（敦煌の東64kmにある駅伝遺跡出土）を用いてカニシュカ紀元の再検討がなされた。桑山によれば、この木簡に記された大月氏に関わる年代に依拠した場合、フュスマンが固執している78年説が有力候補となるという。古銭学によるカニシュカ紀元の再検討が必要であるという桑山の指摘に筆者も同意するものの、カニシュカ紀元78年説は、桑山も述べているように、ゴンドファーレス王の編年やその後のササン朝のバクトリアへの侵入時期などを考慮すると、さらなる検討を要する[85]。特にクシャン朝治下のバクトリアへ侵入してきたと思われるササン朝ペルシアのアルダシール1世ないしはシャープール1世の東征の年代や、それに関連したクシャノ・ササン朝の勃興の年代（3世紀半ば以降）などとの整合性を考慮すると、78年説は適切ではないとも考えられる。また、1960年以降に公表されたカニシュカ紀元についての論考を網羅的に挙げて考察したR・ブレイシィによれば、127年説について、確実に証明されているとは思えないが、最も妥当な学説であると

考えられ、カニシュカ紀元は2世紀の前半になるだろうという[86]。このように、この難問は未解決であり、今後の研究課題である。

以上で述べたように、ガンダーラで使用されていた紀元の西暦年が確定していない現状では、研究者の間に異論があるので、筆者がガンダーラの歴史の精確な復元するのは難しい[87]。また、古銭資料と乏しい文献資料の整合も必要不可欠であるけれども、自分で試みてみれば容易にわかることだが、これが極めて難しい。それ故、本書は歴史といっているものの、その実態はH・シドゥキが述懐しているように、推論と当て推量を混じえた物語に近いともいえよう[88]。しかしながら、たとえそうであっても、本書で述べる多数の国王、支配者たち栄枯盛衰、王朝の興亡の「物語」あるいは「物語的歴史」は、活力と魅力に満ち溢れており、興味をそそるひとつの「歴史」に違いないであろう。

注

1 D. Jongeward/J. Cribb/P. Donovan, *Kushan, Kushano-Sasanian, and Kidarite Coins*, 2015, New York, p. 4; M. Skinner, *Marks of Empire: Extracting a Narrative from the Corpus of Kuṣāṇa Inscriptions*, 2017, University of Washington, Seattle, p. 4. なお、クシャン朝の歴史については、小谷仲男『大月氏―中央アジアに謎の民族を尋ねて』東方書店，1999年も参照のこと。

2 F. Grenet, "Nouvelles données sur la localisation des cinq Yabghus des Yuezhi," *Journal Asiatique*, t. 294, 2006, pp. 325–341; J. Cribb, "Kujula kadphises and His Title Kushan Yavuga," *Sino-Platonic papers*, No. 280, Philadelphia, 2018, p. 6.

3 『後漢書』巻88，西域伝（中華書局標点本，1965年，2921頁）：初、月氏為匈奴所滅、遂遷於大夏、分其国為休密、雙靡、貴霜、肸頓、都密、凡五部翕侯。後百余歳、貴霜翕侯丘就卻攻滅四翕侯、自立為王、国号貴霜王。侵安息、取高附地。又滅濮達、罽賓、悉有其国。丘就卻年八十余死、子閻膏珍代為王。復滅天竺、置将一人監領之。月氏自此之後、最為富盛、諸国称之皆曰貴霜王。漢本其故号、言大月氏云。

4 Sims-Williams/Cribb, *op. cit.*, pp. 75–142; N. Sims-Williams, "The Bactrian Inscription of Rabatak: A New Reading," *Bulletin of the Asia Institute*, vol. 18, 2004, pp. 53–68.

5 H. Falk, "The Name of Vema Takhtu," In *Exegisti monumenta Festschrift in Honour of Nicholas Sims-Williams*, eds. by W. Sundermann/A. Hintze/F. de Blois, Wiesbaden, 2009, pp. 105–116.

6 H. Falk, *Kushan Histories, Literary Sources and Selected Papers from a Symposium at Berlin, December 5 to 7, 2013*, Bremen, 2015, p. 108.

7 H. Falk, "Wema Takhtu, the Graveyard near Almosi, and the End of an "Unknown" script," *Annual Report of the International Research Institute for Advanced Buddhology at Soka*

Universiyy vol. 26, 2023, pp. 253-264; J. Cribb, "A Kushan Royal Inscription among the Almosi Rock Inscriptions Recently Discovered in Tajikistan," *Journal of the Royal Asiatic Society*, Series 3, 2023, pp. 1-16.

8 O. Bopearachchi, "Chronologie et généalogie des premiers rois Kouchans: Nouvelles données," *Comptes Rendus de l'Académie des Inscriptions & Belles-Lettres*, 2006, Juillet-Octobre, pp. 1436-1439, figs. 3-5.

9 M・ウィーラー著／糸賀昌昭訳『大ローマ帝国の膨張』みすず書房, 1957 年, 161-201 頁；S. Suresh, *Symbols of Trade Roman and Pseudo-Roman Objects found in India*, New Delhi, 2004, pp. 27-88; M. B. Lemarquand, "Analysis of Kushana Gold Coins: Debasement and Provenance Study," In *Dal Denarius al Dinar L'Oriente e la Moneta Romana*, eds. by F. De Romanis/S. Sorda, Roma, 2006, pp. 155-171; O. Bopearachchi, "Begram Stupa Deposit: Further Study on the Origin of Kushan Gold," In *From Bactria to Taprobane: Selected Works of Osmund Bopearachchi*, vol. 1, Dehli, 2015, pp. 600-607; A. K. Grover/M. K. Pandit, "Ancient Gold Mining Activities in India—An Overview," *Iranian Journal of Earth Science*, vol. 7, 2015, pp. 1-13.

10 玄奘（著）／水谷（訳）前掲書, 84-85 頁；桑山正進『大唐西域記』中央公論社, 1987 年, 42-43, 200-201 頁.

11 塚本啓祥『インド仏教碑銘の研究』I, 平楽寺書店, 1996 年, 1016-1017 頁；S. Baums, "Catalog and Revised Texts and Translations of Gandharan Reliquary Inscriptions," In *Gandharan Buddhist Reliquaries*, ed. by D. Jongeward, Seattle/London, 2012, pp. 243-244; Skinner, *op. cit.*, p. 105; Salomon, *op. cit.*, 2018, p. 45.

12 R. Salomon, "A Fragment of a Collection of Buddhist Legends, with a Reference to King Huviṣka as a Follower of the Mahāyāna," In *Buddhist Manuscripts*, ed. by J. Braarvig, vol. III, 2002, Oslo, pp. 255-256, 258-261.

13 この台座の銘文には, （カニシュカ紀元の）26 年とある。G. Schopen, "The Inscription on the Kuṣān Image of Amitābha and the Character of the Early Mahāyāna in India," *Journal of the International Association of Buddhist Studies*, vol. 10, 1987, pp. 249, 258, figs.1, 2A, B.

14 Jongeward/Cribb/Donovan, *op. cit.*, pp. 259-295, Table 4; Sh. Farridnejad, *Die Sprache der Bilder Eine Studie zur ikonographischen Exegese der anthropomorphen Götterbilder im Zoroastrismus*, Wiesbaden, 2018, pp. 326-327, fig. 48a-t.

15 『三国志』巻 3, 魏書明帝紀第 3（中華書局標点本, 1959 年, 97 頁）：には,「癸卯, 大月氏王波調遣使奉獻, 以調為親魏大月」と記されている。高田修『仏像の起源』岩波書店, 1967 年, 164-165 頁.

16 Th. Nöldeke, *Geschichte der Perser und Araber zur Zeit der Sassaniden*, Leiden, 1879, pp. 17-18; C. E. Bosworth, *The History of al-Ṭabarī*, vol. V, New York, 1999, p. 15; C. E. Bosworth, *The History of al-Ṭabarī*, vol. V, The Sāsānids, the Byzantines, Lakmids, and Yemen, New York, 1999, p. 15; Rezakhani, *op. cit.*, pp. 29, 47-48, 74.

17 M. Alram, "Ardashir's eastern campaign and the numismatic evidence," In *After Alexander: Central Asia before Islam*, eds. by G. Herrmann/J. Cribb, London, 2007, p. 233; H. Loeschner, "Kanishka in Context with the Historical Buddha and Kushan Chronology," In *Glory of the Kushans*, ed. by V. Jayaswal, New Delhi, 2012, p. 162.

18 N. Sims-Williams, "From the Kushan-shahs to the Arabs New Bactrian documents dated in

the ear of the Tochi inscriptions," In *Coins, Art and Archaeology, Essays on the Pre-Islamic History of the Indo-Iranian Borderlands*, eds. by M. Alram/D. Klimburg-Salter, Vienna, 1999, pp. 246, 257; N. Sims-Williams/F. de Blois," The Bactrian Calendar: New Material and New Suggestions," In *Languages of Iran: Past and Present, Iranian Studies in memoriam David Neil MacKenzie*, ed. by D. Weber, Wiesbaden, 2005, p. 185.

19 N. Sims-Williams/F. de Blois, *Studies in the Chronology of the Bactrian Documents from Northern Afghanistan*, Vienna, 2018, pp. 40-44.

20 Rezakhani *op. cit.*, pp. 29, 47-48, 74.

21 Jongeward/Cribb/Donovan, *op. cit.*, pp. 151, 149-151, 197-198.

22 M. M. Hamid et al. (eds.), *Catalogue of the Museum of Archaeology at Sanchi, Bhopal State*, Calcutta, 1922, pp. 29-32.

23 Jongeward/Cribb/Donovan, *op. cit.*, pp. 7-8.

24 F. Sinisi, "Royal Imagery on Kushan Coins: Local Tradition and Arsacid Influences," *Journal of the Economic and Social History of the Orient*, vol. 60, 2017, p. 871, fig. 23-a, b.

25 J. Cribb, "The 'Heraus' coins: their Attribution to the Kushan king Kujula Kadphises, c. AD 30-80," In *Essays in honour of Robert Carson and Keneth Jenkins*, eds. by M. Price et al., London, 1993, pp. 107-134, pls. XXIII-XXVII. ヘラ（イ）オス＝クジュラ・カドフィセス同人説を採る。その反論は Sinisi, ibidem., pp. 821-825 を参照のこと。

26 E. B. Zeimal, *Drevniy Monety Tadjikistana*, Dushanbe, 1983, pp. 149-157, pl. 18; Cribb, ibidem., pp. 108-109, 128-131；E・V・ルトヴェラーゼ「バクトリアとガンダーラにおけるクシャン朝成立史によせて」『アイハヌム』東海大学出版会, 2002 年, 24-30 頁.

27 G. A. Pugachenkova, *Skul'ptura Khalchayana*, Moscow, 1971, pp. 57, 61, pls. 3, 4, 61-64.

28 D. Tseveendorj/J. Saruulbuyan (eds.), *Treasures of the Xiongnu*, Ulaanbaatar, 2011, figs. 383-386; N. V. Polos'mak, "Nouvelles découvertes de peintures polychromes brodées du début de notre ère dans les tumuli no. 20 et no. 31 de Noin-Ula (République de Mongolie)," *Arts Asiatiques*, t. 70, 2015, figs. 2, 5, 6, 9, 10, 13, 18, 19, 26-40；川崎建三「ノインウラ古墳出土刺繡毛織考」『佛教藝術』340, 2015 年, 89 頁, 99-100 頁, 口絵 6, 7, 挿図 1-7, 10, 15-20.

29 B. Marshak/F. Grenet, "Une peinture kouchane sur le toile," *Comptes Rendus de l'Académie des Inscriptions & Belles-Lettres*, 2006, Avril-Juin, pp. 947-963, Fig. 2；田辺勝美「フヴィシュカ王と臣下を描いた線布画—現存するインド最古の布絵の蓋然性をめぐって—」『国華』1447, 2016 年, 11-13 頁.

30 Sinisi, op. cit., p. 825.

31 Cribb, op. cit., London, 1993, pp. 107-134, pls. XXII-XXVI; Jongeward/Cribb/Donovan, *op. cit.*, pp. 23-26.

32 Cribb, op. cit., 1993, p. 122.

33 Cribb, op.cit., 1993, pp. 111-112, 119, figs. 4, 5; Falk, op.cit., 2015, p. 86, fig.5.

34 H. Falk *op.cit.*, 2015, pp. 85-88.

35 Cribb, *op. cit.*, 2018, p. 12: "Greekness after the end of the Bactrian and Indo-Greek kingdoms," In *The Graeco-Bactrian and Indo-Greek World*, ed. by R. Mairs, London, 2021, p. 660.

36 Cribb, *op. cit.*, 2018, p. 13; Jongeward/Cribb/Donovan, *op. cit.*, p. 30.

37 セラ・キュールリス (sella curulis) に関しては、田辺勝美「ガンダーラの床几 (*sella*

curulis）に関する二、三の考察」『古代オリエント博物館研究紀要』22, 2001/2 年, pp. 33-62 を参照こと。
38 J. Cribb, "Appendix: Coins of Vima I Tak[to]," *Silk Road Art and Archaeology*, vol. 4, 1995/96, pp. 111-123, figs. 11-15.
39 Sims-Williams/Cribb, op. cit., 1995/96, pp. 111-123, Figs. 11-15; Bopearachchi, op. cit., 2006, pp. 1433-1445; "Les premiers souverains kouchans: chronologie et iconographie monétaire," *Journal des Savants*, Janvier-Juin 2008, pp. 44-45; op. cit., 2015, pp. 563-565, 583-598; H. Falk, op. cit., 2015, pp. 100-102.
40 Jongeward/Cribb/Donovan op. cit., pp. 42-43, 48, pls. 9-10.
41 J. Cribb, op. cit., 2023, p. 14, fig. 11.
42 Jongeward/Cribb/Donovan, op. cit., p. 49, pl. 9.
43 R. C. Sinior, *Indo-Scythian Coins and History*, vol. I, Lancaster, 2001, pp. 111, 114, 118; D. W. MacDowall, "The Rabatak Inscription and the Nameless Kushan King," In *Cairo to Kabul, Afghan and Islamic Studies*, eds.by W. Ball/L. Harrow, London, 2019, p. 167; Jongewald/Cribb/Donovan, op. cit., p. 41.
44 Bopearachchi, op. cit., 2006, pp. 1437-1438, figs. 3-5: op. cit., 2008, pp. 5, 21-25, Dessin Nos. 2, 3
45 Bopearachchi, op. cit., 2008, pp. 5, 21-25, Dessin Nos. 2, 3.
46 田辺勝美「焔肩―国王と仏陀」『平山コレクション　シルクロード・コイン美術展』古代オリエント博物館，1992 年，38-39 頁；田辺理「ガンダーラの双神変図考」『美術史研究』59, 2021 年, 104-107 頁。
47 田辺勝美「眉間白毫相のイラン起源考―仏像のイラン起源論序説―」『佛教藝術』162, 1985 年, 59-60 頁, 図 43.
48 田辺勝美「新出楼蘭壁画に関する二、三の考察」『古代オリエント博物館研究紀要』26, 2006 年, 67-106 頁；A. Santoro, "Hands in Sleeves A Note on Iranian-Central Asiatic Costume in Gandharan Art," *East and West*, vol. 55, 2005, pp. 279-297.
49 長袖で、丈の長い衣服である。カフタンなどとほぼ同義。
50 Sinisi, op. cit., pp. 884-890, figs. 26-30.
51 K. Tanabe, "OHPO: Another Kushan Wind God," *Silk Road Art and Archaeology*, vol. 2, 1991/92, pp. 51-71, figs. 1-7；田辺勝美「ウェーショー：クシャン朝のもう一つの風神」『古代オリエント博物館紀要』13, 1992 年, 51-93 頁, 図 1-5, 27.
52 M. Allon, "A unique Gāndhārī monastic ledger recording gifts by Vima Kadphises（Studies in Gāndārī manuscripts 2）," *Journal of the International Association of Buddhist Studies*, vol. 42, 2019, pp. 1, 2, 8, 14.
53 田辺勝美前掲論文，1985 年，54-61 頁，図 37-38；「額と頬の毛包上皮腫と眉間白毫相、花鈿・靨鈿の起源」『平山コレクション　シルクロード・コイン美術展』古代オリエント博物館，東京，1992 年，20-23 頁，図 25-26；A. Invernizzi, "Facial Marks in the Parthian World," *Silk Road Art and Archaeology*, vol. 1, 1990, pp. 35-50.
54 K. Tanabe, "Earliest Aspect of Kaniska I's Religious Ideology A Numismatic Approach," In *In the Land of Gryphons Papers on Central Asian archaeology in antiquity*, ed. by A. Invernizzi, Firenze, 1995, pp. 203-215, figs. 1-2; F. Sinisi "Facial marks on Parthian coins: a sign of skin disease?" *Numismatische Zeitschrift*, vol. 124, 2018, pp. 117-140.
55 Sims-Wiliams, op. cit., 1995, p. 78.

56 Sh. Farridnejad, *op. cit*, pp. 309-329, figs. 40, 48a-t.
57 田辺勝美「クシャン朝の風神アネモス・ウァドーと東洋の風神の風袋の出現」田辺勝美／堀晃編『文明学言論』山川出版社，1995 年，235-266 頁，図 3，8；Tanabe, op. cit., 1995, pp. 203-215, fig. 1-1.
58 田辺勝美「阿弥陀仏の起源：無量寿・無量光仏はガンダーラの金箔押し仏像から生まれた」『ヘレニズム～イスラーム考古学研究』26，2019 年，11-35 頁.
59 N. Sims-Williams, "A new Bactrian inscription from the time of Knishka," In Falk, *op. cit*., 2015, p. 257, fig. 1.
60 フヴィシュカ王が発行した金貨に見られる、ナナ女神の新たな名称 Nonito 及び Noneito については、J. Cribb/A. U. Rahman/P. Tandon, "The Kushan Pantheon and the Significance of the Kushan Goddess Nana, in the Light of New Numismatic Evidence of Iconography and Identity," *Journal Asiatique*, t. 311, 2023, pp. 247-266. ガンダーラのヒンドゥー教美術については、A. Samad, *Emergence of Hinduism in Gandhara An Analysis of material culture*, Doctoral Dissertation, Freie Universität Berlin, 2010 を参照のこと。
61 K. Tanabe, "The Kushan Representation of ANEMOS/OADO and its Relevance to the Central Asian and Far Eastern Wind Gods," *Silk Road Art and Archaeology*, vol. 12, 1990, pp. 51-80, figs. 3-7；田辺勝美前掲論文，1995 年，235-266 頁，挿図 2，6，8；田辺勝美前掲論文，2019 年，pp. 13-46，Fig. 2.
62 F, Grenet, "Notes sur le panthéon iranien des Kouchans," *Studia Iranica*, t. 13, 1984, pp. 258-261；田辺勝美前掲書，1992 年，40-41 頁，図 109-115；M. Shenkar, *Intangible Spirits and Graven Images*: *The Iconography of Deities in the Pre-Islamic Iranian World*, Leiden/Boston, 2014, pp. 87-89, fig. 39; Farridnejad, *op. cit.*, pp. 328-329.
63 田辺勝美前掲書，1992 年，137 頁，図 197.
64 R. Göbl, *Münzprägung des Kušanreiches*, Vienna, 1984, pp. 74-75, pls. 54-60.
65 Yongeward/Cribb/Donovan *op. cit.*, 2015, pp. 179-180, pl. 48.
66 Yongeward/Cribb/Donovan *op. cit.*, 2015, p. 171-173.
67 G. A. Pugachenkova, *Skul'ptura Khalchayana*, Moscow, 1971, pls. 2-92.
68 J. Cribb, "The Sōtēr Megas coins of the first and second Kushan kings, Kujula Kadphises ansd Wima Takto," *Gandharan Studies*, vol. 8, 2014, pp. 99-100, fig. 60; Jongeward/Cribb/Donovan, *op. cit.*, p. 43, fig. 3.
69 G. v. Mitterwallner, *Kuṣāṇa Coins and Sculptures*, Mathurā, 1986, pp. 54, 59, pls. nos.1, 2. ブラーフミー文字で「V[e]ma Ta[kṣu]masya（ウェーマ・タクシュマ）」と記されている。
70 D. Schlumberger/M. Le Berre/G. Fussman, *Surkh Kotal en Bactriane*, vol. 2, Paris, 1983, Pls. 59-63；田辺勝美「スルフ・コータル出土カニシュカ 1 世像の神格化について—木蔦と再生復活と神格化—」『シルクロード研究』10，2017 年，13-29 頁，図 3，7-9.
71 D. B. Spooner, "Excavations at Shāh-Jī-kī-Dhērī," *Archaeological Survey of India: Annual report 1908-9*, 1912, pp. 38-59. また、カニシュカ舎利容器の銘文については、ステファン・バウムスが最新の訳を刊行している。S. Baums, "Catalog and Revised Texts and Translations of Gandharan Reliquary Inscriptions," In *Gandharan Buddhist Reliquaries*, ed. by D. Jongeward, Seattle/London, 2012, p. 246.
72 田辺勝美／前田耕作（編）『世界美術全集東洋編』15，中央アジア，小学館，1999 年，114-115 頁，図 145-151.

73 田辺勝美前掲論文，2016 年，5-16 頁，口絵 1.
74 M. L. Carter, "Preliminary Notes on Four Painted Terracotta Panels," *South Asian Archaeology, 1995,* eds.by R. Allchin and B. Allchin, New Delhi/Calcutta, 1997, vol. 2, pp. 573–588, figs. 1-4.
75 H. Falk/N. Sims-Williams, "A Decorated Silver Pyxis from the Time of Vasudeva," In *Zur lichten Heimat Studien zu Manichäismus, Iranistik und Zentralasienkunde im Gedenken an Werner Sundermann*, ed. by Turfanforschung Team, Wiesbaden, 2017, pp. 127, 134, figs. 3, 9.
76 ガンダーラのコインや、仏教彫刻に描写されたギリシアの神々や海獣の像全般については、L. Stančo, *Greek Gods in the East Hellenistic Iconographic Schemes in Central Asia*, Praha, 2012 が便利である。
77 内記理『ガンダーラ彫刻と仏教』京都大学学術出版会，2016 年，149-174 頁．
78 A. L. Basham（ed.）, *Papers on the Date of Kaniṣka*, Leiden, 1968; J. M. Rosenfield, *The Dynastic Arts of the Kushans*, Berkley/Los Angeles, 1967, pp. 253–258.
79 我が国においては、ガンダーラで用いられていた紀元については高田修によって考察されている。高田修『仏像の起源』岩波書店，1967 年，119-134 頁．
80 R. Salomon, "The Indo-Greek Era of 186/5 B.C. in a Buddhist Reliquary Inscription," In *Afghanisan ancien carrefour entre l'Est et L' Ouest*, eds. by O. Bopearachchi/M-F. Boussac, 2005, Turnhout, pp. 361–363, 365, 365–366, 369, fig. 5.
81 H. Falk/Ch. Bennett, "Macedonian Intercalary Months and the Era of Azes," *Acta Orientalia*, vol. 70, 2009, pp. 210–211, fig. 2.
82 H. Falk, "The *yuga* of Sphujiddhvaja and the era of the Kuṣâṇas," *Silk Road Art and Archaeology*, vol. 7, 2001, pp. 126, 128, 133.
83 Cl. Rapin, "L' Ère Yavana d'après les parchemins gréco-bactriens d'Asangorna et d'Amphipolis," In *The Traditions of East and West in the Antique Cultures of Central Asia*, ed. by K. Abdullaev, 2010, Tashkent, p. 248.
84 G. Fussman, "L'inscription de Rabatak et l'origine de l'ère śaka," *Journal Asiatique*, t. 286, 1998, p. 640: "The Riddle of the Ancient Indian Era is not solved," *Ancient India*, New Series, vol. 1, 2011, pp. 235–239; G. Fussman/M. Quagliotti, *The Early Iconography of Avalokiteśvara*, 2012, Paris, p. 15, note 1.
85 桑山正進「貴霜丘就却の没年」『東方學報』92，2018 年，77-134 頁；R. Bracey, "The Date of Kanishka since 1960," *Indian Historical Review*, vol. 44, 2017, pp. 21-61；小谷仲男「敦煌縣泉漢簡に記録された大月氏の使者」『史窓』72，2015 年，15（100）-37（122）頁．
86 R. Bracey, "The Date of Kanishka since 1960," *Indian Historical Review*, vol. 44, 2017, pp. 21-61.
87 ボペアラッチー、E・エリントンやクリブなどの古銭学の専門家が、当該地域から出土した古銭から、またカローシュティー文字銘の専門家サロモンなどがガンダーラ語の銘文から、この地域の歴史を復元している。Bopearachchi, *op. cit.*, 1991; Bopearachchi/Rahman, *op. cit.*, ; E. Errington/V. S. Curtis（eds.）, *From Persepolis to the Punjab*, London, 2007, pp. 50-71; R. Salomon, *op. cit.*, 2018, pp. 16-47.
88 Sidky, *op. cit*, pp. 183, 228.

第 10 章　クシャノ・ササン朝

クシャノ・ササン朝とは

　前章で述べたように、クシャン朝は、バクトリアからササン朝ペルシアによって追い払われ、やがて、ヒンドゥー・クシュ山脈以南のカーピシー、ガンダーラ、タキシラもササン朝ペルシアの傍系の勢力に奪われて衰退した。このクシャン朝を追い出した勢力が、歴史家によってクシャノ・ササン朝 (Kushano Sasanians、230 年 – 365 年) と呼ばれている。何故ならば、クシャノ・ササン朝の文化が、クシャン朝とササン朝ペルシアの 2 つの文化を融合したものであるからである。その融合の特色が最も鮮明に現れているのが、同朝が発行したコインである。クシャノ・ササン朝によって発行されたコインから、現在までに明らかとなっている国王の名前と、その在位年代は以下通りである。

(1) 　無名王（Unidentified king、230 年頃）
(2) 　アルダシール（Ardashir、在位：230 年 – 245 年頃）
(3) 　ペーローズ 1 世（Peroz I、在位：245 年 – 270 年頃）
(4) 　ホルミズド 1 世（Hormizd I、在位：270 年 – 300 年頃）
(5) 　ホルミズド 2 世（Hormizd II、在位：300 年 – 303 年頃）
(6) 　ペーローズ 2 世（Peroz II、在位：303 年 – 330 年頃）
(7) 　ウァラフラン（Varahran、在位：330 年 – 365 年頃）
(8) 　ササン朝ペルシアのシャープール 2 世（Shapur II、在位：330/340 年 – 379 年）

クシャノ・ササン朝の歴史

　広大なクシャン朝の領土の中で、ヒンドゥー・クシュ山脈の北方のマルギアナ（現在のトルクメニスタンのマリ周辺）とバクトリアは、イランのササン朝ペルシアの初代国王アルダシール 1 世によって占領された可能性がある。

226/227年にアルダシール1世は、アルサケス朝パルティアの首都の（ク）テシフォンを攻略し占拠した。その後東征を行い、イラン高原を経てマルギアナの中心都市メルヴを制圧し、そこを拠点として東方のクシャン朝の版図であったバクトリアに侵入した。そして、232/233年にバクトリアを征服したといわれている。『三国志』巻3の「魏志」明帝紀には、クシャン朝の王の波調、すなわちヴァースデーヴァ1世が、西暦230年に魏に使節を派遣して朝貢したとある。この朝貢はアルダシール1世の東方遠征に関連して、ヴァースデーヴァ1世が魏に援助を求めた可能性を示唆するので、アルダシール1世がバクトリアを征服したのは、233年以降となることは既に述べた。

　つぎに、アルダシール1世の息子シャープール1世は、クシャン朝の版図となっていたバクトリアを侵略した後、アフガニスタン北部と南東部を征服し、さらに軍を進めて南下してアフガスタン南部、パキスタン南部のシンド地方を席巻した後、インダス河沿いに北上したか、あるいはカイバル峠を越えてクシャン朝の主都ペシャワール近くまで征服した偉業が、イラン南部のナクシェ・ルスタム南東の摩崖近くに残るカーバ・イ・ザルドゥシュト（図10-1）と呼ばれる、アケメネス朝時代に建てられた長方形の建物の壁面に、262年頃に刻印された銘文から知られている。この銘文は、ギリシア語・ギリシア文字と、アルサケス朝パルティア時代とササン朝ペルシア時代の2種類の中世ペルシア語・パフラヴィー文字の三ヶ国語文字（図10-2）で刻印されている[1]。しかしながら、シャープール1世がカイバル峠を越えてペシャワー

図10-1

図 10-2

ル近くまで進軍したという主張は願望、誇張にすぎないという反論もある[2]。上記の碑文には、カイバル峠は言及されていない。この碑文にはシャープール1世が手に入れた諸々の地域が列挙された後に、「ヒンドゥスターン、ペシャワール（Pškpwly/pškbwr）の前までのクシャン領」と記されている[3]。この「前まで」という言葉がどこまでを意味しているか明らかではない。ペシャワール都城の城門まで迫ったのか、あるいはカイバル峠なのか、またヒンドゥー・クシュ山脈の北麓であるのか、解明が待たれる。

いずれにせよ、シャープール1世以降、バクトリアやカーピシー、カーブルなどのアフガニスタン南東部とガンダーラを支配したのは、ササン朝ペルシアから派遣された王子や王族であったと考えられるが、そのササン系王朝は、現代の古銭学及び歴史学では、クシャノ・ササン朝と呼ばれている。その実態は、ササン朝ペルシアの王侯が、征服したクシャン族を支配していた事実にある。

クシャノ・ササン朝の支配は、キダーラと呼ばれたフン族がガンダーラとバクトリアのクシャン朝の旧領土を支配するまでの100年余り、230年から365年まで続いたと想定されるが、その編年には不明な点が多い。

上記のシャープール1世の銘文の他に、クシャノ・ササン朝については、『魏書』巻102と『周書』巻50に記述されている記事が参考となる[4]。どちらも同じことが書かれているので、ここでは『魏書』を挙げる。

その王の姓は波氏であり、名は斯である。王は金の羊の（脚の付いた）長椅子に座り、金の花の冠を戴く[5]。

　これらの記述に関して、田辺勝美は波斯（氏）はササン朝ペルシアではなくバクトリアのクシャノ・ササン朝を意味し、金花冠はクシャノ・ササン朝の国王の王冠形式であるアーティチョーク形の花冠を類推させ、金羊牀はササン朝ペルシアの玉座ではなく、長椅子の脚として有蹄類の動物の前軀を用いる中央アジアの玉座の形態に他ならないと述べている[6]。
　以上から判明するように、文献史料だけではクシャノ・ササン朝の実体については、殆ど何も解明することはできない。幸いこの王朝はコインを発行しているので、この王朝の歴史をたどるには、バクトリアとガンダーラにおいて発行された同朝の金貨と銅貨が役に立つ。それらのコインは、ドイツの考古学者E・ヘルツフェルトによって初めて「クシャノ・ササン朝コイン（Kushano-Sasanian Coins）」と命名された[7]。何故、このように命名されたかといえば、この王朝のコインには、ササン朝ペルシアによって征服されたクシャン朝のコインと、征服者ササン朝ペルシアの両方のコインの図像と銘文の特色が共存しているからである。そのコインのデザインによって、クシャノ・ササン朝の文化は、クシャン朝とササン朝ペルシアの両文化を取り入れた折衷文化であったことが想定できる。これに対して、1967年ロシアのササン朝ペルシアの歴史と文化の専門家であるV・G・ルコーニンは、銅貨の銘文にパフラヴィー語だけが用いられた銅貨に限って、ササノ・クシャン（Sasanido-kushansky）という呼称を導入したが、欧米の研究者からは、ほぼ無視された[8]。
　いずれにせよ、その歴史と文化史は不明な点が多い。クシャノ・ササン朝の編年を確定するのに重要である、コインの表に表現された国王の即位、在位年代は残念ながら確定しておらず、異論異説が多く存在する。1999年に刊行されたA・ニキーチンの論考によれば、クシャノ・ササン朝の創始の時期に関しては、下記の専門家たちの間に230年代から350年代とほぼ100年間の時代差がある[9]。その代表的な論考を参考のために以下に挙げておく。

A. D. H. Bivar, "The Kushano-Sasanian Coins Series," *The Journal of the Numismatic Society of India*, vol. 18, 1956, pp. 13-42, pls. I-V.

A. D. H. Bivar, "The Absolute Chronology of the Kushano-Sasanian Rulers in Central Asia," In *Prolegomena to the Sources on the History of Pre-Islamic Central Asia*, ed. by J. Harmatta, Budapest, 1979, pp. 317-332.

Ch. J. Brunner, "The Chronology of the Sasanian Kušānšāhs." *Museum Notes*, vol. 19, 1974, pp. 145-164, pls. XXIII-XXIV.

M. L. Carter, "A Numismatic Reconstruction of Kushano-Sasanian History," *Museum Notes*, vol. 30, 1985, pp. 215-281, pls. 47-52.

J. Cribb, "Numismatic Evidence for Kushano-Sasanian Chronology," *Studia Iranica*, vol. 19, 1990, pp. 151-193, pls. I-VIII.

田辺勝美「ローマと中国の史書に秘められた「クシャノ・ササン朝」」『東洋文化研究所紀要』124, 1994 年, 33-101 頁.

　筆者は古銭学者でもなくクシャノ・ササン朝の歴史の専門家でもないので、筆者自身の研究成果に基づいてこの王朝の難解な歴史と文化を叙述することはできない。それ故、本書では上掲の諸研究を踏まえた、大英博物館古銭部部長であった J・クリブの研究成果が凝縮している、現代では最も信頼できる好著 D. Jongeward/J. Cribb/P. Donovan, *Kushan, Kushano-Sasanian, and Kidarite Coins A Catalogue of Coins from the American Numismatic Society*, New York, 2015 年を参照して解説することとする。

クシャノ・ササン朝のコイン

　クシャノ・ササン朝については、最近になって、小谷仲男によって、ラニガト出土のクシャノ・ササン朝のコインについて考察がなされているが、我が国ではこれまで殆ど無視されてきた[10]。特にガンダーラの仏教美術に関する専門書では、その存在すら挙げられていない。しかしながら、クシャノ・ササン朝がガンダーラを支配したのは紛れもない事実であるから、この王朝の影響は考慮しなければならない。このような事情を考慮して、本書では、他の諸王朝のコインよりも、クシャノ・ササン朝のコインを出来るだけ幅広

く詳述することにした。

　この王朝は、独自の金貨、銀貨と銅貨を発行しているので、本家のササン朝ペルシアから独立した主権国家であったといえる。金貨は直径 30mm 前後、重量は 8g で、クシャン朝のディーナール金貨と同様である。クシャン朝の金貨と異なるのは、直径が大きく、湾曲している点で、コップ型ないしは椀型コイン（scyphate）と呼ばれている。各王は、造幣所のマークとして、同一のモノグラム（ここでは遊牧民のタムガ）を使用している。銀貨は例外的な発行で、ササン朝ペルシアのドラクマ銀貨をモデルとしている。直径は 25mm 前後で、重量はほぼ 4g であるが、発行数は極めて少ない。最も多く発行された銅貨は直径が 18mm 前後で、重量は 3.5g 前後である。

　また、銘文に関しても変化が起こっている。クシャノ・ササン朝のコインからは、ギリシア文字が、従来の活字体から筆記体へと変化し、以後、ガンダーラでは筆記体が継承された。

＊無名王

　残念なことに、その最初の王の名前はまだ解明されていない。この名前がまだ知られていない国王が、230 年頃に発行した銅貨（**図 10-3**）は、表に、国王胸像が表現されている[11]。この国王の胸像は右向きで、頬髭、顎髭、口髭を生やし、魚の尾？をもつ鳥（猛禽）の形をした冠を被っている。顎髭からは小球よりなる房飾りが垂れ下がっているが、これは顎髭の先端を丸く束ねたもので、諸王の王の標識である、ササン朝ペルシアの国王の顎髭のファッ

図 10-3

第 10 章　クシャノ・ササン朝　*171*

ションを模倣したものである。頭髪は三等分しているので、後頭部ではウェーブのかかった髪の束となっている。その上方に、梯子状の襞があるリボン・ディアデムが翻っている。リボン・ディアデムは国王であることを示している。国王は小型のマントを肩に巻いているが、これはローマの皇帝、クシャン朝の国王、ササン朝ペルシアの国王などが着用したパルダメントゥムと呼ばれる小型マントである。銅貨の周縁に沿ってパフラヴィー語・パフラヴィー文字の銘文「kwšan mlka mlwy mlka（Kushan king Merv king、クシャン王、メルヴの王）」が刻印されている。この銘によって、この無名王がクシャン族の王のみならず、マルギアナの都市メルヴの支配者であったことがわかる。

　銅貨の裏面には向かって右側に、城壁冠を被り、左肩から長いスカーフを垂らし、くるぶしまで届く丈の長いドレスを着た女神アナーヒターが、左手に錫杖をもち、梯子状の襞が多数ついたリボン・ディアデムで飾られたクシャン王の冠を右手にもって面前の王に差し出して立っている[12]。これは明らかに西アジアの伝統的な王権神授を表しているが、アナーヒター女神による王権神授については、ササン朝ペルシアにおいてはナルセー王（在位：293年－303年）を嚆矢（後述図10-11）とする。向かって左側に立つ国王は頭を右の女神に向け、猛禽で装飾された冠を戴いている。猛禽は、軍神ウルスラグナの化身である。さらに、梯子状の襞の多数あるリボン・ディアデムをつけ、ササン朝ペルシアの国王と同じく膝まで覆うチュニックを纏い、ズボンを小さなリボン・ディアデムの付いたベルトで締めている。ちなみに猛禽装飾の王冠は、ササン朝ペルシアのシャープール１世の猛禽冠、バフラム２世（在位：276年－293年）の鳥翼冠や、ホルミズド２世（在位：303年－309年）の猛禽頭部冠を想起させる[13]。この国王は左手を腰の剣の柄に置いて、右手を挙げて、女神が授与する王冠を受け入れる仕草をしている。銅貨の裏面にも表面と同じく、パフラヴィー語・パフラヴィー文字の銘文が刻印されているが、部分的にしか解読できない。解読できる部分には「kwšan mlka mlwy mlka（クシャン王、メルヴの王）」とある。

＊アルダシール
　上記の固有名の知られていない無名王の後継者は、アルダシールと呼ばれ

図 10-4

ている。このアルダシール王は、ササン朝ペルシアのアルダシール1世の弟であるという見解もある[14]。ササン朝ペルシアは一夫多妻制であるから、同名の兄弟がいても不思議ではない。その真偽は明らかではないが、このアルダシール王は、アフガニスタン北部バクトリアのバルフにおいて、ササン朝ペルシアとクシャン朝の造形要素が混在したデザインの金貨（図10-4）を発行した。表には、クシャン朝のカニシュカ1世のように聖火壇に右手をかざす国王立像、裏にミスラ神の倚像を表現している。裏に、クシャン朝でミーロと呼ばれたミスラ神の倚像を表すことによって、クシャン朝の宗教を受け入れている[15]。ミスラ神の背後にはウサギを正面から見て抽象化したようなタムガがある。銘文は表にギリシア語・ギリシア文字で3時から時計回りに「ΑΡΔΑÞΑΡΟ ΚΟÞΑΝΟ ÞΑΟ（Ardasharo Koshano shao、アルダシール、クシャンの王）」、裏に9時から時計回りに「ΒΑΓΟ ΜΙΥΡΟ（Bago Miuro、ミスラ神）」とある。この他に、金貨と表裏の図柄が全く同一の銅貨も発行されている[16]。

一方、バクトリアで発行された、アルダシール王の別のコインタイプの銅貨（図10-5）には、表には、国王の右向きの胸像、裏には神殿内にアナーヒター女神の倚像を表現している。表に表現された国王は、3段の矢狭間よりなる城壁冠を戴き、頭髪を3等分して頭部の左右と頭頂で髪を束ね、王冠からは小さなリボン・ディアデムが後ろに翻っている。口髭、顎髭、頬髭などは上記の無名王（図10-3）の場合と同様である。顔の右側にタムガが見える。コイン周縁のパフラヴィー語・パフラヴィー文字の銘文は「mzdysn bgy artštr rba kwšan mlka（アフラ・マズダー神を崇拝するクシャンの大王アルダシール）」

第10章 クシャノ・サザン朝 173

図 10-5

である。また、裏には、城壁冠を戴き、巻き毛の頭髪を3等分して左右と頭頂に振り分け、ベルトつきの丈長のドレスを着て、左手に錫杖をもち、右手にリボン・ディアデムのついた王冠をもったアナーヒター女神が正面を向いて、アーチと柱よりなる神殿の内で、膝を開いて坐っている。向かって左側に刻印されたパフラヴィー語・パフラヴィー文字銘には「貴婦人アナーヒタ (Anahita Mrota)」と記されている[17]。アナーヒター女神の「貴婦人」という称号は、ササン朝ペルシアのナルセー王がイラク北東部のパーイ・クーリー (Pāy-kūlī, Paikuli) に残した戦勝記念のパフラヴィー語・パフラヴィー文字碑銘文に既に登場しているので、明らかにササン朝ペルシアの影響を示している[18]。

　アルダシール王の時代に、バクトリアにおいてはササン朝ペルシアのアルダシール1世が、ヒンドゥー・クシュ山脈以北のクシャン朝の領土を奪いとったことを証明する珍しい金貨（**図 10-6**）が発行された。それはクシャン朝のヴァースデーヴァ1世の金貨の表裏の典型的図柄を模倣したもので、コインの直径はやや大きくなっている。ギリシア文字銘は2種類ある。その1つは7時から時計回りに「ÞAONANOÞAO BAZOΔHO KOÞANO (Shaonanoshao Bazodēo Koshano、諸王の王、ヴァースデーヴァ王)」とある。もう1つは7時から時計回りに「KANHÞAO KOÞANO ÞAONANOÞAO (Kanēshao Koshano shaonanoshao、カニシュカ大王、クシャンの諸王の王)」とあるので、遅くともカニシュカ2世の治世とほぼ並行して発行が始まったことがわかる。この金貨は以後クシャノ・ササン朝の金貨の表裏の図柄の標準タイプとなった。さ

図 10-6

らに同じような図柄らしいものを用いた銅貨も発行されたが、図柄が不鮮明に刻印されている[19]。

＊ペーローズ1世

　以上の2人の国王の時代には、クシャノ・ササン朝の勢力範囲はヒンドゥー・クシュ山脈の北方のバクトリアとマルギアナに限定されていた。しかしながら、260年代には、第3代のクシャノ・ササン朝の王であるペーローズ1世の治世に、クシャノ・ササン朝の支配領域はカーブルとカーピシー、さらに南東のペシャワールまで拡大されたようである。これは、恐らくササン朝ペルシアのシャープール1世の軍事遠征などの直接的ないしは、間接的な援助があったので、ペーローズ1世の支配地域がヒンドゥー・クシュ山脈の南方にまで拡大したのであろう。シャープール1世は、既述したように、自身の支配領域を記したカーバ・イ・ザルドゥシュト碑文（図10-1）の中で、「クシャン朝領土をペシャワールの前まで拡大した」と述べているが、このような事実について言及していると思われる。クリブによれば、カーブルやカーピシー地方からは、クシャン朝のヴァーシシュカ王以後のクシャン王が発行した銅貨が出土していないから、この地域はこの王の時代にシャープール1世ないしペーローズ1世の支配下に入ったという。その結果、東方のガンダーラは、クシャノ・ササン朝とクシャン朝が争奪を繰り返すに至ったと、クリブは推定している[20]。

　ペーローズ1世のコインは、バクトリアのみならず、カーピシー地方のベ

図 10-7

グラムやガンダーラにおいても流通していた。この国王はバクトリアを本拠地とし、首都のバルフの造幣所から金貨を3種類発行した。その1つの金貨（**図 10-7**）には、表に上半身、下半身、両腕を鎧で覆い、長剣を帯び、左手に三叉の矛をもち、祭壇に右手をかざす、右肩から火焔が昇るクシャン王の姿をした立像、裏にクシャン朝のコインに刻印されたウェーショー神と牡牛が表現されている。国王立像の鎧は、クシャン朝後期のヴァースデーヴァ1世以降の国王像の全身を覆う鎧から借用している。また、王冠は円錐形であるが、これもヴァースデーヴァ1世やカニシュカ2世の王冠を模倣したものである[21]。特記すべきは、円形頭光で荘厳されていることである。これはガンダーラの仏像の頭光を採用したものである。国王が手を伸ばした祭壇の上方には、リボンをつけた三叉の矛が表現され、祭壇からは煙が立ち昇っている。国王の左腕の下方には牡牛の足跡（Nandipada）と称されるクシャノ・サーサン朝のタムガが刻印され、両脚の間には、逆卍（swastika、鉤十字）が見られる。長剣の下方にはブラーフミー文字の「Pe」が刻印されているので、これがペーローズの略号とすれば、同王とガンダーラとの関係が示されている。右肩の火焔はいわゆる釈迦牟尼仏陀の「舎衛城の双変神」（**図 10-8**）にも見られるように、両肩から火焔を発して悪竜退治をする神通力を象徴している[22]。悪竜退治は、玄奘が『大唐西域記』巻第1に記している、大雪山に棲む悪竜をカニシュカ1世が退治した故事に由来しよう[23]。銘文は2時から反時計回りにバクトリア語・ギリシア文字で「ΠΙΡΩΖΟ ΟΟΖΟΡΚΟ ΚΟÞΑΝΟ ÞΑΥΟ（Pirōzo oozorko Koshano shauo、ペーローズ、クシャンの大王）」と刻印されてい

176

る。この国王像は明らかにクシャン朝のヴァースデーヴァ1世の金貨の図像を模倣している。

裏面には、頭髪が逆立った、同じく円形頭光で荘厳されたウェーショー神が正面観で描かれている。巻き毛と髭は点描で示され、ズボンの上にササン朝ペルシアの膝丈まであるチュニックを着用し、伸ばした右手に正当な王権の象徴であるリボン・ディアデムをもち、表の国王に授与しようとしている。左手には三叉の矛をもっている。後方には、頭を正面に向けて左向きに立つ、ヒンドゥー教のシヴァ神の眷属の牡牛ナンディンが側面観で表現されている。牡牛の尻に円のシンボルが見られる。

図10-8

これらの図像は、クシャン朝のヴァースデーヴァ1世、ヴァースデーヴァ2世などの金貨の裏の図像、ウェーショーとナンディンを踏襲している。裏のバクトリア語・ギリシア文字銘は1時から反時計回りに「(B)OPZAOANΔO IAZAΔO ((B)orzaoando iazado、高い所で活動する神)」とある。「(b)orzaoando iazado」は、高貴・高位の神 (exalted god) を意味するが、クシャン朝の代表的なウェーショー神に他ならない。ウェーショー神はゾロアスター教の風神「Vayuš uparō kairyo (天空高く活動する神)」に相当し、中央アジアのソグディアナでは、ウェーシュパルカル (Weshparkar) と呼ばれたことが知られている[24]。

ペーローズ1世のもう1つの金貨 (図10-9) は、裏の図柄は上掲のものとほぼ同一であるが、表の国王の王冠が獅子頭冠を用いている点が異なる[25]。王冠に動物を装飾するのはササン朝ペルシアのシャープール1世の鷲頭冠から始まったが、ササン朝ペルシアの諸王の王冠にはライオンを装飾した例は見当たらない。ただし、王子の冠には獅子頭の例がある。ライオンは太陽神

第10章 クシャノ・ササン朝 177

図 10-9

ミスラの象徴とみなすことができるので、この神への信仰を表明しているかも知れない。古代西アジアにおける国王のライオン狩を研究したE・カサンによれば、ライオンは国王と同等で、ライオンである国王は神の命令に従ってライオン狩りをスポーツや鍛錬として楽しんでいたという[26]。また、9世紀のゾロアスター教の創生神話『ブンダヒシュン (Bundahišn)』では、ライオンは悪魔アーリマンが創造した動物であり、古来西アジアでは国王が狩猟で殺害する対象であった[27]。ライオンを倒す正義の国王の威力を正当な王位を継承する者に相応しいとみなして、それを象徴的に明示したと想定できる。もしくは、ライオンは国王と同一視され、国王はライオンの卓越した威力を所有しているとみなされた。それを象徴するために、ライオンは王冠の装飾に用いられたとも考えられる[28]。それ故、百獣の王の力に匹敵する能力を備えた優れた国王観を、ライオンの最も重要な頭部で以って象徴的に顕示したのである。ちなみにササン朝ペルシアのバフラム2世は、イラン南部のサル・マシュハド (Sar Mashhad) の大岩に、2頭のライオンの襲撃から王妃、皇太子、ゾロアスター教の大司祭を守る勇壮な闘争図 (図10-10) を遺しているが、王権神授の観念を象徴しているとも解釈されている[29]。

　ペーローズ1世が発行した金貨の第3番目のコインタイプの特色は、国王の冠と豊穣の女神坐像にある[30]。王冠は、ササン朝ペルシアのナルセー王がイラン南部のナクシェ・ルスタム (Naqsh-i Rustam) の摩崖に彫刻させた王権神授図浮彫 (図10-11) に描写されたナルセー王とアナーヒター女神の平たいアーケード冠と同じような冠であるが、細部が鮮明ではない[31]。頭頂は大きな花のようであるが、頭髪を丸く束ねたもので、ササン朝ペルシアの国王の

図 10-10

図 10-11

球体頭飾に相当するものかも知れない。背後に翻るリボン・ディアデムは明らかにササン朝ペルシアの影響を示す。クリブによれば、11時から反時計回りにバクトリア語・ギリシア文字で「Piroozo ... Koshano shao（Peroz, Kushan king、ペーローズ、クシャン王）」と刻印されていたようである[32]。裏には、左手に豊穣の角（cornucopia）、右手にリボン・ディアデムのついたクシャン王ヴァースデーヴァ1世の円錐形の王冠ないしはヘルメットをもち、半袖で両

図 10-12

図 10-13

足まで覆う丈長のドレスを纏い、背もたれのある大きな椅子に正面を向いて坐っているクシャン朝の豊穣の女神アルドクショーを表す。この女神がヴァースデーヴァ1世の王冠をもつとすれば、ペーローズ1世によるクシャン朝の版図の征服を象徴していると解釈できるので、興味深い重要な図柄である。

次に、ペーローズ1世がペシャワールないしバルフで発行した銅貨について述べよう。その銅貨のタイプは3種類である[33]。コインの表裏の銘文はギリシア文字で、金貨の場合と同様である。その1つ（**図10-12**）は、表に円錐形の王冠を戴くクシャン王を模倣した立像、裏に高貴・高位の神の立像と牡牛のナンディンを表したものである。第2のタイプは王冠が円錐形ではなく、獅子頭冠を戴くものである。第3のタイプ（**図10-13**）は、表に平たいアーケード冠を戴く国王胸像、裏に高貴・高位の神の胸像と聖火壇を表したものである。

以上のように、クシャノ・ササン朝の金貨の図像にはクシャン朝のコインの図像の特色が多数見られる。これは、新たなクシャノ・ササン朝の金貨を、征服されたクシャン族が抵抗なく受け入れることができるように配慮したことを示しているのではなかろうか。

＊ホルミズド1世
　ペーローズ1世の後継者として、クシャノ・ササン朝の国王となったのは、ホルミズド1世である。M・カーターによれば、ホルミズド1世は、メルヴを拠点として、ガンダーラを含むペーローズ1世が支配した地域を受け継いだという[34]。それを示すのが、同王がメルヴで発行したドラクマ銀貨（**図10-14**）である。表にはアーティチョークのような装飾の付いた獅子頭冠を戴く右向きの国王胸像、裏には椅子に坐った「高貴・高位の神」から正当な王権の標識たるリボン・ディアデムを授けられる国王立像を表現している[35]。この王権神授の図柄はクリブによると、ペーローズ1世がアフガニスタン西部のヘラートで発行したドラクマ銀貨裏面の図柄を模倣したものであるという[36]。この王冠のライオン像に着目したM・R・シャイェーガンの興味深い論稿によると、ホルミズド1世は、本家のササン朝ペルシアの「諸王の王」バフラム2世に反旗を翻したという[37]。それを証明するのが、王冠のライオン像と、既述したサル・マシュハドの摩崖浮彫バフラム2世獅子狩図（**図10-10**）で、後者の図柄ではライオンはバフラム2世の敵となった、バフラム2世の弟ホルミズド1世を象徴しているというのである。これを裏付ける

図10-14

史料としては以前から、ローマの演説集『パネギリ・ラティーニ (Panegyri Latini)』が知られ、そこには、弟のオルミズド (petit frater Ormies) が、279年ないしは282/3年に、サカ族、「クシャン (Cussi) 族」、ギラン族に支援されてバフラム2世と戦ったと記されている[38]。この弟のオルミズド (Ormies) がホルミズド1世であれば、この「クシャン族」はクシャン朝ではなく、クシャノ・ササン朝を意味している。

このコインの表にはパフラヴィー語・パフラヴィー文字で、5時から反時計回りに「mzdysn bgy 'whrmzdy RB' kwšn MLK'n MLK'」(アフラ・マズダー神を崇拝するホルミズド、クシャン族の偉大な諸王の王)」と銘文が記されている。裏には同じくパフラヴィー語・パフラヴィー文字で、5時から反時計回りに「bwrz' yndy yzdty, 'whrmzdy RB' kwšn MLK'n MLK'」(高貴・高位の神、ホルミズド、クシャン族の偉大な諸王の王)」と銘文が記されている[39]。

さらにホルミズド1世は、金貨を2種類発行している。その第1タイプは国王の頭部の周りに円形の頭光があるが、タイプ2 (**図10-15**) はそれがない[40]。いずれも表には、ペーローズ1世のコインと同様に、国王の立像、裏に高貴・高位の神と、牡牛のナンディンが表現されている。表に表された国王は全身を鎧で武装し、両肩からは火焔が立ち昇り、頭部を向かって左に向け、右手で火煙が立ち昇る祭壇の上に小さな皿をかざしている。頭には、特徴的な獅子頭冠を戴き、その上に「蓮の花」ないしは、いわゆるアーティチョークのような花飾りがある[41]。獅子頭冠は、上記のペーローズ1世の王冠形式を模倣したものである。王冠からは大きなリボン・ディアデムが翻っ

図10-15

ている。この王冠の獅子頭の上方の花の形が記述した『魏書』や『周書』の金花冠に関係するのである。また、この獅子頭は我々が通常眼にするアフリカのライオンではなく、西アジアからインドにかけて生息していたペルシアライオンの頭部を表現していることをここで強調しておこう[42]。

　頭髪は丸く束ねられ、先端は巻き毛となっている。顎髭の先は球のようになっているが、これは記述した通り、ササン朝ペルシアの「諸王の王」の標識に由来するファッションである。国王は左手で三叉の矛をもち、腰には長剣を帯びている。リボンのついた三叉の矛が祭壇の上方に表現されている。両足の間に卍があり、その上に1つ、祭壇の右に1つ、左腕の下に3つの点が見える。国王の左手の下方にクシャン王家のタムガ（発行所のマーク？）が表されている。バクトリア語・ギリシア文字の銘文は「ΩYPOMOZΔO OOZOPKO KOÞANO ÞAYO（Ōuromozdo oozorko Koshano shauo、ホルムズド、クシャン族の偉大な諸王の王）と刻印されている。第1タイプの金貨には、上記のコインとは別の金貨、恐らく発行年がやや降るが、それには「ΩYPOMOZΔO OOZOPKO KOÞANO ÞAONONOÞAO（Ōuromozdo oozorko Koshano shaononoshao、偉大なホルムズド、クシャンの諸王の王）」という少し異なる内容の銘が刻印されている[43]。諸王の王という称号はクシャン朝や、ササン朝ペルシアの国王の称号に用いられているように、本来は大国の国王に許されるものであろう。クシャノ・ササン朝のような小国の国王が用いるのは、身分不相応で僭越である。それ故、このような挑戦的な銘文は、多分に本家のササン朝ペルシアの諸王の王を意識したものであって、本家からの独立と、本家との対決姿勢を示すものと解釈することも可能であろう[44]。タイプ2の金貨の表右下には、バクトリア語・ギリシア文字で造幣所名が「BAXΛO（Baklo、バルフ）」と刻まれている。

　第1タイプ全ての金貨の裏面には、高貴・高位の神の立像が正面観で表されている。頭には炎のような逆立つ髪が表されており、さらに頭髪を左右に丸く束ねている。頭にはリボン・ディアデムを巻き、リボン・ディアデムは左右に翻っている。下半身はササン朝ペルシアの国王が用いた行縢のようなもので覆い、その上に、膝丈のチュニックを着ている。左手に三叉の矛をもっている。後方には牡牛ナンディンが側面観で表現されている。2時か

図 10-16

ら時計回りにバクトリア語・ギリシア文字銘「ΒΟΡΖΑΟΑΝΔΟ ΙΑΖΑΔΟ (Borzaoando iazado、高貴・高位の神)」が刻印されている。

　特異なタイプの金貨（図 10-16）の表には、アーティチョーク型花飾りと獅子頭冠を戴く国王胸像、裏は聖火が燃える聖火壇と、右手を挙げて敬意を表する国王立像、右手にリボン・ディアデムを掲げて王権神授を行うミスラ神立像が表現されている。銘文はパフラヴィー語・パフラヴィー文字で表と裏に「mzdysn bgy 'whrmzdy RB' kwšn MLK'n MLK'（アフラ・マズダー神を崇拝するホルミズド、クシャン族の偉大な諸王の王）」とある[45]。さらに裏の聖火の上に「Mlwy（Marv、メルヴ）」とあり、メルヴの造幣所で、このコインが造られたことが示されている。

　また、ホルミズド 1 世は、金貨の他にバルフやペシャワールにおいて、銅貨を数種類発行している。コイン（図 10-17）の表は全て獅子頭冠を戴く国王の右向き胸像であるが、裏の図柄はそれぞれ異なっており興味深い。銘文は表のものは全てパフラヴィー語・パフラヴィー文字で、「'whrmzdy RB' kwšn MLK'n MLK'（ホルミズド、クシャン族の偉大な諸王の王）」、裏にはバクトリア語・ギリシア文字ないしは、パフラヴィー語・パフラヴィー文字で「bwlzawndy yzdy（bōlzaōndī īzdī、高貴・高位の神）」と記している。その 1 つのタイプの裏は、高貴・高位の神の立像と牡牛ナンディンの図柄である。別のタイプの裏（図 10-18）には王権神授が表現され、「高貴・高位の神」が国王に正当な王権のシンボルであるリボン・ディアデムを授与している。この図柄は明らかに上記の銀貨裏（図 10-14）の王権神授図を踏襲したものである。

図10-17

図10-18

　もう1つのタイプは、ササン朝ペルシア式の聖火壇の上に高貴・高位の神の上半身を表現したものである[46]。神の上半身が向かって左向き側面観で表され、頭部と両肩から火焔が立ち昇り、右手にリボン・ディアデムを、左手で投槍をもって表のホルミズド1世に対して王権神授を行っている。聖火壇の柱はリボン・ディアデムで飾られている。このユニークな図柄は、ほぼ100年後にササン朝ペルシアのシャープール2世、アルダシール2世（在位：379年‒383年）、シャープール3世（在位：383年‒388年）などの聖火壇の形式に大きな影響を与えている[47]。銅貨の残るもう1つのタイプでは、右手を挙げた「高貴・高位の神」の上半身が、太くて幅が広い柱身よりなる聖火壇の上から現れている。柱身にはウサギを正面から見たようなタムガが施されている。この対応の銅貨の表には、ギリシア文字で「ΚΑΒΑΔ（Kabad）」、「MHZH（Mezē）」という銘があり、ペシャワールで発行されたのではないかとクリブは推定している。

第10章　クシャノ・ササン朝　185

＊ホルミズド 2 世

　ホルミズド 1 世の後には、ホルミズド 2 世が、王位を継いだとされているが、ササン朝ペルシアのホルミズド 2 世の在位年代が、303 年から 309 年であることを考慮すると、クリブの編年が正しいとすれば、クシャノ・ササン朝のホルミズド 2 世とササン朝ペルシアのホルミズド 2 世は同一人物であった蓋然性が極めて大きい[48]。無論、それを否定する異論もある[49]。即ち、ササン朝ペルシア本家のホミムズド 2 世は王子の時、クシャノ・ササン朝の国王としてバクトリア・マルギアナのクシャン族を支配していたとみなせば問題はない。事実、父親のナルセー王が、イラク北東部のパーイ・クーリー (Pāy-kūlī, Paikuli) に残した戦勝記念のパフラヴィー語・パフラヴィー文字碑銘には、「kwšn KLKA (クシャン族の王)」と記されている[50]。これは、実際にはクシャノ・ササン朝の国王を意味していると考えられる。

　ホルミズド 2 世は金貨と銅貨を発行している。バクトリアの代表的都市バルフで発行された金貨（**図 10-19**）の表には、ペーローズ 1 世やホルムズ 1 世金貨と同じく、全身を鎧で覆い、左手に三叉の矛をもち、右手にもったスプーンを祭壇にかざして香料を焚べる、鳥翼と球体装飾よりなる冠を戴く国王の聖火供養が表現されている[51]。注意すべきは、この国王の王冠形式が、それ以前の国王のものとは全く異なる点である。獅子頭の代りに一対の猛禽を用いており、さらにその上方にはササン朝ペルシアの国王が常用する球体装飾を施している。このような鳥翼冠はササン朝ペルシアのバフラム 2 世を嚆矢とササン朝ペルシアの国王の典型的な冠形式である。国王の左脚の右方

図 10-19

には、牛の足跡のタムガがあり、その下方にはこの金貨を発行した地名がギリシア文字で「BAXΛO（Bakhlo、バルフ）」と明記されているので、この金貨がバクトリアで発行されたことが判明する。金貨の表のギリシア語・ギリシア文字銘は1時半から時計回りに、「ΩYPOMOZΔO OOZOPKO KOÞANO ÞAYO（Ōuromozdo oozorko Koshano shauo、ホルミズド、クシャンの大王）」とある[52]。裏には、アナーヒタ女神による王権神授が表現されている。向かって右の女神は平たいアーケード冠を戴き、左手に弓をもち、右手で正当な王権の象徴であるリボン・ディアデムをもって、鳥の頭上に差し出している。その面前には、鳥翼冠を戴く国王が、右手にもつスプーンを聖鳥の形をした聖火壇の上にかざし、左手を挙げて女神に敬意を表している。パフラヴィー語・パフラヴィー文字銘は「'N'HYT ZY MRWTA（Anahīt ī mrōta、貴婦人アナーヒト）」とある。既に指摘したように、アナーヒター女神に対する厚い信仰は、ササン朝ペルシアではホルミズド2世の父親であるナルセー王を嚆矢とする。この見解は、ナルセー王が、イラン南部のナクシェ・ルスタムの摩崖に刻んだ「平たいアーケード冠を戴くアナーヒター女神による王権神授図浮彫」（図10-11）や、上述したパーイ・クーリーのパフラヴィー語・パフラヴィー文字碑銘「'nhyt ZY MRWTA（Anhīt ī mrōta、貴婦人アナーヒト）」によって判明する[53]。それ故、クシャノ・ササン朝のホルミズド2世が、アナーヒター女神による王権神授図を金貨に刻印した蓋然性は大きいでろう。

一方、小さな銅貨はバルフないしはペシャワールで発行され、バクトリア、カブール地方、ガンダーラにおいて流通していたようである。ホルムズド2世の銅貨（図10-20）では表に国王の胸像、裏面にササン朝ペルシア系の聖火壇から上半身を出して、アナーヒター女神が表現されている[54]。表には真珠で縁取りされた鳥翼冠を戴き、その上に球体装飾を配し、リボン・ディアデムとイヤリングを着けた国王の胸像が表現されている。顎髭の先端は球体に整えられている。パフラヴィー語・パフラヴィー文字銘文は、5時から半時計回りに「'whrmzdy mlka（Aōhrmzdī mlka、ホルミズド王）」とある。

裏に表現された、アナーヒター女神は頭を向かって左に向け、リボン・ディアデムの付いた平たいアーケード冠を戴き、イヤリングとドレスを身に着け、左手に錫杖をもち、伸ばした右手に正当な王権の標識たるリボン・

図10-20

ディアデムをもって、コインの表に表現された国王に王権神授を行っている。聖火壇の柱身にはリボン・ディアデムが巻き付けられている。パフラヴィー語・パフラヴィー文字銘は、4時半から反時計回りに「ANAHYT MRWTA (Anahīt mrōta、貴婦人アナヒート)」と記されている。

＊ペーローズ2世

　ホルミズド2世の後には、ペーローズ2世が、クシャノ・ササン朝の国王となった。ペーローズ2世が発行したコインは金貨と銅貨で、バクトリアからカーブル地方、ガンダーラにかけて流通したようであるが、金貨（**図10-21**）は、バルフの造幣所で発行されたものである。前代の金貨と同様にその表には、鎧で武装した国王の立像、裏に高貴・高位の神が表現されている。表の国王像については、頭部は側面観、身体は正面観で表現され、頭を向

図10-21

かって左に向け、小皿をもつ右手を伸ばして、小さな祭壇の上にそれをかざしている。前代の国王像と異なるのは、両肩から火焰が立ち昇るのではなく、球体装飾が翻っている点である。クリブによれば、この球体装飾は、王冠の頂上に付く蓮の蕾と同一であるとい

図 10-22

う[55]。しかしながら、田辺勝美の解釈によれば、それは蓮の蕾ではなく、ササン朝ペルシアの諸王の王の王冠の頂上に置かれた球体装飾であり、コリンボスと呼ばれるものである。これは、実際には丸く結った頭髪を布で包んだもので、宇宙を象徴するという[56]。本作例は玉ねぎないしは、縦溝を施したローマンガラスのミカン玉のように描写されているが、ササン朝ペルシアのシャープール1世のカメオ (**図 10-22**) にその先例がある[57]。これは同王とローマ皇帝ウァレリアヌスとの有名な戦争を簡潔に表現したものである。一方、L・トゥリュンペルマンは、この球体装飾はピカピカ輝く金属で造られた、戦場で国王を目立たせ、大きく見せるための器具であるとしている[58]。事実、トゥリュンペルマンが挙げているように、ササン朝ペルシアのアルダシール1世やホルミズド2世（在位：303年－309年）の騎馬戦闘図浮彫では、国王や皇太子は両肩に球体ないしは円盤を付けている。これについては、イラン南部のフィールーザーバードのアルダシール1世の騎馬戦勝図浮彫やナクシェ・ルスタムのホルミズド2世の騎馬戦勝図浮彫 (**図 10-23**) を参照されたい[59]。それ故、実用的な用途はともかく、このモティーフは正当な王位のシンボルであったことは間違いないであろう。

　さらに、クリブは、この王冠は牡牛の角の付いた平たい王冠であるというが、田辺勝美によれば、牡牛の角ではなく、月神マー（Mah、クシャン朝ではマオ）のシンボルの三日月ないしは、天空の月と太陽の兄弟であり、天孫降臨の出自を象徴する三日月であるという[60]。いずれにせよ、この王冠のデザインは、ペーローズ2世のコインに特有のものである。周縁のバクトリア語・ギリシア文字銘は、1時半より時計回りに「ΒΑΓΟ ΠΙΡΟΖΟ ΟΟΖΟΡΚΟ

図 10-23

図 10-24

KOÞANO ÞAYO（Bago Pirozo oozorko Koshano shauo、ペーローズ王、クシャンの大王）」である。その他、国王像の細部や裏の図柄については前代の金貨の図柄と大差ないので、解説は省略する。

銅貨（図 10-24）については、表には金貨の場合と同じ球体装飾と三日月で荘厳された王冠を戴く国王の右向き胸像が刻印されている。パフラヴィー語・パフラヴィー文字銘は 1 時から時計回りに「pylwcy kwshan mlka（pērōzī kōshan mlka、ペーローズ、クシャンの王）」とある。裏には、左手に槍をもち、右手にリボン・ディアデムを掲げる高貴・高位の神の上半身が聖火壇の上に表現され、王権神授が表現されている。パフラヴィー文字銘は 1 時から時計回りに「bwlzawndy yzdty（Bōlzaōndī īzdtī、高貴・高位の神）」とある。銅貨はバルフとペシャワールで発行されているので、この事実から、クシャノ・ササン朝がバクトリアからガンダーラまで支配していたことが判明する。

190

＊ウァラフラン

　ペーローズ2世の後には、ウァラフランがクシャノ・ササン朝の王となった。ウァラフランは、中世ペルシア語であって、軍神のウルスラグナを意味するが、近世ペルシア語ではバフラム（Bahram）と表記されている。本稿ではササン朝ペルシア本家のバフラム王と区別するために、ウァラフランと記すことにした。ウァラフラン王は金貨と銅貨を発行している[61]。その金貨（図10-25）は、バクトリアとガンダーラで流通していた。金貨の表には国王の立像、裏には「高貴・高位の神」と牡牛が表されているのは、前代の国王が発行した金貨の場合と同様である。相違するのは王冠形式と銘文だけであるので、ここではそれだけを述べることにする。王冠は平たいアーケード形で、その上に大きなアーティチョークのような花が置かれてている。2時から時計回りにバクトリア語・ギリシア文字銘「BAGO OARAYRANO OOZARKO KOÞANO ÞAYO（Bago Oarauano oozarko Koshano shauo、ウァラフラン王、クシャンの大王）」が刻印されている。裏には右下にギリシア文字で「BAXΛO（Baxlo、バルフ）」と発行地名バルフが記されているものもある。銅貨のタイプは1種類で、表に国王胸像、裏に聖火壇の上に高貴・高位の神の上半身を配している。表にはパフラヴィー語・パフラヴィー文字銘「wrhran rba kwshan mlka（ウァラフラン、クシャンの大王）」と「bwlzawndy yzdty（bōlzaōndī īzdtī、高貴・高位の神）」が施されている。クリブによれば、ウァラフラン王は、バクトリアに侵入したフン族の傀儡であったという。また、クリブの編年論によれば、次章で述べるキダーラ朝は、ウァラフランの名前を使って、340年から

図10-25

365 年にかけて金貨をバクトリアで発行したという。そうであれば、ウァラフラン王は、バクトリアにおいてキダーラ朝と共存していたことになろう[62]。

＊シャープール 2 世

ウァラフラン王の後は、ササン朝ペルシアのシャープール 2 世が、4 世紀半ばにクシャノ・ササン朝を併合し、同王がクシャノ・ササン朝の国王を兼任した。シャープール 2 世はカーブルとベグラムの両地域をササン朝ペルシアの直接統治下に置き、総督を派遣して支配していたようである。カーブル近郊のテペ・マランジャン（Tepe-Maranjan）から同王発行のドラクマ銀貨 326 枚が一括埋蔵古銭として発見されているので、4 世紀後半にはヒンドゥー・クシュ山脈の南がササン朝ペルシアの支配下に入ったことがわかる[63]。これらの地域は、ササン朝ペルシアのバフラム 4 世（在位：388 年 – 399 年）の時代にフン族の支配を受けるまで、ササン朝ペルシアの統治下にあったと思われる。この地域ではシャープール 2 世の名前で発行された銅貨が出土しているので、それはアフガニスタン南東部のカーピシーやカーブル地方やガンダーラで流通させるために発行したのであろう。クリブによれば、発行地はペシャワールとタキシラであるという[64]。銅貨（図 10-26）の表には、球体装飾と 3 個の矢狭間よりなる城壁冠を戴く右向きの国王胸像が、裏にはゾロアスター教の火焔が昇る聖火壇が表現されている。その柱身には、いわゆるフラウァシ（Fravaši）のタムガが刻まれ、さらにその左右にはライオンの前足が描写されているので、この聖火壇はシャープール 2 世のドラクマ銀貨裏面

図 10-26

の図柄を写したものであることが判明する[65]。表の右側にはギリシア文字で「ΚΑΒΑΔ（Kavad、カワード）」と刻印されているので、銅貨の発行者はシャープール２世ではなく総督のカワードである。ただし、「ÞΑΒΟΡΟ（Shaboro、シャープール）」と「ΚΑΒΑΔ」を併記したものもある。

クシャノ・ササン朝の美術

　クシャノ・ササン朝下において制作された美術作品であると、現在認定されているものには、コインの他に摩崖浮彫と、銀器や印章がある。

　アフガニスタン北部のシャマルク村の近くにあるラギ・ビビ（Rag-i Bibi）の摩崖浮彫（図9-2）には、インド犀を狩るササン朝ペルシア系の王侯が描かれている。この浮彫は幅約6.5m、高さ4.9mである。画面の中央に右を向いて疾走する馬に乗る国王が弓で２頭の犀を狩る光景が描かれている。国王の背後に２人の騎士が描かれているが、従者であろう。右側には２頭の犀が描写されているが、１頭は瀕死の状態、もう１頭はマンゴーの木の下で既に死んでいる。この彫刻は、明らかにササン朝ペルシアの摩崖浮彫の「２頭のライオンを射殺する」表現形式の影響を受けており、ササン朝ペルシアのシャープール１世の時代ないしは、クシャノ・ササン朝のペーローズ１世の時代に制作されたものとされている。図像の細部の形式的及び様式的考察から、ナクシェ・ルスタムに残るシャープール１世の摩崖浮彫との関係が認められるので、既述したシャープール１世の東方遠征を記念していると解釈するものもいるが、クシャン朝あるいはクシャノ・ササン朝によるインド征服と推定する異論もある[66]。犀は明らかにインド犀であるので、インドを象徴するといえる。ムガール朝の創始者バーブル（Babur）の記録『バーブル・ナーマ（Baburnameh）』によれば、ペシャワールや、その北西のチャールサダ周辺の森には犀が多数棲息していたという[67]。それ故、この犀はインド本土ではなく、ペシャワール近辺の犀を象徴していると解釈したほうが妥当かもしれない。

　ササン朝ペルシアでは、国王の騎馬狩猟文を表現したと鍍金銀製皿が多く制作されたが、狩の獲物は、ライオン、猪、鹿、羚羊、ダチョウ、熊などである。クシャノ・ササン朝の鍍金銀製皿では猪やカスピ虎が獲物である。い

ずれにせよ、犀は狩の対象とはなっていない。それ故、犀を狩の対象に選んだのは、特別の理由があったと考えられる。というのは、インドを象徴する動物は古来、虎と象であった。グレコ・バクトリア朝の国王デーメートリオス1世はインド征服を誇示するために、インド象の頭部をかたどった冠を戴く国王の肖像をコイン（図5-4）に刻印している。一方、インドのベンガル虎はディオニューソス神のインド征服のシンボルとしてローマでは、ディオニューソス神の凱旋図に用いられている。このようなわけで、犀はインドよりも、ペシャワールを象徴したと考えることもできる。もしもそうであれば、犀狩はシャープール1世の碑文にある「ペシャワールの門まで」という文言に関係する蓋然性が大きくなろう。ただし、マンゴーはそうではない。ペシャワールやその周辺のガンダーラでマンゴーが栽培されるようになったのは、20世紀後半以降である。すなわち、マンゴーは『バーブル・ナーマ』第3巻のインドの果物の筆頭に挙げられているように、インド本土の典型的な果物なのである[68]。また、当時の国際貿易によって、パンジャーブ産マンゴーがガンダーラやバクトリアに運ばれていた可能性も否定できない。しかしながら、マンゴーは、ガンダーラないしは、ペシャワールのシンボルにならなかったと考えられる。ガンダーラの仏教彫刻に描写されたマンゴーは、マンゴーとは思えないほど非現実的な形をしているが、ラギ・ビビのマンゴーの果実などは写実的で正確に再現されている部分がある。すなわち、マンゴーの特色をある程度把握している彫刻家が表現したことがわかる。田辺勝美によれば、マンゴーに関する正確な知識ないしは、絵画表現が彫刻家の手元にあったから、あのように比較的正確な図像を摩崖に彫刻することができたのであって、それにはマニ教の開祖のマニ（Mani）が関与していたのではないかという。マニはパキスタン南部に旅行していたから、マンゴーに関する正確な情報を、ササン朝ペルシアのシャープール1世ないしはクシャノ・ササン朝のペーローズ1世に伝えることができた可能性もある。E・ヘルツフェルトによれば、ペーローズ1世は、シャープール1世の弟でかつマニの保護者でもあって、東方のクシャノ・ササン朝の王（総督）に任命されたという[69]。とすれば、マンゴーは、インド征服までを視野に入れたシャープール1世の野望を象徴していると解釈したほうが良いであろう。田辺は、

ラギ・ビビの浮彫はシャープール1世とペーローズ1世の合作であると推定しているが、クシャノ・ササン朝史の観点から見れば、妥当な見解かもしれない。クシャン朝のカニシュカ2世は、依然としてヒンドゥー・クシュ山脈南方の領地は、死守していたことが古銭資料から判明しているので、シャープール1世とペーローズ1世によるガンダーラ地方の制圧は、カニシュカ2世の次の王ヴァーシシュカの時代のことであろう。

一方、R・エッティングハウゼンの詳細な研究によれば、中世パフラヴィー語文献には犀 (karkadann) という言葉は現れないので、ササン朝ペルシア前期では犀は殆ど知られていなかったという[70]。とすれば、ラギ・ビビの犀の図像は、ペーローズ1世だけに関係し、同朝がガンダーラを支配していたことを示す蓋然性が大きいともいえる。いずれにせよ、この浮彫の解釈に関しては未だにコンセンサスが得られていないので、今後、さらに一層詳しい研究が進むことを期待する。

次に、ササン朝ペルシアないしは、クシャノ・ササン朝の宮廷文化がガンダーラの仏教彫刻に与えた影響を端的に示す作例を挙げておこう。それは、「諸王の王」といわれたササン朝ペルシアの国王の標識といわれる馬の一対の房飾りである。この飾りは、馬の両脇腹に吊り下げるのであるが、ササン朝ペルシアの開祖アルダシール1世の「騎馬王権神授図 (図10-27)」から、ホスロー2世 (在位：591年-628年) ないしは、アルダシール3世 (在位：628年-630年) を表現したターキ・ブスターン (Taq-i-Bustan) 大洞の重装騎兵像にまでに見られる伝統的なササン朝ペルシアの国王の標識である。そのような房飾りを付けた馬が、平山郁夫シルクロード美術館のガンダーラの片岩製柱頭 (図10-28) や、我が国の個人蔵のガンダーラの片岩製騎馬射弓図 (図10-29) に描写されている[71]。

クシャノ・ササン朝で制作されたといわれる銀器は、少なくとも3点知られている。平山郁夫シルクロード美術館所蔵の鍍金銀製皿 (図10-30) には、王侯騎馬虎狩文が描写されているが、その図柄はササン朝ペルシアの「国王騎馬ライオン狩文」を模倣している[72]。獲物の虎は中央アジアに1973年ころまで棲息していたカスピ虎 (Panthera tigris virgata Matschie) である[73]。この王侯が戴く平たい冠が300年頃のアナーヒタ女神が戴くアーケード冠と同様であ

図 10-27

図 10-28

図 10-29

るが、クシャノ・ササン朝の国王の王冠に一致するものは見当たらないので、これは王子を表現したものではないかと推定されている。この銀皿に表現された虎の肩と尻近くには、ライオンのタテガミ毛渦といわれる渦巻き文様が点刻されている。このモティーフは前23世紀以降の古代西アジアのライオン像にしばしば見られるが、このクシャノ・ササン朝の銀皿の場合、ササン朝ペルシアではなくガンダーラから伝播したと解釈することもできる[74]。ちなみに、このライオンのタテガミ毛渦は、成獣になっていない若いライオンのタテガミに生じるといわれるが、ガンダーラを通して中国や我が国の獅子舞の被る緑の布に白抜きされていることを思い出してほしい。

図 10-30

図 10-31

さらに、中国の山西省大同市近くからも、クシャノ・ササン朝で制作されたと考えられる、王侯が葦の茂みの中に立って猪狩りをしている光景を表現した鍍金銀製皿が発見されている[75]。また、レオン・レヴィとシェルビ・ホワイト・コレクション所蔵の鍍金銀製皿（図10-31）にも、同様に地面に立った王侯の猪狩りが表現されている。F・グルネは、この王侯をササン朝ペルシアのアルダシール2世と比定している[76]。しかしながら、P・O・ハーパーによれば、この鍍金銀製皿は、バクトリアにおいて、クシャノ・ササン朝下の4世紀後半ないしは5世紀前半に制作されたものであり、ササン朝ペルシアの特定の国王を描写したものではなく、古代中世のイラン

図 10-32

の叙事詩に登場する伝説的英雄や、祖先の英雄的な行為を表しているという[77]。この2点の銀製皿では、地上に立った王侯が右足を90度曲げているが、この仕草も騎馬狩猟の場合と同じく、突進してくる猪を避けるためのポーズと考えられる。そして、そのポーズがクシャノ・ササン朝の王侯狩猟文を、ササン朝ペルシアの国王狩猟文と識別する1つの重要な特色であると考えられている。以上のように王侯の猪狩がクシャノ・ササン朝銀器の主要なテーマとなっているが、これはバクトリアにはオクサス河やスルハン・ダリヤ川などの河川に、猪が棲息するのに適した多数の葦の茂みがあったからである。

最後にエルミタージュ美術館所蔵のクシャノ・ササン朝王侯騎馬猪狩文鍍金銀製皿（図10-32）を挙げておきたい。この銀製皿に表された王侯は、猪が棲む湿地帯で狩りを行っており、葦の茂みから2頭の猪が王侯めがけて突進し、馬は驚いて後脚で立ち上がっている。王侯は、剣で先頭の猪の肩に切りつけている。また、他のクシャノ・ササン朝の銀製皿などと同様に、突進する猪を避けるために、王侯は右足を90度曲げている。猪の体毛は点刻で表されている。王侯の冠は、牡羊の2本の角が飾られていて、王冠に結ばれた大きなリボン・ディアデムは、幾重にも波打っている。この作品は、王侯が戴く冠に、牡羊の角2本が飾られている点を根拠にして、クシャノ・ササン朝のウァラフラン1世ないしは、ウァラフラン2世を表現しているとみなされてきた[78]。確かに、クシャノ・ササン朝が発行したといわれた金貨の表の国王像には、類似の王冠を戴くウァラフラン王を表現した作例が存在する。しかしながら、クリブのクシャノ・ササン朝とキダーラ・クシャン朝の金貨の研究によって、その金貨に表された国王は、次章において挙げたウァラフランの名前を用いたキダーラ朝のペーローズ王であることが判明した[79]。そ

うであれば、この銀製皿は次章で述べるキダーラ朝の美術に分類される。ところが、2004年に、この銀製皿の王侯の牡羊角冠と形式が一致する王冠を戴く、ササン朝ペルシアのシャープール2世を表した、アフマド・サイーディー・コレクション所蔵のドラクマ銀貨（図10-33）の存在が明らかにされた[80]。この新資料によって、この銀製皿はキダーラ朝のペーローズ王を表現したものではないことが確実となった。

図10-33

この鍍金銀製皿は、いわゆるササン銀器の中の、国王の騎馬狩猟文を描写した秀作である。確かに、その王冠はキダーラ朝のペーローズ王の金貨に表現された王冠形式に酷似している[81]。しかしながら、王冠形式が全てにおいて一致しているわけではない。鍍金銀製皿の場合は、コリュンボスと呼ばれている球体装飾が羊角の上にのっているが、金貨の場合にはそれがなく、いわゆるアーティチョークないしは、蓮の花がのっている。さらに顎髭の球体表現がなく、また頭髪の表現形式も異なっている。このようなわけで、この鍍金銀製皿の王侯の冠の形式はペーローズ王の王冠ではなく、上述したシャープール2世の新出ドラクマ銀貨の国王胸像の王冠形式に一致するのである。残念ながら、その王侯の名前は判明していないが、制作年代がシャープール2世の在位に並行し、バクトリアのクシャノ・ササン朝の工房で制作されたのは間違いないであろう[82]。

ところで、羊は「生きている缶詰」ともいわれるように、中央アジアやイランの遊牧民にとってはアフラ・マズダー神が創造した善なる動物であって、まさに富と財産そのものであった[83]。それ故、牡羊とその角は、吉祥や正当な王位などの人間にとって善なるもの全てを包含する悦ばしい観念フヴァルナーを具現化したものとなった[84]。フヴァルナーがクシャン朝ではファッローという男性神としてコイン裏面に刻印されていることは既に述べた。また、最近では、牡羊の角はゾロアスター教の軍神ウルスラグナのシンボルであるという見解もある[85]。何故ならば、ウルスラグナ神は10種類の動物ないしは、人間に変身するが、第8番目に牡羊に変身するとゾロアスター教の

第10章　クシャノ・ササン朝　199

聖典『アヴェスター』に記されているからである[86]。また5番目には猪に変身するといわれるから、王侯の狩の獲物の猪は、この神が王侯に賜った祝いの品ないしはフヴァルナーとも考えられる。

注

1 E. Honigmann/A. Mariq, *Recherches sur les Res Gestae Divi Saporis*, Bruxelles, 1953; A. Mariq, *Classica et Orientalia,* Extrait de *Syria* 1955-1962, Paris, 1965, pp. 37-101, Res Gestae Divi Saporis; Ph. Huyse, *Die dreisprachige Inschrift Šabuhrs I. an der Ka'ba-i Zardušt (ŠKZ)*, 2 vols., 1999, London. シャープール1世の対ローマ戦戦勝図については、以下の論文を参照のこと。R. Göbl, *Der Triumph des Sāsāniden Šahpuhr über die Kaiser Gordianus, Philippus und Valerianus: Die Ikonographische Interpretation der Felsreliefs*, Wien, 1974; M. Alram/M. B. Lemarquand/P. O. Skjærvø, "Shapur, King of Kings of Iranians and Non-Iranians," *Res Orientales*, vol. XVII, 2007, pp. 11-40.

2 Rezakhani, *op. cit,* p. 47.

3 Honigmann/Mariq, *op. cit*., p. 99; A. Mariq, *op. cit*., p. 48; Ph. Huyse, *op. cit*., Band 1, p. 24.

4 『周書』巻50，列伝42，中華書局標点本，1971年，919頁。

5 『魏書』巻102，列伝90，中華書局標点本，1974年，2271頁：其王姓波氏、名斯。坐金羊牀、戴金花冠。

6 田辺勝美「ローマと中国の史書に秘められた「クシャノ・ササン朝」」『東洋文化研究所紀要』124，1994年，76-90頁。

7 E. Herzfeld, *Kushano-Sasanian Coins*, Calcutta, 1930.

8 V. G. Lukonin, "Kushano-Sasanidskie monety," *Epigraphica Vostoka*, vol. XVIII, 1967, pp. 14-33.

9 A. Nikitin, "Notes on the Chronology of the Kushano-Sasanian Kingdom," In *Coins Art and Chronology, Essays on the pre-Islamic History of the Indo-Iranian Borderlands*, eds. by M. Alram/D. Klimburg-Salter, Vienna, 1999, p. 259.

10 小谷仲男「クシャノ・ササン朝時代のガンダーラーラニガト仏教寺院址の発掘を通して一」『東洋学術研究』59-1，2020年，159-196頁。

11 J. Cribb, "Numismatic evidence for Kushano-Sasanian chronology," *Studia Iranica*, vol. 19, 1990, pp. 171, 186, pl. III-17; Jongeward/Cribb/Donovan, *op. cit*., p. 202. coin no. 2144.

12 Jongeward/Cribb/Donovan, *op. cit.*, p. 298.

13 R. Göbl, *Sasanian Numismatics*, Braunschweig, 1971, pls. 2-34, 3-48-53, 4-54-70, 5-71-87；田辺勝美「鷲頭と鷲翼と王冠」『『平山コレクション　シルクロード・コイン美術展』古代オリエント博物館，1992年，28-31頁．図 51-68；M. Alram/R. Gyselen, *Sylloge Nummorum Sasanidarum*, Paris‐Berlin‐Wien, Band I, 2003, Wien, p. 195, pl. 20-A1-A3.

14 M. Alram, "Ardashir's Eastern Campaign and the Numismatic Evidence," In *After Alexander Central Asia before Islam*, eds. by J. Cribb/G. Herrmann, Oxford, 2007, pp. 232-235.

15 Herzfeld, *op. cit*., 1930, 29, Fig.20; Jongeward/Cribb/Donovan, *op. cit*., p. 298.

16 Cribb, op. cit., 1990, p. 186, pl. III-14.
17 Herzfeld, *op. cit*., 1930, p. 30, fig. 21, pl. I-3b, c, d; Jongeward/Cribb/Donovan, *op. cit*., pp. 203-204, 298, coin no. 2146.
18 P. O. Skjaervø, *The Sasanian Inscription of Paikuli*, Wiesbaden, 1983, pp. 35, 112.
19 Jongeward/Cribb/Donovan, *op. cit*., pp. 179-182, Nos. 1689-1701.
20 Jongeward/Cribb/Donvan, *op. cit*., pp. 197-198.
21 Jongeward/Cribb/Donvan, *op. cit*., pp. 135, 152, coin nos.1083, 1201.
22 田辺理「ガンダーラの双神変図考：火と水のシンボリズム」『美術史研究』93，2021年，99-109頁，図1-10.
23 玄奘（著）／水谷（訳）前掲書，52-54頁.
24 田辺勝美「ウェーショー：クシャン朝のもう一つの風神」『古代オリエント博物館紀要』13，1992年，51-93頁；K. Tanabe, "OHPO：Another Kushan Wind God," *Silk Road Art and Archaeology*, vol. 2, 1991/92, pp. 51-71, figs. 1-7; "Shiva has gone with the Wind," *Al-Rāfidān,* vol. 18, 1997, pp. 263-289, figs. Ia-7.
25 Jongeward/Cribb/Donovan, *op. cit*., pl. 55, coin nos. 2157-2159.
26 E. Cassin, *Le semblable et le différent*, Paris, 1987, pp. 167-213.
27 B. T. Anklesaria, *Zand-Ākāsīh Iranian or Greater Bundahišn*, Bombay, 1956, p. 189.
28 田辺勝美「獅子頭冠」『平山コレクション　シルクロード・コイン美術展』古代オリエント博物館，1992年，36-37頁，図84-94.
29 L. Trümpelmann, *Das Sasanidische Felsrelief von Sar Mašad*, Berlin, 1975, pls. I, 7；田辺勝美「玉座・拝火壇と帝王騎馬獅子狩文の成立」『平山コレクション　シルクロード・コイン美術展』古代オリエント博物館，1992年，46-49頁；「帝王騎馬獅子二頭狩文の成立」『東洋文化研究所紀要』120，1993年，1-47頁，図1-13.
30 Cribb, op. cit., 1990, p.188, pl. IV-30.
31 アーケード冠については、田辺勝美「騎馬虎狩文鍍金銀製皿の王侯の冠考」『金沢大学考古学紀要』25，2000年，1-18頁を参照。
32 Cribb, op. cit., 1990, p. 188.
33 Jongeward/Cribb/Donovan, *op. cit*., pp. 206-208, pls. 55-56.
34 M. L. Carter, "A Numismatic Reconstruction of Kushano-Sasanian History," *Museum Notes,* vol. 30, 1985, pp. 215-281, pls. 47-52.
35 Cribb, op. cit., 1990, p. 191, pl. VI-59.
36 Herzfeld, *op. cit.*, 1930, pl. I-5a, b; Cribb, op. cit., 1990, pl. VI-58.
37 M. R. Shayegan, "The Cameo of Warahran II and the Kusano-Sasanians," *Bulletin of the Asia Institute*, vol. 31, 2021-2021, pp. 1-20. esp, pp. 3-9.
38 J. Marquart, *Ērānšahr nach der Geographie des Ps. Moses Xorenac'i*, Berlin, 1901, p. 36; Herzfeld, *op. cit*., 1930, pp. 34-35, Shayegan, op. cit., pp. 3, 12-13.
39 A. D. H. Bivar, "The Kushano-Sasanian Coins Series," *The Journal of the Numismatic Society of India*, vol. XVIII, 1956, p. 31.
40 Cribb, op. cit., 1990, pl, 1-3, 4.
41 Bivar, op. cit., 1956, pp. 13-42, pls. 1-V.
42 田辺勝美「ガンダーラの獅子像のイラン系要素」『金沢大学考古学紀要』20，1993年，50-71頁，図2-20．ペルシアライオンはイランでは20世紀初頭には絶滅しているが、インドでは現在も、インド南西部のギリ国立公園に保護されて生息している。

43 Jongeward/Cribb/Donovan, *op. cit.*, p. 211.
44 Rezakhani, *op. cit.*, pp. 81-82; M. R. Shayegan, op. cit, p. 3.
45 Bivar, *op. cit.*, 1956, p. 31.
46 Jongeward/Cribb/Donovan, *op. cit.*, pp. 212-216, pls. 57-60.
47 Göbl, *op. cit.*, 1971, pls. 6, 7, 8.
48 Cribb, op. cit., 1990, pp. 170-171; Jongeward/Cribb/Donovan, *op. cit.*, 2015, p. 198; H. Rezakhani, *op. cit.*, pp. 82-83.
49 N・シンデルは、クリブの編年を否定して、クシャノ・ササン朝のコインは 300 年より後に発行が始まったとする。N. Schindel, "I. 2. The Beginning of Kushano-Sasanian Coinage," In *Sylloge Nummorum Sasanidarum Paris- Berlin-Wien*, Band II, Ohrmazad I.-Ohrmazd II, eds. by M. Alram/R. Gyselen, Vienna, 2012, pp. 65-73. また、A・ニキーチンはクシャノ・ササン朝の存続期間を 303 年頃から 4 世紀末までとしている。Nikitin op. cit., 1999, p. 261. また、R・ゲーブルは、クシャノ・ササン朝はシャープール 2 世の治世下、350 年以前には存在していないと主張している。R. Göbl, *Münzprägung des Kušanreiches*, Wien, 1984, pp. 79-86. 筆者はクリブの編年に従っているので、これらの仮説は採用しない。
50 Skjaervø, *op. cit.*, pp. 70-71.
51 Cribb, op. cit., 1990, pp. 183-185, pl. I-5.
52 Cribb, op. cit, 1990, pp. 183-185, coin no. 5.
53 Skjaervø, *op. cit.*, pp. 35, 112.
54 Jongeward/Cribb/Donovan, *op. cit.*, p. 217, coin no. 2338.
55 Jongeward/Cribb/Donovan, *op. cit.*, p. 219, coin no. 2342.
56 田辺勝美「古代ペルシアの王権とその造形」『古代王権の誕生』初期王権研究委員会編、角川書店、2003 年、166 頁。
57 F. Demange et al., *Les Perses sassanides,* Paris, 2006, 203, No. 145.
58 L. Trümpelmann, *Zwischen Persepolis und Firuzabad*, Mainz am Rhein, 1972, p. 46, figs. 73, 76.
59 W. Hinz, *Altiranische Funde und Forschungen*, 1970, Berlin; G. Herrmann, *Iranische Felsreliefs: Naqsh-i Rustam 5 and 8, Sasanmian Reliefs attributed to Hormuzd II and Narseh*, 1977, Berlin.
60 田辺勝美前掲論文、2003 年、163 頁。
61 Jongeward/Cribb/Donovan, *op. cit.*, pp. 221-223, coin no. 2360.
62 Jongeward/Cribb/Donovan, *op. cit.*, pp. 229-237.
63 R. Curiel/D. Schlumberger, *Trésors monétaires d'Afghanistan*, Paris, 1953, p. 104, 109-115, pls. IX-XI.
64 Jongeward/Cribb/Donovan, *op. cit.*, pp. 224-225, coin no. 2404.
65 Göbl, *op. cit.*, 1971, p. 21, pls.6, 7, 8; Cribb, op. cit., 1990, pl. 4-41; N. Schindel, *Syllloge Nummorum Sasanidarum*, Paris – Berlin – Wien, Band III/1, Wien, 2004, p. 215, Tab. 2, III/2, pp. 22, 27, pls. 6-A14, 20-311-312.
66 F. Grenet, "Découverte d'un relief sassanide dans le Nord de l'Afghanistan," *Comptes Rendus des Séances de l'Acadénie des Inscriptions et Belles-Lettres,* t. 149-1, 2005, pp. 115-134; F. Grenet/J. Lee/J. Marthinez/F. Ory, "The Sasanian Relief at Rag-i Bibi (Northern Afghanistan)," In *After Alexander Central Asia before Islam*, eds. by J. Cribb/G. Herrmann,

Oxford, 2007, pp. 243-267; E. I. Levine/D. Plekov, "Reconsidering Rag-I Bibi: Authority and audience in Sasanian East," *Afghanistan*, vol. 2, 2019, pp. 233-260; K. Maksymiuk/A. Kubik/P. Skupniewicz, "The Rock Relief at Rag-i Bibi : Can it be considered as Sasanian?," In *Ancient and Medieval Central Asia*, eds. by V. P. Nikonorov/L. B. Kircho/E. O. Stoyanov, Sankt-Peterburg, 2020, pp. 239-243；田辺勝美「仏教植物学研究（1）インド仏教美術のマンゴー」『古代オリエント博物館紀要』39，2021 年，25-26 頁．
67 間野英二訳注『バーブル・ナーマ』第 3 巻，平凡社，2015 年，76-78 頁；Q. J. Mohammadzai/M. Nasim Khan, "Archaeological Survey of Charsadda District in the Peshawar Valley," *Ancient Pakistan*, vol. XXII, 2011, p. 21.
68 間野英二前掲書，94-95 頁．
69 E. Herzfeld, *Paikuli Monuments and Inscription of the Early History of the Sasanian Empire*, Berlin, 1924, p. 45; Herzfeld, *op. cit.*, 1930, pp. 32-34. パキスタン南西部のマクラーン地方もササン朝ペルシアの総督が支配していた。M. L. Carter, *Arts of the Hellenized East*, London, 2015, pp. 320-321, cat. no. 89.
70 R. Ettinghausen, *The Unicorn*, New York, 1950, pp. 149-150.
71 肥留間恒寿『健駄羅の美』里文出版，1986 年，p. 239，図版 24；田辺勝美「ガンダーラ美術に対するササン朝文化の影響」『日本オリエント学会創立三十五周年オリエント学論集』刀水書房，1990 年，295-324 頁，図 1-6；田辺勝美（編）『平山コレクション　ガンダーラ佛教美術』講談社，2007 年，図版 I-46.
72 田辺勝美「帝王騎馬獅子二頭狩文の成立」「東洋文化研究所紀要」120，1993 年，1-47 頁，図 1-16；田辺勝美／前田耕作（編）『世界美術大全集』東洋編 15，中央アジア，小学館，1999 年，150 頁，図版 161. カスピ虎に関しては，田辺勝美「王侯騎馬虎狩文鍍金銀製皿に関する一考察」『国華』1252，2000 年，5-15 頁を参照．
73 田辺勝美前掲論文，2000 年，1-15 頁，口絵図版 1；A. Dan/F. Grenet, "Alexander the Great in the Hephthalite Empire: "Bactrian", Vases, the Jewish *Alexander Romance*, and the Invention of Paradise," *Bulletin of the Asia Institute*, vol. 30, 2020-21, p. 148.
74 M. R. Shayegan, op. cit, 202-2021, p. 7；平山郁夫シルクロード美術館所蔵の一対の獅子像を参照。田辺勝美（編）『平山コレクション　ガンダーラ佛教美術』講談社，2007 年，図版 I-76.
75 夏鼎「北魏封和突墓出土薩珊銀盤考」『文物』第 8 期，1983 年，5-7 頁，図版 1-1；馬雍「北魏封和突墓及其出土的波斯盤」『文物』第 8 期，1983 年，8-12 頁．
76 F. Grenet, "Un plat Sasanide d' Ardašīr II (379-383) au Bazar de Kabul," *Studia Iranica*, t. 12, 1983, pp. 195-205.
77 D. von Bothmer, *Glories of the Past: Ancient Art from the Shelby White and Leon Levy Collection*, New York, 1990, pp. 58-59; P. O. Harper, "Iranian Silver Vessel from the Tomb of Feng Hetu," *Bulletin of the Asia Institute*, New Series, vol. 4, 1990, pp. 51-59; L. V. Berghe/B. Overlaet, *Splendeur des Sassanides*, Bruxelles, 1993, pp. 200-201, pl. 57；ミヒャエル・アルラム（宮本亮一訳）「サーサーン朝からフンヘ—ヒンドゥー・クシュ南北で発見された新出貨幣資料—」宮治昭（編）『アジア仏教美術論集』中央アジア I，ガンダーラ〜東西トルキスタン，中央公論美術出版，2017 年，236-237 頁．
78 Herzfeld, *op. cit.*, 1930, p. 22-23, figs. 9-10; Bivar, op. cit., 1956, p. 30, pl. II-13.
79 Cribb, op. cit., 1990, pp. 185, 193, pls. II, VIII.
80 R. Gyselen, "New Evidence for Sasanian Numismatics: The Collection of Ahmad Saeedi,"

Res Orientalis, Vol. XVI (2004), pp. 58-59, 114, no. 212.
81 Herzfeld, *op. cit.*, 1930, p. 22-23, figs. 9-10; Jongeward/Cribb/Donovan, *op. cit.*, p. 232, coin no. 2416.
82 P. O. Harper, *Silver Vessels of the Sasanian Period*, New York, 1981, pp. 72-74, pl. 23.
83 Anklesaria, *op. cit.*, 1956, p. 119, 121.
84 V. A. Litvinsky, *Kangyuisco-Sarmatskij Pharn*, Dushanbe, 1968, Pls. 1-5;（独 訳）"Das K'ang-chü — Sarmatische Farnah zu den historisch-kulturellen Beziehungen der Stämme Südrusslands und Mitelasiens," *Central Asiatic Journal*, vol. 14, Erster Teil, pp. 241-289: Zweiter Teil, *Central Asiatic Journal*, vol. 20, pp. 47-74；田辺勝美「牡羊角冠」『平山郁夫コレクション　シルクロード・コイン美術展』古代オリエント博物館，1992年，32-35頁，図69-83.
85 V. A. Dmitriyev, "Ram's Horns and Falcon's Wings: Religious Symbolism in Sasanian King's Crowns," *Journal of Historical, Philological and Cultural Studies*, vol. 35-1, 2012, pp. 144-162（ロシア語論文）；K. Maksymiuk, "Ram horns as sacral royal regalia of Šāpūr II," *Ictoriya reliziu v Ukraïni*, vol. 28, 2018, pp. 17-29.
86 野田恵剛訳『アヴェスタ　ゾロアスター教の聖典』国書刊行会，2020年，488頁．

イラン系のフン族：キダーラ、エフタル、アルハン・フン

　ガンダーラの歴史に関しては、クシャノ・ササン朝の次の支配者となったのは、バクトリアから南下したキダーラ・クシャン朝（Kidara-Kushans）であると前世紀までは考えられていた。しかしながら、今世紀における、ヒンドゥー・クシュ山脈の北方と南方に関する古銭学者による研究の目覚ましい進展によって、そのような解釈が間違っていたことがわかり、現在では、キダーラ・クシャン朝はクシャン族や大月氏の子孫ではなく、エフタル、アルハンと同じく、フン族（Iranian Huns）の一派であることが確定している。

　このようなわけで、本書でも、これらのフン族が興した3つの王朝を、キダーラ・フン族（Kidarite Huns）、エフタル（Hephthalites）、アルハン・フン族（Alkhan Huns）の順番で順次扱うことにした。

第11章　キダーラ朝

キダーラ朝とは

　キダーラ朝（Kidarites、335/340年頃-390年頃）は、トハーリスタンとガンダーラ、さらにソグディアナの一部を支配したフン族の王朝である。クシャンという言葉がキダーラの後に付加されているので、クシャン朝の後裔ないしは、同様の民族、あるいは滅亡したクシャン朝の再興された王朝と誤解される場合があるが、それはこの王朝が発行した貨幣の銘文で「クシャン・シャー（クシャン王）」という称号を用いて、キダーラなどの諸王がクシャン朝の後継王朝を自称したためである。ただし、この称号は前代のクシャノ・ササン朝のコインの銘文を機械的に受け継いだだけであるので、民族的な繋がりを意味するものではない[1]。しかしながら、これまで歴史学の分野において、この王朝をキダーラ・クシャンと呼んできた。けれども、それは間違っていたので、本書では、キダーラ朝と表記することにした。

この王朝が勃興した経緯や終焉については、詳細が明らかではない。この王朝が存在した時期については4世紀説と5世紀説があり、論争が続いている。前者は、古銭学による研究に基づいており、後者は、漢文史料とギリシア語史料に依拠している。さらに、この王朝の編年は、前章で述べたクシャノ・ササン朝の編年と密接に関係して複雑となっている。このようなわけで、この2つの異論の年代を整合して年代決定するのが極めて難しいのである。本書ではさしあたり、クリブによって構築された編年に従うことにした。その理由はクシャノ・ササン朝の編年とのリンクと整合性を重視したからである。ただし、クリブの編年を無条件に採用したのではなく、国王の在位年など問題点も多いことは十分承知している。

　キダーラ朝は、R・ゲーブルの編年論によれば385年から440年、クリブの編年論によれば、340年から390年頃に存続したようであるが、F・グルネの編年論によれば430年から477年頃であるという[2]。このように上記の編年論には大きな隔たりがある。ただし、クリブによれば、キダーラ朝は、バクトリアやカーピシー、ガンダーラの支配は失ったけれども、キダーラ朝の残党はパンジャーブ地方やカシュミール地方の領土は確保して467年頃までは、クシャン朝後期の金貨の図柄を模倣した粗雑な金貨を発行していたという[3]。さらに、クリブは、そのような金貨にはキダーラの名前の他にブラーフミー文字でヴィスヴァマ（Visvama）、クリタヴィルヤ（Kritavirya）、クプマ（Kupuma）、サイラナヴィルヤ（Sailanavirya）という4人の発行者の名前が記されていると述べている。一方、銀貨については、ペーローズ王、キダーラ王の他に、キダーラ王以後の後継者ないしは、残党と思われるシュリー・ヴァルマ（Śrī Varma）、ブッダミ（トラ）（Buddhami（tra））などが発行しているという[4]。

　キダーラ朝の国王については、ビザンツのギリシア人歴史家のプリスコス（Priscus）が残したギリシア語史料（5世紀）や『魏書』や『北史』の西域伝など漢文史料が残っているが、それ以外に国王の事跡を語る文献史料は発見されていない[5]。しかしながら、キダーラ朝が発行したコインは多く発見され、国王の名前も判明している。それらのコインを研究した古銭学の見地から構築された編年の中では、上記のクリブの編年が現在最も信頼できるもの

と筆者は考えているので、本章ではそれを採用することにしたのである。それによれば、次のような4人の国王が存在した。2代目のキラダ（Kirada）と4代目のキダラ（Kidara）はまぎらわしいので、後者はキダーラと表記することにした。ただし在位年は上述したように、異論があるので暫定的でしかなく、将来、数十年ほどの変動があるかもしれない。

1　ヤサダ（Yasada、在位：335/340年 – 345年）
2　キラダ（Kirada、在位：335/340年 – 345年）
3　ペーローズ（Peroz、在位：345年 – 350年）
4　キダーラ（Kidara、在位：350年 – 390年？）

キダーラ朝の歴史

　キダーラの名は、中国語では『魏書』に「冀都洛（Jiduoluo)」、サンスクリット語では「キダラ（Kidara）」または、ブラーフミー文字でコインに「キダーラ（Kidāra）」と記載されており、ソグド語では「キデル（kyδr）」と記されている。バクトリア語では、「キディロ（Kidiro）」と「ケーディロ（Kēddiro）」といわれている[6]。ギリシア語では「Oυννων των Κιδαριτων (Ounnon Ton Kidaritōn、キダーラ・フン）」、ラテン語では、「Ounnoi Kidaritai（キダーラ・フン）」と表記されている。いずれにせよ、キダーラという語の語源については、今のところ、説得力のある説は提示されていない。キダーラという名称は固有名詞であると同時に、キダーラ・フン族全体を意味する[7]。

　キダーラ朝の勃興から衰退までの通史を伝える文献史料は発見されておらず、先行研究において、最も引用される史料は、『北史』と『魏書』である。ここでは『魏書』の記述を見ていくことにする[8]。

　　大月氏国。慮監氏城（ラウカンド）に都し、弗敵沙（バダフシャーン）の西にあり、代を去ること一万四千五百里である。北方においては嚈噠と接し、しばしば侵略された。遂に西方に移り、薄羅城（バルフ）に都した。弗敵沙を去ること二千一百里。其の王寄多羅は勇武で、ついに軍を興し、大山を越えて、南方の北天竺を侵略し、乾陀羅（ガンダーラ）

以北の五国は、全てこれに従属した。(北魏の)世祖の時、その国民が(北魏の)都に来訪して商売をし、自ら「巧みに石を鋳て、五色の瑠璃をつくることができる」といった。そこで、鉱石を山中で採取し、都でこれを鋳ると、出来上がったものの光沢は西方から輸入されるものよりも美しかった。(後略)小月氏国。富楼沙城(プルシャプラ、現ペシャワール)に都す。其王は元来、大月氏王寄多羅(Kidara)の子である。寄多羅は匈奴(エフタル)に追われて西に移ったが、後にその子に命令して此の城を守らせた。そのようなわけで、小月氏と号したのである。波路の西南にあり、代を去ること一万六千六百里である[9]。

『魏書』や『北史』の記述については、榎一雄によって詳細な考察がなされ、山田明爾によって、その議論が簡潔にまとめられている[10]。榎の考察によれば、ガンダーラについて判明することは以下のとおりである。キダーラ・フン族は、437年以前にはじめてバクトリアを征服し、その後ヒンドゥー・クシュ山脈を越えて西北インドを支配した。そして、国王の寄多羅がバクトリアを捨てて西方に逃げた後は、ガンダーラは、その子供が支配し、小月氏と呼ばれた。また、ガンダーラを訪れた法顕(南アジア滞在は402年－411年)が、その旅行記の『仏国記』において、そのような出来事について全く言及していないことから、キダーラの侵攻は412年以降に起こったと考えられるという。一方、榎の考察をまとめ、さらに一歩前進した山田明爾の考察によれば、5世紀中頃にエフタルがバクトリアに侵入し、キダーラ朝はカスピ海沿岸のキダーラ王及びカグダス王と、ガンダーラのピロ王とバフラム王に分裂したという。『魏書』に依拠した場合、420年前後にキダーラ・フン族が、ガンダーラを支配したこととなる。

一方、西方のギリシア語史料の1つである、5世紀のプリスコスの『ローマ史』によれば、「キダーラと呼ばれたフン族」が、ササン朝ペルシアのヤズデギルド2世(在位:438年－457年)と息子のペーローズ王(在位:459年－484年)と争い、467年の戦いでペーローズ王が勝利したことが述べられている[11]。これらの史料に残るキダーラをキダーラ王と解釈したならば、クリブの編年論は大幅な修正が不可避となり、少なくとも第4番目の王のキダーラ

の在位年代を5世紀前半としなければならないであろう。しかしながら、クリブは、プリスコスによって「キダラ」と呼ばれたフン族はキダーラ朝ではなく、キダーラ朝から覇権を奪った同じフン族のアルハン・フンであると解釈している[12]。

以上の文献資料とは別に、古銭資料から新たな解釈がなされている。クリブによると、キダーラ・フン族は、クシャノ・ササン朝の末期に、バクトリアに侵入し、クシャノ・ササン朝の王を傀儡としてバクトリアを支配したという。キダーラ・フン族が発行した最初のコインはディーナール金貨であるが、ワラフラン・クシャンシャー（Varahran Kushanshah）という王名を刻印したもので、バルフで発行された（図11-1）[13]。この王名は、キダーラ・フン族の傀儡となったクシャノ・ササン朝の国王ないしは、バクトリアの新しい支配者となったフン族の首長であった可能性がある。この金貨にはキダーラ・フン族の国王名は記されていないが、キダーラ・フン族特有のタムガが刻印されているので、キダーラ朝の発行であることは疑問の余地がない。

一方、既述した、カーブル近郊のテペ・マラジャンで発見された一括埋蔵古銭には、ササン朝ペルシアのシャープール2世のドラクマ銀貨326枚、アルダシール2世のドラクマ銀貨28枚、シャープール3世（在位：383年‐388年）のドラクマ銀貨14枚と共に、キダーラ王のディーナール金貨12枚が含まれている[14]。最も新しいのはシャープール3世のドラクマ銀貨であるから、埋蔵年はその没年388年頃となる。そしてキダーラの金貨も上記の3人のササン朝ペルシアの国王のドラクマ銀貨とほぼ同時代に発行されたと推測する

図11-1

こともできる。とすれば、キダーラ王の支配が上掲の『魏書』に記述された年代やシャープール3世の没年388年よりも早くにヒンドゥー・クシュ山脈の南にまで及んでいた蓋然性があるので、既に4世紀半ばにキダーラ・フンの支配がカーピシーやガンダーラにまで及んでいたことが想定できる。

一方、グルネによれば、テペ・マラジャンから出土したディーナール金貨の中に、キダーラ朝のキダーラ王が発行したものがあり、バクトリア語で「Bago kioooooo oazoko koshano sho」と解読できる銘が含まれているという[15]。そこでグルネは、この銘の中の「ki」を「Kay（王）」と読んで、この銘文「kioooooo oazoko koshano sho」を「ウァラフラン王、クシャンの大王」と解釈し、クシャノ・ササン朝の最後の王ウァラフランの銘文であるとみなした。さらに、キダーラ王がガンダーラで発行したドラクマ銀貨に、中世ペルシア語で「Kay Bahram Kushan Shah（バフラム王、クシャンの王）」と明記されていることを指摘した[16]。以上の金貨と銀貨の国王像の王冠は、コリンボスと呼ばれる玉ねぎのような球体装飾と、その左右に翻るリボン・ディアデムを共有していることも指摘した。この形式の王冠はササン朝ペルシアのバフラム5世（在位：420年 – 438年）ないしは、ヤズデギルド2世の王冠形式に由来するとグルネは推定した。以上のような考察と、上記の漢文史料の記述を踏まえて、グルネは、キダーラ・フン族の最初期のコインは、この2人のササン朝ペルシアの国王の在位年にほぼ並行する時代、具体的には430年以降に発行したものであると結論した。そして、キダーラ朝が樹立されたのが、430年頃で、その頃ガンダーラとその周辺を征服したと考えている。

しかしながら、クリブはテペ・マラジャンから出土した金貨を、キダーラ朝の最初期のコインとはみなしておらず、逆に最も遅く発行されたとする。また、グルネの見解は2002年に公刊されたので、2015年のクリブが作成した古銭学による編年を考慮していない欠陥もある[17]。

いずれにしても、キダーラ王が発行したディーナール金貨について、クリブのように390年以前の発行とするか、グルネのように430年以後の発行とするのか、極めて大きな問題である。筆者がテペ・マラジャンの調査報告書に記載された12枚のキダーラ朝のディーナール金貨の中で、図版として掲載された7点の表の国王像の王冠形式を調べたところ、ヤサダ王ないしキラ

ダ王の時代に発行されたものは 1 点しかなく、他の 6 点は全てキダーラ王の時代、すなわちキダーラ朝の後期に発行された金貨であることを確認した。

　この事実から、クリブのように 4 世紀前半にキダーラ朝が始まり、4 世紀末がキダーラ朝の最後の国王キダーラの晩年ないし終焉とすることも可能であるが、一方、埋蔵年をキダーラの即位後初年頃とすれば、ゲーブル説のように、キダーラ王の在位年を 5 世紀前半ないし中葉まで引き下げることも不可能ではない[18]。あるいは 390 年頃にキダーラ・フン族が、ガンダーラとカシュミールを支配し始めたという見解もある[19]。例えば、K・フォンドロヴェックは、キダーラ朝は 4 世紀末から 5 世紀後半まで存続したとしている[20]。このように考えれば、クリブとグルネの両編年論を折衷することは、理論的には可能となる。

　このように、現在では、キダーラ朝の編年論は問題が複雑で、筆者にはそれを即座に解決することはできない。それ故、本書では、暫定的にクリブの編年論に従い、キダーラ朝が既に 4 世紀前半にはガンダーラを支配していたと考える。

　ところで、バクトリアに本拠を置いたキダーラ・フン族は、上述したようにササン朝ペルシアのヤズデギルド 2 世と敵対し抗争を繰り返したといわれる。アルメニアの歴史家エリシェ（Elishe）とラザール・パルペッツィ（Razar P'arpets'i）によれば、同王の治世の 16 年目（453 年）に行われたクシャン・フン族による最後の大規模な攻撃は、ササン朝ペルシアにとって致命的な結末を迎え、その結果、ヤズデギルド 2 世はこのクシャン・フン族に朝貢を約束して服属することになったという[21]。ここでいうクシャン・フン族とは、キダーラ・フン族のことである。そして、西暦 457 年にヤズデギルド 2 世の後を継いだペーローズ王は、父親が結んだ朝貢の義務を果たすことを拒否したために、再び戦争が始まり、ペーローズ王は 467 年にキダーラ・フン族に勝利し、その首都バルフを征服した。その結果、キダーラ・フン族の勢力は、ガンダーラにおいて、衰退していったようである。バクトリア語・ギリシア文字で「ΠΙΟΡΩΖΟ ÞΑΥΑΝΟ ÞΑΟ（Piorōzo shauano shao、諸王の王ペーローズ）」と刻印された金貨が発見されており、N・シムス・ウィリアムス、E・エリントンやフォンドロヴェックは、この金貨はバクトリアでササン朝ペルシア

のペーローズ王によって発行されたものと推定している[22]。ただし、上記のアルメニア史料にいうクシャン・フン族が、キダーラ・フン族ではなく、アルハン・フン族であるという解釈もある。このペーローズ王の金貨を模倣した金貨がバクトリアで発行されたといわれているが、それはフン族の別派であるアルハン・フン族によって発行されたと、クリブはみなしている[23]。

　いずれにしても、キダーラ・フン族の勢力は、バクトリアとガンダーラにおいて衰退したようである。その後、『魏書』の記述にあるように、ガンダーラにおいて勢力を回復したか、あるいは依然としてガンダーラを領有していたかは明らかではないが、北魏の世祖の時、477年に使者を送ってきたのが、バクトリアなのか、ガンダーラないしはパンジャーブのキダーラ朝の残党なのかは明らかではない。最終的には第12章から第13章で述べるエフタルないしはアルハン族に5世紀後半には支配権を奪われたか、あるいは吸収されたようである。

キダーラ朝のコイン

　同朝が発行したコインは金貨、銀貨、銅貨である。金貨は、クシャノ・ササン朝と、クシャン朝の金貨の図柄を踏襲している。銀貨は、ササン朝ペルシアのドラクマ銀貨の図柄をモデルとしているが、発行数は比較的少ない。金貨はバクトリアとガンダーラで、銀貨はガンダーラで発行されたらしい[24]。クリブは銀貨の造幣所をガンダーラやスワートなど、4か所から5カ所に設定している[25]。銅貨はクシャノ・ササン朝の銅貨の図柄を踏襲しているが、新たに創出したものもある[26]。しかしながら、銅貨の場合、保存状態が悪いので、表裏の図柄が写真では不鮮明な場合が多い[27]。それ故、本章では銅貨は省略することにした。

　クリブの古銭学的研究によれば、キダーラ・フン族のコインが発行され始めたのは、ササン朝ペルシアのシャープール2世の時代であるという。クリブはシャープール2世の時代にキダーラ・フン族のコイン発行の編年の枠組みを設定し、キダーラ・クシャン朝のコインの発行年代を割り出している。さらに、この発行年代の幅を狭めて限定するために、グプタ朝の王サムドラグプタ（在位：335年‐380年）が発行したコインを参考にしている。キダー

ラ朝のコインの最初の国王の在位年代は、サムドラグプタ王が発行したコインの図像から判明するという。何故ならば、サムドラグプタ王が発行したコインの図像が、キダーラ朝のコインの図像とクシャノ・ササン朝のコインの図像を模倣しているからである。サムドラグプタ王が発行したコインと、ガンダーラで発行されたキダーラ朝のコインは、クシャン朝最後の王で

図 11-2

あるキプナダの名をもつクシャン朝末期のコインの特徴を模倣している。サムドラグプタ王のアラハバード碑文には、キプナダの前任者であるクシャン朝の王シャカの名が、サムドラグプタの覇権を認める支配者の1人として記されている。それ故、キプナダ王の治世はサムドラグプタ王の治世と同時代となる。ヤサダ、キラダ、ペーローズの名のもとにキダーラ朝がガンダーラで発行したコインも、サムドラグプタ王がキダーラ朝のコインの図像を模倣していることを考慮して、クリブは最終的にキダーラ朝の最初のコインの発行年代を、ヤサダ王とキラダ王の2人の治世間である335/340年であると推定した。

　初期のキダーラ・フン族の支配者ヤサダ王、キラダ王、次代のペーローズ王の治世は比較的短かったようである。バクトリアでこれら3人の国王が発行したディーナール金貨は、最後のクシャノ・ササン朝の国王ウァラフラン「OAPAYPANO（Oaraurano、ウァラフラン）」の名前で発行されている。キダーラ・フン族は恐らく、クシャノ・ササン朝の最後の王を傀儡とし、自身の名前は伏せてキダーラ・フン族のタムガ（図11-2）だけを刻印して、キダーラ朝のコインであることを示したのであろう。

＊ヤサダとキラダ

　ヤサダ王とキラダ王は、ガンダーラにおいてクシャン様式のディーナール金貨（図11-3）を発行している。この金貨は、表にクシャン朝後期の金貨に表現されたクシャン王の立像が、裏にアルドクショー女神坐像が刻印されている。円形頭光で荘厳された国王は向かって左を向いて立ち、右手を伸ばし

図 11-3

て聖火壇に供物を捧げている。その頭髪は点刻されており、ズボンを履き、上半身にはチュニックを着用している。左手には王笏をもっている。さらに聖火壇の上にはリボンのついた三叉の矛が表現されている。向かって右側にあるブラーフミー文字の銘文は「gadahara（ガンダーラ）」、腕の下の銘文は、「yāsada（ヤサダ）」、聖火壇の下にある銘文は「kapana（意味不明）」と刻印されている。一方、裏に表現されたアルドクショー女神は正面を向いて坐り、円形頭光で荘厳され、幾重もの襞のある足首まで達する長いドレスを着用している。そして右腕から左膝にかかる長いスカーフを身に着けている。右手には梯子状の襞のある長いリボン・ディアデムをもち、左手には豊穣の角をもっている。その左下方に、ブラーフミー文字のモノグラムがあり、「na [m] da」と刻印されている。この例の他に、同様の金貨がガンダーラから発見されているが、その金貨に刻印された銘文には、「gadahara」、「kirada（キラダ）」、「kanapa」という名称が刻印されている。

　なお、ヤサダ王とキラダ王と同時代にバクトリアのバルフで発行されたクシャノ・ササン朝タイプのディーナール金貨（図 11-1）には、表には、両肩から火焔が立ち昇り、アーティチョーク型ないしは、蓮の花の冠飾を乗せた平たい冠を戴くクシャノ・ササン朝の国王風の立像が、裏にはクシャン朝の典型的な高貴・高位の神が表現されている。両肩火焔のモティーフは以後、キダーラ朝のペーローズ王、キダーラ王のディーナール金貨の国王立像に踏襲される。この金貨の表に表現された国王の図像は、クシャノ・ササン朝のウァラフラン王が発行した金貨（図 10-25）の図像と殆ど同様である。国王の右側

には、クシャン朝の牛の足跡ではなくて、キダーラ・フン族のタムガが刻印されている点が異なる。また、銘文はバクトリア語・ギリシア文字で、「ΒΑΓΟ ΟΑΡΑΥΡΑΝΟ ΟΟΖΟΡΚΟ ΚΟÞΑΝΟ ÞΑΥΟ（Bago Oaraurano oozorko Koshano shauo、ウァラフラン王、クシャンの偉大な王）」と刻印されており、ヤサダやキラダという名前はない。裏には、クシャノ・ササン朝のウァラフラン王が発行した金貨と同様に、牡牛を従えた、高貴・高位の神が表現されている。裏の銘文はいくつかのコインでは綴が間違っているが、ギリシア文字で「ΒΟΡΖΟΟ ΑΝΔΟ ΙΑΖΟΔΟ（Borzooando iazodo、高貴・高位の神）」と刻印されている。このコインを発行した国王の名前は、明らかになっていないが、ヤサダ王とキラダ王であったかもしれない。H・バッカーは、発行者の国王はクシャノ・ササン朝の支配者ないしは、新しく到着したフン族の代理人であった可能性を示唆している[28]。

＊ペーローズ

ガンダーラは、ペーローズ王によって統治されていたようである。ペーローズ王は、バクトリアにおいてはクシャノ・ササン朝様式の金貨を、ガンダーラにおいてはクシャン様式の金貨を発行している。ガンダーラにおいてペーローズ王が発行した金貨（図11-4）も、ヤサダ王とキラダ王がガンダーラにおいて発行した金貨の図像と同様に、表に左向きで立つ国王が、裏にアルドクショー女神坐像が表現された後期クシャン朝の金貨のデザインを踏襲したものである。表のブラーフミー文字銘文には、「gadahara」、「peroyasa

図11-4

第11章 キダーラ朝　215

図 11-5

(ペーローズ)、「kapana」など発行者の王名が刻印されている。

　また、ペーローズ王が、ウァラフランという名前でバルフの造幣所において発行した金貨の表（**図11-5**）には、両肩から火焔が立ち昇り、牡羊の角を2本つけた王冠を戴く国王の立像が、裏には高貴・高位の神が表現されている。国王は左を向き、チュニックを着用し、右手を祭壇にかざし、左手に三叉の矛などをもっている。表のバクトリア語・ギリシア文字の銘文には、「ΒΑΓΟ ΟΑΡΑΥΡΑΝΟ ΟΟΖΟΡΚΟ ΚΟÞΑΝΟ ÞΑΥΟ（Bago Oaraurano oozorko Koshano shauo、ウァラフラン王、クシャンの偉大な王）」と刻印されている。国王の左腕の下方に、キダーラ・フン族のタムガがある。裏の偉大な高位の神の図像とその銘文も、ヤサダ王とキラダ王の時代に発行された金貨のそれと同様である。このコインは、かつてはクシャノ・ササン朝の国王が発行したと考えられていたが、表のタムガが、クシャノ・ササン朝のタムガではなく、キダーラ朝独特のものであることが判明して以降、ペーローズ王の発行とみなされるようになった[29]。

＊キダーラ

　ペーローズ王の後にガンダーラを統治したキダーラ王も、ヤサダ王とキラダ王、ペーローズ王とほぼ同様の図像を刻印した金貨を発行している。ガンダーラにおいてキダーラ王が発行したディーナール金貨（**図11-6**）の図像は、クシャン朝後期の様式の金貨の図像を模倣したもので、表に祭壇に右手をかざす国王立像、裏にアルドクショー女神坐像を刻印している[30]。表のブラー

図 11-6

図 11-7

　ブラーフミー文字銘文には、「gadahara」、「kidara（キダーラ（王））」、「kushana（クシャン）」、「kapana」などの文字が見られる。コイン裏にはブラーフミー文字銘で「ala（意味不明）」と刻印されており、クリブによれば、これはアルハン・フン族を表している可能性があるという[31]。

　一方、バクトリアのバルフで発行されたディーナール金貨は2種類ある。表の図像はいずれもクシャノ・ササン朝様式である。前期の金貨（**図 11-7**）では、表に玉ねぎ形ないしは、蓮の蕾の球体装飾のついた平たい王冠を戴き、そこからリボン・ディアデムが左右に翻っている国王立像が表現され、バクトリア語・ギリシア文字銘文「ΒΑΓΟ [OA] PAY [P] ANO OOZOPKO KOÞANO ÞAYO（Bago(Oa)raurano oozorko Koshano shauo、ウァラフラン王、クシャンの偉大な王）」と刻印されているが、まだキダーラ王の名前は記されていない[32]。国王の左腕の下方にキダーラ・フン族のタムガが見られる。裏には高貴・高位の神と牡牛が表されている。

図 11-8

　後期の金貨（図11-8）は類例が比較的少ないが、その表裏の図柄は、前期の金貨（図11-7）と大差ない。ただし、表のバクトリア語・ギリシア文字銘は、「ΒΑΓΟ ΚΙDΑΡΑ ΟΟΖΟΡΚΟ ΚΟÞΑΝΟ ÞΑΥΟ（Bago Kidara oozorko Koshano shauo、キダーラ王、クシャンの大王）」と記され、キダーラの名前が入っている[33]。

*ペーローズ、ウァラフランとキダーラ

　キダーラ朝では、銀貨も発行されている。ゲーブルは、キダーラ朝の銀貨は、ササン朝ペルシアのシャープール2世、シャープール3世、バフラム4世（在位：388年－399年）のドラクマ銀貨の表裏の図柄を模倣して発行した事実を早くから指摘していた[34]。クリブによれば、ササン朝ペルシアのドラクマ銀貨に倣ったドラクマ銀貨を発行した国王は、ペーローズ王、キダーラ王の他にシュリー・ヴァルマ（Śri Varma）、ブッダミ（トラ）（Buddhami（tra））という2人の国王がいた[35]。一方、フォンドロヴェックによれば、ペーローズ王、ウァラフランとキダーラ王の3人が確認されている[36]。このウァラフラン王はクリブによれば、キダーラ朝の傀儡で「ウァラフラン」という名前で金貨を発行した人物と同一であるとみなされるが、王冠形式は金貨と銀貨では完全に異なるので、別人かもしれない。実はもう1つ、キダーラ朝が発行したといわれるシャープール2世のドラクマ銀貨を模倣した大英博物館所蔵の銀貨が2枚知られている[37]。しかしながら、パフラヴィー文字銘が殆ど判読されていないので、国王名も不明で、それがキダーラ・フン族に関係しているのか否かも明らかではないので省略する。

図 11-9

図 11-10

　キダーラ朝のペーローズ王の銀貨では、表に国王胸像、裏に聖火壇と2人の神官（ないしは王侯）が刻印されている。その1つのタイプ（図11-9）では、王冠が、矢狭間と球体装飾、牡羊の角より造られている点に特色がある[38]。国王の頭部は、向かって右向きの場合もあれば、3/4面観ないし正面観の場合もある。前者の場合は、角は1つで、矢狭間が1つ見える。後者の場合（図11-10）は、2つの角が左右対称的に施されている。牡羊の角による荘厳は、ペーローズ王の金貨（図11-5）の場合と同様である。正面観はササン朝ペルシアのバフラム4世のディーナール金貨の正面観胸像を模倣した蓋然性が大きい[39]。銘文のないものもあるが、表には、10時から時計回りにブラーフミー文字銘「ṣa piroysa（ペーローズ王）」が刻印されているものもある。
　この他、ササン朝ペルシアのシャープール3世のアーケード冠を借用した平たい王冠を戴いた側面観の胸像（図11-11）も知られている[40]。表にバクトリア語・ギリシア文字銘「ΠΑΡΟΖΟ ÞΑΟ（Parozo shao、ペーローズ王）」ない

第11章　キダーラ朝　219

図 11-11

図 11-12

しは、「KOÞOHO ÞAYO (Koshono shauo、クシャン王)」が刻まれていると推定されている。

　ウァラフラン王の銀貨（図 11-12）は、表に向かって右向きの国王胸像とパフラヴィー文字銘を、5時から反時計回りに「kdy wlhl'n（ウァラフラン王）」、10時から「kws'n MLKA（クシャン王）」と刻印している[41]。裏にはブラーフミー文字銘「naṃdaya」が聖火壇の下方にある。「kdy（王）」という語は、ササン朝ペルシアのヤズデギルド2世が初めて用いたので、このドラクマ銀貨は438年以降に発行されたという解釈も成り立つ[42]。そうであるならば、この銀貨はキダーラ朝ではなく、アルハン・フン族が発行したものかもしれない。国王の王冠はパルメット文と球体装飾からなり、球体装飾に巻きつけたリボン・ディアデムが左右対称的に、王冠につけたリボン・ディアデムが後頭部から翻っている。裏にはササン朝ペルシアのコインと聖火壇と2人の神官（ないしは王侯）が表現されている。フォンドロヴェックは、発行

図 11-13

図 11-14

者はウァラフラン王とみなしているが、クリブの見解によれば、キダーラ王に他ならない。

　キダーラ王の銀貨は2種類ある。その1つ（**図 11-13**）は、表に3/4面観の国王胸像、裏に聖火壇と2人の神官（ないしは王侯）を表現している[43]。その王冠は、ウァラフラン王の銀貨の場合と同じくパルメット文と球体装飾からなり、王冠につけたリボン・ディアデムが左右に翻っている。表には、10時から時計回りに、ブラーフミー文字銘「kedara kuṣanaṣa（ケーダラ、クシャン族の王）」がある。裏にはブラーフミー文字銘「alakha（アルハンの意味か？）」が聖火壇の下に水平に刻まれている。特に、このコインタイプは、ヴァラハ（Vara（ha））やブッダミ（トラ）（Buddhami（tra））などのキダーラ朝の後継者などが発行した銀貨に踏襲された[44]。

　もう1つのタイプ（**図 11-14**）は、表に球体装飾と三日月をつけた城壁冠を戴く国王の頭部を、向かって右向きの側面観と、胸部は正面観で描写して

いる[45]。リボン・ディアデムは左肩から翻っている。ブラーフミー文字銘は2時から時計回りに「kedara kuṣana ṣaha（ケーダラ、クシャン王）」とある。裏の図像は上記（図11-13）とほぼ同じであるが、ブラーフミー文字は異なっているようである。

キダーラ朝の美術

　明確にキダーラ朝の美術作品と比定できるものは、殆ど発見されていない。パキスタンやウズベキスタンなどから出土した封泥に見られる国王、王侯、人物の胸像の正面観描写の流行は、キダーラ朝の銀貨の国王胸像の3/4面観やほぼ正面観の描写に対応している[46]。

　アフガニスタン南東部のメセ・アイナク（Mes Aynak）の仏教寺院遺跡からは、クシャン朝、クシャノ・ササン朝、キダーラ朝、アルハン・フン族の発行したコインが出土している[47]。この遺跡から発掘された粘土やストゥッコ製塑像は、キダーラ朝からアルハン朝の時代に制作された可能性もある。ハム・ザルガル（Kham Zargar）仏教寺院遺跡の新資料によれば、この遺構はクシャノ・ササン朝からキダーラ朝時代に関係しているかもしれない[48]。また、ガンダーラやバクトリアで発見された印章の中にも、キダーラ朝に関係したものがある[49]。

注
1　古銭学者のR・ゲーブルは、「キダーラ・クシャン・シャー」という銘文をキダーラ・クシャン族の王と解釈するのではなく、クシャン族を支配するキダーラという意味であると正しく解釈している。R. Göbl, *Dokumente zur Geschichte der Iranischen Hunnen in Baktrien und Indien*, Band II, Wiesbaen, 1967, p. 53.
2　R. Göbl, *Dokumente zur Geschichte der Iranischen Hunnen in Baktrien und Indien*, Wiesbaden, 1967, Band. I, p. 24, Band III-Tafeln 9-14; F. Grenet, "Regional interaction in Central Asia and Northwest India in the Kidarite and Hephthalite Periods," In *Indo-Iranian languages and peoples*, ed. by N. Sims-Williams, 2002, pp. 205-209; J. Cribb, "The Kidarites, The Numismatic Evidence. With an Analytical Appendix by A. Oddy," In *Coins, Art and Chronology II*, eds. by M. Alram/D. Klimburg-Salter/M. Inaba/M. Pfister, Vienna, 2010, pp. 92-97; Jongeward/Cribb/Donovan, *op. cit.*, pp. 227-228.
3　Cribb, ibidem, 2010, p. 102, figs. 22-40, Table9; K. Vondrovec, *Coinage of the Iranian Huns and their Successors from Bactria to Gandhara (4th to 8th century CE)*, Vienna, 2014, Vol. I,

pp. 45-46.
4 Cribb, op. cit., 2010, pp. 132-133, Table 5.
5 山田明爾「キダーラ・クシャーンについて」『印度學佛教學研究』11-2, 1963 年, 235-240（613-618）頁.
6 N. Sims-Williams, "Some Bactrian Seal-Inscriptions," In *Afghanistan: Ancient Carrefour entre l'Est et l'Ouest*, eds. by Ch. Landes/O. Bopearachchi, Turnhout, 2005, pp. 337-341.
7 N. Sims-Williams, *Iranische Personennamenbuch II, Iranische Personennamen*, Fasc.7, *Baktrische Personennamen*, Vienna, 2010, No. 213; Vendrovec, *op. cit*., p. 139, note 113.
8 なお、『北史』巻 97, 列伝 85（中華諸局標点本, 1974 年, 3226-3227 頁）も『魏書』と同じ内容である。キダーラ・フン族に関する史料については、Xiang Wan, "A Study of the Kidarites: Reexamination of Documentary Sources," *Archivum Wurasiae Medii Aevi*, ed. by Th.T. Allsen et ali., vol. 19, 2012, pp. 243-301.
9 『魏書』巻 102, 列伝 90（中華諸局標点本, 1974 年, 2275-2277 頁）：大月氏国、都盧監氏城、在弗敵沙西、去代一万四千五百里。北与蠕蠕接、数為所侵、遂西徙都薄羅城、去弗敵沙二千一百里。其王寄多羅勇武、遂興師越大山、南侵北天竺。自乾陀羅以北五国尽役属之。世祖時、其国人商販京、自云能鋳石為五色瑠璃、於是採鉱山中、於京師鋳之。既成。光澤乃美於西方来者（中略）小月氏国、都富樓沙城。其王本大月氏王寄多羅子也。寄多羅為匈奴所逐、西徙後令其子守此城、因号小月氏焉。在波路西南、去代一万六千六百里。
10 榎一雄「キダーラ王朝の年代について」『東洋学報』41-3, 1958 年, pp. 288-334；山田明爾前掲論文, 1963 年。
11 F. Grenet, op. cit., p. 209; Cribb, op. cit, 2010, p. 91.
12 Cribb, op. cit., 2010, pp. 91, 112, 116-117.
13 Jongeward/Cribb/Donovan, *op. cit*., pp. 229-231.
14 R. Curiel/D. Schlumberger, *Trésors monétaires d'Afghanistan*, Paris, 1953, pp. 104,107-127, pls. IX-XVI.
15 Grenet, op. cit., 2002, p. 206, pl. 1-a; Jongeward/Cribb/Donovan, *op. cit.*, pp. 236-237; Vondrovec, *op. cit.*, pp. 148-149.
16 Vondrovec, *op. cit*., pp. 58-60, 64, Types 9, 10, 11, 14.
17 Grenet, op. cit.,2002, p. 206-207.
18 Göbl, *op. cit*., 1967, Band I, p. 24.
19 Xiang, op. cit., 2012, pp. 293-294.
20 Vondrovec, *op. cit.*, p. 45.
21 Cribb, op. cit., 2010, p. 115.
22 N. Sims-Williams, "The Sasanians in the East A Bactrian archive from northern Afghanistan," In *The Sasanian Era*, eds. by V. S. Curtis/S. Stewart, London, 2008, pp. 94-95, fig. 2; Vondrovec, *op. cit*., pp. 141, 152, fig. 2. 2.
23 Cribb, op. cit., 2010, pp. 116-117, 127, 136-137, 141-figs. 18-20.
24 Vondrovec, *op. cit*., p. 46.
25 Cribb, op. cit., 2010, pp. 108-109, 131-133, table 5.
26 Cribb, op. cit., 2010, pl. 145.
27 Vondrovec, *op. cit.*, pp. 79-135.
28 Bakker, *op. cit*., p. 10.

29 Jongeward/Cribb/Donovan, *op. cit.*, p. 306, Tables 6-7.
30 Jongeward/Cribb/Donovan, *op. cit.*, pl. 68.
31 この点については、J・クリブ氏に特別に教示していただいた。2024 年 1 月 31 日。
32 Jongeward/Cribb/Donovan, *op. cit.*, pp. 236-237, pl. 66.
33 Jongeward/Cribb/Donovan, *op. cit.*, p. 238, pl. 68.
34 Göbl, *op. cit.*, 1967, Band I, pp. 43-54, Band II, pp. 52-56, Band III, Tafeln, 9-13.
35 Cribb, op. cit., 2010, pp. 138, 143-144, Table 5 (nos.41-61).
36 Vondrovec, *op. cit.*, pp. 52-73.
37 Göbl, *op. cit.*, 1967, Band. I, p. 52, Band III, Tafel 13-No. 28A; Cribb, op. cit., 2010, pp. 110,138, 146, figs. 71, 72.
38 Göbl, *op. cit.*,1967, Band III, Tafel 9; Vondrovec, *op. cit.*, pp. 52-56, Types 1-3A.
39 Göbl, *op. cit.*, 1971, pl. 8-144; N. Schindel, *Sylloge Nummorum Sasanidarum Paris-Berlin-Wien*, Band 3/2, Shahpur II. - Kawad I./2. Regierung, Katalog, Wien, 2004, pp. 138, 146, Tafel 44-TypIV/3.
40 Cribb, op. cit., 2010, p. 144, fig. 59; Vondrovec, *op. cit.*, pp. 72-74, Type 19, 19A.
41 Vondrovec, *op. cit.*, pp. 57-59.
42 Vondrovec, *op. cit.*, p. 30.
43 Vondrovec, *op. cit.*, p. 60.
44 Vondrovec, *op. cit.*, pp. 62-63, 66-70.
45 Vondrovec, *op. cit.*, p. 64.
46 Aman ur Rahman, F. Grenet, N. Sims-Williams, "A Hunnish Kushan-shah," *Journal of Inner Asian Art and Archaeology*, vol. I, 2006, pp. 125-131, figs. 1-6; J. Lerner/N. Sims-Williams, *Seals, Sealings and Tokens from Bactria to Gandhara (4th to 8th century CE)*, Vienna, 2011, pp. 72-99.
47 National Museum of Afghanistan, *Mes Aynak New Excavations in Afghanistan*, Kabul/Chicago, 2011, pp. 54-59.
48 B. Sedaghati/R. Ahamadzai, "Archaeological Excavations at Kham Zargar in Kapisa Province, North Afghanistan," *Ancient Iranian Studies*, vol. 2, no. 7, 2023, pp. 65-67, figs. 7-8, 24-26.
49 J. Lerner/N. Sims-Williams *op.cit.*, pp. 73-74, no. AA2. 2 (He009), no. AA2. 3 (He158).

第 12 章　エフタル

エフタルとは

　エフタル（Hephthalites、5 世紀 - 6 世紀）は、5 世紀から 6 世紀にかけて中央アジアに存在した遊牧民族である。名称は史料によって異なり、ササン朝ペルシアでは、白いフンを意味する「スペード・フヨーン（Spēd hyōn）」、アラブでは「ハイタール（Hayṭāl）」などと呼ばれる。中国の史書では滑、嚈噠、嚈噠、挹怛などと表記される。また、白いフンに対応する白匈奴の名でも表記される[1]。本書では、エフタルの国王の名前と詳細が明らかになっていないため、王朝そのものが存在したのか否か判明しないので、エフタルという名称を用いる。

　従来の通説では、キダーラ朝に代わってトハーリスターン（バクトリア）とガンダーラを支配したのは、中央アジアから南下した遊牧民族のエフタルであるといわれてきた。しかしながら、近年の古銭学による研究の進展によって、そのような見解は間違っていることがわかった。現在では、エフタルはフン（Huns）という遊牧民族の 1 グループに過ぎず、フン族のもう 1 つのグループの存在が明らかとなった。すなわち、トハーリスターンからガンダーラに至る地域の古銭学者の研究成果によって、エフタルがヒンドゥー・クシュ山脈以北のトハーリスターンやソグディアナを支配し、もう 1 つのグループであるアルハン・フン（Alkhan Huns）がヒンドゥー・クシュ山脈以南のカーピシーやガンダーラなどを支配していたことが判明した[2]。

　これまでのエフタルの研究においては、その歴史のみならず、民族系統が問題となっていた。中国の史書では「大月氏の同種もしくは（テュルク系の）高車の別種で、習俗は吐火羅と同じくする」と記し、また「その出自を車師または高車または大月氏の同種」とも記されている。さらに「その言語は蠕蠕、高車及び諸胡と異なる」と記しており、研究者の見解もイラン系とする説と、テュルク系とする説に分かれている。

　エフタルをイラン系とする説は主に榎一雄によって提唱されており、「ト

ハーリスターンのある地方から勃興したイラン系の民」と推測しており、R・ギルシュマンもエフタルが発行したコインを分析して、その言語を東イラン語ではないかと推測している[3]。一方、テュルク系説については、日本では、内藤みどりが提唱している[4]。その後、É・ドゥ・ラ・ヴェシエールによって新たな論考が刊行されたが、やはりエフタルの人種を正確に決定するのは困難であるという[5]。また、宮本亮一によれば、エフタルの出自に関しては、天山山脈ないしは、アルタイ山脈のトルコ系説、バダフシャーン出身のイラン系説などの異論があって、決着がついていないという[6]。上掲の論考以外にも、エフタルの出自に関しては、多くの論考がすでに出版されているが、本書の論旨には関係ないので、割愛する。

現在まで知られているエフタルの国王の名前は、管見の限り、以下のように、非常にわずかなものである。この中には、実在していたのか否か不明なもの、エフタルの王の名前なのか称号なのか不明なもの、エフタル全体を支配していたのか、それとも地方の王なのか判明していないものも含まれる。

1　サルト・フワデウバンダン？（Sart Khwadewbandan、在位など詳細不明）
2　フシュナワーズ／アフシュンワール（Khushnawaz/Akhshunwar、在位：458年頃）
3　厭帯夷栗陁（516年頃）
4　ガドゥファル／ガティファル（Ghadfar/Ghatifar、在位：567年-568年頃）

エフタルの歴史

エフタルは5世紀初頭までモンゴル高原を支配していた柔然の属国であった。言語や文化は異なるものの、両者の間には密接な交流があり、エフタルは政治組織の多くを柔然から借用していた。エフタルは南西に移住したが、それは、柔然からの圧迫を避けるためであったと考えられる。その後、南西へ移動したエフタルが、バクトリアで重要な政治勢力となったのは450年頃か、それ以前のことである。特に、458年に、エフタルは、ササン朝ペルシアのペーローズが、兄ホルミズド3世からササン朝ペルシアの王位を奪うのを助けた[7]。ペーローズ王は即位前、ササン朝ペルシアの版図の東の果てに

あるスィースターンを治めていたため、エフタルと接触し、彼らに助けを求めることができたのであった。そして、459 年にペーローズ王は、トハーリスターンでキダーラ・フン族に対して軍事遠征を行い、その結果、466/7 にキダーラ・フン族は大敗し、トハーリスターンの支配権をササン朝ペルシアに奪われてしまった。その後、ペーローズ王がバルフでディーナール金貨を発行していることから、しばらくはササン朝ペルシアがトハーリスターンを支配していたと考えられる[8]。一方、その支配はトハーリスターンに権力の空白期間をもたらすことになったようであり、その結果この時期トハーリスターン東部にいたエフタルがトハーリスターン全域に勢力を拡大することになったと考えられる。彼らの首都は、恐らく現在のアフガニスタン北部のクンドゥーズあたりであったといわれるが、定かではない。

　トハーリスターンにおいて、エフタルの存在が判明する史料は、エフタルに税金を支払うために土地を売却する必要があったことを記したローブ王国が発行した納税領収書であり、その日付は少なくとも 484 年まで遡ることができる[9]。ローブ王国はバクトリア南部にあった小王国であり、現在のアフガニスタンのサマンガン州のルイ（Rui）に相当する。ローブ王国の文書館からは、バクトリア文字で書かれたバクトリア語の文書が多数発見されている。その中の文書の 1 つに、492 年から 527 年までの日付の文書が 2 点見つかった。この 2 つの文書には、エフタルの支配者に支払われた税金が記されている。さらに、もう 1 つの年代未詳の文書が発見されており、そこには以下のように記されている[10]。

> 栄光あるエフタルのヤブグ（ebodalo shabgo）、ローブ（Rob）王国の支配者、サルト・フワデウバンダン（Sart Khwadewbandan）、エフタルの支配者の書記官（ebodalo eoaggo）、トハーリスターンとガルチスターンの裁判官へ。

　このように、エフタルのヤブグの名前がサルト・フワデウバンダン（Sart Khwadewbandan）であると書かれている。ただし、この国王の業績や詳細については何も判明していない。

　アル・タバリーが 10 世紀頃に著したアラビア語の歴史書『予言者と国王の歴史』によれば、トハーリスターンなどに拡大してきたエフタルに対して、

ペーローズ王は474年に軍事作戦を敢行したが、敗北してエフタルに捕らえられた[11]。幸いにも、ローマ皇帝ゼノンによって身代金が支払われ、捕虜となっていたペーローズ王は解放されたという。ゼノンは、サササン朝ペルシアとエフタルの良好な関係を構築すべく手を貸したといえよう。ペーローズ王のこの軍事遠征は惨憺たるもので、結局バルフの西にあるターラカーン（Tālaqān）をエフタルに明け渡すことになった[12]。

　しかしながら、ペーローズ王は、この屈辱を甘受することができなかった。470年末から480年頃に再びエフタルに対して戦いを挑んだが、またしても敗れて捕虜となり、エフタルに対し、30頭のラバが積める量のドラクマ銀貨を支払った。そこで、482年に末子のカワード1世（在位：488年–531年）を人質としてエフタルに送り、漸く解放されることとなった[13]。そして、ペーローズ王は484年にエフタルに対して最後となる3度目の軍事遠征を行ったが、その結末は大惨事に終わった。483/4年に行われたヘラートの戦いではエフタルに敗れてペーローズ王は戦死し、その後2年間、エフタルはササン朝ペルシアの東部領を支配した。また、ペーローズ王の娘ペーローズドゥフスト（Perozduxt）は捕らえられ、エフタルの王フシュナワーズ／アフシュンワール王の妃となった[14]。彼女は、後に叔父のカワード1世と結婚する娘をもうけたとされる[15]。ペーローズ王の軍事遠征によって引き起こされた惨事は、ギリシア語、アルメニア語、シリア語、パフラヴィー語、アラビア語など、殆ど全ての歴史史料に記録が残されている。この結果、エフタルは、ヒンドゥー・クシュ山脈以北で強大な軍事力をもつまでに成長し、ササン朝ペルシアの勢力は衰退してしまった。

　ペーローズ王の敗北後、後継者争いを経て488年にエフタルの援助によって、ペーローズ王の後を継いだ息子カワード1世の治世は、ササン朝ペルシアに大きな社会不安の時代をもたらした。カワード1世は、社会革命を訴えていたマズダクが率いるマズダク教による活動を容認、あるいは利用していた。しかしながら、この革命運動は、ペルシアの貴族とゾロアスター教の正統性に挑戦し、ササン朝ペルシアの政権を著しく弱体化させた。ペルシアの貴族による権力奪取により、カワード1世は廃位され、496年に忘却の城と呼ばれる監獄へ投獄された。しかしながら、カワード1世は、そこから脱出

することに成功し、エフタル王の援助により、498年頃、ササン朝ペルシア の王位を奪還した。それ以来、カワード1世は権力を維持するために、エフ タル王に依存するようになり、その傀儡としてエフタルとつながりをもち続 けた。

この頃のエフタル王については、『梁書』巻54において以下のように書か れている。

> 天監十五（516）年に至ると、その王である厭帯夷栗陁が、始めて使 者を送り貢物を献上した[16]。

このように、516年の時点で、エフタルの国王の名が厭帯夷栗陁であった ことがわかる[17]。梁の職貢図にも同様に記されており、滑国の国王の姓は厭 帯であり、名前が夷栗陁であること、またこの時に派遣された使者の名前が 蒲多達□（一文字不明）であったことがわかる。蒲多達□は、ブッダダーサ （Buddhadāsa）に比定されている[18]。厭帯夷栗陁は、516年に国王となってい るので、上記のエフタルの国王が、上記のササン朝ペルシアの国王であった カワード1世を傀儡としていた頃と同時代に君臨していたことになる。

このササン朝ペルシアの衰退期は、ホスロー1世（在位：531年 - 579年） が事態を収拾するまで続いた。ホスロー1世は、531年にマズダクを処刑 し、532年にローマ皇帝ユスティニアヌスと「終わりなき講和」を結んだ。 そして、アル・タバリーによれば、ホスロー1世は勢力を拡大し、シンド （Sind）、ブスト（Bust）、アル＝ルッカジュ（Al-Rukhkhaj）、ザーブリスターン （Zābulistan）、トハーリスターン（Tokhāristan）、ダルディスターン（Dardistan）、 カーブリスターン（Kābulistan）を支配下に置くことに成功した[19]。そして、 最終的には第一突厥可汗国の木汗可汗（在位：553年頃 -572年）の助けを借 りてエフタルを挟撃して打ち破った。ササン朝ペルシアと第一突厥可汗国と の戦いに敗北したことによって、エフタルは分裂し、8世紀頃までには消滅 したといわれている。

このように、ヒンドゥー・クシュ山脈以北において、エフタルは栄えた。 その政治的、軍事的状況は、ヒンドゥー・クシュ山脈以南のガンダーラやパ ンジャーブにおけるフン族の勢力にも大きな影響を与えた。ヒンドゥー・ク

シュ山脈の南方においては、次章で述べるように、アルハン・フン族が勢力を強大化させ、トーラマーナとその息子ミヒラクラがインド西部と北部の大部分を支配できたのは、まさにエフタルが栄えた時期と同じ時期である。

エフタルのコイン

　バクトリアないしは、ソグディアナにおいてエフタルが発行したコインは、少なくとも6種類が確認されているが、いずれも銀貨である[20]。ただし、発行者の国王名は記されていない。それ故、エフタルの国王の名前は全くわからない。エフタルが発行した銀貨の大半はペーローズ王やカワード1世から得た多量の身代金や上納金のドラクマ銀貨を鋳潰して発行したと思われる。それ故、それらの発行年代は少なくとも、474年から477年までのペーローズ王がエフタルの捕虜となり解放される間から、戦死した483/4年を経て、531年のホスロー1世の時代までの間となろう。ホスロー1世の即位後でも、エフタルがホスロー1世と西突厥の同盟軍に敗れた560/61年頃までは発行することができたと考えられる。また、コイン発行年の上限についても、ペーローズ王のコインの図柄を模倣した銀貨を発行する以前に、ササン朝ペルシアのバフラム5世（在位：420年-438年）の胸像を裏面に刻印した銀貨も、少数ではあるが、発行されているので、エフタルの銀貨発行はバフラム5世の時代まで遡る可能性もある。

　この少数の銀貨（図12-1）は極めて独自性に富む、エフタルらしい図柄を表に表現していて興味深い[21]。その表には向かって左向きの国王の上半身像と、ギリシア文字銘「Eb (o)」が刻印されている。この文字銘は「Ebodalaggo（エフタル）」を意味する[22]。国王は右手に酒杯をもち、左手を腰に当てている。頭髪は逆立ち、アーモンド形の眼は側面観で表され、口髭を蓄えているようである。首には大きな真珠を連ねた首飾りを着けている。衣服は長袖のチュニックで、腰の部分でベルトを締めている。特徴的なのは右襟で、裏返しになっている。このファッションはエフタル時代のバクトリアの壁画の人物像にも見られる（美術の項参照）。また、酒杯を右手に支えもつのは、中央アジアの遊牧民における何らかの儀礼ないしは儀式に関連しており、例えば葬礼、先祖や神々への献杯、王位の正当性（王権神授）などを意味している

図 12-1

図 12-2

かもしれない[23]。

裏には、ササン朝ペルシアのバフラム5世あるいはペーローズ王や、カワード1世のドラクマ銀貨の表に刻印されている側面観の国王胸像を表している[24]。その国王胸像に用いられている両肩から翻るリボン・ディアデムは、ペーローズ王の第3王冠形式（図12-2）（474年以降）のコインに見られるリボン・ディアデムを採用しているので、その発行年の上限は474年となろう。

注目すべきは、その1部の作例の裏に、独特のエフタルのタムガが刻印されている点であろう。この印（図12-3）はR・ゲーブルが初めて明らかにしたもので、その分類ではS2となっ

図 12-3

第12章 エフタル *231*

図 12-4

ている[25]。全く同じタムガが、次章で扱うアルハン朝の最初の銀貨にも見られるのは、エフタルとアルハン・フン族との関係を考えると、極めて興味深い[26]。

　もう1つのコインタイプ（図 12-4）は、上記のペーローズ王のドラクマ銀貨の表裏の図柄を模倣したもので、非常に多く発行されたことが知られている。表の胸像の王冠はペーローズ王の第3番目の王冠形式で、猛禽の両翼を左右対称的に表現している点に特色があるので、発行年の上限は474年である。コインの円形枠の外側に、星と三日月を組み合わせた4個のマークが施されていることによって、ペーローズ王のドラクマ銀貨と区別される。注目すべきは、国王の面前にギリシア文字銘 Eb（o）が刻印されている点である。これによってもエフタルが発行したとわかる。裏には聖火壇を挟んで2人の神官（ないしは王侯）が立って礼拝している。図像は粗雑な造形に堕している。聖火壇の火焰上方左右に三日月と星のマークがある。向かって右には崩れたギリシア文字で、発行地の「Baχλo（Baxlo、バルフ）」、左側にパフラヴィー文字で「MP（MLKA pylwcy、ペーローズ王の略号）」と王名が記されている[27]。

　もう一つのタイプの図柄は、前の第2タイプとほぼ同一であるが、周縁に星と三日月の印を欠いたものである。

エフタルの美術

　エフタル支配下では、キダーラ朝で流行した正面向きの肖像を印刻した貴石の印章が制作された。その1つ（図 12-5）に、キンギラ（Khingila）という

名前の領主ないし首長を表現したものがある[28]。この王侯はチューリップの花を5個連ねた冠を戴き、剣を左腰に帯び、右手でその鞘を握り、左手にチューリップの花を1輪もって、胡座をかいて坐っている。カフタンの右襟は裏返しになっている[29]。なお、後述するアルハン朝の国王にも、同様の名前の国王が存在するが、この印章に表された王侯の図像とは、全く異なっているので、筆者は、別人とみなした。

図 12-5

『洛陽伽藍記』巻第 5 には「エフタルの国王が金製の牀座に坐っているが、その 4 本の脚は金の鳳凰像で造られている」と記され、さらに王妃も白象と獅子の像よりなる脚を有する牀座に坐っていたが、このような形式の座具は中央アジアの文化の特色の 1 つである[30]。青銅製の山羊の前駆（図 12-6）を象った脚が、タジキスタンで発見されている。

エルミタージュ美術館蔵の鍍金銀製碗（図 12-7）の饗宴図に描写された王侯の上着の右襟は裏返しとなっており、さらに右手で杯をつまんでいる仕草（図 12-8）は上掲のコイン（図 12-1）の国王像の仕草と一致するので、この作品はエフタル時代に制作されたに相違ない[31]。杯を指でつまむ仕草とチュニックの右襟を裏返しにするファッションは、ウズベキスタン南部のバラリク・テペ（Balalyk-tepe）の壁画の人物像や、アフガニスタン北部のディリベルジン・テペ（Dil'berdjin-tepe）の壁画にも見られる[32]。また、上着の右襟を裏返しにするファッションは、バーミヤーンの東大仏仏龕の天井壁画両壁の供養者群の中にも見られる[33]。

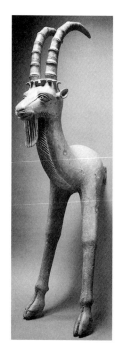

図 12-6

第 12 章　エフタル　233

図 12-7　　　　　　　　　図 12-8

図 12-9

この他に、エフタルの若い王侯を表したと考えられる銀器（図 12-9）が近年発見されている。この新出銀器は、葡萄酒を飲むための杯と考えられる。高さは 15.5cm、重さは 471g である。胴部には打ち出し技法で、3人の男性がそれぞれ牡牛、ライオン、猪と素手で格闘する姿が表されている。牡牛、ライオン、猪と素手で格闘する神ないし英雄として、ギリシア神話に登場するヘラクレスの12 の功業のうち、「ネメアのライオン」、「エリュマントスの猪の生け捕り」、「ポセイドーンが遣わしたクレタ島の牡牛の捕獲」の物語を表し、この王侯の偉大さを描写したと考えられる[34]。

注
1 D. Balogh, *Hunnic Peoples in Central and South Asia: Sources for their Origin and History*, Groningen, 2020, pp. 2, 125.
2 K. Vondrovec, "Numismatic Evidence of the Alkhon Huns Reconsidered," *Beiträge zur Ur- und Frühgeschichte Mitteleuropas*, vol. 50, 2010, p. 30.
3 榎一雄「エフタル民族に於けるイラン的要素」『史学雑誌』61-1，1952 年，1-26 頁：「エフタル民族の人種論について」『東方学』29，1965 年，1-29 頁．
4 内藤みどり「エフタルの種族問題」『内藤みどり著作集』山川出版社，2013 年，7-28 頁．

5 Étienne de La Vaissière, "Is There a "Nationality of the Hephtalites"?," *Bulletin of the Asia Institute*, vol. 17, 2003, pp. 119-132.
6 宮本亮一『バクトリア史』学位申請論文，2013 年，90-99 頁．
7 C. E. Bosworth, *The History of al-Tabari*, vol. V, *The Sāsānids, the Byzantines, the Lakhmids and Yemen*, New York, 1999, p. 110.
8 Vondrovec, *op. cit.*, p. 142.
9 Rezakhani, *op. cit.*, p. 126.
10 N. Sims-Williams, *Bactrian Documents from Northern Afghanistan II: Letters and Buddhist Texts*, London, 2007, p. 126.
11 Bosworth, *op. cit.*, pp. 109-121.
12 Rezakhani, *op. cit.*, p. 127.
13 J. Marquart, *Ērānšahr nach der Geographie des Ps. Moses Xorenac'I*, Berlin, 1901, p. 60；桑山正進『カーピシー＝ガンダーラ史研究』京都大学人文科学研究所，1990 年，141-143 頁．
14 Bosworth, *op. cit.*, pp. 113-121; Š. T. Adylov/J. K. Mirzaahmedov, "On the History of the Ancient Town of Vardāna and the Obavija Feud," In *Ērān ud Anērān: Studies Presented to Boris Il'ič Maršak on the Occasion of His 70th Birthday*, eds. by M. Compareti/P. Raffetta/G. Scarcia, Venezia, 2006, p. 36. なお，フシュナバーズに関しては，エフタルの国王のその名前という見解があったが，その名前を刻印したコインが発見されていないことなどから，エフタルの国王の称号であったという見解もある。Rezakani, *op. cit.*, pp. 126-127.
15 Rezakhani, *op. cit.*, pp. 128-129.
16 『梁書』巻 54，列伝第 48（中華書局標点本，1973 年，812 頁）：至天監十五年，其王厭帯夷栗陁，始遣使獻方物．
17 榎一雄「滑国に関する梁職貢図の記事について」『榎一雄著作集』7，中国史，1994 年，133 頁では，厭帯夷栗陁（Yeptalitha）としており，エフタル王がエフタルを自称していたと述べている。
18 川上麻由子「「職貢圖」とその世界観」『東洋史研究』74-1，2015 年，4 頁．
19 Bosworth, *op. cit.*, p. 150.
20 M. Alram, "Ein Schatzfund Hephthalistischer Drachmen aus Baktrien," *Numismatische Zeitschrift*, Band. 116/117, 2008, pp. 253-268, figs. 1-30, 47, 48; Vondrovec, *op. cit.*, pp. 408-418.
21 E. Rtveladze, *Drevnie Monety Srednej Azii*, Tashkent, 1987, p. 138, no. 41; M. Alram, "A Rare Hunnisch Coin Type," *Silk Road Art and Archaeology*, vol. 8, 2002, pp. 149-153, figs. 1-3; M. Alram/M. Pfisterer, "Alkhan and Hephthalite Coinage," In *Coins, Art and Chronology II*, eds. by M. Alram/D. Klimburg-Salter/M. Inaba/M. Pfisterer, Vienna, 2010, p. 32; Vondrovec, *op. cit.*, pp. 412-414, Type 287A-C ; *Triton XXVII*, Lancaster, 2024, New York, p. 159, nos. 454-455; CNG Feature Auction 126, Lancaster, 2024, p. 121, Lot No. 432.
22 M. Alram/M. Pfisterer, *op. cit.*, pp. 32-33.
23 E. Esin, "And" The cup rites in Inner-Asian and Turkish rites," In *Forchungen zur Kunst Asiens in Memoriam Kurt Erdmann*, eds. by O. Aslanapa/R. Naumann, Istanbul, 1969, pp, 224-261, figs. 5A-16B; I. Charleux, "From ongon to icon," In *Representing Power in*

Ancient Inner Asia: Legitimacy, transmission, and the sacred, eds. by R. Hamayon et al., Bellingham, 2010, pp. 209-261.

24 M. Alram and M. Pfisterer, op. cit., 2010, pp. 2-33; Vondrovec, *op. cit.*, pp. 403-404, 412-414, Type 287A, B, C.

25 Göbl, *op. cit.*, Band II, 209, S2 101, Band IV, pls. 14-2, 17-2, 101; Alram, op. cit., 2008, figs. 47, 48, 50.

26 Alram, op. cit., 2008, figs. 33, 41, 42.

27 Alram/Pfisterer, op. cit., p. 28.

28 P. Callieri, "The Bactrian Seal of Khingila," *Silk Road Art and Archaeology*, vol. 8, 2002, p. 135, fig. 1a; N. Sims Williams, "The Bactrian inscription on the seal of Khingila," *Silk Road Art and Archaeology*, vol. 8, 2002, pp. 143-148.

29 その他の印章については、キダーラ朝の美術及び、P. Callieri, *Seals and Sealings from the North-West of the Indian Subcontinent and Afghanistan (4th Century BC – 11th Century AD)*, Naples, 1992, pls. 22-26, 50, 63-65 を参照のこと。

30 A. M. Belenitskij, "Zoomorphnye trony v izobrazitel'nom Iskusstve Srednei Azii," *Izbestiya Akademii Nauk Tadjikiskoi SSR*, vol. 28, 1962, pp. 14-17, figs. 1-3, 13; L. I. Rempel', "Fragment bronzovoj statui verblyuda iz Samarkanda i krylatyj verblyud Varakhshi," In *Srednyaya Aziya v Drevnosti i Srednevekob'e*, eds. by B. G. Gaphurov/B. A. Litvinsky, pp. 95-103, pls. 17-21.

31 K. V. Trever, *Panyatniki Greko-Baktrijskogo Iskusstva*, Moscow/Leningrad, 1940. pp. 93-96, pls. 18-21; R. Rante/Y. Lints (eds.), *Splendeur des oasis d'Ouzbékistan sur les routes caravanières d'Asie centrale*, Madrid/Paris, 2022, pp. 104-107, fig. 72. さらに、この仕草は、ウズベキスタンのピャンジケント、バラリク・テペ遺跡から発見された壁画、エルミタージュ美術館所蔵のペルム出土の銀製碗、いわゆる突厥の石人などに見られる。林俊雄「ユーラシアの石人」雄山閣、2005 年、37-44 頁.

32 バラリク・テペの作品については、A. I. Al'baum, *Balalyk-tepe*, Tashkent, 1960, figs. 90-107, 112, 121.117, 118 を参照のこと。一方、ディリベルジン・テペ (Dil'berdjin-tepe) の壁画については、以下を参照した。I. T. Kruglikova, "Nastennye rospisi v pomeshchenii 16 severo-vostochnogo kul'tobogo kompleksa Dil'berjina," *Drevnyaya Baktriya*, t. 2, 1979, pp. 123, 124, 129, 135, 136, 138, 140, figs. 2-4, 21, 22, 24, 26；田辺勝美「ガンダーラ美術後期の片岩彫刻とハイル・ハネー出土の大理石彫刻の製作年代」『東洋文化研究所紀要』127, 1995 年、112 頁, 図 29；C. L. Muzio, *Archeologia dell'Asia Centrale Preislamica*, Milano, 2017, p. 242, fig. 8. 13.

33 宮治昭「生き続けるバーミヤーン—大仏破壊の前とその後、現在・未来へ」『宗教遺産テクスト学の創成』勉誠出版、2022 年、34-35 頁；「文明の十字路ガンダーラとバーミヤン—光り輝く釈迦・転輪聖王・ミスラ・弥勒—」『文明の十字路・バーミヤン大仏の太陽神と弥勒信仰—ガンダーラから日本へ』龍谷大学龍谷ミュージアム／三井記念館／京都新聞、2024 年、150 頁.

34 田辺理「新出エフタルの鍍金銀製杯と東西文化交流」『國華』1527, 2023 年、7-24 頁.

第 13 章　アルハン朝

アルハン朝とは

　フン族の一派のアルハン（Alkhans）は、バクトリア語・ギリシア文字で「αλχον(ν)ο（Alkhon(n)o）」、または「αλχαν(ν)ο（Alkhan(n)o）」と表記され、4世紀頃から6世紀頃にかけてアフガニスタン南東部からパキスタン北部を支配した遊牧民族である。このアルハンの語源については、アルハンという語が貨幣や印章のみに刻印されていることもあってか、確定していないが、キダーラ・フン族に続いて登場したフン族の一部族であることに関しては、古銭学者の間ではほぼコンセンサスがある。本書では、その部族をアルハン・フン族（Alkhan-Huns）、彼らが樹立した王朝をアルハン朝（4世紀頃−6世紀頃）と呼ぶことにした。

　アルハン・フン族の特徴として、人為的な頭蓋骨変形の結果生じた、細長い頭骨を有していることが明らかとなっている。頭部が円錐形に変形した独特の形態は、王族としてのアイデンティティーを表しており、アルハン朝が発行したコインや、同朝下に制作された銀器に描かれた、国王ないしは王侯などの支配者の肖像に明白に現れている。アルハン・フン族は、高貴な出自や地位の高さを示すために、頭骨の発達を抑制し、鼻梁が高くなるように頭蓋骨を変形させていたといわれている[1]。この円錐形に細長く変形した頭骨は、上述したクシャン族の国王頭部にも見られたが、アルハン朝の前身であるキダーラ朝や、エフタルなどの他のフン族には見られないので、この点において後者とは一線を画している。アルハン朝において発行されたコインの国王胸像についていえば、アフガニスタン南東部で発行されたササン朝ペルシアのドラクマ銀貨に表現された王冠に代わって、この頭骨変形の胸像が用いられるようになった。すなわち、初期の無名ないしは匿名の国王たちは、ササン系王冠を取り外して、円錐形頭部を国王の標識としたのである。

　このようなアルハン朝の国王の系譜は、K・フォンドロヴェックによるフン族とその後継者が発行した大量のコインの研究によって明らかになった[2]。

キダーラ朝やエフタル朝と同様に、アルハン朝の国王の正確な在位年と編年を構築するのは非常に困難であり、今後の研究によって在位年代が変動する可能性が当然ある。しかしながら、現時点で判明している国王名もあるので、1つの目安として以下に代表的な国王名を挙げておくことにした[3]。

1　無名の諸王（anonymous kings、在位：385/400 年 - 440 年頃）
2　キーンギーラ（Khīngīla、在位：440 年 - 495 年頃）
3　メーハマ（Mehama、在位：461 年 - 493 年頃）
4　ジャヴゥーカ／ザボーコー（Javūkha/Zabocho、在位：5 世紀後半）
5　ラカナ・ウダヤディティヤ（Lakhana Udayaditya、在位：5 世紀後半）
6　アドマノー（Adomano、在位：5 世紀後半）
7　トーラマーナ（Toramāna、在位：490 年 - 515 年頃）
8　ミヒラクラ（Mihirakula、在位：515 年 - 540 年頃）
9　トーラマーナ 2 世（Toramāna II、在位：6 世紀後半）
10　プラヴァラセーナ（Pravarasena、在位：530 年 - 590 年頃）
11　ゴーカルナ（Gokarna、在位：590 年 - 597/630 年頃？）
12　ナーレンドラディティヤ・キンキラ（Narendraditya Khinkhila、在位：590/597 年 - 630/633 年頃）
13　ユディシュティラ（Yudhishthira、在位：630/635 年 - 637/670 年頃）

アルハン朝の歴史

アルハン朝の歴史については、後述する古銭資料において、名前が判明していない無名や匿名の国王がいたことが明らかとなっている。アルハン朝の国王の名前が登場する文字資料の中で最も重要なものは、スウェーデンのスコイエン・コレクション（Schøyen Collection）の銅製板の碑文である。この碑文は巻物の状態で発見されたが、アルハン・フン族が残した第 1 次資料といえる。この碑文はサンスクリット語・ブラーフミー文字で記され、仏塔創建に際して仏塔内に埋納されたものであるが、1996 年に M・スコイエンが入手し、2006 年に G・メルツァーによって解読されて以来、この碑文の内容については若干異論があるが、大要は以下の通りであり、日本では小谷仲

男によって考察が行われている[4]。この碑文の、33 行目から 39 行目には、アルハン朝の国王の名前が見える。

　　68 年、カールティッカ月の明るい半分の 7 日目、この日、オパンダ（Opanda）の息子である大僧院の主、ターラガーニカ・デーバプトラ・シャーヒ（Tālagānika-Devaputra-Ṣāhi）によって、釈迦牟尼仏陀の舎利を納めた仏塔が建立された。

　　彼の父オパンダと共に、彼の妻である、サーラダ・シャーヒの娘（Sāradaṣāhiduhitrā）のブッダ（Buddh）……と共に、偉大な僧院の女性管理者であるアルッチャヴァーマナー（Arccavāmanā）と共に、彼女の父ホ……ガヤ（Ho ... Gaya）と共に、（彼女の）母である王妃と共に……。善知識である阿闍梨のラトナーガマ（Ratnāgama）と共に、大王キーンギーラ（Mahāṣāhi Khīṅgīla）と共に、天王トーラマーナ（Devarāja Toramāna）と共に、大僧院の女性管理者サーサー（Sāsā）と共に、大王メーハマ（Mahāṣāhi Mehama）と共に、サーダヴィーカ（Sādavīkha）と共に、サーダヴィーカの息子である大王ジャヴューカ（Mahārāja Javūkha）と共に、メーハマの治世に[5]。

解読者のメルツァーによれば、この碑文の冒頭に紀年 68 年とあるので、それをラウキカ紀元とすれば、この碑文が制作されたのは西暦 492/93 年となるという。その内容から、それはメーハマの治世であったことがわかる。また、メルツァーは 34 行目にあるターラガーン（Tālagān）という地名がアフガニスタン北東部、クンドゥーズの東方約 60km にあるターラカーン（Tālaqān）に相当すると推定した。一方、ドゥ・ラ・ヴェシエールは、この碑文の地名はアフガニスタンではなく、パキスタンのパンジャーブ州北西部にあるソールト・レインジ（Salt Range、塩の山脈）北方のターラガーンを意味していると反論しており、H・バッカーもドゥ・ラ・ヴェシエールの見解に賛同している[6]。この碑文がアルハン朝の歴史について貴重な史料となる理由は、これには、アフガニスタン南東部、パキスタン北部と周辺を含む広義のガンダーラを同時代に支配していたと思われる 4 人のアルハン朝の国王の名前が記されているからである。その 4 人の国王とは、大王キーンギーラ、天王

トーラマーナ、大王メーハマ、大王ジャヴゥーカである。

　メルツァーは、この4人の国王を意味する称号には、イラン系とインド系の用語が用いられており、イラン系の称号である「シャーヒ（ṣāhi）」をもつ王はアルハン朝の支配地域の北部、インド系の称号「ラージャ（rāja）」をもつ王は南部を支配していたのではないかと考えている[7]。さらに、バッカーはこの碑文は、5世紀末の10年間、フン族あるいはアルハン朝の権力が、アフガニスタン南東部、パキスタン北部とその周辺でどのように分散されていたかを知る手がかりとなるという。またバッカーは、4人の国王が統治した地域を次のように推測している。ガンダーラと、パンジャーブ地方ではキーンギーラとトーラマーナが君主として統治し、カシミール地方の一部やスワート渓谷などの隣接する地域は、メーハマやジャヴゥーカが支配したという[8]。以下において、この碑文に登場するキーンギーラ、メーハマ、ジャヴゥーカ、トーラマーナの4人の国王に加えて、文字資料からその名が明らかとなっているミヒラクラを採り上げて解説していきたい。

＊キーンギーラ

　キーンギーラは、バクトリア語・ギリシア文字で「χιγιλο（Khigilo、キギロ）」、ブラーフミー文字で「Khiṅgila（キンギラ）」と記される。アルハン朝を創始した国王といわれている。上述した4人の国王の中で、カーピシー、カーブルからガンダーラを支配していたのはキーンギーラだといわれている。また、キーンギーラはササン朝ペルシアのバフラム5世と同時代の人物であるとも考えられている。アルラムによれば、カーブルの南東にあるメセ・アイナク（Mes-Aynak）の仏寺遺跡から、アルハン朝の国王であるキーンギーラとメーハマのコインが発見され、450年から500年頃にかけて、この地域にアルハン・フン族が存在したことが確認されたという[9]。

　また、後述するスワートから出土した銀製碗には、「kh(i)ṅg(i) 2006ka」というブラーフミー文字銘（**図13-1**）が打刻されており、この「kh(i)ṅg(i)」がキーンギーラであると解釈されている[10]。もしもこの解釈が正しければ、キーンギーラが、ガンダーラ周辺からスワート周辺を支配していたことを証明する重要な証拠となるであろう。この他にも、中国山西省から出土した大同

市博物館所蔵の銀製八長曲杯には、バクトリア語・ギリシア文字で「χιγγιλο ι χοιοχο (xiggilo i xoioxo)」という銘文が刻印されており、この銘文は「kiggila's bowl（キーンギーラの碗）」と解釈することができるようである[11]。しかしながら、シムス・ウィリアムスによれば、アルハン朝の国王のキーンギーラの銘文は、バクトリアから

図 13-1

出土した印章に「eškiggilo (r)ōkano xoē」と記されており、この銘は、「エシュキンギラ、そうそうたる領主の息子」ないしは、「エシュキンギラ、そのような人々の主」と訳すことができるようである[12]。それ故、この八曲長杯に見られる銘文は、アルハン朝のキーンギーラ王を意味しているのか否か断定できないという。

＊メーハマ

アルハン朝の国王であるメーハマについては、殆ど判明していない。メーハマは、スコイエン・コレクションの銅板碑文においては、マハー・シャーヒ（大王）メーハマとして仏塔を建立した、アルハン朝の王族ないし国王の1人として名前が知られている。

また、メーハマは、バクトリアないしは広域ガンダーラから出土した封泥（図 13-2）に、「μηίαμο (mēiamo、メーヤム (Mēyam))」と表記されている人物と同一人物である可能性がある。このメーヤムについては、現存する史書に記されていないため、推測の域を出ないが、西暦461/462年と474/475年に書かれた2点のバクトリア文書には、それぞれ、「ササン朝ペルシアのペーローズ王の総督であるカダグ (Kadag) の民の王メーヤム」と記されており、カダグ

図 13-2

がアフガニスタン北東部のカダグスターン（Kadagstan）であれば、このメーヤムを、上記銅板碑文に記されたメーハマと同一人物とみなすことができる[13]。

＊ジャヴゥーカ

ジャヴゥーカは上述した銅板碑文にその名が登場するアルハン朝の国王の1人であるが、同王に関しては、これ以外の文献史料は知られていない。この碑文において、ジャヴゥーカは、マハー・ラージャ（大王）の称号を有し、サーダヴィーカ（Sādavīkha）の息子とされ、トーラマーナやメーハマと同時代の人物と考えられている。

＊トーラマーナ

トーラマーナは、5世紀後半から6世紀初頭にかけてインド北部と中部を支配したアルハン朝の国王である。以前は、キーンギーラ王の息子はトーラマーナで、父のインド征服のプロジェクトを継続して、ガンダーラで父の後を継いだと考えられていた。しかしながら、古銭資料にも、それ以外の資料でも、トーラマーナがキーンギーラ王の息子であったことを示す証拠はない。上掲の銅板碑文が刻印された当時、トーラマーナはデーヴァ・ラージャ（天王）の称号を得ており、キーンギーラはガンダーラに留まったかもしれないが、若いトーラマーナはパンジャーブを支配していた。トーラマーナの名前は、北インドや中インドの碑文に、他のアルハン朝の支配者の誰よりも多く登場するが、彼がパンジャーブを支配していたことは、ソールト・レインジ（図13-3）から発見されたクラー（Kurā）碑文から明らかとなる。

この碑文は年代が不明であるが、ロッタ・ジャヤヴリッディ（Roṭṭa-Jayavṛddhi）の息子であるヴィシェーシャヴリッディ（Viśeṣavṛddhi）が、化地部の仏教僧たちのために僧院を寄進したことをサンスクリット語で記している。碑文中ではヴィシェーシャヴリッディは「いくつものヴィハーラ（僧院）の主」といわれている。新しく建立された僧院の主は、ロータ・シッダルヴリッディ（Roṭa-Siddharvṛddhi）という人物のようである。碑文中に、「諸王の王、大王トーラマーナ・シャーヒ・ジャウーカ（rājādhirāja-mahārājatoramāṇaṣāhijaūhkha）」の名称があることから、トーラマーナの治世中

図 13-3

にこの寄進が行われたと考えられる。さらに、トーラマーナは、ジャウーカという称号ももっていたようである[14]。レザカニは、このジャウーカを、アルハン朝の王ジャヴーカ王のコインに見られる銘文の崩れた形と考えて、この碑文には、マハー・ラージャディラージャ・トーラマーナとシャーヒ・ジャウーカ（ジャヴーカ）の2人の権力者の名前があると解釈した[15]。しかしながら、ジャヴーカ王の支配地域はスワートなので、パンジャーブの北方まで支配していたとは考えられない[16]。そのため、この銘文のジャウーカは、トーラマーナに与えられた称号と見るべきであろう。

トーラマーナに新たな称号が追加されていることから、この碑文の年代は、スコイエン・コレクションの銅板碑文よりもやや後であると考えられている。そして、この碑文は、6世紀初頭のトーラマーナの王国の中心がパンジャーブ地方の西部にあったということを示唆している。

トーラマーナは対外遠征にも積極的で、グプタ朝を攻め、第1次フン戦争と呼ばれる軍事衝突を引き起こした[17]。この戦争は、498年頃、トーラマーナの率いる軍勢が、南下したことから始まった。トーラマーナはインド北部からヤムナ河とガンジズ河の間のドアーブ地方へ進軍し、まずマトゥラーを征服し、カルピ（Kalpi）付近でヤムナ河を渡り、グプタ帝国の西方領土を攻撃するために南下してベトワ渓谷に入った。この戦争の結果はエーラン

第13章 アルハン朝 243

図 13-4

(Eran) 石猪の碑文（**図 13-4**）から読み取れる。この碑文は、中インドのマディヤ・プラデーシュ州マールワー地方（Malwa）のエーランで発見された石碑である。高さ約 3.5m の独立した赤色砂岩のヴァラーハ像の頸部に 8 行のサンスクリット語で書かれている。ヴァラーハ像はヴィシュヌ神の化身を造形化したもので、6 世紀に制作された。この碑文は、死亡したマハー・ラージャ・マトリヴィシュヌの弟であるダニャヴィシュヌというヴィシュヌ神の信者によって造られ、トーラマーナの名が以下のように記されている。

　　オーム！勝者こそ神である。猪の姿をした神である。大地を（水から）引き上げる際に、その硬い鼻の一撃で山々を震わせた、三界という大きな家を支える柱である。

　　マハーラージャーディラージャ（Mahārājādhirāja「諸王の中の大王」）、偉大な名声と輝きをもつ栄光のトーラマーナが地上を治めている間の最

初の年に[18]。

この碑文はダニャヴィシュヌがトーラマーナの治世の初年に完成させたことが明らかになっている。この 484 年に造られた碑文には、偉大な名声と輝きをもつ栄光のトーラマーナが地上を治めているとある。D・バロフによれば、この碑文には、グプタ朝のブダグプタ（Budhagupta、在位：476 年 - 495 年）王の治世下に、エーランの藩主マートリヴィシュヌ（Mātrviṣṇu）とその弟ダニャヴィシュヌ（Dhanyaviṣṇu）によって始められた、グプタ朝の守護神ヴィシュヌに捧げる宗教施設をビナ川の南岸に建設するプロジェクトが完了したことが記されており、ここに 2 人の兄弟は、「ジャナールダナ（ヴィシュヌ／クリシュナ）の柱」である高さ 13m の柱に守られた 2 つの寺院を建立したという。バッカーによれば、この碑文では、トーラマーナがマハーラージャーディラージャ（Mahārājādhirāja）という、グプタ朝の皇帝のみが使用する地位に就いていることから、この兄弟はエーランにおいて、トーラマーナとの戦いに敗れ、トーラマーナの配下となったという[19]。

しかしながら、この後、トーラマーナの野望は潰えることとなる。1983 年にインドのマディヤ・プラデーシュ州マンソール近郊のリーシュタル（Rīshtal）地域で発見されたリーシュタル碑文には、515 年にマールワーを支配していたアウリカラ朝（Aulikaras）の国王プラカーシャダルマン（Prakāśadharman）が、中インド遠征を行って、アルハン朝のトーラマーナを最終的に打破して、彼の象牙とハーレムを奪った時の出来事が以下のように記されている。

> トーラマーナ王の時代には、アルハン朝の総司令官の称号は地上に定着していたにもかかわらず、その称号は戦いの中で、プラカーシャダルマン王によって破棄された。トーラマーナの足台は、彼の足元にひれ伏した王たちの冠の宝石できらきらと輝いていたにも関わらず。この国王（プラカーシャダルマン）によって、修行者たちに幸運の座が捧げられた。その座は、司令官（トーラマーナ）が所有する象と同一の象の長い牙で造られた立派なものであり、戦いの最前線で、国王の矢に倒される間、象のこめかみからその発情した精液が滴り落ちていた。そして、その司令官（トーラマーナ）のハーレムの女性たちの中から、選りすぐりの女

性たちが連れ去られた。彼（プラカーシャダルマン）は戦いの真っ最中にその活力で倒した者を、世界の光の腕の強さを示すために、ヴリシャバドヴァジャ（Vṛṣabhadhvaja＝シヴァ）神に捧げた[20]。

この碑文には、トーラマーナがプラカーシャダルマンの矢、すなわち軍勢に敗れて、ハーレムを奪われたことが記されている。この叙述は、トーラマーナの敗北によって、第1次フン戦争が終結したことを示している。しかしながら、数年後、トーラマーナの息子であるミヒラクラが再びインドを攻撃し、第2次フン戦争が勃発することになる[21]。

＊ミヒラクラ

ミヒラクラの名はグワーリオール（Gwalior）碑文にその名が見られる。この碑文は、マディヤ・プラデーシュ州のグワーリオールのゴーパ丘に、太陽神スーリヤの寺院を建立したことを記録したサンスクリット語の碑文である。碑文は赤色砂岩にサンスクリット語で書かれており、その殆どがスーリヤ神に関する詩句である。以下においてその一部を挙げる。

  栄光に満ちたトーラマーナという名前によって有名になった、偉大な地上の支配者がいた。彼は、その武勇と寛大さと誠実さによって、世界を公明正大に治めていた。

  その一門を名家にまで高めたその者には、比類なき武勇をもつ息子がいた。その者はミヒラクラといい、曲がったことはしなかったが、パシュパティ（シヴァ神）に服従していた。大きくて明るい目をしたあの王が地上を支配し、痛みを和らげていた時、王中の牡牛ともいうべき国王がもたらした繁栄の治世の15年目に、甘い香りの蓮と睡蓮の涼しげな香りが漂うカールティカの月がやってきた……（後略）[22]。

この碑文では、ミヒラクラに関して、貴重な情報を得ることができる。また、ミヒラクラがトーラマーナの息子であることが明らかとなる。碑文が作成された寺院の建立はミヒラクラの治世の15年とされている。バロフによると、前掲のリーシュタル碑文において、トーラマーナが敗北したのが515

年なので、その直後にミヒラクラが後を継いだとすれば、530 年頃にこの碑文が作成されたのではないかという[23]。

　ミヒラクラは、515 年の後、間もなく父の後を継ぎ、西パンジャーブで権力を強化した後、第 2 次フン戦争を引き起こしたことで知られている[24]。この戦争の内容を詳細に伝える史料は殆ど存在しないようであるが、528 年、ミヒラクラはソーンドニ（Sondhni）の戦いで、ヒンドゥー教徒のアウリカラ朝（Aulikaras）のヤショーダルマン王（Yaśodharman）に敗北を喫した。この出来事は、インド中部のマールワー地方で発見された、ヤショーダルマン王のマンダソール（Mandasor）碑文の 1 部にもなっている。この碑文は、サンスクリット語で書かれており、碑文の第 3 節にアルハン・フン族の国王が敗北した事実が記されている。

　　（ヤショーダルマン王は）平和的手段と武力により、東方の王と非常に強力な北方の王たち（prāco nṛpān subhrataś ca bahūn udīcaḥ）を服従させた後、第 2 の王名として、ラージャーディラージャ・パラメーシュヴァラ（Rājādhirāja Parameśvara、諸王の王で崇高な主＝シヴァ神）という、誰もが手に入れたいと望むが、世間では得難い名（称号）を名乗った[25]。

　この碑文には貴重な歴史に関連する情報が含まれている。碑文にはアルハン・フン族の王の名前は記されていないが、ヤショーダルマン王が、東方の王たち（prāco nṛpān、カナウジのマウカリ朝（Maukharis）、特にイシュヴァラヴァルマンであったと推測される）と同盟を結んで北方の王たちを討伐したとある[26]。非常に強力な北方の王は、アルハン朝の王、すなわちミヒラクラを指しているものと思われる。碑文には、この後、ヤショーダルマン王が偉大な征服者であり、国に平和と繁栄をもたらしたと記されており、ヤショーダルマン王によって敗北を蒙る羽目になり、インドにおけるアルハン朝の時代は終わったとされている。

　ミヒラクラがヤショーダルマン王に敗れたことを明確に示す資料は、インド北西部マディヤ・プラデーシュ州のマンダソールの南約 4 km にあるソーンドニ村から発見されたソーンドニ柱碑文である。碑文の第 6 節目に、ミヒラクラに関して以下のように記されている。

第 13 章　アルハン朝　247

ミヒラクラは、スータヌ（シヴァ）神以外の誰に対しても頭を下げてへりくだることがなく、またその腕の抱擁は、ヒマラヤ山脈（パンジャーブとカシュミール地方）に難攻不落の幻想を与えた。この（ヤショーダルマンの）足は、その腕の強さがその（アルハン・フン族の）君主の頭を苦渋で満たして屈服させた時、（彼の紋章から落ちた）花の供物と共にアルハン・フン族の国王によって、うやうやしく礼拝された。

　このように、ヤショーダルマン王の腕の強さが（アルハン・フン族の）君主の頭を屈辱的に屈服させたとあるので、ミヒラクラがヤショーダルマン王と戦い、敗北したことがわかる。さらに、第7節目には、ヤショーダルマン王に対する賛美が記されている[27]。

　ヤショーダルマンは、柱のように美しい、棍棒のような安定した腕で地上を統治し、その輝かしい（国王）により、時代の終わりまで続くこの柱が、あたかも地上を上から測るかのように、星の数を数えるかのように、そして、彼の英雄的な行為によって達成された栄光の道を、最上の天界に指し示すかのように、ここに建てられた。

　このように、ミヒラクラとマールワーの王ヤショーダルマンとの抗争は、ソーンドニ柱碑文の第六節目にミヒラクラを倒したことが記されている。さらに、この碑文は、ミヒラクラの治世の年代を推測することができる数少ない資料の1つである。この勝利は、589年（西暦532年）の銘をもつ前掲のマンダソール碑文にも言及されているが、柱が造られた年代はマンダソール碑文よりやや後のようであり、西暦534年頃と推定されている[28]。そのため、ミヒラクラの治世は6世紀前半（宋雲一行がガンダーラを訪れた520年に矛盾しない）と考えることができる。いずれにせよ、この後、ミヒラクラを国王とするアルハン朝は、その本拠地であるパンジャーブ北東部のシアールコート（Sialkot）から北方のパルヴァタに至る地方に退去したと考えられている[29]。

＊ミヒラクラとガンダーラ
　ミヒラクラとガンダーラとの関係については、『洛陽伽藍記』に、宋雲に

率いられた北魏の使節団が 520 年にガンダーラへ入国した時の見聞録が記されているので参考になる。そこでは次のように記されている。

　正光元年（520年）の四月中旬に乾陀羅（ガンダーラ）国に入った。その風土は烏場（ウディヤーナ）国に似ている。元の名を業波羅（ゴーパーラ）国といったが、嚈噠（エフタル）に滅ぼされ、そこで勅懃（テギン）を立てて王とした。国を治め始めてからすでに二世を経ていた。王は生まれつき凶暴で、人を殺すことが多く、仏法を信じておらず、鬼神を祭ることを好んだ。しかし、国中の人民は皆婆羅門種であり、仏教を信奉し、経典を読むことを好んでいた。それが突然この王を戴くことになり、はなはだ望むところとは違った。王は己の勇力を頼んで、罽賓（カシュミール）と国境を争い、戦闘はもう三年近くも続いていた。王は軍象七百頭をもっており、一頭が十人を背負い、めいめい手には刀と楂（さすまた）をもち、象の鼻に刀を縛り付けて敵を攻撃した。王はいつも国境に留まり、一日中帰らなかった。軍隊も人民も疲れてしまい、国中が嘆き怨んだ。宋雲は陣営に至って、詔書を提出したが、王は傲慢で礼儀がなく、坐ったままで詔書を受け取った。宋雲は、王が遠国の野蛮人であるからには制しようがないと見て取ると、横柄なままにさせておき、たしなめることができなかった。王は通訳官を使わして宋雲にいわせた。「そなたは諸国を歴訪して、険路を通って参られたが、さぞ難儀されたことであろう」と。宋雲は答えて、「わが皇帝は大乗の教えに参到したまい、はるばる経典を求めておられます。たとえ道は険しくとも、疲れたなどとは申せません。大王は親しく三軍を統べられ、遠く辺境にまでご出陣、瞬く間に寒暑を経巡って、さぞ疲労ではございませんか」というと、王は「小国を降すこともできず、ただいまのおたずねには恥じ入る次第だ」と答えた。はじめに宋雲は、王は野蛮人だから礼法でたしなめることはできないと思い、坐ったまま詔書を受け取るに任せたのであったが、さて親しく話を交わしてみると、人間らしさをもちあわているとわかったので、そこでたしなめていった。「山には高低があり、川には大小があります。人間の世界にもまた尊卑があります。嚈噠と烏場

の王はどちらも詔書を拝して受け取られました。どうして大王だけは拝をなさらぬのですか」と。王は答えた。「私は魏王に会ったならば拝をするであろう。しかし、手紙が届いてそれを坐ったまま読むのが一体どこがおかしいのだ。世人は父母から手紙が届いてさえ、やはり坐ったまま読む。大魏は私の父母のようなものである以上、私はやはり坐ったまま読む。だから、理に適っている」と。これには宋雲も返す言葉がなかった。そこで宋雲はある寺に案内されたが、もてなしはひどくお粗末であった。そのころ跋跋提国（バルフ）が獅子の子を2頭、乾陀羅国に送ってきた。宋雲たちはそれを一見したが、その猛々しい雄姿に接すると、中国人の描いた獅子は本物からはほど遠いと思われた[30]。

『洛陽伽藍記』によれば、正光元年（520年）4月中旬に、宋雲の一行が乾陀羅（ガンダーラ）国に到着し、その土地はウディヤーナ（Uddiyana、現スワート）に似ており、エフタル族に敗れ、最終的に勅懃（テギン）を王としたと書かれている。また、エフタル族は2世代にわたってこの国を統治している。勅懃（テギン）とは、突厥以来トルコ系の遊牧民族に多く用いられた、可汗の子弟ないしは、一族のみが用いる称号である。そのため、宋雲が会ったという、2代にわたって国を治めてきた2代目の勅懃はその実名が記載されておらず、非常に曖昧であり、さらに2代目ではなく、3代目であった可能性もある。それ故、この勅懃がエフタル族であったのか、あるいはアルハン・フン族であったのか、この文面からは即座に断定できず、これまで問題となってきた。

　20世紀末までの従来の見解では、このテギンはエフタル族であるとみなされてきた[31]。しかしながら、現在では、エフタル族はヒンドゥー・クシュ山脈の北方に居住してこの地だけを直接支配しただけで、南方は支配していないとする見解が有力である[32]。そうであれば、ガンダーラを支配したテギンはエフタル族ではなくアルハン・フン族に属したと考えられる。すなわち、アルハン・フン族にガンダーラの直接統治を委任したのである。以下に挙げるアルハン朝において発行されたコインの国王胸像を見ると、第一印象では凶暴な顔つきをしているとみなせば、その容貌は、『洛陽伽藍記』が記す「立

性凶暴」という形容句に合致する[33]。バッカーなどは、宋雲が勅懃に会ったのは 520 年であるから、その時の王（勅懃）はミヒラクラであり、ミヒラクラは、アルハン朝の第 3 世代目の王であった可能性が高いと述べている[34]。そうとすれば、上述したガンダーラの仏教徒を迫害し仏寺を破壊したのは、ミヒラクラということになろう。

　しかしながら、現在ではそのような見解は間違っており、ミヒラクラはアルハン朝の王であり、『洛陽伽藍記』の記す嚈噠（エフタル）の勅懃には当たらないとする見解が提示されている。また、上述した宋雲の記録では、この勅懃は凶暴で仏法を信じていないといっているが、少なくとも仏教寺院を破壊したとは一言もいっていない。山田明爾によれば、ミヒラクラはフン族でエフタル族ではないからガンダーラを支配した可能性は殆どなく、それ故、宋雲が会ったのはミヒラクラではないという[35]。そうであれば、ガンダーラを支配した勅懃はミヒラクラではないことになろう。ミヒラクラについては、さらに『大唐西域記』巻第 4 に以下のように記されている。

　　大城の西南十四、五里で奢羯羅故城（Sialkot）に至る。垣根は壊れているが、基礎はまだ堅固である。周囲は二十余里ある。その中にさらに小さな城の周囲六、七里のものを築いている。住民は富裕で、ここがこの国の故都である。数百年前に摩醯邏矩羅（ミヒラクラ）（原文注：唐に大族という）という王がいた。この城に都して治め、印度のいくつかの地方の王となった。才智あり、性質勇敢であり、隣境の諸国は臣伏しないものはいなかった。政務の余暇に仏教を学ぼうと思い、僧の中から一人の智徳あるものを推薦するよう命じた。ところが、僧徒たちは誰一人、命に応じなかった。少欲で無為自然を好み、栄達を求めようとはしなかった。博学で明敏な僧も王の威厳を恐れるところがあった。ちょうどこの時、王家に昔仕えていた召使が出家してすでに久しく、弁論さわやかに話に実があり賢明であったので、僧たちは全員一致して推挙し、王命に応じた。王は、「私は仏教を尊敬して遠くにまで名僧を求めたのに、僧たちはこの者を推挙して私と話をさせようとした。私は常に僧の中には賢明なる人が肩を並べるほど多くいるであろうと思っていた。今に

第 13 章　アルハン朝　251

なってはっきり分かった。どうして仏法を尊敬できようか」といった。そこで、五天竺に命令して仏教に関係するものは皆とり壊し、僧徒は放逐して少しも残すところがなかった[36]。

『大唐西域記』巻第4には、現代のパキスタン北東部に位置するシアールコートにおいて、ミヒラクラという国王が、仏教を学ぼうとしていたが、その思いが裏切られたため、仏教を敬うことをせず、破仏を行った経緯が伝えられている。さらに、『大唐西域記』巻第4では、この叙述に続けて、幼日王が大族の王（ミヒラクラ）を破り、大族の国王を生け捕りにする物語が叙述されているが、捕虜から解放されたミヒラクラの所業についても叙述されている。

大族は位を失い、山野に隠れながら北へ行き、迦湿彌羅（カシュミール）国に身を投じた。迦湿彌羅王は、丁重に礼遇し、国を失ったことを哀れみ、土地を封じてやった。歳月が経ち、大族は領土の人民を率いて迦湿彌羅王を欺き殺し自らその位についた。その戦勝の威光に乗じて西方に赴き健駄邏（ガンダーラ）国を討とうとし、兵を潜伏させ武器を隠して近づき、その王を殺した。さらに王族と大臣も皆殺しにした。また窣堵波（ストゥーパ）を壊し、僧伽藍を廃墟にした所はほぼ1600個所であった。殺した兵士の他にさらに9億人もいたが、皆誅罰して1人も残すまいと思った。その時、補佐官たちは皆諫言して、「大王の威光は強敵をも震えあがらせ、兵士は矛を交えないほどです。敵の首領は誅罰しても、人民に何の咎がありましょうか。どうか私たちを身代わりとして死なせてください」といったが、王は「汝らは仏法を信じ、冥福を尊重するから、仏果を成じ、本生譚にあるような話を真似て、私の悪行を未来世に伝えようと思っているのか。汝らは自分たちの位に立ち戻り2度ということなかれ」といった。そこで3億の上流の人をインダス河の流れに臨んで殺し、3億の中流の人を信度河の流れに沈めて殺し、3億の下流の人を奴隷として兵士に分け与えた。そしてその滅亡させた国の財貨をもって、分散した兵士を再結集して（迦湿彌羅国に）帰還したところ、まだ年が変わらないうちに、早くも命をなくしてしまった[37]。

『大唐西域記』のこの記述によれば、ミヒラクラがガンダーラにも侵入し、そこで仏塔や伽藍を破壊したことを伝えている。このような伝承に基づいて、キーンギーラの後に、ガンダーラを支配したのがミヒラクラであるとする見解があるが、山田明爾は『大唐西域記』の記述の信憑性に疑問を呈している。山田明爾は、『大唐西域記』の記述自体の信憑性は希薄であり、さらにタキシラからも、ガンダーラからも、ミヒラクラに関連する遺物が何も発見されていないので、ミヒラクラの勢力がガンダーラにまで及んだ形跡はまったくなく、また前掲の宋雲が会ったエフタル王もミヒラクラとは別人であると述べている[38]。

　既に述べたように、インド方面では、ミヒラクラとそれ以後のフン族の支配者たちは、最終的に、中インドのダーブラ（マンダソール）の王ヤショーダルマン（Yaśodharman）に532年に敗北したことによって、衰退していったようである。

＊後期のアルハン

　A・H・ダニによれば、カシュミールとガンダーラにおいてミヒラクラの後を継いだ可能性が高いのは、トーラマーナの息子とされるプラヴァラセーナ2世、すなわち、シュリー・プラヴァラセーナ（Śrī Pravarasena）であるという。シュリー・プラヴァラセーナは530年直後に即位し、ほぼ60年間統治した。この国王は、自らの名前を冠した都市プラヴァラセーナプラ（Puravarasenapura、現スリナガル）を建設した。このシュリー・プラヴァラセーナの後を継いだのがゴーカルナ（Gokarna）で、そのコインが発見されている。彼はゴーカルネーシュヴァラ（Gokarneśvara）と呼ばれるシヴァ神の祠を建立した。彼の息子ナーレンドラディティヤ・キンキラ（Narendraditya Khinkhila）もまた、ブーテーシュヴァラ（Bhūṭeśvara）と呼ばれるシヴァ神の祠を奉献した。その息子はユディシュティラ（Yudhishthira）で、眼が小さいことからアンドハ・ユディシュティラとあだ名された。しかし、彼は670年頃まで王位に就いていたようであるが、カルコータ朝の創始者ドゥルラバヴァルダナ（Durlabhavardhana）の息子である、プラタパディティヤ（Pratapaditya）によって退位させられた[39]。

一方、M・アルラムによれば、6世紀中頃から後半にかけて、アルハン・フン族はパンジャーブやガンダーラから撤退し、カイバル峠を越えて西に移動し、トーラマーナ2世の下でカブーリスタン（カーブル周辺）に再定住したという。ネーザク・フン族のコインにトーラマーナ2世の重印（overstrike）があり、トーラマーナ2世が、ネーザク・フン族の国王胸像の最大の特色たる水牛頭を採用していることから、アルハン・フン族はネーザク・フン族と対峙したことがうかがえる[40]。

アルハン朝のコイン

非常に多くのコインが上記の多数の国王たちや、名前が判明していない支配者によって発行されている[41]。本章では、その1部を採り上げて解説することにしたい。というのは、アルハン朝の文化的背景を考える場合、全てのコインは必ずしも必要ではなく、その1部だけで十分、その特徴は理解できると筆者が思うからである。

＊無名の諸王

アルハン・フン族が発行した初期のコインは、4世紀末まで遡るといわれる。何故ならば、それらはササン朝ペルシアのシャープール2世（図13-5）とシャープール3世のドラクマ銀貨の表裏の図柄を使用しているからである。シャープール2世はカーブルの造幣所で多数のドラクマ銀貨を発行していた[42]。フォンドロヴェックによれば、その造幣所が384/385年頃にアルハン・フン族の手に落ち、ササン朝ペルシアのドラクマ銀貨の極印を用いて、銘文だけをパフラウィー語・パフラヴィー文字からバクトリア語・ギリシア文字に代えて発行したという[43]。その模造貨の最初期のもの（図13-6）が発見されている。表には、シャープール2世の冠と同様の冠を戴く国王胸像が、裏には聖火壇と2人の神官（ないしは王侯）が表されている。表の銘文は摩滅しているが、恐らくパフラヴィー文字が刻印されていたと思われる。一方、裏は中心部分が打刻の衝撃によって窪んでおり、図像が消失している。通常、ササン朝ペルシアで発行されたコインには、このような窪みはないので、この窪みがアルハン・フン族のコインの特色の1つであると考えられる。それ

図 13-5

図 13-6

図 13-7

故、この銀貨は、アルハン朝治下のカーブルの造幣所で造られた、シャープール2世のコインの模倣貨の最初期のものであると思われる。この後に発行されたと考えられる模倣貨（**図 13-7**）では、バクトリア語・ギリシア文字で、「αλχάν (alxan、アルハン)」ないしは「αλχαννο (alxanno、アルハンの複数

第 13 章　アルハン朝　*255*

形のアルハンノー)」と、1時から時計回りに刻印されている。

また、これらの銀貨の他に、銅貨では表にシャープール2世の胸像、裏には後述する2種類のタムガのS1とS2、バクトリア語ギリシア文字で「αλχά (Alxa、アルハ)」という銘文が刻印されているものもある[44]。これらの銘には国王という文字が含まれていないから、アルハンは王名ではなく部族名ないしは氏族名であると考えられ、国王名が刻印されていないことから、これらのコインは匿名の支配者により発行されたものだと考えられている[45]。

シャープール2世のコインの模倣ドラクマ銀貨は、さらに変化して第2段階を迎える。恐らく、新たな王朝がカーブル地方において確固たる地位を築き、ガンダーラへ進出した可能性を示している。第2段階のコインには2種類ある。その分類は基本的にアルハン・フン族のタムガの相違による。その1つのタイプ(図13-8)では、S2のタムガ(図12-3)が、シャープール2世の頭の後方に刻印されている。もう1つのタイプ(図13-9)では、S1のタムガ(図13-10)が、シャープール2世の左肩近くにある。S1のタムガは以後、アルハン・フン族独自のタムガとして王家の紋章または部族の目印として採用された。アルラムとM・フィステラーによれば、以上の2種類のコインは、凡そ400年から420年頃に、カーブル、カーピシーにおいて発行されたものであるという[46]。いずれにせよ、これらのドラクマ銀貨の裏は、聖火壇とその両側に立つ2人の神官(ないしは王侯)というササン朝ペルシアの伝統的な図柄を継承しており、このコインの原型がササン朝ペルシアの銀貨であったことを明示している。

図 13-8

図 13-9

　アルハン・フン族の匿名のドラクマ銀貨は、次の第3段階において大きく進歩している。この段階のコインに表現された国王の胸像は、サ サン朝ペルシアのコインやその国王胸像の模倣ではなくなる。その代わりにコインの表には、頭蓋骨の上部が円錐形で小さく、鼻が高く、顎髭と頬髭のない顔に目立つ口髭を蓄えた、権力者のユニークで民族的特色が顕著な胸像が表現されている。胸像には2種類

図 13-10

あって、1つは無冠で、もう1つはディアデムと三日月を頭に着けている。前者のタイプ（図 13-11）は、向かって右を向いた国王の右肩から2つのリボン・ディアデムが後頭部に翻り、胸の下にはアカンサスの葉が左右に拡がり、後頭部近くに三日月、左肩近くにS1のタムガが見られる場合もある[47]。

図 13-11

バクトリア語・ギリシア文字銘は 1 時から時計回りに「αλχαννο（alxanno、アルハンノー）」と記され、4 時から逆方向に記されている。後者のタイプについては、国王胸像の像容は、前者のタイプとほぼ同一であるが、頭部にディアデムと三日月がついている点だけが異なる[48]。裏はシャープール 2 世のドラクマ銀貨の聖火壇と 2 人の神官（ないしは王侯）のタイプを踏襲している。

　これらの初期の匿名のコインはガンダーラやパンジャーブ地方において発見されているので、アルハン・フン族によるガンダーラの征服、あるいはこの地方でアルハン朝のコインが流通していたことを示している[49]。クリブによれば、アルハン・フン族が、恐らく 5 世紀初期の数 10 年間、最後のキダーラ朝の支配者であったシュリー・ヴァルマの時代に、キダーラ朝からガンダーラの支配権を引き継いだのであろうという[50]。X・ワンは『魏書』の記述を参照して、キダーラの息子が、ガンダーラの首都プルシャプラの町を守備していたと述べているが、それはシュリー・ヴァルマのことかもしれない[51]。無論、アルハン・フン族がどのようにしてキダーラ・フン族から主導権を握ったのか、その経緯についてはまだ明らかになっていないが、アルハン・フン族が発行した最初期のコインを見る限り、アルハン・フン族はキダーラ朝の支配下でキダーラ・フン族と共存していたが、徐々に強勢となり、最終的にガンダーラやカーピシーで主導権を握ったと考えられる。

　この匿名／無名の国王たちのコインの後に、コインに明確に国王の名前が刻印されるようになる。その最初の国王はキーンギーラである。

＊キーンギーラ

　この国王が発行したドラクマ銀貨は少なくとも 7 種類ある。ここでは、その中の 2 つを挙げる。その 1 つ（**図 13-12**）は、ハッダのケラン仏塔（Tope Kelan）から出土したドラクマ銀貨で、表に向かって左向きの国王胸像と、「Þαυο ξαοβλ αλχανο（Shauo Zaobl Alkhano、ザーブルの王アルハン）」という銘文が頭頂の左右に刻印されている[52]。国王の胸部の下方にアカンサスの葉が左右に拡がっているのもユニークである（詳細は以下の美術の項を参照）。この銘文によって、アルハン朝がカーブルの西と南西の地域、すなわちガズ

図 13-12

ニー(ガズニ)の周辺地域ザーブリスターンを支配していたことがわかる。そして、このザーブルの国王アルハンの銘をもつコインと同タイプで、国王の向かって左向きの胸像を表したコインの表には「αλχαο χιγγιλο (Alkhao Khiggilo、アルハン キッギロ)」と刻印されている。「Khiggilo」は以後のアルハン朝のコインにおいては、ブラーフミー文字で「khigila (Khingila、キーンギーラ)」と記されている。これら 2 つのコインによって、キーンギーラは、固有名がコインにおいて確認された最初のアルハン朝の国王であるところから、アルハン朝の初代の王といわれている。

キーンギーラが発行したもう 1 つの銀貨(図 13-13)には、表に、頭部を円錐形に変形させ、口髭を蓄えた王の胸像が、アカンサスの葉から生まれ出るかのように表現されている[53]。国王は右向きで、頭には三日月を頂にした冠を戴き、両肩からはササン系の房飾りが出ている(詳細は以下の美術の項

図 13-13

参照)。左肩近くにはアルハン・フン族のS1のタムガが見える。国王頭部の左右にはバクトリア語・ギリシア文字の銘文「χιγγιλο αλχανο（xiggilo alkhano、キッギロ アルハン)」が見える。裏には、ササン朝ペルシアのドラクマ銀貨に由来する、2人の神官（ないしは王侯）に挟まれた聖火壇が表現されているが、殆ど摩滅している。

＊メーハマ

メーハマが発行したドラクマ銀貨は9種類ある[54]。銘文はバクトリア語・ギリシア文字とブラーフミー文字を用いている。その表には、額の上に短い三日月型の前立てをつけ、リボン・ディアデムを頭に巻いた、向かって右向きの国王の胸像を表現している。胸部の下方には翼のような形のアカンサスの葉が左右に拡がっている場合もある。あるいは、両肩には小さな三日月光背が付いている場合もある。他のアルハン朝の国王の胸像と同様に、円錐形ないしは尖塔形の頭部、大きく見開いた眼と口髭が特徴である。ここに挙げたドラクマ銀貨（**図13-14**）も上記のアルハン銀貨の特徴のいくつかを共有している。頭部右側に、ブラーフミー文字で、メーハマを意味する「Mepama（メーパマ)」と1時から時計回りに刻印されている。メーハマが発行した他のタイプの銀貨には、国王名はバクトリア語・ギリシア文字では、「μηo（mēo, meiamoの略)」と、1時から時計回りに記されている。ブラーフミー文字とバクトリア文字の銘をもつドラクマ銀貨は、それぞれ表の図柄が類似していることから、同じ造幣所から発行されたものの、異なる地域で流通すること

図 13-14

を意図していたことがうかがえる[55]。メーハマのドラクマ銀貨の中には、キーンギーラやジャヴーカなどの国王胸像と同形式のものもあり、これらのコインは同一の造幣所で発行されたとみなす見解もある[56]。

さらに、全てのコインタイプで、国王の顔の前には必ず特徴的な「物」が表現されている。上記のドラクマ銀貨では、S1のタムガが表現され、その他には、花、金剛杵や聖火壇、棍棒、法螺貝などを表現したものもある。なお、裏には必ず、聖火壇と左右に2人の神官（ないしは王侯）が表現されているが、打刻の衝撃で図像が消滅している。

このようなアルハン・フン族特有のドラクマ銀貨の他に、メーハマは、キダーラ朝のキダーラ王のディーナール金貨を模した金貨（図13-15）を発行している。この金貨は金の含有量が減少し、国王の肖像の描写も稚拙である。国王の左腕の下には、S1のタムガが刻印され、王冠には三日月の内側に三叉の矛が表現されているので、エフタル朝やキダーラ朝が発行したものではない。そして、バクトリア語・ギリシア文字で、「βαγο μηυαμο Þαο（bago mēuamo shao、支配者メーハマ王）」と、7時から時計回りに銘が刻印されている。裏にはアルドクショー女神坐像が表現されているが、図像は鮮明ではない。この金貨については、フォンドロヴェックは、エフタルがバルフでコインを発行していたことから、メーハマがエフタルと同時期に同一の造幣所でコインを発行したとは考えられないと推定して、バルフ以外の造幣所で発行されたと推測している[57]。シムス・ウィリアムスは、ブラーフミー文字の「Mehama」は既述したバクトリア語の「Mēyam」と同一人物とみなして、

図13-15

ササン朝ペルシアのペーローズ1世の家臣として、最初はトハーリスターンのクンドゥーズ川流域を統治していたが、やがてガンダーラにも進出して大王（Mahāṣāhi）となったという[58]。

また、E・エリントンによれば、メーハマのコインは、ベグラムやガンダーラ北東部のカシュミール・スマストから出土している[59]。さらに、既述したように、バクトリア語の文書などにもその名前が見られることから、レザカニは、メーハマは、トハーリスターン東部からカーブル周辺の一部も支配していたと推測している[60]。ガンダーラはキーンギーラが支配していたと考えられるので、ガンダーラの周辺地域ないしは隣接地域をメーハマが支配していたのではなかろうか。

＊ジャヴゥーカ

ジャヴゥーカが発行したコインの銘文は、全てブラーフミー文字で記されている。フォンドロヴェックによれば、国王胸像を比較して分類すると、ジャヴゥーカのコインは3グループに明確に分けることができるという[61]。

初期のタイプ（**図13-16**）では、国王は額に2つの小さな三日月型前立をつけ、その下方にリボン・ディアデムを巻きつけ、さらに両肩は小さな三日月の光背で荘厳されている。後頭部近くにS1のタムガがある。国王胸像の右側には必ず、リボン・ディアデムで飾られ球体の上にのせた棍棒が添えられている。ブラーフミー文字銘は時計回りに10時から「ṣaha（王）」、1時から「javukha（ジャヴゥーカ）」とある。裏の図柄は聖火檀と2人の神官（な

図13-16

図 13-17

いしは王侯) であるが、ほぼ消滅している[62]。

後期のタイプ (図 13-17) では、初期のタイプと同じく国王は、頭部に三日月型の前立とリボン・ディアデムをつけ、右を向いているが、耳に連珠円文のような耳飾りをつけている点、アルハン・タムガが刻印されていない点が異なる。さらにブラーフミー文字銘文は、時計回りに 10 時から「jaya (勝利)」、1 時から「ṣāhi Javūhkhaḥ (ジャヴゥーカ王)」と記され、初期のタイプとは若干異なっている。

これら 2 つのタイプの他に、国王騎馬像を刻印した珍しいドラクマ銀貨 (図 13-18) がある[63]。これらのコインにもブラーフミー文字で「ṣāhi Javūkhaḥ (ジャヴゥーカ王)」と記されている。国王は三日月型前立をつけたディアデムを頭に巻き、馬に乗って右方向に進んでいる。ディアデムの両端は翻っている。S1 のタムガが国王の背後に見られ、馬の頭部の上方に、球体の上にの

図 13-18

せた棍棒が見られる。銘文は時計回りに、9時から「ṣāhi ja（ジャ（ヴゥーカ）王）」、1時から「vūkha（ṣāhi Javūkha、ジャヴゥーカ王）」とある。裏に、聖火壇と2人の神官（ないしは王侯）が表現されていると思われるが、殆ど消滅している。この国王騎馬像のモティーフは、グプタ朝の金貨から採用されたものである[64]。国王騎馬像は、グプタ朝のチャンドラグプタ2世（在位：375年-415年）と、クマーラグプタ1世（在位：414年-450年）が発行した8グラム前後のディーナール金貨に見られる。

また、このタイプは、ザボーコー（Zabokho）という銘をもつコイン（図13-19）との関係が議論されている[65]。このコインの表には国王騎馬像と満瓶（pūrṇaghaṭa）、裏にはチャクラ（輪）を載せた檀と横臥した馬（？）とアイベックス（？）が表現されている。表のバクトリア語・ギリシア文字銘文は「ξαβοχομιροσανο Þαο（Zabokho miirosano shao、東方の王、ザボーコー）」とあるが、欠落部分が多い。残念ながら、この「東方」がいかなる地域を意味しているかは不明である。フォンドロヴェックは、騎馬像を表現していることから、これらの2種類のコインは全て同じ支配者によって発行されたものであって、裏の銘文の言語と文字、図柄が異なるから、異なる地域で流通させるために発行されたと推定しているが、ザボーコーとジャヴゥーカが同一人物であるか否かは、古銭学による根拠だけでは決定できないという[66]。一方、レザカニは、ザボーコーとジャヴゥーカは、同一人物であり、スリナガルを含む北カシュミールを支配していたと考えているようである[67]。いずれにせよ、カシュミール・スマストからキーンギーラ、メーハマ、ジャヴゥーカの

図 13-19

コインが出土しており、同時期の南方のインドでは、トーラマーナが支配していたと考えられるので、ジャヴーカは、メーハマとは異なるガンダーラの隣接地域を支配していたのではなかろうか。

＊アドマノー

　この国王のコインは2種類しか知られていない[68]。1つはドラクマ銀貨（**図13-20**）で、国王は口髭を蓄え、首飾りと耳飾りを着け、向かって右を向き、三日月型前立てをつけたリボン・ディアデムを頭に巻いている。三日月の内側には、星ないしは花文が表されている。胸部にはアカンサスの葉が左右に拡がっている。向かって右側には球体に乗せた棍棒を、左側にはS1のタムガが刻印されている。銘文はバクトリア語・ギリシア文字で、時計回りに1時から「αδομανο（adomano、アドマノー）」、3時から「μιιροσανο Þαο（miirosano shao、アドマノー、東方の王）」と記されているようであるが不鮮明である[69]。裏の像は不鮮明であるが、聖火壇と2人の神官（ないしは王侯）が表現されている。

　一方、金貨の図柄は、メーハマの金貨（**図13-15**）に酷似している[70]。3頭身ほどの頭でっかちで寸詰りの身体をした国王が、両足を180度ほど開き、向かって左を向き、左手を挙げ、三叉の矛をもつ右手を祭壇にかざして立っている。国王はリボン・ディアデムを頭に巻き、王冠は一対の鳥翼ないしリボンが正面観で表現され、その上に星ないし円輪を含んだ三日月が載っている。左腕の下方にS10と分類されたタムガがある。銘文はバクトリア語・

図13-20

ギリシア文字で、11 時から反時計回りに「αδομανο μιιροσανο Þαο (adomano miirosano shao、アドマノー、東方の王)」とある。この「東方の王」という銘は上述したザボーコーのそれに一致するので、両者は緊密な関係にあったことが想定されるが、具体的な地域名はまだ明らかとはなっていない。裏には豊穣の女神アルドクショーないしは、ラクシュミー女神坐像が正面観で描写されているようであるが、図像は不鮮明である。

＊トーラマーナ

　トーラマーナは質の悪いドラクマ銀貨（**図 13-21**）を発行しているが、現存する作例は少ない[71]。この銀貨はグプタ様式で造られており、大英博物館の記録によると、アフガニスタン北東部のファイザーバード (Faizabad) で 1874 年頃に発見されたものである。表には、向かって左向きの国王胸像が、裏には孔雀とブラーフミー文字銘文「vijitāvanir avanipati(ḥ) śrī toramāṇa divaṁ jayati（大地を征服した、大地の支配者トーラマーナ王は天界も手に入れた）」が刻印されている。この「大地」は具体的にはインドを意味しているのであろう。

　トーラマーナは、金貨（**図 13-22**）も発行している。この金貨は中インドのグプタ朝の造幣所で発行されたものといわれている[72]。この金貨の表にはアルハン・フン族の変形した頭部を有する騎馬の国王がライオン狩りを行う光景が描写され、ブラーフミー文字銘文「avanipati toramāṇo vijitya vasudhāṁ divaṁ jayati（大地の支配者トーラマーナは、大地を征服し、天界も手に入れた）」が刻印され、裏にはアルドクショー女神ないしは、ラクシュミー女神の坐像

図 13-21

図 13-22

と、ブラーフミー文字銘「śrī prakāśāditya（輝く太陽のような王）」が刻印されている。バッカーによれば、トーラマーナがプラカーシャーディティヤ（Prakāśāditya）という銘文がある金貨を発行させることができたという事実だけでも、グプタ朝の領土と行政機関の重要な部分を、トーラマーナが確実に掌握していたことを証明しているという[73]。

この他に、トーラマーナは粗雑な銅貨を発行しており、トーラマーナ、あるいはトーラ（Tora）やトー（To）などの略称が記されている[74]。ミヒラクラが発行した銅貨を考察したフォンドロヴェックは、銅貨の発行が、トーラマーナとミヒラクラがインドを支配していた時期に行われていたと推定している[75]。また、トーラマーナのコインの大きな特徴は、キーンギーラが使っていた「アルハン」という氏族ないしは部族の名称や、アルハン・フン族のタムガを廃止したことである。

総じてトーラマーナのコインは、金貨を除くと、それ以前の国王のコインに較べると貧弱であるといえる。失政や経済の不振などで、国力の低迷や衰退が感じられる。

＊ミヒラクラ

ゲーブルはミヒラクラの治世を 515 年から 542 年の間と推定していたが、現在ではアルラムなどによって 515 年から 540 年の間と修正されている[76]。ミヒラクラが発行したのはドラクマ銀貨と銅貨で、国王名がブラーフミー文字で記されている。

ドラクマ銀貨（図13-23）の表裏の図柄はメーハマ、ジャヴゥーカ、アドマノーなどと、基本的には同一である[77]。その表には、国王の胸像が表されているが、顔の向きは向かって右向きと左向きの2種類がある。ブラーフミー文字銘は9時から時計回りに「jayatu mihirakula（ミヒラクラに勝利あれ）」とある。裏は聖火壇と2人の神官（ないしは王侯）の図像で統一されている。国王胸像は額にディアデムを巻き、三日月型前立をつけ、胸の下方にはアカンサスの葉が左右に拡がっている。頭部の背後には軍旗、頭部の前方には、リボンのついた三叉の矛が表現されている。

　ミヒラクラの銅貨（図13-24）は、表裏の図柄が銀貨とは異なる[78]。表裏とも連珠円文の枠が施されている点が目新しい。表には、無冠で頭髪が巻毛の国王胸像が向かって右向きに表現され、右肩からは梯子状リボン・ディアデムが上方に翻っている。ブラーフミー文字銘文は1時から時計回りに「śri mihirakula（ミヒラクラ王）」と刻印されている。一方、裏は上下2段に分割さ

図 13-23

図 13-24

れ、上段には牡牛歩行図が表現され、下段にはブラーフミー文字銘「jayatu vṛṣ（牡牛に勝利あれ）」が刻印されている。これらの銅貨の中には、トーラマーナの銅貨に重ね打ちして造られたものがある[79]。連珠円文で縁取られたこの銅貨の図柄の形式はトーラマーナの銅貨と共通しているので、この重ね打ちされた銅貨は、同じタイプのコインが同じ地域で流通していたことを証明している。しかしながら、なぜこれらのコインが重ね打ちされたのか、その理由を文献史料などからは確認することはできない。

　既述したように、トーラマーナはインドに侵攻し、息子のミヒラクラが後を継いだが、最終的に中インドのマールワー（Malwa）の支配者であったヤショーダルマン（Yaśodharman）の率いるインド諸王の連合軍に敗れた。『大唐西域記』などの叙述の一部を信頼するならば、その後、ミヒラクラ率いるフン族は、中インドから北方のシアールコートを中心とした地域と、カシュミール方面に退却せざるを得なかった。そうであるならば、インド系の称号を有するトーラマーナとミヒラクラの銅貨が発行されたのは、中インド征服時代のものであると結論づけられる。いずれにせよ、ミヒラクラのコインからは、国力が隆盛している兆候は感じ取れない。

＊トーラマーナ2世のコイン

　管見の限りでは、トーラマーナ2世のコインを初めて比定したのは、M・フィステラーである。その後、M・アルラムによって言及されたのは、既述したとおりである。一方、フォンドロヴェックは、このコインを不特定の国王の発行として扱っており、後述するアルハン・ネーザクのクロスオーバーコインの祖型となったと述べている[80]。トーラマーナ2世が発行したといわれるコインは銅貨（図13-25）のみである。表に右側を向き、口髭を生やした国王胸像が表現されている。2つの大きな三日月の内側に三本の縦線をつけた冠を戴いている。耳には真珠のイヤリングをつけ、頭部の後方には、冠のリボンが垂れ下がっている。さらに、王は植物をもっている。ブラーフミー語・ブラーフミー文字銘文には、「śrī ṣāhī tora（栄光に満ちたトーラ王）」とある。裏には聖火壇が表現されているが、欠損している。この他にも、同タイプのコインが多数発見されているようであるが、銘文が不鮮明なものが

図 13-25

含まれているようである。フィステラーによれば、コインの表に表されたトーラマーナ2世と思われる国王胸像の胸部に表現された鳥翼に似た文様が、バーミヤーンのカクラク窟の曼荼羅図壁画の中心に描写された仏陀像の胸飾りの文様と類似していると述べている[81]。

アルハン朝の美術

　アルハン・フン族が生み出した美術の中でこれまで明らかになっている作品は、主に銀器である。大英博物館所蔵のスワートから出土した銀製碗（図13-26）は、1912年にロンドンの古代文物協会において発表された。この銀製碗はスワート川の洪水で堤防の一部が流された際に入手されたものであるという。大英博物館の中世古美術部部長のO・M・ドールトンは、この銀製碗は鋳造され、彫刻された可能性があり、次のように結論づけた。「ギリシアの影響は目立たない」、「ササン朝ペルシアの影響が最も顕著である」、「インドの影響が確実に存在する」という。かくしてドールトンは、「憶測ではあるが、この容器はガンダーラとパンジャーブ地方のクシャン朝

図 13-26

の支配者のものである」とした[82]。一方、Ch・H・リードは、ササン朝ペルシアの銀製皿として紹介している[83]。この銀製碗は、外面は3つの装飾帯からなり、最も外側には騎馬の4人の王侯がそれぞれ、一対のライオン、虎、猪、羚羊を狩っている場面が表現されている。狩猟を行う人物はその冠形式から、キダーラ・クシャン朝ないしはエフタルの国王と推定されているが、頭部が円錐形に高くなっているので、アルハン・フン族の王侯と考えられる。特に、前述したように、近年、H・バッカーは、パルティアン・ショットを行う人物像の頭部の左側に刻印されたブラーフミー文字銘文（図13-1）を、エフタルの王であるキーンギーラの在位206年と解釈し、その西暦年が428/9年となるので、この銀製碗はヒンドゥー・クシュ山脈の南方で5世紀前半に制作された可能性が高いと主張している[84]。底部中心のメダイヨンの内には、殆ど磨滅しているが、1人の男性の胸像が描写され、その周囲をアカンサスの葉が囲んでいる。

　さらに、ギリシアのメガラ碗に似た形態の銀製碗が数点知られており、国立サマルカンド歴史芸術博物館所蔵、ウズベキスタン中部のチレクから出土した銀製碗（図13-27）は、B・I・マルシャークによって詳細に考察されている[85]。この碗の底部の中心に施されたメダイヨンは、アカンサスの葉から現れるアルハン朝の国王の胸像を表している。前述したように、アルハン・フン族は、高貴な出自や地位の高さを示すために、頭骨の発達を抑制し、鼻梁が高くなるように頭蓋骨を変形させていたといわれているが、この国王の頭部も三角帽の様に異常に高くなっている。この国王は、右手で花をもち、リボン・ディアデムを頭に巻いている。そのリボン・ディアデムが後方にたなびいている。メダイヨンの外側の装飾帯には、空想的な植物文に支えられたアーチが連続し、その各アーチの下には、6人の若い女性の立

図13-27

図 13-28

像が配されている。マルシャークによれば、ヴェールを両肩にかけている踊り子は、王侯の宴会で踊る女性であり、東ローマ帝国から中世インドのグプタ朝の美術によく見られる特徴であるという[86]。このように、これらのグプタ様式の女性像には全面的に、グプタ朝美術の影響が顕著であり、アルハン朝が、トーラマーナやミヒラクラによってインド北部まで征服したので、その影響であると考えられる。

アルハン朝において発行されたコインの国王胸像には、2つの特徴である「アカンサスの葉と、両肩から出る房飾り」がある。前者はローマ帝国の貴族の胸像や柱頭装飾に見られるが、再生復活や永遠不滅を象徴した。それが3世紀頃にササン朝ペルシアに伝播し、バフラム2世の銀製碗の国王胸像（**図 13-28**）や地方の王侯貴族が制作させた銀製酒盃の王侯や貴婦人の胸像に応用された[87]。大英博物館蔵銀製皿（**図 13-26**）、ウズベキスタンのチレク出土の銀製皿（**図 13-27**）の底部に表現された国王胸像にも、この植物モティーフが見られるので、この文様からも、これらの銀器が5世紀頃のアルハン朝で制作されたことが判明する[88]。

一方、後者の房飾りは、クシャノ・ササン朝のペーローズ2世の金貨の部分で既述したように、ササン朝ペルシアの帝王の乗馬の標識や両肩（**図 10-23**）の装飾として用いられたものであるが、ガンダーラの仏教彫刻やクシャノ・ササン朝のペーローズ2世の金貨（**図 10-21**）の国王肖像などに採用されていた[89]。それがアルハン朝の国王胸像に用いられていたわけだが、ペーローズ2世の金貨との関連性は残念ながら、今後の解明に待つほかない。

また、カシュミール・スマスト出土の銅製ないし真鍮製の碗にも、アルハン・フン族の変形した頭骨をもつ人物の胸像が表現されているという[90]。これらの美術品の他に、次章で紹介する大仏で有名なバーミヤーンの仏塔、壁画などの一部はアルハン朝時代に制作されていた可能性もある[91]。

注

1 M. Alram, "From the Sasanians to the Huns: New Numismatic Evidence from the Hindu Kush," *The Numismatic Chronicle*, vol. 174, 2014, pp. 273-274；ミハエル・アルラム（著）／宮本亮一（訳）「サーサーン朝からフンへ　ヒンドゥークシュ南北で発見された新出貨幣資料」宮治昭編『アジア仏教美術論集中央アジアⅠ　ガンダーラ〜東西トルキスタン』中央公論美術出版，2017年，237頁．この風習は男性だけでなく女性の場合にも見られる。Cl. Rapin, "Nomads and the Shaping of Central Asia: from the Early Iron Age to the Kushan Period," In *After Alexander Central Asia before Islam*, eds. by J. Cribb/G. Herrmann, Oxford, 2007, pp. 53-54, fig. 9-d, e.

2 K. Vondrovec, "Numismatic Evidence for the Alchon Huns reconsidered," *Beiträge zur Ur- und Frühgeschichte Mittelasiens*, Band. 50, 2008, pp. 25-56: *op. cit.*, pp. 142-396.

3 国王の在位年は Göbl, *op. cit.*, Band II, pp. 48-49, 322; A. H. Dani, "Part One: Eastern Kushans and Kidaritres in Gandhara and Kasshmir," In *History of Civilization of Central Asia*, vol. III, ed. by B. A. Litvinsky, Paris, pp. 169-170; M. Alram et al., *Das Antliz des Fremden*, Vienna, 2019, coin catalogue などを参照した。

4 G. Melzer, "A Copper Scroll Inscription from the Time of the Alchon Huns," *Buddhist Manuscripts*, vol. III, 2006, pp. 251-278；小谷仲男「5世紀における西北インドのフーナ族」『ヘレニズム〜イスラーム考古学研究2019』2019年，1-10頁．

5 Melzer, ibidem, p. 274; Bakker, *op. cit.*, pp. 48-53；小谷前掲論文，2019年，2頁．

6 É. De la Vaissiere, "A Note on the Schøyen Copper Scroll: Bactrian or Indian ?," *Bulletin of the Asia Institute*, vol. 21, 2012, pp. 127-130; Bakker, *op. cit.*, pp. 26-27.

7 Melzer, op. cit., p. 258. メルツァーによれば、碑文にある devaputraṣāhi、ṣāhi、mahāṣāhi、devarāja、mahārāja などの表記は、王子と支配者たちの地位の差異を示しているという。

8 Bakker, *op. cit.*, p. 27.

9 Alram, *op. cit.*, 2014, p. 274.

10 Bakker, *op. cit.*, pp. 24-26, 43-47.

11 The Metropolitan Museum of Art, *China Dawn of a Golden Age 200-750 AD*, New York, 2004, p. 151, pl. 61；森美術館『中国＊美の十字路展』2005年，122頁，図版097．

12 Simis-Williams, op. cit., 2002, pp. 143-144.

13 J. A. Lerner/N. Sims-Williams, *Seals, Sealings and Tokens from Bactria to Gandhara (4th to 8th century CE)*, 2011, Vienna, pp. 53, 82-83; N. Sims-Williams, *Bactrian Documents from Northern Afghanistan*, vol. III, London, 2001, pp. 113-114.

14 Balogh, *op. cit.*, pp. 326-328.

15 Rezakhani, *op. cit.*, p. 111.

16 Bakker, *op. cit.*, p. 27.

17 ハンス・バッカー（著）／宮本亮一（訳）「希望、失意、栄光の記念碑　インドを変えた50年にわたるフンとの戦い（484-534年）」宮治昭・福山泰子編『アジア仏教美術論集南アジアⅠ　マウリヤ朝〜グプタ朝』中央公論美術出版，2020年，420-433頁．

18 碑文については、J. F. Fleet, *Inscriptions of the Early Gupta Kings and their Successors, Corpus Inscriptonum Indicarum*, vol. III, Calcutta, 1888, pp. 158-161; Bologh, *op. cit.*, 328-330.

19 Bakker, *op. cit.*, p. 76.

20 本碑文は、R・サロモンによって解読されたが、その後H・バッカーなどによって訂正がなされた。R. Salomon, "New Inscriptional Evidence for the History of the Aulikaras of Mandasor," *Indo Iranian Journal*, vol. 32, no. 1, 1989, pp. 1-36; Balogh, *op. cit.*, pp. 339-343.
21 Bakker, *op. cit.*, pp. 90-91.
22 この碑文は、フリートによって初めて英訳され、のちにバロフによって修正が行われている。Fleet, *op. cit.*, pp. 161-164; Balogh, *op. cit.*, pp. 343-345.
23 Balogh, *op. cit.*, p. 346.
24 バッカー（著）／宮本（訳）前掲論文，433-436 頁。
25 Fleet, *op. cit.*, pp. 150-158; Balogh, *op. cit.*, pp. 346-352.
26 Balogh, *op. cit.*, pp. 351-352.
27 Fleet, *op. cit.*, pp. 142-150; Balogh, *op. cit.*, pp. 352-355.
28 Balogh, *op.cit*, p. 355.
29 Bakker, *op. cit.*, p. 99.
30 入矢義高（訳注）『洛陽伽藍記』平凡社，東洋文庫 517，224-225 頁；『洛陽伽藍記』巻第 5（『大正蔵』第 51 巻，1020c-1021a 頁）：至正光元年四月中旬入乾陀羅国。土地亦与烏場国相似。本名業波羅国、為嚈噠所滅、遂立勅懃為王。治国以来已経二世。立性凶暴、多行殺戮。不信仏法、好祀鬼神。国中人民悉是婆羅門種、崇奉仏教、好読経典。忽得此王、深非情願。自恃勇力、与罽賓争境、連兵戦闘已歴三年。王有闘象七百頭、一負十人、手持刀楂象鼻縛刀。与敵相撃。王常停境上終日不帰。師老民労百姓嗟怨。宋雲詣軍通詔書、王凶慢無礼、坐受詔書。宋雲見其遠夷不可制、任其倨傲莫能責之。王遣伝事謂宋雲曰。卿渉諸国。経過険路、得無労苦也。宋雲答曰。我皇帝深味大乗遠求経典。道路雖険。未敢言疲。大王親統三軍、遠臨辺境、寒暑驟移、不無頓弊。王答曰。不能降服小国、愧卿此問。宋雲初謂、王是夷人不可以礼責任其坐受詔書。及親往復乃有人情、遂責之曰。山有高下氷有大小。人処世間亦有尊卑。嚈噠烏場王並拝受詔書。大王何独不拝。王答曰。我見魏主則拝。得書坐読有何可怪。世人得父母書。猶自坐読。大魏如我父母、我一坐読書。於理無失。雲無以屈之。遂将雲至一寺、供給甚薄。時跋跋提国送獅子児両頭、与乾陀羅王。雲等見之。観其意気雄猛、中国所画莫参其儀。
31 桑山前掲書，1990 年，131-151 頁。
32 Sh. Kuwayama, "Historical Notes on Kāpiśī and Kābul in the Sixth-Eighth Centuries," *Zinbun*, vol. 34-1, 1999, pp. 37-41; Vondrovec, *op. cit.*, p. 406.
33 後述のアルハン・フン族のコインを参照。Vondrovec, *op. cit.* pp. 160, 162-166, 170-173, 180-189, 235-237, 291-297.
34 Bakker, *op. cit.*, p. 19; Xiang Wan, "A Study of the Kidarites: Reexamination of Documentary Sources," *Archivum Eurasiae Medii Aevi*, eds. by Th.T. Allsen et ali., vol. 19, 2012, pp. 256, 271-275.
35 山田明爾「ミヒラクラの破佛とその周辺（上）」『佛教史学』1-1，1963 年 a，50 頁；「ミヒラクラの破佛とその周辺（下）」『佛教史学』1-2，1963 年 b，106-109 頁；M. Yamada, "Hūṇa and Hephtal," *Jinbun*, vol. 24, 1989, pp. 79, 107.
36 玄奘（著）／水谷（訳）前掲書，136-137 頁；『大唐西域記』巻第 4，（京都帝大文科大学前掲書，2 頁）：大城西南十四五里至奢羯羅故城。垣堵雖壊基趾尚固。周二十余里。其中更築小城。周六七里。居人富饒。即此国之故都也。数百年前有王号摩醢邏矩

羅（注：唐言大族）都治此城王諸印度。有才智性勇烈。隣境諸国莫不臣伏。機務余閑欲習仏法。令於僧中推一俊徳。時諸僧徒莫敢応命。少欲無為不求聞達。博学高明有懼威厳。是時王家旧僮染衣已久。辞論清雅言談瞻敏。衆共推挙而以応命。王曰。我敬仏法遠訪名僧。衆推此隷与我談論。常謂僧中賢明肩比。以今知之夫何敬哉。於是宣令五印度国。継是仏法並皆毀滅。僧徒斥逐無復孑遺。

37 同上，2-3 頁：大族失位藏竄山野。北投迦濕彌羅国。迦濕彌羅王深加礼命。愍以失国封以土邑。歲月既淹率其邑人矯殺迦濕彌羅王而自尊立。乗其戦勝之威西討健馱邏国。潜兵伏甲遂殺其王。国族大臣誅鋤殄滅。毀窣堵波廃僧伽藍。凡一千六百所。兵殺之外余有九億人。皆欲誅戮無遺噍類。時諸輔佐咸進諫曰。大王威慴強敵兵不交鋒。誅其首悪黎庶何咎。願以微躬代所応死。王曰。汝信仏法崇重冥福。擬成仏果広説本生。欲伝我悪於未来世乎。汝宜復位勿有再辞。於是以三億上族臨信度河流殺之。三億中族下沈信度河流殺之。三億下族分賜兵士。於是持其亡国之貨振旅而帰。曾未改歳尋即徂落。

38 山田前掲論文，1963 年 a，b；Yamada, op. cit., 1989, pp. 79, 87, 97-100, 107-108.
39 Dani, op. cit., pp. 169-170.
40 Alram, op. cit., 2014, p. 278; Vondrovec, op. cit., p. 485；アルラム（著）／宮本（訳），前掲論文，241 頁.
41 Vondrovec, op. cit., vol. I 参照。
42 R. Göbl, System und Chronologie der Münzprägung des Kušanreiches, Wien, 1984, pls. 139-143.
43 Alram/Pfisterer, op. cit., 2010, pp. 15-16; Vondrovec, op. cit., p. 45.
44 S1, S2 は R. Göbl の命名による、Göbl, op. cit., 1967, Band IV, tafeln 14, 17.
45 Alram/Pfisterer, op. cit., 2010, p. 15; Vondrovec, op. cit., pp. 159, 170, 177-179, figs. 3.12, 3.23, 3.24. ただし、確定的ではない。
46 Alram/Pfisterer, op. cit., 2010, pp. 16-17.
47 Vondrovec, op. cit., pp. 160, 180, pp. 235-237, fig. 3.25, types 40, 41, 42, 43.
48 Vondrovec, op. cit., vol. I, p. 171, fig. 3.14, types 61, 68.
49 Alram/Pfisterer, op. cit., 2010, pp. 17-18.
50 J・クリブは、カシュミール・スマストから発見されたキダーラ・フン族とアルハン・フン族のコインにシュリー・ヴァルマの名前が見られることから、アルハン・フン族がカシュミール・スマスト周辺地域の支配権を握ったのは、シュリー・ヴァルマの時代であると考えられると述べている。なお、シュリー・ヴァルマの在位年代などは不明である。Cribb, op. cit., 2010, p. 106.
51 X. Wang, "A Study of the Kidarites: Reexamination of Documentary Sources," Archivum Eurasiae Medii Aevi, eds. by Th.T. Allsen et al., vol. 19, 2012, pp. 252, 293；山田明爾「キダーラ・クシャーンについて」『印度學佛教學研究』11-2，1963 年，614（235）頁.
52 E. Errington, "Differences in the Patterns of Kidarite and Alkhon Coin Distribution at Begram and Kashmir Smast," In Coins, Art and Chronology II, eds. by M. Alram/D. Klimburg-Salter/M. Inaba/M. Pfisterer, Vienna, 2010, p. 167, figs. 1c, 22-a; Vondrovec, op. cit., p. 186-187, fig. 3.33, type 59; Rezakhani, op. cit., p. 114-115.
53 Errington, op. cit., 2010, pp. 149, 156, fig. 1-c, e; Alram and Pfisterer, op. cit., 2010, pp. 18-19, type 59A; Vondrovec, op. cit., pp. 183, 296, type 61.
54 Vondrovec, op. cit., pp. 188-189, 309-317, types, 62-63, 71, 73, 73A, 74, 316, 317.
55 Vondrovec, op. cit., p. 188.

56 フォンドロヴェックによって、Type 316 と 317 に分類されたコインに該当する。Vondrovec, *op. cit.*, p. 189, fig, 3.36.
57 Vondrovec, *op. cit.*, pp. 143-144, Type 84.
58 N. Sims-Williams, "The Sasanians in the East. A Bactrian archive from northern Afghanistan," In *The Sasanian Era*, eds. by V. S. Curtis/S. Stewart, London, pp. 98-99; Alram/Pfisterer, op. cit.,2010, p. 22.
59 メーハマは正しくはメーハーマーと呼ぶべきかもしれない。ベグラムからは、ブラーフミー文字でメーパーマー（Mepāmā）の銘文をもつ銅貨が、カシュミール・スマストでは同銘のドラクマ銀貨が発見されている。Errington, op. cit., 2010, pp. 151-152, figs. 16-a, 17-e.
60 Rezakhani, *op. cit.*, p. 121.
61 Vondrovec, *op. cit.*, pp. 204-207.
62 Vondrovec, *op. cit.*, p. 171, fig. 3. 14, type 49, p. 190, fig. 3. 15, type 51, pp. 318-320, types 50, 51.
63 Vondrovec, *op. cit.*, p. 191, fig. 3. 39, types 117, 118, pp. 204-205, fig. 3.55, p. 207, fig. 3. 58-types 117-118, p. 322, type 117.
64 Vondrovec, *op. cit.*, pp. 191, 205.
65 Vondrovec, *op. cit.*, p. 204, fig. 3. 54, p. 207, fig. 3, 58, types 105-107, p. 355, type 107.
66 Vondrovec, *op. cit.*, p. 206.
67 Rezakhani, *op. cit.*, pp. 119-122.
68 Vondrovec, *op. cit.*, pp. 144-145, fig. 2. 4：一部の古銭学者はアドゥマン（Aduman）と呼んでいるが、その根拠は薄弱であるので、本書では採用しない。Cf. N. Sims-Williams, *Bactrian Personal Names, Iranisches Personennamenbuch*, Band II, Fasc. 7, Vienna, 2010, p. 31.
69 Vondrovec, *op. cit.*, p. 349, type 86.
70 Vondrovec, *op. cit.*, pp. 154-155, types 85, 85A.
71 Göbl, *op. cit.*, 1867, Band III, tafel 30-no.119; P. Tandon, "The Identity of Prakasaditya," *Journal of the Royal Asiatic Society*, vol. 25, 2015, p. 649, 666, fig. 6: "The Coins and History of Toramāṇa," In *Dinars and Dirhams*, eds. by T. Daryaee et al., Leiden, 2021, pp. 308, 311, figs. 1, 6; Bakker, *op. cit.*, p. 79, fig. 31.
72 P. Tandon, ibidem, pp. 649, 667, figs. 1, 8, 9, 10, 11; Tandon, *ibidem*, p. 311, fig. 4; Bakker, *op. cit.*, p. 78-79, fig. 31.
73 Bakker, *op. cit.*, p. 79.
74 Vondrovec, *op. cit.*, p. 211-212, 371-374, types 55A, 121A, GC-A22, GCAa23, fig. 3. 65.
75 Vondrovec, *op. cit.*, p. 216.
76 Vondrovec, *op. cit.*, p. 214.
77 Vondrovec, *op. cit.*, p. 215, fig. 3. 67, type 135, 135A, 310, 136, 137, pp. 377-378, types 135A, 310.
78 Vondrovec, *op. cit.*, p. 215, fig. 3. 68, type 152, 153, 2.
79 Vondrovec, *op. cit.*, p. 213, fig. 3. 65, type 120, 215, fig. 3. 68, overstrike on type 120.
80 M. Pfisterer, *Hunnen in India*, 2013, Wien, pp. 307-311; Alram, op. cit., 2014, p. 278, Vondorovec, *op. cit.*, p. 201.
81 Pfisterer, *op. cit.*, 2013, pp. 174-175.

82 この銀器はドールトンなどによって紹介されたが、騎馬人物像の比定は、R・ゲーブルなどによって行われている。O. M. Dalton, *The Treasure of the Oxus with Other Examples of Early Oriental Metal Work*, London, 1926, pp. 53-55; R. Göbl, *Dokumente zur Geschichte der Iranischen Hunnen in Baktrien und Indien*, Band II, 1967, Wiesbaden, pp. 262-266, Band III, 1967, Wiesbaden, Tafel. 93-95; F. Grenet, "Regional Interaction in Central Asia and Northwest India in the Kidarite and Hephtalite Periods," *Indo-Iranian Languages and Peoples, Proceedings of the British Academy*, vol. 116, ed. by N. Sims-Williams, Oxford, 2002, pp. 211-212.

83 Ch. H. Read, "On a Silver Sassanian Bowl of about the year 400 A. D, found in the NW. Provinces of India," *Archaeologia*, vol. 63, 1912, pp. 251-256.

84 バッカーは、銘文を kh(i) ṅg(i)200 6 ka と解釈しているが、H・ファルクはこの解釈をしりぞけ、206 ka(r)śāpaṇa と解釈し、銀器の重量を示しているという。Bakker, *op. cit.*, pp. 24-26, 43-47.

85 B. I. Marshak, *Sliberschätze des Orients: Metallkunst des 3.-13. Jahrhunderts und ihre Kontinuität*, Leipzig, 1986, pp. 29-32. 初出は B. I. Marshak/Ya. K. Krikis, "Chilekskie chashi," *Trudy Gosudarstevennogo Ermitaja*, vol. X, 1969, pp. 67-76, figs. 6-8；田辺／前田前掲書，図版 167, 168.

86 Marshak, *op. cit.*, 1986, p. 31.

87 H. Jucker, *Das Bildnis im Blätterkelch*, Lausanne und Freiburg, 1961, Band II, Tafeln. 1-146; E.von Mercklin, *Antike Figuralkapitelle*, Berlin, 1962, Abb. 1-1408; P. O. Harper, *Silver Vessels of the Sasanian Period*, New York, 1981, pls. 1-7.

88 O. M. Dalton, *op. cit.*, 1905, pp. 53-55, pls. XXIX-XXXI；田辺勝美『シルクロードの金属工芸　正倉院文化の源流』古代オリエント博物館，1981 年，59-60 頁，挿図 30-32；B. Marshak, *op. cit.*, 1986, pp. 29-35, pls.11-13; R. Rante/Y. Lints（eds.）, *Splendeur des oasis d'Ouzbékistan sur les routes caravanières d'Asie centrale*, Madrid/Paris, 2022, pp. 100-101, fig. 70. この他に、フン族における銀器の制作の可能性に関しては、アルラム（著）／宮本（訳）前掲論文，232 頁，図 3a を参照のこと。

89 田辺勝美「ガンダーラ美術に対するササン朝文化の影響」『日本オリエント学会創立 35 周年記念オリエント学論集』刀水書房，1990 年，295-314 頁．

90 M. Nasim Khan, *Treasures from Kashmir Smast*, Peshawar, 2006, pp. 76-85, 167, figs. 72-80, 167.

91 Z. Tarzi, "Les fouilles strasbourgeoises de la mission Z.Tarzi à Bāmiyān（2002-2008），" In *Autour de Bāmiyān de la Bactriane hellénisée à l'Inde bouddhique*, Paris, 2012, pp. 29-207.

第14章　ネーザク・フン族

ネーザク・フン族とは

　ネーザク・フン族（NĒZAK/Nezāk Huns、5世紀後半 – 7世紀）は、カーブル北方のカーピシーに興った王朝が発行した銀貨に登場する民族の名称である。ゲーブルはネーザク・フン族を、主に古銭学による考察に基づいて、フン族の4大グループの1つとしている[1]。すなわち、キダーラ、エフタル、アルハン、そしてネーザクである。ネーザク・フン族は、エフタルに起源する可能性があるにもかかわらず、その国王ネーザク・シャーについては、中国の文献を除いては、殆ど言及されていない。それ故、他のフン族と同様にコインが主な資料であるが、コインに国王の固有名が記されていないので、国王の名前や、その即位年代、在位年代などは判明していない。

　ネーザク・フン族は、その出土コインの分布状況の研究から、5世紀後半から7世紀まで、現在のカーブル周辺のカーブリスターンと、現在のガズニー周辺のザーブリスターンを支配し、最終的にはガンダーラをも支配していたと推定されている[2]。結局、その国力が衰えると、カーブルを中心に勃興したテュルク・シャー朝に取って代わられた。

ネーザク・フン族の歴史

　ネーザク・フン族の初期の歴史については、関係する文献が僅少であるが故に、殆ど判明していない。M・アラムによれば、ネーザク・フン族は、ササン朝ペルシアのペーローズ王がエフタルに敗北して戦死した後、ザーブリスターンを支配下に置いたという[3]。

　ネーザク・フン族は、後述するように、主にザーブルとカーブル、カーピシーで発行されたと思われる銀貨と銅貨に、パフラヴィー文字で「nycky/MLK（ネーザクの王）」という銘文が記されていることから、そのように呼ばれている。一方、文献史料としては『北史』巻97が知られており、ネーザク・フン族について以下のように記述されている。

> 漕国は、葱嶺の北にあり、漢の時、罽賓国であった。(中略)その国王は、金の牛の頭の形をした冠を戴き、金の馬の坐に座っていた[4]。

このように、「罽賓国(カーピシー)の国王は牛の頭を冠した冠を被っていた」と明記されている。この記述は、後で紹介するネーザク・フン族のコイン(図14-1)の冠の上にある水牛の頭を指していると解釈されている。

さらに、ネーザク・フン族が630年頃に全盛期を迎えていたことは、『大唐西域記』巻第1に記されている、迦畢試国についての以下の記述から判明する。

> 迦畢試(カーピシー)国は、周囲四千余里あり、北は雪山を背にし、三方は黒嶺が境をしている。国の大都城は周囲十余里ある。あらゆる穀物によく、果物も多い。善馬と鬱金香(ウコン)を産出する。諸国の珍しい品物が、この国に集まってくる。気候は風寒く、人の性質は荒々しい。言葉使いはいやしく、婚姻は乱れている。文字はほぼ覩貨邏国と同じであるが、習慣、言語と教化は非常に異なっている。服はフェルトをまとい、毛皮や褐(毛織)も着る。貨幣は金銭、銀銭および小銅銭を使用し、その大小や表裏の図柄は、諸国と異なっている。王は刹利種(クシャトリア)出身である。知略があり、性質は勇敢で、威光は隣国を恐れ従わせており、10余国を統治している[5]。

桑山正進によれば、玄奘がカーピシーを訪れた時、カーピシーは近隣を支配する一大勢力であり、カーピシーに服属していた国は、東方の濫波国(現在のラグマーン(Laghman地方))、那掲羅曷国(現在のナガラハーラ(Ngarahāra))、健駄邏国(ガンダーラ)、西インドの境にあったという伐刺拏国(現在のバンヌー(Bannu))の4カ国であるという。桑山はこの時点では、タキシラからガンダーラ国まで、エフタル・テギンが支配していたと解釈している[6]。一方、W・ズィアードは『大唐西域記』の上記の記述内容から、カーピシーの国王をネーザク・フン族の王と解釈し、さらに玄奘がカーピシーを訪れた630年の時には、カーピシー国が凡そ10国を支配していたという記述を考慮して、ランパー(濫波国)、バンヌー、ナガラハーラ、ガンダーラを含む

11 カ国をネーザク・フン族が支配したと述べている[7]。この後のネーザク・フン族については、『旧唐書』巻198 に以下のように述べられている。

> 罽賓国はパミール山脈の南、首都12200里のところにある。常に大月氏に従属している。この土地の気候は高温多湿である。人々はみな象に乗る。土壌は稲作に適しており、冬でも葉が枯れることはない。地元の人々の多くは仏教を信仰している。隋の煬帝の時代、西域の三十余の国が次々と使節を送ったが、罽賓国だけが使節を送らなかった。貞観11(637)年、罽賓は使者を派遣して立派な馬を贈った。太宗皇帝は彼らの誠実さと寛大さを賞賛し、絹織物を贈った。貞観16(642)年、貢物として鼠(マングース)が贈られた。そのネズミは尖った鼻と赤い尾をもっていた。毒蛇を食べることができる。蛇に噛まれた場合、ネズミは傷の匂いを嗅ぎ、尿をかけると、傷はすぐに治る。顯慶3(658)年、唐の使者がこの国の風習を調べたところ、王家の始祖である馨蘖から現在の国王である曷擷支に至るまで、王位は父から子へと受け継がれ、現在までに12代、続いているという。その年に、罽賓国の大都城は修鮮都督府とされた。龍朔の初め(661年)、罽賓の国王は修鮮など11の州の軍政長官、修鮮都督の称号を与えられた[8]。

『旧唐書』の罽賓国の条では、隋の煬帝の頃には罽賓国は使者を送ってこなかったが、637年以降、馬やマングースなどを貢物として唐の皇帝に送っていたと記されている。ここで注目すべき記事は、658年に、罽賓国の王家の始祖が馨蘖で、その後、現在の王が曷擷支であり、12代にわたって続いているという記事である。始祖の馨蘖という人物については、ネーザク・フン族の始祖キンガルと解釈されることもあるが、現在では、既述したアルハン王のキーンギーラと解釈されている[9]。また、曷擷支は、ネーザク・フン族の国王として、ガル・イルチ (Ghar-ilchi) という人物に比定されている[10]。ズィアードは、このガル・イルチをネーザク・フン族の最後の国王と比定している[11]。また、658年の時点では、王朝は父から子へと12代続いたと記されている。12代というのは文字通りに受け取る必要はなく、恐らく複数の世代を意味していると解釈すべきであろう。661年には、カーピシー国の大

都城に修鮮都督府が置かれたという記述から、ネーザク・フン族の王朝は当時、依然として存続していたと考えられる[12]。最終的に、667年頃、ネーザク・フン族の最後の国王の配下のテュルク（西突厥）人武官が、反乱を起こしてネーザク・フン族を制圧し、カーピシーあるいはその近辺、恐らく現在のカーブルの地でテュルク・シャー朝を興したと考えられる。

ネーザク・フン族のコイン

　ネーザク・フン族は、国王名を刻印したコインを発行していない。ネーザク・フン族によって発行されたコイン（**図14-1**）は、ドラクマ銀貨とオボル銀貨であるが、コインの質は低下している[13]。ドラクマ銀貨の表には、三日月と水牛頭と鳥翼をつけた冠を戴く国王胸像が、裏には火焔が昇る聖火壇と2人の侍者が表現されている。国王の胸の下方にはアカンサスの葉を装飾した例もある。胸像の後方には右肩からは2本のリボン・ディアデムが翻っているが、これはササン朝ペルシアのバフラム4世などの国王図像に由来し、アカンサスの葉はアルハン朝のドラクマ銀貨の国王胸像に由来するものである。胸像の前に「nycky/MLK（ネーザクの王）」と書かれた短いパフラヴィー語・パフラヴィー文字の銘文がある。グルネによれば、この銘文は、パフラヴィー語の「nezag（槍）」に関連しているという[14]。コインにパフラヴィー語が使用されているのは、フン族の支配する地域におけるササン朝ペルシアの影響力と威信の高まりを示すものかもしれない。この時代には、ザーブリスターンとカーブリスターン地域では、パフラヴィー語が最もよく

図 14-1

使われていたようである[15]。ネーザク・フン族のコインは、ヒンドゥー・クシュ山脈以南、特にカーブル、ガズニー、ガルデーズ（Gardez）、パキスタン北部で頻繁に発見されるが、アフガニスタン南部でも出土例が報告されている。

　ゲーブルは、「nycky/MLK（ネーザクの王）」という銘を有するコインに表現された国王胸像の王冠の後方、すなわちコインの左上方にモノグラムのように刻印されたパフラヴィー文字が、šとāに2分されることに着目し、ネーザクのドラクマ銀貨をšグループとāグループと名付けて2種類に分類した[16]。さらに、ゲーブルはšグループのコイン（**図14-2**）がガズニーにおいて460年以降に発行されたことを示唆した。一方、āグループのコイン（**図14-1**）は、515年以降カーブルの造幣所で発行されたと仮定した。それに対し、桑山正進は、ゲーブルの見解を批判し、ヒンドゥー・クシュ山脈以南に関する隋代の史料に見られるカーピシーに関する記事に書かれた牛頭冠を考慮して、牛頭冠を戴く国王像を表すコインはすべて6世紀後半以後のカーピシー王発行のものであるという見解を提示した[17]。しかしながら、これらの見解は、まだネーザク・フン族が多くの研究者に認知される以前の見解であり、フォンドロヴェックは、桑山正進が提唱したネーザクの初期のコインの発行の開始時期について批判を行い、ネーザクのコインの形式的特徴をササン朝ペルシアのコインと照合して再検討した。フォンドロヴェックは、左右対称に配置された翼をもつネーザク・フン族の国王が戴く鳥翼冠が、ササン朝ペルシアのペーローズ王の冠に由来するものであることも明らかにし

図 14-2

た。この王冠は、ペーローズ王がエフタルの捕虜となった後に出現し、その時ペーローズ王のドラクマ銀貨が大量にバクトリアにもたらされ、エフタルの下でそれらのコインを模した派生的なドラクマ銀貨が発行されるようになった。このような解釈に依拠して、フォンドロヴェックは、ペーローズ王の死後、即座にネーザク・フン族がコインの発行を開始しただろうと示唆した。結局、彼の編年論では、šグループは484/490年に始まり、āグループは500/515年に始まったとしている[18]。フォンドロヴェックの研究に依拠するならば、少なくとも、ヒンドゥー・クシュ山脈北方にいたエフタルが、ペーローズ王の治世ないしは、ササン朝ペルシアと西突厥の連合軍に敗れる560年以前から、ネーザク・フン族は勢力を有し、コインを発行していたことになる。それ故、ネーザク・フン族は、ササン朝ペルシアがエフタルに敗北した後、その後に生じた政治権力の空白時を利用し、さらに勢力を拡大し、ザーブリスターンなどの地域を征服したと思われる。

＊アルハン・ネーザクのクロスオーバー

　前章でも既に言及したが、ネーザク・フン族は後期には、西遷したアルハン・フン族と直接対峙したようである。その歴史的事実を記す文献資料は知られていないが、その経緯をネーザクの後期のコイン（図14-3）が示唆している。

　528年頃、アルハンの支配者ミヒラクラがカシュミールとパンジャーブの国王たちに敗れた。そして、ゲーブルによれば、540年から600年頃に、アル

図14-3

ハン・フン族が（ガンダーラから）ガズニー方面へ撤退したという[19]。すなわち、アルハンはペシャワール方面からカイバル峠またはクラム（Kurram）渓谷を通って、まずガルデーズ地方へ撤退し、その後、最終的にガズニーへ到達し、カーブル及びガズニー周辺を支配したことになる。これらのアルハン・フン族が発行したドラクマ銀貨は3種類、銅貨は6種類知られているが、いずれもコインの質は良くない。それらをゲーブルは「インドから帰還したアルハン（Alkhan returning from India）」のコインと呼び、フォンドロヴェックはアルハン・ネーザクのクロスオーバー（Alkhan-Nezak crossover）と呼んでいる[20]。この一連のコインは、様式的にはネーザクのšタイプのコインの流れを汲むもので、ネーザクのšタイプのコインに取って代わるものである。この種のコインの図柄には、下記のようにアルハンのコインの影響が見られるので、このように命名されているが、その名称が適切であるか、問題が残る。すなわち、これらのコインの表には、ネーザクの王の伝統的な牛頭冠ではなく、2つの三日月と花弁ないしはパルメット文よりなる王冠を戴く、向かって右向きの国王胸像と、小さなアルハン・タムガ（S1）が、国王頭部の後ろに刻印され、パフラヴィー文字で「nycky MLKA（ネーザクの王）」と王名が明記されているが、王冠形式は明らかにアルハン系のコインに由来する[21]。

一方、ネーザクの牛頭冠が、トーラマーナ2世以後のアルハン朝のコインの一部の国王胸像の王冠に付加されている[22]。

このように、アルハン・フン族のコインとネーザク・フン族のコインの図柄の一部が、あたかも相互乗り入れのようになっている点を考慮して、フォンドロヴェックは、一連のコインをアルハン・ネーザクのクロスオーバーと命名したのである。この相互乗り入れ的現象を歴史的に解釈したフォンドロヴェックは、ガンダーラなどの東方領地を失って勢力が縮小したアルハン・フン族が、カーピシー及びカーブル地方を領有していたネーザク・フン族と混淆した、あるいはそれを吸収したと推定しているが、残念ながら、それを裏付ける文献資料は知られていない。

一方、ズィアードは「相互乗り入れ」という解釈を否定して、ネーザクのドラクマ銀貨にアルハン朝のトーラマーナ2世の王冠形式や、アルハン朝のタムガが採用されているのは、アルハン・フン族がガンダーラから撤退した

後の政治的空隙に乗じて、ネーザク・フン族がガンダーラを支配下に収めたからであると推定している[23]。

ネーザク・フン族の美術

クリーヴランド美術館所蔵鍍金銀製リュトン（図14-4）は、口縁部を牡の水牛の頭で、胴体部を女神の頭部で別個に造形し、その後、互いを接合している。ゲーブルは、このリュトンはネーザクのコインの牛頭冠に関係があるとみなし、アルハンの王女とネーザクの王子の結婚に関係して制作されたのではないかと推測している[24]。

図14-4

一方、M・カーターによれば、女神はシヴァ神の妃であるドゥルガー・マヒシャースラマルディニー（Durgā Mahiṣāsuramardinī）であり、下方の牡牛はインドの水牛で、700年以前に、ヒンドゥー・クシュ山脈の南方ないしはカーブル、ガズニー周辺で、エフタルによって制作されたと推定している[25]。アルハンの後にカーピシーとカーブルを支配したといわれるネーザクの王のコインには、この水牛頭に似た牛頭冠を戴く王の肖像が表現されており、この水牛頭表現との関連をうかがうことができる[26]。

＊バーミヤーンの仏教美術

バーミヤーンは、アフガニスタンのヒンドゥー・クシュ山脈山中の渓谷地帯で、標高2500mほどの高地に位置する。ここには6世紀頃に造られた、高さ55mの西大仏（図14-5）と高さ38mの東大仏（図14-6）の2体の大仏が残っていた。バーミヤーンの仏教文化は栄華を極め、630年に唐の仏僧玄奘がこの地を訪れたときにも、依然として東大仏は美しく装飾されて金色に光り輝き、僧院には数千人の僧が居住していたと伝えている。また、バーミヤーンの東大仏の表面は鍮石（とうせき、真鍮）で造られていたと、玄奘は記録している[27]。次章において解説する、テュルク・シャー朝時代における金の不足と金貨発行の停止、銀貨の質が極端に低下してビロン貨ないしは、

図 14-5　　　　　　　　　　図 14-6

銅貨となった事実を考慮すると、銅と亜鉛の合金である鍮石が金箔の代用品となっていた可能性がある。

注
1　Göbl, *op.cit*, Band II, p. 71.
2　W. Ziad, *In the Treasure Room of the Sakra King, Votive Coinage from Gandharan Shrine*, New York, 2022, pp. 60-62.
3　Alram, op. cit., 2014, p. 280.
4　『北史』巻 97，列伝 85（中華書局標点本，1974 年，3239 頁）：漕国、在葱嶺之北、漢時罽賓国也。（中略）国王戴金牛頭冠、坐金馬座。
5　玄奘（著）／水谷（訳）前掲書，47-48 頁；『大唐西域記』巻第 1（京都帝大文科大学前掲書，35 頁）：迦畢試国。周四千余里、北背雪山、三陲黒嶺。国大都城周十余里。宜穀麥多果木。出善馬欝金香。異方奇貨、多聚此国。気序風寒、人性暴獷。言辞鄙褻、婚姻雑乱。文字大同覩貨邏国。習俗語言風教頗異。服用毛氎衣兼皮褐。貨用金銭銀銭及小銅銭。規矩模樣異於諸国。王刹利種也。有智略性勇烈。威儋隣境統十余国。

6 桑山前掲書，1990 年，235-236 頁；S. Kuwayama, "Historical Notes on Kāpiśī and Kābul in the Sixth-Eighth Centuries," *Zinbun*, vol. 34-1, 2000, pp. 25-77.
7 Ziad, *op. cit.*, pp. 49-50.
8 『旧唐書』巻 198，列伝 148（中華書局標点本，1975 年，5309 頁）
罽賓国、在葱嶺南、去京師万二千二百里。常役属於大月氏。其地暑湿、人皆乗象、土宜秔稲、草木凌寒不死。其俗尤信仏法。隋煬帝時、引致西域、前後至者三十余国、唯罽賓不至。貞觀十一年、遣使献名馬、太宗嘉其誠款、賜以繒綵。十六年、又遣使献褥特鼠、喙尖而尾赤、能食蛇、有被蛇螫者、鼠輒嗅而尿之、其瘡立愈。顯慶三年、訪其国俗、云「王始祖馨孽、至今曷擷支、父子傳位、已十二代」。其年、改其城為修鮮都督府。龍朔初、授其王修鮮等十一州諸軍事兼修鮮都督。（後略）
9 Alram, *op. cit.*, 2014, p. 281.
10 Kuwayama, op. cit., 1999, p. 41.
11 Ziad, *op. cit.*, p. 59.
12 修鮮都督府については、桑山前掲書，1990 年，p. 242-244 を参照のこと。
13 Vondrovec, *op. cit.*, pp. 449-477; Ziad, *op. cit.*, pp. 45-74.
14 F. Grenet, *Encyclopedia Iranica* Nēzak online.
15 R. Gyselen, "Umayyad' Zāvulistān and Arachosia: Copper Coinage and Sasanian Monetary Heritage," In *Coins, Art and Chronology II: The First Millennium C.E. in the Indo-Iranian Borderlands,* eds. by M. Alram/D. Klimburg-Salter/M. Inaba/M. Pfisterer, Vienna, 2020, pp. 235-237.
16 Göbl, *op. cit.*, Band I, pp. 136, 151; Vondrovec, *op. cit.*, pp. 450-452, figs. 7. 1, 7. 2, 7. 3.
17 桑山前掲書，1990 年，176-177 頁.
18 K. Vondrovec, "Coinage of the Nezak," In M. Alram et al., *op. cit.*, 2020, p. 173.
19 Göbl, *op. cit.*, Band II, pp. 71-72.
20 Göbl, *op. cit.*, Band I, Wiesbaden, p. 155; Göbl, *op. cit.*, Band II, p. 72; Vondrovec, *op. cit.*, p. 481; M. Alram, "A hoard of copper drachms from the Kāpiśa-Kabul region," *Silk Road Art and Archaeology*, vol. 6, 1999/2000, pp. 132-134; Vondrovec, *op. cit.*, pp. 479-500.
21 Pfisterer, *op. cit.*, pp. 166-167; Vondrovec, *op. cit.*, pp. 338-352, 490-500, Types 92, 150, 152, 225, 227, 229, 231-235.
22 Pfisterer, *op. cit.*, pp. 168, 170, 183-184, Type 150A, 150B, 76.
23 Ziad, *op. cit.*, p. 61.
24 Göbl, *op. cit.*, 1967, Band II, pp. 250, 325-326.
25 M. L. Carter, "An Indo-Iranian Silver Rhyton in the Cleveland Museum," *Artibus Asiae*, vol. 41-4, 1979, pp. 309-325.
26 ネーザクのコインについては、Vondrovec, op. cit., 2020, pp. 169-190, *op. cit.*, 2014, pp. 462-477 を参照。
27 玄奘（著）／水谷（訳）前掲書，45 頁；久野健「バーミヤン東大仏と鑰石」『國華』1002，1977 年，7-16 頁.

第 15 章　テュルク・シャー朝

テュルク・シャー朝とは

　テュルク・シャー朝（Turk Shahis、665 年 - 843 年）は、7 世紀半ばから 9 世紀末にかけてカーブルとカーピシー、そしてガンダーラ、さらに中央アジアのトハーリスターンを支配した西突厥系、または西突厥とエフタルの混血、またはエフタル系の王朝であったといわれている。最近の研究では、彼らはトルコ系のハラジュ族（Khalaj）であった可能性も考えられるが、民族的な起源については、いまだ不明な点が多い。560 年にササン朝ペルシアと西突厥の挟撃によってエフタルが衰退したことから、西突厥はトハーリスターン北部から徐々に南東に進出して、バクトリアとヒンドゥー・クシュ山脈の北方を占領し、ほぼ独立した政治体制を樹立していた。さらに、ヒンドゥー・クシュ山脈の南方にも侵入し、カーピシーと、ガンダーラを統治していたネーザク・フン族に代わって、この地域と周辺を支配した。

　このテュルク・シャー朝の全貌は、未だ明らかになっていないが、アブドゥル・レヘマーンや桑山正進が王統について図表にまとめているので、それらを参照すると以下のようになる[1]。

1　バルハ・テギン（Barha Tegin、在位：665 年 - 680 年）
2　葛羅達（達羅）支特勒（Quaradači Tegin、カラダチ・テギン、在位：680 年 - ? 年）
　　初代ラトビル（Ratbil）　葛羅達支特勒の兄？
3　烏散特勒灑（在位：? 年 - 739 年）
　　2 代目ラトビル
4　拂菻罽婆（Phrom Kesar/Phromo Kesaro、在位：739 年 - 745 年）
　　3 代目ラトビル
5　勃匐準（在位：745- ? 年）
6　キンガラ（Khingala、在位：780 年 - 785 年）
7　パティ・ドゥミ（Pati Dumi、在位：? 年 - 815 年）

8　ラガトゥールマーン（Lagatūrmān、在位：815 年 – 820 年頃）

テュルク・シャー朝の歴史

　560 年に、ササン朝ペルシアと突厥可汗国の連合軍が、エフタルを挟撃して破り衰退させたことにより、タシュケント、フェルガナ、サマルカンドやトハーリスターンは、突厥が支配することとなった。突厥の木汗可汗（在位：553 年 – 572 年）は叔父の室點蜜（イステミ）に中央アジア攻略を命じ、ササン朝ペルシアと共闘してエフタルを滅ぼしたのである。これ以降、突厥可汗国は、オクサス河以南のワルワリーズ（Warwalīz, 活＝クンドゥーズ周辺？）に冬営地を、夏営地をアフガニスタン北東部の山岳地帯バダフシャーンに置き、トハーリスターンに勢力を確立した[2]。突厥は、征服地に葉護（ヤブグ）を置いて統治したので、トルキスタンにも吐火羅葉護が置かれた[3]。葉護はオクサス河以南の突厥諸領の最高統治者であったようである。その後、580 年に突厥は東西に分裂し、トハーリスターンは西突厥の支配下に置かれることとなる。

　ヒンドゥー・クシュ山脈以南の状況については、640 年に玄奘が、ワズィーリスターン（弗栗恃薩儻那国）やカーピシーを訪れ、カーブルの王が突厥であると述べている[4]。それ故、遅くとも 640 年には、カーピシーやカーブル周辺は、西突厥の支配下に入っていたと考えられる。一方、バーミヤーンは突厥、アラブいずれの勢力下にもなく、独立を保っていた。いずれにせよ、このカーピシーやカーブルを支配した西突厥がいわゆるテュルク・シャー朝を樹立した民族であるといわれている[5]。

　テュルク・シャー朝の領土は他の西突厥諸国と同様、658 年頃から名目上は唐の支配下に置かれた。すなわち、トハーリスターンなどの西域諸国が使者を唐に派遣して内属したため、唐はホータン（于闐国）以西、ササン朝ペルシア（波斯国）以東の 16 ヵ国に都督を置き、安西都護府に管理させたのである。ただし、これらの国々は唐に内属しながらも、主権は維持していたようである。吐火羅葉護は、顕慶年間（656 – 661 年）に、月氏都督府として、カーピシー（罽賓）の修鮮都督府では、ガル・イルチ（第 14 章で述べたネーザク・フン族の最後の王とされている）が都督の任に当たっていた。

＊ムスリム軍の中央アジアへの侵入

　一方、640年以降、東イランやトハーリスターンには、ウマイヤ朝のムスリム軍が侵入をするようになった。642年には、ムスリム軍がアフガニスタン北西部のヘラート（Herat）を占領し、651年には、ササン朝ペルシアの王ヤズデギルド3世（在位：632年‐651年）がトルクメニスタンのメルヴの戦いで敗れ、その後、部下によって殺害された。このようにして、ササン朝ペルシアはウマイヤ朝に取って代わられ、ウマイヤ朝はさらに東へと侵略を続けたので、トハーリスターンやカーブルにもアラブ勢力が侵入するようになる。

　9世紀のムスリムの歴史家アル・バラードゥーリー（al-Balādhurī）の記録によれば、665年にカーブルはムスリム軍に略奪されたが、翌年、ネーザク・フン族ないしは西突厥のカーブル・シャーはムスリム軍を撃退した。同時に西突厥の王ラトビルはアフガニスタン南西部のボスト（Bost、現ラシュカル・ガー（Lashkargāh））までザーブル人（テュルク・シャー朝）の支配権を確立したとある[6]。桑山正進によれば、バルハ・テギンが初代カーブル・シャーであり、彼の息子は最初、葛羅達支特勒（カラダチ・テギン）と呼ばれ、その後ホラーサーン・テギン・シャー（ホラーサーン、すなわち東方の王）の称号を得たという。桑山は、ホラーサーン・テギン・シャーに称号を変えたのは、728年であったとしている[7]。後述するように、葛羅達支特勒がカラダチ・テギンであるという見解には異論があるものの、テギンという称号がカーブル・シャーに用いられたことは確かである。一方、ラトビルについては、ザーブリスターンの支配者がラトビルと呼ばれていたことは、歴史家の間でコンセンサスが得られている。稲葉穣によれば、これは西突厥の称号であるイルテベル（iltäber）と考えるべきであるという[8]。ラトビルは独立を保ち、しばしばムスリム軍と対立した。稲葉は、680年代にラトビルは王位継承をめぐる戦闘からザーブリスターンに逃れたと指摘している[9]。

　そして、西暦683年、ウマイヤ朝第3代カリフであったヤズィード・イブン・ムアーウィヤ（Yazīd ibn Muʿawiya）が死去した直後、カーブル・シャーは反乱を起こし、ムスリム軍は敗北を喫し、この反乱によって幽閉されていた、スィースタン（Sistan）総督のウバイド・イブン・ズィヤド（Ubayd ibn

Ziyad）の身代金として 50 万ディルハムを支払わなければならなかった[10]。

その直後の 687 年、ラトビルはムスリム軍と戦って殺された。693/694 年には、ホラーサーンの総督であったウマイヤ・イブン・アブダッラー（Umayya ibn Abdullah）は、第 2 代目のラトビルに対して遠征を行ったが失敗し、和議を結んだ。この和平合意のためにラトビルは 30 万ディルハムを支払わなければならなかった。一方、アブダラー・イブン・ウマイヤは最終的に罷免され、ヒジュラ歴 78（西暦 697）年にアラブの司令官ウバイド・アッラー・ビン・アビー・バクラ（Ubaidallah Abī Bakra）がスィースターンの総督となり、第 2 代目のラトビルに対してザーブリスターン再遠征を行った[11]。ウバイダッラー・アビー・バクラはカーブル近郊まで進軍したが、ラトビル率いる軍勢の抵抗にあい、結局 50 万ディルハムの支払い、自分が支配者の時にはラトビル軍を襲撃しないことを条件に、平和条約を結んだ。ウバイド・アッラー・ビン・アビー・バクラが死んだ後、その後継者のアル・ハッジャージ（al-Hajjaj）は、ラトビルから毎年 90 万ディルハムに相当する現物（kind）を得ることを条件に、7 年間は戦をしかけないと約束して講和を結ぶことに成功した。また、ウマイヤ朝の軍司令官クタイバ・イブン・ムスリム（Qutaiba ibn Muslim）の時代、同司令官の弟のスィースターン総督のアミール・イブン・ムスリム（Amir ibn Muslim）は突如、コインによる支払いを要求したが、ラトビルはこれを拒否し、従来通り現物支払いを要求して認められたという[12]。

この後、ムスリム軍のトハーリスターン方面への侵攻は依然として続いた。703 年、クタイバ・イブン・ムスリムはオクサス河以北への遠征を開始し、712 年までにブハラ、ホラズム（Khwarezm）、サマルカンド、フェルガナを征服した。その前にクタイバは、トハーリスターンの支配者でエフタル系のタルカン・ネーザク（Tarkhan Nezak）なるものと一度は和議を結んだ。しかしながら、タルカン・ネーザクは、709 年に反旗を翻し、戦いを挑んだが、クタイバの軍勢によって鎮圧された[13]。

＊唐の冊封体制期（羈縻支配）

唐代以後、中央アジアの諸王国と中国の宮廷との間には、外交が活発に行われた。以下に挙げた『新唐書』巻 221 下において、719 年及び 720 年には、

カーブリスターンのテギン・シャーと、ザーブリスターンのイルテベル（ここでは「誓屈爾」と記す）は、唐の玄宗皇帝に使節団を派遣し、両国の王位の承認を求めた。唐の皇帝は即位令に署名し、それは突厥の支配者に贈られた。テギン・シャーの即位を唐が公式に承認したことは、以下のように『旧唐書』巻 198 に記されている。

> 開元 7（719）年、罽賓国は唐の宮廷に使節を派遣し、占星術の書物や秘伝の医方、外国の薬物などを献上した。勅書が発布され、罽賓国の国王は葛羅達支特勒の称号を授けられた[14]。

『旧唐書』には、719 年に、葛羅達氏特勒を罽賓の王とする詔が出されている。葛羅達支は、桑山によれば、カラダチ・テギン（Quaradači Tegin）とされているが、稲葉によれば、ある種の集団ないしは部族の名称であり、ハラジュの音訳であるという[15]。また、『新唐書』巻 221 下によれば、西暦 720 年、ザーブリスターン（謝䫻）の統治者として、葛達羅支は頡利発の称号も得ている。

> この国（謝䫻、ザーブリスターン）には突厥、カーピシー人、トハラ人が住んでいた。罽賓は、これらの民族の中から若者を募って兵として、大食（アラブ人）から身を守った。景雲元年（710 年）に、ザーブリスターン（テュルク・シャー朝）は罽賓に使者を送って朝貢した。その後、ザーブリスターンは罽賓に服属した。開元 8 年（720）、唐の皇帝は、葛達羅支頡利発誓屈の即位を承認した。天宝年間（742-756）において、葛達羅支頡利発誓屈の使節が何度も中国の宮廷を訪れた[16]。

『新唐書』では、720 年に、葛達羅支がザーブリスターンの国王となったことを記している。ここに見られる頡利発は、古代トルコ語の「イルテベル（Iltäber）」の中国語における音写として知られている。ハラジュとイルテベルの称号は古銭資料にも見られ、グプタ文字で「hitivira kharalāča」と名付けられ、恐らく「ハラジュ（Khalaj）のイルテベル（Iltäber）」を意味する[17]。さらに、『新唐書』には、ザーブリスターンに突厥が住んでいると書かれている。

このように、720 年には、テュルク・シャー朝の支配がカーピシー、カー

ブル及びザーブリスターンに及んでいたことが判明する[18]。

また、玄奘が来訪してから凡そ90年ほど後の726年頃にガンダーラを訪れた新羅の僧侶慧超は、ガンダーラがカーブルの王の支配下にあったと報じている。

> 迦葉彌羅國（カシュミール）の西北、山々を超えて一ヶ月ほど行くと、建馱羅（ガンダーラ）に至る。この地の国王も兵も馬も、全て統べるのは突厥である。住民は胡族で、婆羅門もいる。この国は昔から罽賓王を国王としていた。そのため、突厥王の阿耶（＝バルハ・テギン？）は一つの部落と兵馬を領有し、罽賓王に臣従していたが、後に突厥の軍事力が強盛になると、罽賓王を殺し、自ら国王となった[19]。

このように、ガンダーラ（建馱羅）も（西）突厥に支配されていると記されている。このガンダーラは、現スワートとその周辺を指しているといわれている。以前は、ガンダーラの支配者はネーザク・フン族であったが、720年頃には、テュルク・シャー朝に代わっていたと考えられる。ネーザク・フン族は、まず初めにザーブリスターンやカーブリスターンにおいて、後にガンダーラにおいても、テュルク・シャー朝に支配権を奪われたと考えられる。一方、慧超が訪れた726年頃には、バーミヤーンは突厥、アラブいずれの勢力下にもなく、独立を保っていたといわれている[20]。

739年になっても、テュルク・シャー朝から唐への朝貢は続いたようである。『旧唐書』には、烏散特勒灑の息子、拂菻罽娑が罽賓の王となったことが記述されている。

> 開元二十七年（739年）、その国王の烏散特勒灑（ホラーサーン・テギン・シャー）は、老齢のため、息子の拂菻罽娑に王位を継がせることを求める上奏をした。皇帝はこれを許し、使者を派遣して（拂菻罽娑を罽賓の）国王として冊封した[21]。

このように739年に、烏散特勒灑（ホラーサーン・テギン・シャー）は、息子の拂菻罽娑に王位を継がせている。拂菻罽娑は、「フロム・ケサル（Phrom Kesar）」であると比定されている。フロム・ケサルとは、「ローマ・カエサ

ル」の音写であると解釈されている。東ローマ皇帝の「カエサル」に敬意を表して命名されたようである。フロム・ケサルは、ムスリム軍との戦いに勝利して貢納金を課したようであり、テュルク・シャー朝と東ローマ（ビザンツ帝国）を結びつけるこの名称は、反アラブ的な意図を暗示していたのかもしれない。アラブ側の資料にはフロム・ケサルによって撃退された出来事については記述がない上に、この時期、テュルク・シャー朝はムスリム軍に対して貢物を送っていない。また、ムスリム軍からテュルク・シャー朝へなされた金銭の支払いに関する唯一の記述は、697年、上述したウバイダッラー・イブン・アビー・バクラがカーブル近郊で、ラトビルの攻撃に遭った事件である[22]。

* 唐の冊封体制解消

　745年、フロム・ケサルの息子である勃匐準がカーピシー、ガンダーラの王となったと、『旧唐書』巻198に記録されている。この勃匐準は同時に唐の称号「左驍衛将軍」を授けられたが、これは恐らくイスラーム勢力の辺境拡大における、中国とテュルク・シャー朝との戦略的関係を示している。

> 天宝四（745）年に、（拂菻罽娑の子）勃匐準が罽賓国（カーピシー・ガンダーラ）と烏萇国（ウディヤーナ／スワート）の王位を継ぎ、左驍衛将軍の位を授かった。乾元年（758）年に初めて使者を派遣して朝貢した[23]。

このように、745年に、拂菻罽娑の息子勃匐準が、カーピシー、ガンダーラ及びウディヤーナの国王となったと記されている。この後、751年にタラス河畔の戦いなどで、オクサス河北方においてアッバース朝のムスリム軍に敗北し、さらに安史の乱などによって唐が弱体化した結果、テュルク・シャー朝は唐朝との関係を断ち切った。758年に、テュルク・シャー朝から中国に朝貢使節が派遣されているが、これがテュルク・シャー朝によって唐に派遣された最後の使者の記録となった。これ以降、アラブとの戦いが再び起こるが、それらについては、W・ズィアードの著書などが参考になろう[24]。

　アル・ヤークービー（al-Ya'qūbī）によれば、775年から785年頃、カーブルのテュルク・シャー朝の支配者キンガル（Ḥanḥal/Khinkhil/Khingalと様々に

復元されている）は、アッバース朝第 3 代カリフであるアル・マハディ（al-Mahdī、在位：775 年 – 785 年）から、服従を求める提案を送られたので、それに応じたようである。このキンガルはテュルク・シャー朝の国王の 1 人であったか、あるいは勃匐準と同一人物であったか、見解は分かれるが、そのいずれかであろう。

アル・ビールーニーによれば、テュルク・シャー朝の最後の国王はラガトゥールマーンで、この国王はバラモン出身（ヒンドゥー教徒）の宰相であった、カッラールのクーデタによって、王位を追われ、結局テュルク・シャー朝は、後述するヒンドゥー・シャー朝（Hindu-Shahis）に取って代わられたという[25]。レヘマーンによれば、ラガトゥールマーンは 820 年頃に亡くなっているが、その影響は、ガンダーラとカーブルだけに及び、ザーブリスターンでは、テュルク・シャー朝の支配が依然として続いたという[26]。その結果、テュルク・シャー朝が滅んだのが 843 年頃になるという。D・マクドーワルはヒンドゥー・シャー朝の年代について論じているが、この王朝がカーブルを支配し始めたのは 750 年頃と推定している[27]。しかし、9 世紀半ばとする説もある。しかしながら、フォンドロヴェックによれば、750 年以降にフン族や西突厥が発行したと認められるコインはないようである[28]。

テュルク・シャー朝のコイン

紀元 7 世紀半ばから、テュルク・シャー朝は彼らの前身であるフン族のネーザク・フン族のコインとササン朝のホスロー 2 世（在位：591 年 – 628 年）以後のドラクマ銀貨の図柄を模倣し、バクトリア語・ギリシア文字、パフラヴィー語・パフラヴィー文字、サンスクリット語・ブラーフミー文字銘を採用した。銀貨の質は低下し、銅貨に近いビロンとなった。

ネーザク・フン族のコインでは、翼のある牡牛の頭部の形をした王冠と「nycky MLKA（「ネーザクの王」を意味する）」というパフラヴィー語・パフラヴィー文字の銘文がその特徴であった。

しかしながら、テュルク・シャー朝のコインに表現されたものは全く異なる。ネーザク・フン族のコイン・タイプを用いたテュルク・シャー朝の初期のコイン（**図 15-1**）はネーザクのパフラヴィー文字の銘文「nycky MLKA

図 15-1

(ネーザクの王)」をバクトリア文字の銘文「σριο Þαυιο (Srio shauio、両語とも「主君」を意味する)」ないしは、ブラーフミー文字銘文「śrī ṣāhi (主君)」に置き換えている。さらに王冠は、三日月と三叉の矛よりなる。「śrī ṣāhi」とは、サンスクリット語の敬称「śrī (完成、光輝など)」に、バクトリア語ないしは、サンスクリット語の王号「ṣāhi」を付加した称号である。この新しいタイプのコインは、661年以降にテュルク・シャー朝が正式に成立した時期に相応する。

　テュルク・シャー朝のコインでは、ネーザク・フン族が発行したコインに表されていた牛頭冠が変化した冠を被る国王の胸像が表現されているもの (図 15-2) もある。そのような国王胸像には、初代テュルク・シャー朝の支配者バルハ・テギンに比定されているものがある。ブラーフミー文字銘には、「śrī raṇaśrīkārī (戦争を通じて卓越をもたらす主)」と記されている[29]。さらに、

図 15-2

図 15-3

　国王の後頭部の後方には、テュルク・シャー朝のタムガ（ゲーブルが命名した S61 タイプ？）が刻印されている。国王はチュニックを着用し、突厥のシンボルである狼の頭を乗せた三日月（1 つは隠れている）の冠を戴いている。ただし、フォンドロヴェックなどの古銭学者は、このコインをバルハ・テギンが発行したとみなしてはいないようである。

　また、バクトリアの葉護に関するコイン（図 15-3）も発見されている。これらのコインは、牛頭と鳥翼冠を戴いているが、顎鬚を欠くところから、サーサン朝ペルシアの、5 歳に満たない子供であったアルダシール 3 世（在位：628 年 – 630 年）を表しているとフォンドロヴェックはみなしている[30]。ただし、テュルク・シャー朝特有のタムガ（S61）が表現されており、さらに、口髭が表現されているので、口髭、顎鬚、頬鬚を全て欠いているアルダシール 3 世像（図 15-4）を引き合いに出すのは妥当ではないだろう。

　バクトリア語・ギリシア文字銘でイルテベルの称号が刻印されたコイン（図 15-5）も発見されている。コインの表には、右向きの国王胸像が表され、国王は大きな三日月の中に形式化されたライオンの頭部が表現された冠を戴き、頭に巻いたリボン・ディアデムには鳥翼が取りつけられているようである。左側にはテュルク・シャー朝のタムガ（ゲーブルが命名した S67a タイプ）が表されており、国

図 15-4

図 15-5

王の胸像を囲む縁には連珠ではなく、チューリップと思われる花弁が連続的に描かれている。そして、国王の右側には5行のバクトリア語・ギリシア文字で「χαδο λαγο ιαρνο υιλιτο βήρο (khado lago iarno yilito bēro)」と刻印されている。前半の文字は恐らく個人名で、その後にイルテベルという称号が続いているようである[31]。

　ホラーサーンからもコインが出土している。ホラーサーンとはパフラヴィー語で「太陽が昇る」を意味し、ここでは東方のイラン東北部やアフガニスタン以東を指す。ササン朝ペルシア時代と中世イスラーム時代には、メルヴ、ヘラート、バクトリアを含む広い地域を指していた。ホラーサーンでは、パフラヴィー語とバクトリア語の両方を用いて、さらにテギンの称号を組み合わせたコインが発行されている。フォンドロヴェックによれば、ホラーサーンからは主に4種類のコインが発見されている。その中には、年代がテギン・シャーの時代に対応するコイン（**図 15-6**）が含まれている。このコインには、右側を向いた国王の胸像が表現されている。国王は、三叉の矛とライオンの頭をもつ王冠を戴いている。コインの外縁部にあるブラーフミー文字銘には、「śrī-hitivira kharalāva pārame‐śvara śrī ṣahi tiginadeva kārita（最高神の崇拝者であるハラジュのイルテベル、完璧な国王、サーヒー・テギンがこのコインを鋳造した）」と刻印されており、内縁部の国王胸像の右側にはバクトリア語・ギリシア文字銘で「σρι Þαυο (Sri shauo、国王閣下)」と刻印されている。このコインの裏には、ゾロアスター教の火神アードゥル・アータル（Adur/Atar）の火焔光背で荘厳された正面観の胸像と、パフラヴィー文字

図 15-6

の銘文「hpt-hpt t'（77 年）— tkyn' hwl's s'n MLKA（ホラーサーンの王、テギン）」が刻印されている。この 77 年という年はササン朝ペルシア最後の国王ヤズデギルド 3 世（在位：632 年 - 651 年）以降の時代で、西暦 728 年に相当する[32]。この年代は、葛邏達支特勒や烏散特勤灑などのテギン・シャーの治世と対応する。

最後に、フロム・ケサルの名前が刻印されたコインを 2 点紹介したい。その 1 つ（**図 15-7**）はホスロー 2 世タイプのもので、表には鳥翼冠を戴く向かって右向きの国王胸像が表現されており、国王は口髭、顎鬚、頬髭を蓄えている。胸には 3 個の真珠のペンダントが垂れている。円環の縁の外側には、1 時から時計回りにバクトリア語・ギリシア文字で「φορομο κησαρο βαγο ζηορο χοδηο（phoromo kēsaro bago zēoro khodēo、フォロム・ケーサル・ゼーオロ、強大な（？）王よ、主）」、1 時から反時計回りに「spwl」と銘が刻印されて

図 15-7

図 15-8

いる。「spwl」は王名ではなく称号であろうが、その意味は不明である。また、円環の向かって左側には 11 時から反時計回りに、ササン朝ペルシア末期のドラクマ銀貨の常套句である、パフラヴィー文字銘「GDH'pzwt（王の栄光が増加した）」と刻印されている。裏には、パフラヴィー文字で 2 時から反時計回りに、「z'wl（Zābul、ザーブル）」と銘が刻印されているという[33]。

もう 1 点は小さな銅貨（**図 15-8**）である。表に、一対の鳥翼と 2 つの三日月よりなる冠を戴き、リボン・ディアデムを頭に巻いた国王胸像を側面観で表現している。この胸像の後ろには、霊鳥とタムガ（S67）が刻印されている[34]。その面前にはバクトリア語・ギリシア文字銘「ζηβαρο（zēbaro、意味不明）」が 2 時から時計回りに刻印されているが、個人名なのか称号なのか明らかではない。注目すべきは霊鳥で、ライオンの足爪、犬の頭部、孔雀の尾羽よりなり、ペルシア神話に登場するシムルグ（Senmurv）とこれまで解釈されてきたが、フヴァルナーの造形表現であるとする新説も現れている[35]。裏には、ササン朝ペルシア末期のコインの裏のように、聖火壇と 2 人の神官（ないしは王侯）、東西南北の四隅に三日月と星を組み合わせたマークとブラーフミー文字「ge（？）」が刻印されている。

最後に、ササン朝ペルシアのホスロー 2 世の珍しいドラクマ銀貨の表裏の図柄を模倣したマルターン・シャー・スプル（Martān Shah Spur）のドラクマ銀貨（**図 15-9**）を挙げておこう[36]。表には、ホスロー 2 世の正面向きの胸像が刻印され、国王は矢狭間のある鳥翼冠を戴き、その上に三日月と星のような飾りがある。国王の左右の頭髪は開花文風に描写され、向かって左側の頭

図 15-9

髪の上方には、検証刻印として、霊鳥シムルグが刻印されている。この霊鳥シムルグの図像については、7世紀末にソグディアナないしはトハーリスターンで流通していたホスロー2世（**図 15-10**）やアラブ・ササン銀貨などのコインに、ソグド語文字銘を伴った小さな円形の検証刻印として刻印されている[37]。本コインの検証刻印は、ソグディアナないしはトハーリスターンにおいて施されたものであろう。

図 15-10

　さらに、このコインのパフラヴィー文字銘は、1時より時計回りに「spwl hwt'p（スプル、国王）」、11時より反時計回りに「GDH 'apzwt（王の栄光が増加した）」とある。さらに二重縁飾りの外には、1時より反時計回りに「PWN ŠM Y yzdt'（神の御名において）」、「spwl bg hwt'p（スプル、陛下、国王）」、6時より時計回りに「whm'n'c mrt'n（ワフマーナーズ、マルータン）」、9時から時計回りに「MLKA（国王）」とある。

　裏には、火焔光背で荘厳された火神アードゥル／アータルの正面向き胸像が刻印されている。パフラヴィー文字銘は2時より反時計回りに「pnc ZY z'wlst'n（50? ザーブリスターン）」、11時から時計回りにブラーフミー文字で「śrī vāludevaḥ（完璧、吉祥、国王）」とあり、さらに二重縁飾りの外には、3時半より反時計回りに「splc m'nyzd'n（スプル、マーン・ヤズダーン）」とある。

テュルク・シャー朝の美術
　紀元7世紀から8世紀にかけて、テュルク・シャー朝が支配した地域では、ササン朝ペルシアの文化を継承し、アルハン・フン族ないしはネーザク・フン族の影響と解釈できる仏教美術がアフガニスタン中部、南部、南東部で栄えていた。
　アルハン・フン族のミヒラクラによってガンダーラの仏教遺跡が破壊され、ガンダーラのグレコ・ローマ式仏教美術が衰退したとかつては推定されたが、その真偽のほどは判明していない。テュルク・シャー朝時代のアフガニスタンでは、特にバーミヤーン、ガズニーのタパ・サルダールや、カーブル近郊のテペ・ナレンジ（Tepe Narenj）や南東のメセ・アイナク、北方のフォンドゥキスタンなどで仏教美術が栄えていたが、これらの中にはテュルク・シャー朝時代の作例が含まれている可能性がある[38]。
　また、これらの他に、7世紀から8世紀に制作された仏教彫刻については、宮治昭やA・フィリゲンツィーによって考察が行われている。宮治昭は、スワート出土の諸難救済を表す八臂の観音菩薩坐像浮彫を考察し、この他のスワートの摩崖浮彫の観音菩薩像などの制作年代が7世紀から8世紀のポストグプタ時代の作品であることから、この観音菩薩坐像の年代を7世紀から8世紀の作品としている[39]。A・フィリゲンツィーは、スワートの摩崖浮彫に見られる菩薩像について考察を行っている。フィリゲンツィーはこれらの摩崖浮彫を、この地域に仏教が栄えた最後の時代の7世紀から8世紀のものとしている[40]。また、フィリゲンツィーは、ローマの国立東洋美術館所蔵の奉献小塔浮彫の制作年代を7世紀から8世紀としている[41]。

＊ハイル・ハネーのヒンドゥー教美術
　ヒンドゥー教もまたテュルク・シャー朝下である程度繁栄していたようであり、この時代に制作されたと思われるガネーシャ像やスーリヤ神像などのヒンドゥー教の大理石製神像が多数発見されている。カーブルの北方のハイル・ハネー（Khair-khaneh）のヒンドゥー教寺院址から出土した大理石製彫刻については、J・アッカン、桑山正進、P・ベルナール、F・グルネが考察を行っている[42]。その1つは、チュニックとブーツを身に着けた太陽神スーリ

ヤが、戦車に乗った像（図 15-11）で、左右に太陽神像に比べて小さく表現されたダンダとピンガラを伴い、足元に表現された御者アルナが操る2頭立ての馬車に乗っている[43]。両足を開いたこの坐り方は、クシャン朝時代のマトゥラー出土のスーリヤ神像や、5世紀から6世紀のブマーラ（Bhumara）のスーリヤ坐像にも見られるように、インド美術の影響が感じられる。ただし、チュニックとブーツ、リボン・ディアデムはササン朝ペルシアないしはフン系である。また、この寺院のF室から発掘された壺には、テュルク・シャー朝以前のネーザク・フン族が発行したコインが埋納されていた。

もう1つは、ダンダとピンガラを伴ったスーリヤ神の正面観立像（図15-12）で、王冠に1羽の霊鳥（首飾り銜えている）を飾り、ササン朝ペルシア系のエプロン型衣服を着ている。これら3体は彩色されていたという[44]。

これらの大理石製像は、桑山正進による詳細な研究によれば、テュルク・シャー朝の時代に制作されたという。ただし、上掲の2点の大理石製スーリヤ神立像と2人の従者の衣服には、4世紀から5世紀に、ササ

図 15-11

図 15-12

第 15 章　テュルク・シャー朝　303

図 15-13　　　　　　図 15-14

ン朝ペルシアの国王たちが着用したエプロン式上着が描写されている事実を指摘しておこう[45]。ササン朝ペルシア末期のコインの影響はテュルク・シャー朝のコインに顕著であるが、この時代のササン朝ペルシアの国王たちは、7世紀の制作されたターキ・ブスターン（Taq-i Bustan）の大洞上段のホスロー2世ないしはアルダシール3世立像（**図 15-13**）に見られるように、エプロン式上着は着用していない[46]。エルミタージュ美術館蔵のペーローズ王狩猟文鍍金銀製皿によれば、5世紀末のササン朝ペルシアの国王は、もはやエプロン式上着を着用していなかったことが判明する[47]。それ故、ササン朝ペルシアの国王特有のエプロン式上着が、ハイル・ハネーなどアフガニスタンに伝播したのは7世紀以前とみなすのが妥当であろう。また、**図 15-11**のスーリヤ神の戴く冠の装飾文は、キダーラ朝の国王の王冠のパルメット文装飾を想起せしめる[48]。このようなわけで、これらの2点のスーリヤ神像の制作年代は再考の余地があるのではなかろうか。

この他、ガルデーズで発見されたガネーシャ立像（**図 15-14**）は、基壇の上にガネーシャを彫出した丸彫りの像であり、宝冠を戴いている[49]。両肩の上にあるのは、恐らく象の耳であり、左肩から右脇腹に、ヒンドゥー教徒が用いる聖紐（yajñopavīta）をかけている。腰には虎皮を巻き付けている。

　以上のような大理石像はすべて、5世紀から6世紀ないしは、9世紀から10世紀のヒンドゥー・シャー朝時代の作と推定されていた時代もあったが、現在では7世紀から8世紀のテュルク・シャー朝の時代に制作されたものとみなされている。

注

1 A. Rahman, *The Last Two Dynasties of the Sahis: An analysis of their history, archaeology, coinage and paleography*, Canberra, 1976, pp. 61-88；桑山正進「6‐8 世紀の Kāpiśī-Kābul-Zābul の貨幣と発行者」『東方學報』65，1993 年，387-398 頁.
2 桑山前掲書，1990 年，404，409 頁.
3 桑山正進「トハーリスターンのエフタル、チュルクとその城邑」オリエント学会編『三笠宮殿下古希記念オリエント学論集』小学館，1985 年，140-154 頁；桑山前掲書，1990 年，402-405 頁.
4 玄奘（著）／水谷（訳）『大唐西域記』平凡社，1971 年，372 頁.
5 稲葉穣によれば、テュルク・シャー朝が勃興した地は、ザーブリスターンとカーピシーの間にあるワズィーリスターンであるという。M. Inaba, "The Identity of the Turkish Rulers to the South of Hindukush from the 7th to the 9th centuries A.D," *Zinbun*, vol. 38, 2005, p. 2. この他、テュルク・シャー朝の歴史については、稲葉穣『イスラームの東・中華の西：七～八世紀の中央アジアを巡って』臨川書店、2022 年を参照されたい。
6 F. C. Murgotten, "The Origin of the Islamic State Part II-being a translation from the Arabic, accompanied with annotations, geographic and historic notes of the Kitâb fitûn of al-Imâm abu-l Abbâs Ahmad ibn-Jâbir al Balâdhūrī," *Studies in History, Economics and Public Law*, vol. LXVIII, New York, 1924, pp. 146-148.
7 桑山前掲論文，1993 年，pp. 393-391.
8 Inaba, *op. cit.*, 2005, p. 2; Ziad, *op. cit*., p. 84.
9 Inaba, ibidem, p. 2.
10 Murgotten, op. cit., p. 148.
11 Ziad, *op. cit*., p. 90.
12 Murugotten, op. cit., pp. 150-152.
13 Ziad, *op. cit*., p. 91; Rezakhani, *op. cit.*, pp. 173-174.
14 『旧唐書』巻 198，列伝第 148（中華書局標点本，1975 年，5309 頁）
　　開元七年、遣使来朝、進天文経一夾、祕要方并蕃薬等物、詔遣冊其王葛羅達支特勒。
15 稲葉穣「アフガニスタンにおけるハラジュの王国」『東方學報』76，2003 年，9 頁.

16 『新唐書』巻221下、列傳第146下（中華書局標点本, 1975年, 6253-6254頁）：
国中有突厥、罽賓、吐火羅種人雑居。罽賓取其子弟持兵以禦大食。景雲初、遣使朝貢、後遂臣罽賓。開元八年、天子冊葛達羅支頡利発誓屈爾為王。至天宝中数朝献。
17 稲葉前掲論文, 2003年, 9-13頁; Ziad, op. cit., p. 84.
18 稲葉穰「8世紀前半のカーブルと中央アジア」『東洋史研究』69-1, 2010年, 156頁.
19 『往五天竺國傳』（『大正新修大蔵経』第51巻, 977頁b）
又從迦葉彌羅国西北、隔山一月程、至建駄羅。此王及兵馬、総是突厥。土人是胡、兼有婆羅門。此国旧是罽賓王王化。為此突厥王阿耶領一部落兵馬、投彼罽賓王、於後突厥兵盛、便殺彼罽賓王、自為国主。
20 桑山正進「バーミヤーンに関する漢文、イスラーム資料」『新興バーミヤーンの時代』ヒンドゥークシュ南北歴史考古学叢攷, 臨川書店, 2023年, 113頁.
21 『旧唐書』巻198, 列伝148（中華書局標点本, 1975年, 5309-5310頁）：二十七年、其王烏散特勒灑以年老、上表請以子拂菻罽娑嗣位、許之、仍降使冊命。
22 Ziad, op. cit., p. 95.
23 『旧唐書』巻198, 列伝148（中華書局標点本, 1975年, 5310頁）：天宝四年、又冊其子勃匐準為襲罽賓及烏萇国王、仍授左驍衛将軍。乾元初使者朝貢。
24 Ziad, op. cit., pp. 95-97.
25 E. C. Sachau, *Alberuni's India*, Delhi, 1910, vol. II, p. 13.
26 Rahman, op. cit., pp. 87-88.
27 D. MacDowall, "The Shahis of Kabul and Gandhara," *Numismatic Chronicle*, vol. 8, 1968, pp. 210-211.
28 K. Vondrovec, *Coinage of the Iranian Huns and their Successors from Bactria to Gandhara (4th to 8th century CE)*, vol. II, Wien, 22014, p. 568.
29 Vondrovec, op. cit., vol. II, p. 523.
30 Vondrovec, op,cit., vol. II, p. 528.
31 Vondrovec, op. cit., vol. II, pp. 637-638, types 314A, B.
32 Göbl, op. cit., Band I, pp. 143-145; Vondrovec, op. cit., vol. II, p. 543.
33 Vondrovec, op. cit., vol. II, pp. 553-554, 674.
34 Ziad, op. cit., p. 99.
35 Ziad, op. cit., pp. 76, 105, fig. 24.
36 Vondrovec, op. cit., vol. II, p. 669.
37 Nikitin and G. Roth, "A New Seventh-Century Countermark with a Sogdian inscription," *Numismatic Chronicle*, vol. 155, 1995, pp. 277-280, pl. 49；霊鳥の図像については、M. Comparetti, "The So-called Senmurv in Iranian Art: A Reconsideration of an Old Theory," In *Loquentes linguis: Studi linguitici e orientali i onore di Fabrizio A. Pennacchietti*, eds. by P. G. Borbone/A. M. Mengozzi/M. Tosco, Wiesbaden, 2006, pp. 185-200; T. Daryaee, "The Xvarnah and the Sēnmurv: Zoroastrian Iconography on Seventh Century Copper Coinage," In *Faszination Iran Beiträge zur Religion, Geschichte und Kunst des alten Iran*, eds. by Sh. Farridnejad/R. Gyselin/A. Joisten-Pruschke, Wiesbaden, 2015, pp. 39-49.
38 フォンドキスタンからは寺院を飾った塑像が発見されているが、その仏教美術については、7世紀から8世紀初頭に制作されたものであると比定されている。S. Novotny, "The Buddhist Monastery of Fondukistān, Afghanistan-A Reconstruction," *Journal of Inner Asian Art and Archaeology*, vol. 2, 2007, pp. 31-37.

39 宮治昭「スワートの諸難救済を表す八臂観音坐像浮彫」『インド仏教美術史論』中央公論美術出版社，2010 年，544-553 頁．
40 A. Filigenzi, "Buddhist Rock Sculptures in Swat, North West Pakistan," *South Asian Archaeology, 1995*, vol. 2, New Dehli/Culcutta, 1997, pp. 625-635.
41 A. Filigenzi, "A Bronze Votive Stūpa of the Shahi Period: Art, Faith and Ideology in Late-Antique Buddhism," *South Asian Archaeology 2003*, Aachen, 2005, pp. 421-430.
42 J. Hackin/J. Carl, *Recherces Archéologiques au Col de Khair khnaeh près de Kābul*, Paris, 1936, pp. 14-19, pls. XIV-XVI；桑山正進「大理石ヒンドゥー像はヒンドゥー王朝のものか」『東方學報』43，1962 年，1-54 頁，制作年代については 46-47 頁参照；P. Bernard/F. Grenet, "Découverte d'une statue du dieu Surya dans la region de Caboul," *Studia Iranica*, t. 10, 1981, pp. 127-145, pls. XIII-XVI.
43 桑山前掲書，1990 年，図版 19 には、桑山氏がカーブル博物館で撮影した実物の写真が掲載されている。
44 Bernard/Grenet, op. cit., pp. 15-146；桑山前掲書，1990 年，図版 20．
45 田辺勝美「ガンダーラ美術後期の片岩彫刻とハイル・ハネー出土の大理石彫刻の製作年代」『東洋文化研究所紀要』127，1995 年，69-157 頁．
46 田辺勝美／松島英子（編）『世界美術大全集東洋編』16，西アジア，小学館，2000 年，306 頁，図版 274．
47 Harper, *op. cit.*, 1981, pl. 27; Berghe/Overlaet, *op. cit.*, pp. 204-205, pl. 60.
48 Vondrovec, *op. cit.*, vol. I, pp. 57-59.
49 桑山前掲書，1990 年，図版 26．

第 16 章　ヒンドゥー・シャー朝

ヒンドゥー・シャー朝とは

　ヒンドゥー・シャー朝（Hindu-Shahis、843 年 - 1026 年）は、9 世紀に、それ以前にガンダーラを支配していたテュルク・シャー朝から権力を簒奪した王朝である。ヒンドゥー・シャー朝の中心地は、アフガニスタン南東部とガンダーラにあったが、その版図は現代のパンジャーブ州の、サトレジ河がチェーナブ河に合流する地域にまで及んでいたといわれる。アル・ビールーニーによれば、この王朝の家系はバラモンであったが、クシャトリアとする史料もあるようである。首都は、カーブルとインダス河西岸のワイハンド（Waihand、現 Hund）であったが、後者はアル・ビールーニーによるとガンダーラの首都であったという[1]。

　ヒンドゥー・シャー朝については、パキスタンのペシャワール大学考古学教授の A・レヘマーンによって、以下のような国王たちの名前と在位年代が明らかにされているが、全て暫定的なものであり、今後の古銭学研究の進展によって変動する可能性がある[2]。

　　カッラール（Kallar、在位：843 年 - 850 年頃）

　　サーマンタデーヴァ（Sāmantadeva、在位：850 年 - 870 年頃）

　　クーダラヤカ（Khudarayaka、在位：870 年 - 880 年頃）

　　ラッリヤ（Lalliya、在位：880 年 - 902 年頃）

　　カマルーカ／カマルー／トーラマーナ（Kamalūka/Toramāṇa/Kamalū、在位：903 年 - 921 年頃）

　　ビーマデーヴァ（Bhīmadeva、在位：921 年 - 964 年頃）

　　ジャヤパーラデーヴァ（Jayapāladeva、在位：964 年 - 1002 年頃）

　　アーナンダパーラ（Ānandapāla、在位：1002 年 - 1010 年頃）

　　トリローチャナパーラ（Trilocanapāla、在位：1010 年 - 1021 年頃）

　　ビーマパーラ（Bhīmapāla、在位：1021 年 - 1026 年頃）

ヒンドゥー・シャー朝の歴史

　ヒンドゥー・シャー朝の歴史は、全般的にイスラームの東方進出、特にアフガニスタン、パキスタンへの侵略と関連して語られている。カリフのアル・マームーン（al-Ma'mūn）が率いるアッバース朝の軍は、815年にホラーサーンに侵攻したテュルク・シャー朝を、カーブルにおいて撃破した。テュルク・シャー朝はイスラーム教に改宗するだけでなく、重要な都市や地域を割譲しなければならなかった。その後、ガンダーラ方面に対するアル・マームーンの遠征が行われ、東方のインダス河まで到達し、テュルク・シャー朝に決定的な敗北を与えた[3]。その結果、テュルク・シャー朝は政情不安な状態に陥り、820年頃、最後の統治者であったラガトゥールマーンは、大臣の1人であり、宰相（wazir）であったカッラールによって退位させられた。この出来事に関する唯一の記述はアル・ビールーニー著『インド誌』によるものである[4]。カッラールはテュルク・シャー朝の王ラガトゥールマーンを汚職の罪で投獄し、その王位を簒奪する前に摂政代理となった[5]。ラガトゥールマーンは、解放されたという記録がないので、恐らく獄中死したと考えられている[6]。このようにして、カッラールによって、ヒンドゥー・シャー朝がカーブリスターンとガンダーラを中心に樹立された。レヘマーンによれば、ヒンドゥー・シャー朝が樹立された時期は、ザーブリスターンに残っていたテュルク・シャー朝が滅亡した、843年以降となっている[7]。

　テュルク・シャー朝のイルテベルは、アル・マームーンの襲撃の影響を受けず、さらにカーブル周辺を20年間支配し続けたが、最終的にはイルテベルの息子が、サッファール朝（Saffarids、861年–1003年）の創始者ヤアクーブ・イブン・アル・ライス・アル・サッファール（Ya'qub ibn al-Layth al-Saffar、以下ヤアクーブと記す）の手によって、872年頃に捕らえられて、イルテベルのテュルク・シャー朝は滅亡した[8]。アル・ビールーニーを除けば、カッラールについて言及している史料はなく、その支配領域や在位期間についてさえも、殆ど何も知られていないようである。

　カッラールの後継者については、アル・ビールーニーがサーマンタ（Sāmanta）であると記し、サーマンタはカマルー（Kamalū）に継承されたと述べているが、カルハナ（Kalhaṇa）著『ラージャタランギニー（Rājataraṅgiṇī）』では、ラッ

リヤの息子で後継者をカマルーカ（Kamalūka）としている[9]。サーマンタについては、その系譜関係は記述されておらず、不明瞭である。カッラールの場合と同様、サーマンタの統治や本名に関する情報は全く残されていない。なお、ラリッヤについては、『ラージャタランギニー』において、他の地域の王侯が、その首都ウダバーンダプラ（Udabhāṇḍapura）に庇護を求めるほどの巨大な力をもつ偉大な支配者として描かれている[10]。レヘマーンによれば、870年にサーマンタが、上述したサッファール朝のヤアクーブによって、カーブルの支配権を奪われたが、ラリッヤは、同年にガンダーラにおいて、支配権を確立したと推測されている[11]。一方、『ラージャタランギニー』には、カシュミールの国王ゴーパーラヴァルマン（Gopālavarman、在位：902年‐904年）がウダバーンダプラの（名称不詳の）国王を退位させて、その王国を、ラリッヤの息子であるトーラマーナに、カマルーカという新たな名前とともに遺贈したとする記述がある[12]。Y・ミシュラは、カマルーの治世を895年から921年の間とした。ミシュラは、895年以降にサーマンタという呼称でしか知られていない反逆者が王位に就き、902年頃にカマルーカ／カマルー／トーラマーナが復活して921年まで統治したとすることによって、2つの学説を調和させた[13]。

カマルーカ／カマルー／トーラマーナの後、ビーマデーヴァが後継者となったとされている。ミシュラは、その在位を921年から960年としているが、レヘマーンは921年から964年としている。いずれにせよ、ビーマデーヴァの即位年は921年となる。ビーマデーヴァに関する資料は乏しいが、後世のガズナ朝（Ghaznavids、955年‐1187年）によるガンダーラ遠征に関する歴史に登場する寺院都市ビーマナガル（Bhīmanagar）またはナガルコート（Nagarkot）の創始者であった可能性はある[14]。

ビーマデーヴァの後を継いだのはジャヤパーラデーヴァである。以後のヒンドゥー・シャー朝の国王たちの名前には「pāla（守護者）」という接尾辞がついていることから、ジャヤパーラデーヴァは、カーブルを失った後、首都をウダバーンダプラとする新しい王朝を発足させた可能性があるといわれる。しかしながら、レヘマーンは、そのような仮説や結論を支持する十分な証拠が存在するとは考えていない[15]。ジャヤパーラデーヴァの即位当時、その王

国はインド領パンジャーブ州のシルヒンド（Sirhind）とアフガニスタン南東部のラムガーン（Lamghān）／ラグマーン（Laghmān）の間、パキスタン領パンジャーブ州のムルターン（Multān）からカシュミールの山岳地帯まで広がっていた[16]。スワートもジャヤパーラデーヴァの支配下にあったかもしれない。実際、スワートのバリコートから発見されたシャーラダー（Śāradā）文字の碑文は、次のような常套句で始まっている。「bhaṭṭārka mahārājādhirāja parameśvara śrī jayapāladevarājye śrī vajīrasthāne（ワズィーリスターン（Waziristan）における至高の国王、諸王の王、至高の主権者であるシュリー・ジャヤパーラデーヴァの治世において）」とある[17]。ジャヤパーラデーヴァの治世の主な出来事として、ガズナ朝に領土を奪われたことが挙げられている[18]。

　9世紀になると、ソグディアナとホラーサーンは、ブハラのサーマーン朝によって統治された。962年、サーマーン朝のザーブリスターン総督であったアミール・アブ・バクル・ラウィーク（Amīr Abu Bakr Lawīk）は、ガズニーを首都とする半独立王国を樹立した。翌年、ホラーサーンの支配者であったサーマーン朝総督アルプテギーン（Alptegīn）は、ガズニーの支配者であるアブー・アリー・ラウィークを追放して、ザーブリスターンを奪い、ガズニーにガズナ朝を樹立した。追放されたラウィークは、カーブルの国王の、ビーマないしはジャヤパーラデーヴァのいずれかのもとに、身を寄せたといわれている[19]。一方、977年、アルプテギーンの義理の息子スブクテギーンがヒンドゥー・シャー朝とローガール（Logar）で戦って勝利したので、ガズナ朝のトルコ人の信頼を勝ち得て、ホラーサーン総督となった。翌年、スブクテギーンは、アフガニスタン南部のボスト（Bost）、パキスタン北西部のダワール（Dawar）、パキスタン南西部のクスダル（Qusdar）、バーミヤーン、トハーリスターン、アフガニスタン中西部のグール地方（Ghūr）を征服し、さらにヒンドゥー・シャー朝の全領土を席巻する大遠征を組織した[20]。

　986/87年には、グーザク（Ghūzak）で行われた決戦で、スブクテギーンとその息子マフムード（Maḥmūd）は、ヒンドゥー・シャー朝のジャヤパーラデーヴァを破った。そこでジャヤパーラデーヴァは貢ぎ物と贈り物と引き換えに和平を申し出たところ認められ、一時的に和議が成立した。ところが、ジャヤパーラデーヴァはまもなくその和平条約を破棄して、デリー（Dehli）、

アジュミール（Ajmir）、カルンジュール（Kalunjur）、カナウジ（Kanauj）の国王たちの支援を得て、スブクテギーンに対して10万の騎兵隊からなる軍を編成して、990年前後に戦いを挑んだ。しかしながら、ジャヤパーラデーヴァはラムガーン／ラグマーンの戦いで敗北し、スブクテギーンは991年には、ラムガーン／ラグマーンとペシャワールを確保することができた。かくしてカーブルはガズナ朝領に併合された。西部の領土を失ったジャヤパーラデーヴァは、王国をパンジャーブ方面に拡大し、999年にラホールを占領した[21]。

スブクテギーンの後を継いだ息子のマフムードは、998年にホラーサーンをサーマーン朝（Samanids、873年-999年）から奪取し、アッバース朝からヤミン・アル・ダウラ（Yamīn al-Dawla）という尊称を授かった。その後、マフムードは1001年から1002年にかけて、ペシャワールとウダバーンダプラを併合した。その結果、ヒンドゥー・シャー朝は南方へ退き、パンジャーブ州のソールト・レインジ山脈の東側にあった城塞都市ナンダナ（Nandana）に首都を置いた。

しかし、ガンダーラは依然として紛争地域となった。ジャヤパーラデーヴァの息子で後継者のアーナンダパーラは、ガズナ朝の侵攻を恐れ、パンジャーブ州の都市ムルターンの支配者アブル・ファス・ダーウード（Abu'l Fatḥ Dāūd）と同盟を結んだ。1006年4月、マフムードは、アーナンダパーラと同盟を結んだダーウードに対して進軍し、この連合軍を大破した。16世紀末から17世紀前半に活躍したペルシア人歴史家のフィリシュタ（Firishta）が、この戦いが行われた場所をペシャワールに特定したのに対し、ミシュラはこの頃には、既にマフムートがペシャワールを支配していたので、この戦いが行われた場所は、ウダバーンダプラの対岸にあるアトック（Attock）州のチャチュ（Chhachh、Chach）の平原であると推定した[22]。

その後の3年間、ガズナ朝とムルターンのヒンドゥー・シャー朝との間で、チャチュ周辺において衝突が相ついだが、これはペシャワール、マルダーン、スワートが既にガズナ朝に確実に併合されていたことを意味する。そして1010年、貢納を条件にアーナンダパーラとマフムードとの間に和平が成立した。

マフムードは同年にムルターンを征服し、デリーの王の保護下にあった、

インド北部のタネーサール（Thanesar）寺院に向かって進軍した。その頃ガズナ朝の臣下となっていたアーナンダパーラは、タネーサールとデーラ（Dera）の国王ラーム（Ram）に対する作戦でマフムードに協力した。ここからマフムードは北インドの奥深くへと軍を進めた。アーナンダパーラは1013年から1014年頃に死去しており、トリローチャナパーラとビーマパーラがそれぞれ後を継いだが、マフムードがタネーサールに進軍するや、トリローチャナパーラは直ちにマフムードへの年貢の支払いを止め、宣戦布告した[23]。この後、トリローチャナパーラとビーマパーラはマフムード軍と戦うものの、敗戦を重ねた。レヘマーンによれば、トリローチャナパーラは、暴動を起こしたヒンドゥー教徒の軍隊によって1021年に暗殺されたという[24]。一方、ミシュラによれば、ビーマパーラは政敵によって、ズィヤードによれば、配下の軍隊によって暗殺されたので、ヒンドゥー・シャー朝の残された王族たちはカシュミールに避難したという[25]。ただし、レヘマーンによれば、ビーマパーラは暗殺されたのではなく、1026年に逝去したという[26]。

　いずれにせよ、マフムードに侵略されてヒンドゥー・シャー朝は滅亡した。ただし、ヒンドゥー・シャー朝の王族は、王朝が滅んだ後も、その名声を享受し続けた。カシュミールの宮廷では、この王朝の末裔が尊ばれ、いくつかの貴族は、ヒンドゥー・シャー朝の家系を誇りとしていた。王朝が終焉を迎えて間もない頃、アル・ビールーニーは、ヒンドゥー・シャー朝の末裔は依然として王族の威厳を保ち、決して高貴な振る舞いを緩めることはなかったと記している[27]。

ヒンドゥー・シャー朝のコイン

　ヒンドゥー・シャー朝のコインは銀貨と銅貨とビロン貨である。テュルク・シャー朝のコインに比べると、図像は平面的で、立体感が乏しい。切り絵のように輪郭線によって図像の形態を定めている。ただし、幾何学的形態と浅浮彫によって、動物や人間の動勢が巧みに表現されているともいえる。コインに表現された図像は、主に、騎馬像とインドを象徴する牡牛、象、ライオンであり、時代が経てもヒンドゥー・シャー朝の主要コインの図柄は、終始一貫し、殆ど変化がない。銘文は2種類あって、1つはいわゆるシャー

ラダー文字とサンスクリット語ないしカシュミール語で、他はバクトリア語と筆記体のギリシア文字が用いられていた[28]。

ヒンドゥー・シャー朝のコインの図像は、具体的には、表に横たわる牡牛、裏面に騎馬像を表現した銀貨（図16-1）と銅貨、表に前進する象、裏に前進するライオンを表現した銅貨（図16-2）という2つの基本的な図像セットを特徴としている。横たわる牡牛と騎馬像を表した銀貨と銅貨には、以下のような国王名がシャーラダー文字で記されている。

1　シュリー・スパラパティデーヴァ（Śrī Spalapatideva、銀貨と銅貨あり）
2　シュリー・ビーマデーヴァ（Śrī Bhīmadeva、銀貨）
3　シュリー・クーダラヤカ（Śrī Khūdarayaka、銀貨）
4　シュリー・サーマンタデーヴァ（Śrī Sāmantadeva、銀貨と銅貨、後にビロン貨）

一方、前進する象と前進するライオンを表した銅貨には、次のような国王名がシャーラダー文字で記されている。

1　シュリー・ヴァッカデーヴァ（Śrī Vakkadeva）
2　シュリー・サーマンタデーヴァ（Śrī Sāmantadeva）
3　シュリー・ビーマデーヴァ（Śrī Bhīmadeva）
4　シュリー・パダマ（Śrī Padama）

銘文に見えるスパラパティ、ヴァッカ、サーマンタは、1人の支配者の呼称と間違われる可能性があるが、いくつか存在するヒンドゥー・シャー朝の国王に用いられた敬称である[29]。スパラパティは、アルメニアまで使用された陸軍大臣の称号で、しばしば使用されたといわれるし、ヴァッカはバクトリア語の「bago（神、君主）」を意味するという見解もある[30]。レヘマーンによれば、サーマンタは、スパラパティと殆ど同義で、ヴァッカはクーダラヤカ、ラトビル、テギンと殆ど同義であるという[31]。インド・パキスタンの中世の碑文には、支配者の名前の横に「サーマンタ（Sāmanta）」という銘文が刻まれている。シュリー・サーマンタデーヴァという名称は、12世紀後半まで、横たわる牡牛と騎馬像を刻印したコインの中に継承された。

これらのコインの中で、シュリー・サーマンタデーヴァの銘を有するコインは、銀貨、ビロン貨、銅貨の全ておいて、圧倒的に多く残っている。ヒンドゥー・シャー朝の時代、横たわる牡牛と騎馬像の銀貨は、重さが、3ｇから3.5ｇでほぼ均一であり、銀の含有量が高く、カーブル地方とガンダーラの大部分、そしてパンジャーブやシンド地方北部に至るまで、最も主要な通貨として流通していた。一方、銀貨に対応する銅貨は重量にばらつきがあって2ｇから3.5ｇであり、一般的にヒンドゥー・シャー朝の領地を越えて流通することはなかった。

　ズィアードによれば、中世初期の銀の主な産地は、ヒンドゥー・クシュ山脈の鉱山地帯であった。例えば、ガズナ朝時代には、カーブルの北方のパンジシール（Panjshir）、アンデルアバ（Anderaba）、ゼバク（Zebak）、ワハーン（Wakhan）に鉱山があったことが知られているという[32]。

　また、ヒンドゥー・シャー朝のコインを研究したD・マクドーワルは、銀の含有量、図柄、銘文形式などに基づいて、ヒンドゥー・シャー朝のコインを3グループに分類した[33]。

　第1グループは、最も初期に発行されたと考えられるコインであり、銀貨と銅貨である。銀貨（図16-1）では表に横たわる牡牛、裏に騎馬像が表現され、シュリー・スパラパティデーヴァの銘文が刻まれている。この銘文を有するコインが最も初期のコインである理由は、裏にテュルク・シャー朝由来のバクトリア語・ギリシア文字銘が刻印されている事実にある。一方、横たわる牡牛と騎馬像を組み合わせたモチーフは、ヒンドゥー・シャー朝で創始

図 16-1

図 16-2

されたものである。

　銅貨（**図 16-2**）では、表に向かって左方向に歩行する象を表現し、そしてシュリー・ヴァッカデーヴァ（Srī Vakkadeva）という銘文を刻印している。裏に向かって右方向に進むライオンを表している。

　これらの2点のコインには、国王の固有名が記されていない。大臣や領主を示すスパラパティという言葉や「bago（神）」を意味するといわれる「ヴァッカ」が使われていることは、ヒンドゥー・シャー朝の初代のカッラール王が、テュルク・シャー朝の最後の国王ラガトゥールマーンの大臣の1人で、宰相であったというアル・ビールーニーの記述と一致している[34]。そうとすれば、シュリー・スパラパティデーヴァとシュリー・ヴァッカデーヴァという名称ないしは、称号は初代の国王カッラールを意味すると解釈することも不可能ではない。

　第2グループでは、銀の純度がわずかに減って、図像表現は非常に抽象的になる。

　この様式で発行された多くのコインには、シュリー・サーマンタデーヴァという銘文が刻印されているが、シュリー・クーダラヤカやシュリー・ビーマデーヴァという銘文が刻印されたコインは少ない。全ての銀貨（**図 16-3**）が、第1グループのコインのモチーフを踏襲し、表には横たわる牡牛を、裏には騎馬像を表現している。シュリー・サーマンタデーヴァの銘文をもつ銅貨（**図 16-4**）には、表に、向かって左方向に歩行する象、裏に、向かって右方向に進むライオンを表現したものが発見されている。

図 16-3

図 16-4

　これらは同一のモチーフを踏襲しているので、シュリー・スパラパティデーヴァの銘文を有するコインの後に、シュリー・クーダラヤカの銘を有するコイン、その次にシュリー・ビーマデーヴァの銘を有するコイン、そして最後にシュリー・サーマンタデーヴァの銘を有するコインの順序で発行されたと考えられる。この順序ないしは編年は、シュリー・クーダラヤカの銘文を有するコイン（**図16-5**）の裏の右側上方にある、アラビア語文字の「'adl（正義を意味する）」の字体の変容によってなされている。このアラビア語文字は、当初、検証刻印のように用いられていたバクトリア文字の銘文に取って代わったと思われるもので、シュリー・ビーマデーヴァとシュリー・サーマンタデーヴァの銘文を有するコインでは、次第に字体が崩れていき、判読不能となっている[35]。

　シュリー・スパラパティデーヴァの銘をもつコインは、初代のカッラール

第16章　ヒンドゥー・シャー朝　*317*

図 16-5

　王以降の数人の支配者によって発行されたものである。しかしながら、シュリー・ビーマデーヴァの銘をもつコインに関しては、他ならぬビーマデーヴァ王の時代に発行されたものと思われる。いずれにせよ、銀の含有量とコインの出土地点から、以上に挙げた全てのコインはカーブルないし、その近郊で発行された可能性が高いと考えられている。

　シュリー・クーダラヤカの銘を有するコインについては、様々な解釈が提唱されている。最も一般的なものは、このコインが、サッファール朝が870年以降にカーブルを一時的に占領していた時代に、カーブルで発行されたものとする見解である。確かに、シュリー・クーダラヤカの銘文を有するコインが、僅かながらカーブル近郊のテペ・ナレンジから出土している[36]。しかしながら、この解釈は以下に挙げるような理由から、決定的な学説とはいい難いとする見解もある[37]。その1つは、カーブルの周辺地域は短期間、サッファール朝の支配下にあって、上述した「'adl（正義）」の銘を有するコインは、ザーブリスターンやカーブリスターンで流通させるためにサッファール朝が発行したものであるというのである。あるいは、それらのコインは、880年頃のシュリー・クーダラヤカの没後、サッファール朝のカーブルの支配が確立した909年から910年以降に発行した可能性も否定できないというのである。さらに、「'adl（正義）」という銘は、政治的意味をもたないが、コインの信頼性を示すためにホラーサーン地方で用いられたというのである。いずれにせよ、これらのコインは、ビーマデーヴァ王の即位年である921年より以前に発行されたものであると考えられる。

このグループの銅貨には、表に孔雀ないしはライオンが、裏にハンサ鳥が表現されているものがあり、シュリー・パダマ（Srī Padama）の銘文がある。これらはカマルー・カマルーカという国王が発行したのものとされている[38]。なお、パダマもカマルー（Kamalū）もサンスクリット語の蓮（padma、kamala）を意味する。

　最後の第3グループのコインは、銀の含有量の少ないビロン貨であり、シュリー・サーマンタデーヴァの銘文を有しているが、コイン表裏の横たわる牡牛と騎馬像の図像の劣化が進み、図像表現が粗雑になり不鮮明になったものである。そのため、ズィアードによれば、ガズナ朝のスブクテギーンが990年頃にカーブルを占領した後、このタイプのコインがヒンドゥー・シャー朝の東部領土であったガンダーラ、恐らくウダバーンダプラで発行された可能性があるという。さらに、同じ銘文を有するが重量が減少したビロン貨が、王朝末期にナンダナ（Nandana、ソールト・レインジの東端）で発行された可能性もあるという[39]。銀貨の質と重量の低下は、ヒンドゥー・クシュ山脈の鉱山をガズナ朝に奪われたことに関係しているのであろう。

ヒンドゥー・シャー朝の美術

　ヒンドゥー・シャー朝の美術作品については、殆ど知られていない。レヘマーンらによる遺跡調査には、フンド（Hund）、マロート（Malot）、ナンダナ（Nandana）、バリコート（Barikot）、ラージャ・ギラー（Rāja Girā）城砦などの8つの遺跡が紹介されている[40]。レヘマーンによれば、フンドは、ヒンドゥー・シャー朝の首都であり、村を四方から囲む防壁と都市の遺構が残っているという。村を囲む防壁はムスリムに支配されていた時代に建設されたが、村の南にある城壁はヒンドゥー・シャー朝時代のものであるという[41]。一方、スワートのバリコートにあるビール・コート・グワンダイ（Bīr koṭ ghwaṇḍai）遺跡については、A・フィリゲンツィーによれば、インド・グリーク朝時代の巨大な城壁、クシャン朝時代の小規模な仏教寺院、クシャノ・ササン朝時代の宮殿など以外に、テュルク・シャー朝時代に創建され9世紀から10世紀まで存続していたと考えられるヒンドゥー教寺院が発見されているという[42]。その寺院からは、丸彫りの頭部が欠損した女神像（図

図 16-6　　　　　　　図 16-7

16-6）が出土している。フィリゲンツィーによれば、この女神像の姿勢と脚の断片、プロポーションにはヴィシュヌ像の造形要素が見られるという[43]。

　この他に、M・W・マイスターは、ヒンドゥー・シャー朝時代の寺院について研究を行っている。彼はカーフィールコート（Kāfirkoṭ）、ビロート（Bilot）、アンブ（Amb）、ナンダナなどのヒンドゥー・シャー朝時代の寺院の建設年代を測定して一覧表を作成している[44]。それによれば、10世紀に建築されたとマイスターがみなしている寺院に関しては、マロートに、ヒンドゥー・シャー朝建築とカシュミール建築の両方のスタイルの融合を示す寺院があり、2つの地域の文化交流を示しているという[45]。ただし、ヒンドゥー・シャー朝時代の考古学調査と研究は、まだ十分なものとはいえない。マイスターはカーフィールコートの寺院Bから出土したという、三面の像（図16-7）を挙げているが、シヴァ神のシンボルとなる牡牛や三叉の矛、リンガなどが一切表現されておらず、儀式に使用するジャックフルーツの葉を左手にもっているので、この像をヨーガ行者像と比定している[46]。

　この他、ガンダーラの北東部にあるカシュミール・スマスト（Kashmīr Smast）の洞窟遺跡から発見された様々な遺物の中には、コインをはじめヒンドゥー・シャー朝時代に制作された文物が含まれていると思われる[47]。

注
1 E. C. Sachau, *Alberuni's India*, vol. I, Dehli, 1910, p. 206, 259. なお、ズィアードは、ワイハンドではなく、ウダバーンダプラ（Udabhāṇḍapura）としている。Ziad, *op. cit.*, p. 145.
2 Rahman, *op.cit*, pp. 90-167.
3 Rahman, *op. cit.*, pp. 85-86.
4 Sachau, *op. cit.*, vol. II, p. 13.
5 Ziad, *op. cit.*, pp. 149-150.
6 Rahman, *op. cit.*, p. 91.
7 Rahman, *op. cit.*, p. 90.
8 Ziad, *op. cit.*, pp. 150-151.
9 Sachau, *op. cit.*, vol. II, p. 13; Rahman, *op. cit.*, p. 109; M. A. Stein, *Kalhaṇa's 'Rājataraṅgiṇī*, Westminister, 1990, verse 233, reprinted in Delhi, 1961, vol. I, p. 217.
10 Rahman, *op. cit.*, p. 107; Stein, *ibidem*, p. 206.
11 Rahman, *op. cit.*, p. 110.
12 Stein, *op. cit.*, p. 217.
13 Y. Mishra, *The Hindu Sahis of Afghanistan and the Punjab, A. D. 865-1026: A Phase of Islamic Advance into India,* Patna, 1972, p. 40.
14 Rahman, *op. cit.*, p. 124; Mishra, *op. cit.*, p. 69; Ziad, *op. cit.*, p. 153.
15 Rahman, *op. cit.*, pp. 130-133.
16 Rahman, *op. cit.*, p. 4; Ziad, *op. cit.*, p. 153.
17 D. R. Sahni, "Six Inscriptions in the Lahore Museum," *Epigraphica Indica*, vol. XXI, 1931-1932, p. 301.
D. Ch. Sircar, *Select Inscriptions bearing on Indian History and Civilization: From the Sixth to the Eighteenth Century A. D.*, vol. II, Delhi, 1983, p. 431; N. B. Bodziadi Khaw, "Study and Analysis of the Proto-Śāradā and Śāradā inscriptions in the Lahore Museum（Punjab-Pakistan），" *Gandhāran Studies*, vol. 9, 2015, pp. 98-99.
18 Ziad, *op. cit.*, p. 153.
19 Mishra, *op. cit.*, p. 99.
20 Rahman, *op. cit.*, pp. 134-135.
21 Mishra, *op. cit.*, p. 106; Rahman, *op.cit*, pp. 135-141.
22 Mishra, *op. cit.*, pp. 133-134; Rahman, *op. cit.*, pp. 151-152.
23 Rahman, *op. cit.*, p. 158.
24 Rahman, *op. cit.*, p. 166; Mishra, *op. cit.*, p. 164.
25 Mishra, *op. cit.*, pp. 222, 229; Ziad, *op. cit.*, p. 154.
26 Rahman, *op. cit.*, p. 167.
27 Sachau, *op. cit.*, vol. II, p. 13; Ziad, *op. cit.*, pp. 154-155.
28 Rahman, *op. cit.*, pp. 239, 240, 255-260, 262-264; MacDowall, op. cit., 1968, p. 207.
29 Mishra, *op. cit.*, p. 239.
30 レヘマーンは、スパラパティは陸軍大臣を意味するサンスクリット語の「Samarapati」がプラークリット語化された形であるという。Rahman, *op. cit.*, p. 187; Ziad, *op. cit.*, p. 156.
31 Rahman, *op. cit.*, p. 187.

32 Ziad, *op. cit.*, p. 156.
33 MacDowall, op. cit., 1968, p. 193.
34 Sachau, *op. cit.*, vol. II, p. 13; Ziad, *op. cit.*, p. 158.
35 Ziad, *op. cit.*, pp. 158-159.
36 Z. Paiman/M. Alram, "Tepe Narenj: A Royal Monastery on the High Ground of Kabul," *Journal of Inner Asian Art and Archaeology*, vol. 5, 2010, p. 41, fig. 21d.
37 Ziad, *op. cit.*, p. 159.
38 Mishra, *op. cit.*, p. 53.
39 Ziad, *op. cit.*, p. 161.
40 Rahman, *op. cit.*, pp. 266-281.
41 Rahman, *ibidem*, pp. 269-270.
42 A. Filigenzi, "The Shahi Period: A Reappraisal of Archaeological and Art Historical Sources," M. Alram et al., 2010, pp. 410-411.
43 Filigenzi, ibidem, p. 412.
44 M. W. Meister, *Temples of the Indus: Studies in the Hindu Architecture of Ancient Pakistan*, Leiden/Boston, 2010, pp. 36-38.
45 Meister, *ibidem*, pp. 57-59.
46 Meister, *ibidem*, pp. 43-46.
47 Rahman, *op. cit.*, pl. XIX-1, 2; M. Nasim Khan, *Treasures From Kashmir Smast (The Earliest Saiva Monastic Establishment)*, Peshawar, 2006.

終　　章

　本書では、イスラーム勢力に征服される以前のガンダーラの歴史について、ガンダーラから出土した古銭と美術品を用いて述べてきた。このような試みによって、以下のようなガンダーラの歴史の大まかな骨組み、輪郭を明らかにすることができたと思う。
　まず、ガンダーラの歴史においては、アケメネス朝ペルシアがガンダーラを征服し、次にアレクサンダー大王の遠征があり、その後マウリヤ朝が支配するところとなり、セレウコス朝の侵攻を招いたが、それを退けた。しかしながら、セレウコス朝治下のバクトリアに定住したギリシア人が、グレコ・バクトリア朝を樹立し、マウリヤ朝の衰退に乗じてガンダーラに侵入してインド・グリーク朝を建国した。この結果、ガンダーラにヘレニズム文化が伝播し定着した。その後、中央アジアから遊牧民族が南下して、インド・スキタイ朝、続いてインド・パルティア朝がガンダーラを支配するに至ったが、ガンダーラのヘレニズム文化は衰微しながらも存続した。
　インド・パルティア朝が弱体化すると、イラン系のクシャン族がアフガニスタン北部から南下してガンダーラに侵入し、クシャン朝を樹立した。クシャン朝はローマ帝国との交渉を通して、ガンダーラのヘレニズム文化の復興を成し遂げ、その結果、ガンダーラの仏教美術が興隆した。このようにクシャン朝の支配下において、ガンダーラは黄金時代を迎えたが、フヴィシュカ王が亡くなると、クシャン朝は徐々に衰退していき、ヒンドゥー・クシュ山脈以北をササン朝ペルシアに征服され、ガンダーラはやがてその分家のようなクシャノ・ササン朝によって支配されることとなった。しかしながら、クシャノ・ササン朝下のガンダーラでも、仏教美術は衰退しなかった。
　クシャノ・ササン朝が衰退すると、中央アジアのフン族が、アフガニスタン北部のバクトリアから、ヒンドゥー・クシュ山脈以南へと侵入し、キダーラ朝がガンダーラを支配するに至った。その後、同じフン族のエフタルがバクトリアに侵入してキダーラ朝に取って代わったので、ガンダーラもフン族

のアルハン、続いてネーザクと、同じフン族が支配するようになった。このアルハン朝以後に、ガンダーラの仏教美術の衰退が始まったと思われる。

やがてササン朝ペルシアが西突厥（テュルク）と共同でエフタルを挟撃して滅ぼし、ガンダーラはトルコ系のテュルク・シャー朝に支配される。そして、そのテュルク・シャー朝も西突厥の衰退とともに、ヒンドゥー・シャー朝に取って代わられたが、やがてイスラーム系王朝がガンダーラを支配するに至った。この時代にガンダーラの仏教美術はほぼ消滅したようである。

以上のような歴史的変遷を古銭学と美術史の観点から振り返ってみよう。アケメネス朝ペルシア以降、ペルシア美術がガンダーラの地に伝播し、アレクサンダー大王の中央アジア、南アジアへの遠征以降、ギリシア（ヘレニズム）美術がガンダーラの地に移植された。アレクサンダー大王の直接的貢献は不明であるが、ギリシア美術は、グレコ・バクトリア朝、インド・グリーク朝の時代に定着した。その結果、コインの図柄には国王胸像、ギリシアの神々が写実的に描写され、ギリシア語・ギリシア文字が銘文として用いられた。一方、土着の文化も取り入れ、プラークリット語とカローシュティー文字の銘文を採用して二カ国語・文字銘を創始するなど、東西文化の融合が進んだ。次のインド・スキタイ朝の時代にはギリシア美術は衰退したが、インド・グリーク朝のコイン形式と図像、二カ国語・文字銘文は踏襲され、新たに国王重装騎馬像などの遊牧民族のアイデンティティーを明示した図像が創造された。銘文に関しても、「諸王の王」というアルサケス朝パルティアのミトラダテス2世の称号を取り入れて、イラン的要素と国王の相対的地位を高めている。

次のインド・パルティア朝時代には、インド・スキタイ朝治下で発行された、ギリシアの神々を表したコインの伝統を基本的には踏襲したが、ギリシア美術のレヴェルは低下した。しかしながら、その代わりに西方のアルサケス朝の国王胸像を採用するなど、民族的なアイデンティティーを鮮明にしている。

このように、ギリシア美術はグレコ・バクトリア朝時代に比べると、かなり衰微したが、クシャン朝の時代に、ローマ文化の影響によって「ルネッサンス」を迎える。クシャン朝も当初は先行の王朝のコインを模倣していたが、

ウィマ・カドフィセス王が貨幣制度の抜本的改革を断行した。まず、従来の銀貨と銅貨の貨幣制度を廃止して、金貨と銅貨とした。そして、新たな外観をした独自のクシャン国王像を創出した。コインの裏の神像もギリシア神像を廃して、インドとイランの習合神的なウェーショー神に限定する一神教的方針を採用した。次のカニシュカ１世は、伝統的な二カ国語・文字銘を廃止して、バクトリア語・ギリシア文字だけの銘文を採用した。一方、コインの裏の神像には、ゾロアスター教の神々のみならず、仏教の尊像、ヒンドゥー教の神像を用いるなど、寛容な多神教的宗教政策を採った。この時代には、マウリヤ朝の時代に伝わった仏教が盛んとなり、多種多様なガンダーラの仏教彫刻が制作されたが、その写実的様式には、グレコ・バクトリア朝由来のヘレニズム美術と、ローマ帝国のグレコ・ローマ美術双方からの影響が認められる。カニシュカ１世の多様性重視の政策は、次のフヴィシュカ王の時代にも継続され発展したが、次のヴァースデーヴァ１世の時代には逆に、ウィマ・カドフィセス王の一神教的なコインの図像に回帰してしまった。それ以後、クシャン朝のコインは、表には国王立像、裏にはウェーショー神とナンディンあるいはアルドクショー女神坐像という、１つないしは、２つのパターンを繰り返すだけであった。このようなコイン図像の単一化はクシャン朝下におけるギリシア美術と同朝の政治的衰退に並行していた。

　このコイン図像の単一化、ギリシア美術の衰退に、新たな息吹を吹き込んだのは、クシャノ・ササン朝である。金貨表のクシャン国王立像を、ササン朝ペルシアの「諸王の王」の外観を明示する華麗な写実的な立像に変えて、新しい時代感を表出した。同朝の美術は基本的にローマのグレコ・ローマ美術と、アケメネス朝ペルシア由来の形式及び装飾を重視する美術を融合したものであり、写実的表現が前提となっていたのである。さらに、銅貨や銀貨では、ササン朝ペルシアのパフラヴィー語・パフラヴィー文字と西アジアの伝統的な王権神授の図像を導入するなど、イラン文化の特色を発揮している。この王朝の後にガンダーラを支配したフン族のキダーラ朝も、クシャノ・ササン朝が発行した金貨の表裏の図像とギリシア文字銘文をほぼそのまま踏襲した。しかしながら、銀貨においては、ササン朝ペルシアのドラクマ銀貨の表裏の図像と表現様式を部分的に模倣して、クシャノ・ササン朝とは一線を

画した独自の国王胸像を創出した。

　このように振り返って見ると、クシャン朝からキダーラ朝の時代が、ガンダーラの仏教美術隆盛期に対応することがわかる。

　キダーラ朝の後、バクトリアのエフタルはササン朝ペルシアのドラクマ銀貨の模倣貨を発行するのに満足して、独自のコインを大規模に発行することは行っていない。それに対して、ガンダーラのアルハン朝、ネーザクなどのフン族は、民族的アイデンティティーと国王の威厳、力強さを顕示した、あるいは水牛頭を戴く独創的な国王胸像などを創出して異彩を放っている。ただし、その図像にはもはや、ギリシア美術の痕跡はアカンサスの葉、崩れた形の草書体ギリシア文字を除くと殆ど見られず、その表現様式はアケメネス朝ペルシア由来のペルシア美術の様式に統一されている。

　ガンダーラの歴史の最終ページを飾るテュルク・シャー朝とヒンドゥー・シャー朝のコインについては、前者は多様性と民族的特性に富み、興味深い面もあるが、後者に至っては単一の図像の踏襲でしかない。

　以上、ガンダーラのコインの特色を総括的に外観したが、ガンダーラから出土した古銭は、冒頭に述べたように経済のみならず、その種類や質によって、ガンダーラの文化や美術のレヴェルや動向を明示する貴重な指標であることを、本書は多少なりとも明らかにすることができたのではないかと思う。

あとがき

　本書を執筆するきっかけとなったのは、早稲田大学文学研究科博士後期課程に在籍していた頃、指導教官の肥田路美先生からいわれた言葉だった。先生からは、将来研究をまとめた研究書を出版しなければならないが、その他に、ガンダーラ美術などに関する概説書も1冊出版しなさいというアドバイスを頂いた。思えば、この言葉が本書を執筆するきっかけになったと現在では感じている。先生からこのアドバイスを頂いた時は、正直、論文を1本執筆するのにも四苦八苦していた時で、研究をまとめた博士論文は勿論のこと、概説書を書くなど思いもしなかった。また、ガンダーラ仏教美術についての概説書は、様々な好著がその当時すでに出版されており、私が概説書を書いたところで、それを凌ぐものにはなり得ないと考えていたため、どのような概説書を書いたらいいのか、具体的なアイディアが全く浮かんでこなかった。それ故、いつか概説書を書くという意欲のみ頭の片隅に置かれていたわけであった。

　このような状況が変わったのは、2022年に出版した拙著『ガンダーラの仏教彫刻と生天思想』（中央公論美術出版）の序論において、コインを用いて、クシャン朝までのガンダーラの歴史を執筆した時である。この序論を執筆するために、ガンダーラのコインについて少し勉強をした時に、ガンダーラの歴史書を執筆するためには、コインを用いなければ、概説できないと思ったのである。特に、2023年になってから、京都市の朝日カルチャー・センターなどで一般向けに講演を行わせていただいたが、美術史、仏教学、歴史学などの研究者や専門家ではない人々に、一般向きの参考書がないと、ガンダーラの歴史を伝えるのが難しいと感じたのである。幸い、ガンダーラの多くの古銭資料を用いて、ガンダーラの歴史を通史的に叙述した概説書は、日本のみならず世界を見ても、1冊も出版されたことはないと知った。それならば、本書がその嚆矢となり、ガンダーラの歴史について、日本の多くの人々に知ってもらえるチャンスにならないかと考え、執筆を決意するに至っ

たのである。ただし、本書では、アケメネス朝ペルシアからイスラーム時代までの長期に渡るガンダーラの歴史を扱ったため、様々な事実誤認などが含まれているのではないかと筆者も自覚している。その責任は無論、筆者にあるので、今後はそれらを訂正し、また、古銭学研究の進展を待って、本書をいつか改訂することができるように、研究を進めていきたい。

　本書を執筆するに当たって、幸運なことに、父親がこれまで収集したガンダーラ、イラン、中央アジアなどから出土したコインが身近にあった。その他、筆者が数点購入したコインや、浜名梱包シルクロード・ミュージアムなどの国内の美術館が所蔵しているコインを実見して、撮影した写真を本書で活用することができた。さらに、平山郁夫シルクロード美術館所蔵のコインの写真を借用した。また、国内に所蔵されていないタイプのインド・スキタイ朝やインド・パルティア朝などのコインを大英博物館において実見調査し、写真撮影を行うことができたので、それらも資料に追加することができた。

　最後に、本書が刊行されるまで、筆者は様々な方々に大変お世話になった。本書を執筆するきっかけとなった早稲田大学文学研究科教授の肥田路美先生、そして、コインの調査や写真撮影などを快諾していただいた浜名梱包シルクロード・ミュージアム館長の鈴木鐡男氏、コインの写真の借用許可をいただいた平山郁夫シルクロード美術館館長平山東子氏、またコインの調査及び写真撮影を許可していただき、アドバイスをいただいた大英博物館の現古銭部門部長のロバート・ブレイスィ氏、前同部門部長のジョー・クリブ氏には、心から感謝の意を表したい。最後に、本書執筆において、編集を担当していただいた臨川書店の小野朋美さんに厚く御礼申し上げる。

　　　　　　　　　　　　　　　　　　　　　2024年9月　田辺　理

キャプション

第1章　アケメネス朝ペルシア

図1-1　キュロス2世の住まいの宮殿址　パサルガダエ　76×42m

図1-2　キュロス2世の王墓　パサルガダエ　高：11m

図1-3　キュロス円筒　バビロン出土　幅：22.86cm　大英博物館

図1-4　ダレイオス1世肖像　スーサ出土　高：104cm　イラン考古博物館

図1-5　ダレイオス1世戦勝記念碑　ビストゥーン　3×5.5m

図1-6　ダーリック金貨　1.5×1.4cm　浜名梱包輸送シルクロード・ミュージアム

図1-7　シグロス銀貨　1.5×1.3cm　浜名梱包輸送シルクロード・ミュージアム

図1-8　花模様　パンチ刻棒銀貨　ガンダーラ出土　長径：4.7cm　個人蔵

図1-9　花模様　パンチ刻銀貨　1.2×1.4cm　ニューデリー国立博物館

図1-10　マザイオス　スタテール銀貨　径：2.3cm　個人蔵

図1-11　バールシャリム2世　2シェケル銀貨　径：2.9cm　大英博物館

図1-12　ペルセポリス（タフティ・ジャムシード）全景　386×473m

図1-13　インド産瘤牛を連れた朝貢者　高：86cm　ペルセポリス

図1-14　インド人朝貢者　高：86cm　ペルセポリス

図1-15　動物背合わせの柱頭　ガンダーラ出土　高：30.5cm　大英博物館

図1-16　牡牛背合わせの柱頭　スーサ出土　高：5.8m　ルーヴル美術館

図1-17　牡牛を襲うライオン　高：2.6m　ペルセポリス

図1-18　銀製リュトン　タジキスタン南部出土　高：23cm　大英博物館

図1-19　金製板　ミール・ザカー出土　高：12.8cm　Miho Museum

第2章　アレクサンダー大王

図2-1　アレクサンダー大王　10ドラクマ銀貨　径：3.4cm　大英博物館

図2-2　アレクサンダー大王　10ドラクマ銀貨　径：3.4cm前後　平山郁夫シルクロード美術館

図2-3　アレクサンダー大王　4ドラクマ銀貨　径：2.8cm　筆者蔵

図 2-4　アレクサンダー大王　金貨　径：1.9cm　個人蔵
図 2-5　ディオニューソス神のインド征服　208×77cm　ボストン美術館
図 2-6　ディオニューソス神と眷属の飲酒饗宴図　ガンダーラ
　　　29.2×33.5cm　東京国立博物館
図 2-7　アレクサンダー大王大理石製頭部　高：41cm
　　　イスタンブール考古学博物館
図 2-8　アレクサンダー大王胸像　高：68cm　ティヴォリ出土
　　　ルーヴル美術館
図 2-9　アレクサンダー石棺　高：195cm　シドン（現サイダー）出土
　　　イスタンブール考古学博物館
図 2-10　アレクサンダー・モザイク　5.82×3.13m　ナポリ国立考古学博物館

第 3 章　セレウコス朝
図 3-1　セレウコス 1 世ニカトール　4 ドラクマ銀貨　エクバタナ発行
　　　径：2.6cm　大英博物館
図 3-2　セレウコス 1 世ニカトール　4 ドラクマ銀貨　バクトラ発行
　　　径：2.3cm　大英博物館
図 3-3　セレウコス 1 世ニカトール　4 ドラクマ銀貨　発行場所不明
　　　径：2.6cm　浜名梱包輸送シルクロード・ミュージアム
図 3-4　オクサス河を象徴する牡牛と錨　銅貨　径：1.8cm　アイ・ハヌム
　　　発行　フランス国立図書館
図 3-5　アンティオコス 1 世　4 ドラクマ銀貨　セレウキア発行
　　　径：2.9cm　大英博物館
図 3-6　アンティオコス 2 世　4 ドラクマ銀貨　シリア発行　径：3.0cm
　　　大英博物館
図 3-7　セレウコス 2 世　4 ドラクマ銀貨　シリア発行　径：2.8cm
　　　大英博物館
図 3-8　アンティオコス 3 世　4 ドラクマ銀貨　エクバタナ発行
　　　径：2.7cm　大英博物館
図 3-9　アンティオコス 3 世　銅貨　シリア／エクバタナ発行　径：2.8cm

大英博物館
図 3-10　アキナケス剣の象牙製鞘　長：27.7cm　タフティ・サンギーン出土　タジキスタン科学アカデミー付属 A・ダーニシュ記念歴史研究所
図 3-11　マルスヤスを載せた石灰岩製祭壇　高：17cm タフティ・サンギーン出土　タジキスタン科学アカデミー付属 A・ダーニシュ記念歴史研究所

第 4 章　マウリヤ朝
図 4-1　アショーカ王のアラム語碑文　タキシラ博物館
図 4-2　抽象的な文様　銀貨　インド発行　径：2.5cm　個人蔵
図 4-3　象とライオン　方形銅貨　2.1×1.7cm　個人蔵
図 4-4　アショーカ王柱　ラウリヤー・ナンダンガル出土　高：12m
図 4-5　ライオン柱頭　サールナート出土　高：213.5cm　サールナート考古学博物館
図 4-6　ヤクシニー像　ディーダルガンジ出土　高：162cm　パトナー博物館
図 4-7　アショーカ王施土説話　ガンダーラ出土　高：39.7cm　大英博物館

第 5 章　グレコ・バクトリア朝
図 5-1　ディオドトス 1 世　金貨　径：1.9cm　浜名梱包輸送シルクロード・ミュージアム
図 5-2　ディオドトス 2 世　4 ドラクマ銀貨　径：3.1cm　大英博物館
図 5-3　エウティデーモス 1 世　4 ドラクマ銀貨　径：2.9cm　個人蔵
図 5-4　デーメートリオス 1 世　4 ドラクマ銀貨　径：3.2cm　個人蔵
図 5-5　エウティデーモス 2 世　4 ドラクマ銀貨　径：3.0cm　大英博物館
図 5-6　アンティマコス・テオス　4 ドラクマ銀貨　径：3.0cm　個人蔵
図 5-7　デーメートリオス 2 世　4 ドラクマ銀貨　径：3.0cm　大英博物館
図 5-8　パンタレオン　4 ドラクマ銀貨　径：3.2cm　大英博物館
図 5-9　アガトクレス　4 ドラクマ銀貨　径：3.0cm　大英博物館
図 5-10　アガトクレスの系譜コイン　4 ドラクマ銀貨　径：3.2cm　個人蔵
図 5-11　アガトクレス　方形銀貨　径：1.5×2.2cm　ラット考古学博物館
図 5-12　アガトクレス　方形銅貨　2.4×1.8cm　個人蔵

図 5-13　アポロドトス 1 世　銀貨　径：1.5cm　浜名梱包シルクロード・
　　　　ミュージアム
図 5-14　アンティマコス 2 世　銀貨　径：1.6cm　大英博物館
図 5-15　エウクラティデース 1 世　4 ドラクマ銀貨　径：3.1cm　大英博物館
図 5-16　エウクラティデース 1 世　1 ドラクマ銀貨　径：1.8cm　大英博物館
図 5-17　エウクラティデース 1 世　4 ドラクマ銀貨　径：3.4cm　平山郁夫
　　　　シルクロード美術館
図 5-18　エウクラティデース 1 世　4 ドラクマ系譜コイン　径：3.2cm
　　　　個人蔵
図 5-19　エウクラティデース 2 世　4 ドラクマ銀貨　径：3.2cm
　　　　浜名梱包輸送シルクロード・ミュージアム
図 5-20　プラトーン　4 ドラクマ銀貨　径：3.3cm　大英博物館
図 5-21　ヘリオクレス　4 ドラクマ銀貨　径：3.2cm　個人蔵
図 5-22　アイ・ハヌム全景
図 5-23　ヘルメス柱　アイ・ハヌム出土　前 2 世紀　高：77cm
　　　　カーブル博物館
図 5-24　ゼウス神像の左足　アイ・ハヌム出土　前 3 世紀　長：20cm
　　　　カーブル博物館
図 5-25　馬具飾り　前 2 世紀　径：24.7cm　エルミタージュ美術館

第 6 章　インド・グリーク朝
図 6-1　ヘリオドロス柱　前 2 世紀　高：6.5m　ヴィディシャー
図 6-2　メナンドロス 1 世（無帽）　4 ドラクマ銀貨　径：2.6cm　個人蔵
図 6-3　メナンドロス 1 世（帽子）　4 ドラクマ銀貨　径：2.8cm　浜名梱包
　　　　輸送シルクロード・ミュージアム
図 6-4　メナンドロス 1 世　銀貨　径：1.8cm　大英博物館
図 6-5　アガトクレイアとストラトン　方形銅貨　2.2×2.1cm　大英博物館
図 6-6　アガトクレイアとストラトン　4 ドラクマ銀貨　径：2.7cm
　　　　大英博物館
図 6-7　ストラトン 1 世　4 ドラクマ銀貨　径：2.5cm　大英博物館

図 6-8　ストラトン1世　方形銅貨　2.0×2.3cm　大英博物館
図 6-9　ゾイロス1世　銀貨　径：1.5cm　大英博物館
図 6-10　リュシアス　銀貨　径：1.6cm　個人蔵
図 6-11　アンティアルキダス　銀貨　径：1.6cm　大英博物館
図 6-12　アンティアルキダス　銀貨　径：1.7cm　大英博物館
図 6-13　フィロクセネス　4ドラクマ銀貨　径：2.4cm　大英博物館
図 6-14　アミュンタス　20ドラクマ銀貨　径：6.3cm　カーブル博物館
図 6-15　アルテミドロス　銀貨　径：2.6cm　大英博物館
図 6-16　ヘルマイオスとカリオペー　4ドラクマ銀貨　径：2.6cm　大英博物館
図 6-17　ヘルマイオス　4ドラクマ銀貨　径：2.8cm　浜名梱包シルクロード・ミュージアム
図 6-18　ヒッポストラトス　4ドラクマ銀貨　径：2.6cm　大英博物館
図 6-19　ヒッポストラトス　円形銅貨　径：2.9cm　大英博物館
図 6-20　ヒッポストラトス　方形銅貨　2.7×2.4cm　浜名梱包輸送シルクロード・ミュージアム
図 6-21　ギリシア式宮殿　ジャンディアール
図 6-22　一角仙人と遊女　化粧皿　径：12.5cm　浜名梱包輸送シルクロード・ミュージアム

第7章　インド・スキタイ朝
図 7-1　マウエス　4ドラクマ銀貨　径：2.5cm　大英博物館
図 7-2　マウエスと妻マクセーネース　4ドラクマ銀貨　径：2.4cm　大英博物館
図 7-3　マウエス　銅貨　径：2.8cm　大英博物館
図 7-4　マウエス　方形銅貨　径：2.5×2.5cm　大英博物館
図 7-5　ヴォノーネス　4ドラクマ銀貨　径：2.3cm　大英博物館
図 7-6　スパリリセスとスパラガダマ　方形銅貨　2.1×2.2cm　大英博物館
図 7-7　アゼス1世　4ドラクマ銀貨　径：2.8cm　大英博物館
図 7-8　アゼス1世　4ドラクマ銀貨　径：2.7cm　大英博物館

図 7-9　アゼス1世　方形銅貨　3.0×2.8cm　大英博物館
図 7-10　アジリセス　4ドラクマ銀貨　径：2.7cm　大英博物館
図 7-11　アジリセス　銀貨　径：2.6cm　平山郁夫シルクロード美術館
図 7-12　アゼス2世　ドラクマ銀貨　径：1.5cm　大英博物館
図 7-13　アゼス2世　銅貨　径：2.7cm　大英博物館
図 7-14　ライオンと牛　アゼス2世　銅貨　個人蔵
図 7-15　アスパヴァルマ　ビロン貨　径：2.0cm　個人蔵
図 7-16　舎利容器　高：10.6cm　メトロポリタン博物館

第8章　インド・パルティア朝
図 8-1　アルダシール　ドラクマ銀貨　径：2.6cm　浜名梱包輸送シルクロード・ミュージアム
図 8-2　シャープール1世　ドラクマ銀貨　径：2.7cm　個人蔵
図 8-3　ゴンドファーレス　銅貨　径：2.4cm　大英博物館
図 8-4　ゴンドファーレス　ビロン貨　径：2.5cm　大英博物館
図 8-5　ゴンドファーレス　ビロン貨　径：2.1cm　大英博物館
図 8-6　アブダガゼス　ビロン貨　径：2.4cm　大英博物館
図 8-7　サセス　ビロン貨　径：2.0cm　個人蔵
図 8-8　オルサグネス　銅貨　径：2.3cm　大英博物館
図 8-9　パコレス　銅貨　径：2.3cm　大英博物館
図 8-10　銀製容器　中央高：13.5cm　右端高：12.0cm　タキシラ考古学博物館
図 8-11　エロースとプシュケー　赤瑪瑙製カメオ　3.4×4.3cm　パキスタン国立博物館　カラチ
図 8-12　折り畳み式腰掛　高：66cm　タキシラ考古学博物館
図 8-13　ハルポクラテス銅像　高：12.5cm　パキスタン国立博物館　カラチ

第9章　クシャン朝
図 9-1　ウィマ・タクト一肖像　高：208cm　マトゥラー博物館
図 9-2　国王騎馬サイ狩図浮彫　ラギ・ビビ　アフガニスタン北部　6.5×5m

図 9-3　釈迦菩薩像　高：46cm　サーンチー考古学博物館

図 9-4　ヘライオス　銀貨　径：3.0cm　個人蔵

図 9-5　ヘライオス　オボル銀貨　径：7.1cm　個人蔵

図 9-6　クシャン王侯頭部　塑像　ハルチャヤン出土　高：約 30cm　ハムザ美術研究所　タシュケント

図 9-7　クシャン族王侯　ノイン・ウラ出土　幅：192cm　モンゴル科学アカデミー付属考古学研究所

図 9-8　クジュラ・カドフィセス　銅貨　径：2.2cm　大英博物館

図 9-9　クジュラ・カドフィセス　銅貨　径：1.6cm　大英博物館

図 9-10　クジュラ・カドフィセス　銅貨　径：1.7cm　大英博物館

図 9-11　ウィマ・タクトー　銅貨　径：2.0cm　個人蔵

図 9-12　ウィマ・タクトー　銅貨　径：1.6cm　大英博物館

図 9-13　ウィマ・タクトー　銅貨　径：2.4cm　大英博物館

図 9-14　ウィマ・タクトー　銅貨　径：1.8cm　個人蔵

図 9-15　ウィマ・カドフィセス　金貨　径：1.8cm　個人蔵

図 9-16　クジュラ・カドフィセス　金貨　径：2.4cm　個人蔵

図 9-17　ウィマ・カドフィセス　金貨　径：2.5cm　ギメ美術館

図 9-18　ウィマ・カドフィセス　金貨　径：1.8cm　大英博物館

図 9-19　ウィマ・カドフィセス　金貨　径：1.3cm　大英博物館

図 9-20　ウィマ・カドフィセス　銅貨　径：2.7cm　個人蔵

図 9-21　カニシュカ１世　金貨　径：2.1cm　平山郁夫シルクロード美術館

図 9-22　ヘリオス　金貨　径：2.1cm　大英博物館

図 9-23　カニシュカ１世　金貨　径：2.0cm　平山郁夫シルクロード美術館

図 9-24　カニシュカ１世　ミイロ　金貨　径：2.0cm　大英博物館

図 9-25　ウルスラグノー　金貨　径：2.0cm　平山郁夫シルクロード美術館

図 9-26　カニシュカ１世／仏陀立像　銅貨　径：2.1cm　大英博物館

図 9-27　カニシュカ１世／弥勒仏坐像　銅貨　径：2.6cm　平山郁夫シルクロード美術館

図 9-28　釈迦牟尼仏陀（図 9-23 金貨裏）　金貨　平山郁夫シルクロード美術館

図 9-29　フヴィシュカ　金貨　径：2.1cm 個人蔵
図 9-30　フヴィシュカ　金貨　径：2.1cm　個人蔵
図 9-31　フヴィシュカ　金貨　径：1.9cm　大英博物館
図 9-32　フヴィシュカ　銅貨　径：2.6cm　大英博物館
図 9-33　フヴィシュカ　金貨　径：1.9cm　浜名梱包シルクロード・ミュージアム
図 9-34　ナナシャオ女神（図 9-29 金貨裏）　金貨　個人蔵
図 9-35　サラポー（セラピス）　金貨　径：2.0cm　浜名梱包シルクロード・ミュージアム
図 9-36　フヴィシュカ　金貨　径：2.0cm　ウイーン美術史美術館
図 9-37　ナナ女神　フヴィシュカ金貨裏　径：2.0cm　大英博物館
図 9-38　ヘラクレス　フヴィシュカ金貨裏　径：2.0cm　大英博物館
図 9-39　ディオニューソス神　金貨　径：2.1cm　個人蔵
図 9-40　ヴァースデーヴァ 1 世　金貨　径：2.1cm　平山郁夫シルクロード美術館
図 9-41　クリシュナ（図 9-40 金貨裏）　平山郁夫シルクロード美術館
図 9-42　ヴァースデーヴァ 1 世模倣金貨　金貨　径：2.7cm　浜名梱包輸送シルクロード・ミュージアム
図 9-43　ヴァースデーヴァ 2 世　銅貨　径：1.8cm　大英博物館
図 9-44　カニシュカ 2 世　金貨　径：2.3cm　大英博物館
図 9-45　ナナ女神　カニシュカ 2 世金貨裏　径：2.5cm　個人蔵
図 9-46　ヴァーシシュカ　金貨　径：2.4cm　大英博物館
図 9-47　カニシュカ 3 世　金貨　径：2.2cm　大英博物館
図 9-48　ヴァースデーヴァ 2 世　金貨　径：2.1cm　個人蔵
図 9-49　ヴァースデーヴァ 2 世　金貨　径：2.1cm　大英博物館
図 9-50　マヒ　金貨　径：2.2cm　大英博物館
図 9-51　シャカ　金貨　径：2.0cm　個人蔵
図 9-52　キプナダ　金貨　径：2.0cm　大英博物館
図 9-53　ハルチャヤンの壁画描き起こし　像高：120cm
図 9-54　ウィマ・タクトー　銅貨　径：1.7cm　大英博物館

図 9-55　カニシュカ 1 世立像　マート出土　高：163cm　マトゥラー博物館

図 9-56　クシャン王侯像　スルフ・コータル出土　高：133cm　カーブル博物館

図 9-57　青銅製舎利容器　高：20cm　シャー・ジー・キ・デーリー出土　大英博物館

図 9-58　金製舎利容器　高：6.7cm　ビーマラン出土　大英博物館

図 9-59　フヴィシュカ王と臣下　綿布画　出土地不明　97×104cm　個人蔵

図 9-60　仏陀立像　ガンダーラ　高：133cm　ニューデリー国立博物館

図 9-61　弥勒菩薩立像　ガンダーラ　高：120cm　ギメ美術館

図 9-62　涅槃図　ガンダーラ　高：41cm　インド博物館

図 9-63　ディオニューソス神と眷属の饗宴　24×52cm　ラホール博物館

図 9-64　花綱を担ぐエロース　15.4cm×45.4cm　平山郁夫シルクロード美術館

図 9-65　ケートス　高：21cm　古代オリエント博物館

第 10 章　クシャノ・ササン朝

図 10-1　カーバ・イ・ザルドゥシュト　高：11m

図 10-2　中世ペルシア語パフラヴィー語文字の三ヶ国語文字銘文　カーバ・イ・ザルドゥシュトの下部壁面

図 10-3　名称不詳の王　銅貨　230 年頃　径：1.8cm　個人蔵

図 10-4　アルダシール　金貨　径：2.4cm　大英博物館

図 10-5　アルダシール　銅貨　径：1.8cm　個人蔵

図 10-6　ヴァースデーヴァ 1 世模倣貨幣　金貨　径：2.6cm　大英博物館

図 10-7　ペーローズ 1 世　金貨　径：2.7cm　大英博物館

図 10-8　双神変　パーイターヴァ出土　高：81cm　ギメ美術館

図 10-9　ペーローズ 1 世金貨　径：2.7cm　大英博物館

図 10-10　バフラム 2 世獅子闘争図　サル・マシュハド　2.14×4.65m

図 10-11　アナーヒター女神によるナルセー王の王権神授図浮彫　3.50×5.65m　ナクシェ・ルスタム

図 10-12　ペーローズ 1 世　銅貨　径：2.0cm　個人蔵

図 10-13　ペーローズ 1 世　銅貨　径：1.9cm　個人蔵
図 10-14　ホルミズド 1 世　銀貨　径：2.5cm　大英博物館
図 10-15　ホルミズド 1 世　金貨　径：3.0cm　個人蔵
図 10-16　ホルミズド 1 世　金貨　径：2.0cm　平山郁夫シルクロード美術館
図 10-17　ホルミズド 1 世　銅貨　径：1.6cm　個人蔵
図 10-18　ホルミズド 1 世　銅貨　径：1.4cm　個人蔵
図 10-19　ホルミズド 2 世　金貨　径：3.0cm　大英博物館
図 10-20　ホルミズド 2 世　銅貨　径：1.5cm　個人蔵
図 10-21　ペーローズ 2 世　金貨　径：3.1cm　大英博物館
図 10-22　シャープール 1 世　カメオ（紅縞瑪瑙）　3 世紀　径：約 10cm　フランス国立図書館
図 10-23　ホルミズド 2 世騎馬戦勝図　ナクシェ・ルスタム　3.52×7.97cm
図 10-24　ペーローズ 2 世　銅貨　径：1.5cm　個人蔵
図 10-25　ウァラフラン　金貨　径：3.2cm　大英博物館
図 10-26　シャープール 2 世　銅貨　径：2 cm　大英博物館
図 10-27　アルダシール 1 世の騎馬王権神授図　ナクシェ・ルスタム　4.28×6.75m
図 10-28　柱頭　ガンダーラ　11.0×49.2cm　平山郁夫シルクロード美術館
図 10-29　騎馬射弓図　ガンダーラ　26×34cm　個人蔵
図 10-30　王侯騎馬虎狩文　鍍金銀製皿　径：28.5cm　平山郁夫シルクロード美術館
図 10-31　王侯猪狩文　鍍金銀製皿　径：23.4cm　レオン・レヴィとシェルビ・ホワイト・コレクション
図 10-32　王侯騎馬猪狩文　鍍金銀製皿　径：28.5cm　エルミタージュ美術館
図 10-33　シャープール 2 世　銀貨　径：2.1cm　アフマド・サイーディー・コレクション

第 11 章　キダーラ朝
図 11-1　ワラフラン・クシャンシャー　金貨　径：3.4cm　個人蔵
図 11-2　キダーラのタムガ

図 11-3　キラダ　金貨　径：1.9cm　大英博物館
図 11-4　ペーローズ　金貨　径：2.0cm　大英博物館
図 11-5　ペーローズ　金貨　径：3.3cm　個人蔵
図 11-6　キダーラ　金貨　径：2.0cm　個人蔵
図 11-7　キダーラ　金貨（前期）　径：3.3cm　個人蔵
図 11-8　キダーラ　金貨（後期）　径：3.4cm　個人蔵
図 11-9　ペーローズ　銀貨　径：2.9cm　ウイーン美術史美術館
図 11-10　ペーローズ　銀貨　径：3.0cm　個人蔵
図 11-11　ペーローズ　銀貨　径：2.5cm　個人蔵
図 11-12　ウァラフラン　銀貨　径：2.8cm　個人蔵
図 11-13　キダーラ　銀貨　径：2.8cm　ウイーン美術史美術館
図 11-14　キダーラ　銀貨　径：2.9cm　ウイーン美術史美術館

第 12 章　エフタル

図 12-1　エフタル王侯　銀貨　径：2.9cm　個人蔵
図 12-2　ペーローズ　銀貨　径：2.8cm　個人蔵
図 12-3　エフタルのタムガ
図 12-4　エフタル　銀貨　径：3.0cm　個人蔵
図 12-5　キンギラ　石榴石の印章　2.3×1.9cm　アフマド・サイーディー・コレクション
図 12-6　青銅製山羊の前駆　5－7 世紀　高：85cm　タジキスタン国立博物館
図 12-7　ヘラクレスと遊牧民の宴会　鍍金銀製碗　トハーリスターン北部またはソグディアナ出土　5 世紀後半－7 世紀前半　径：14.5cm　高：4.6cm　エルミタージュ美術館
図 12-8　図 12-7 の部分
図 12-9　猪を捕える男性　把手付鍍金銀製杯　出土地不明　5－6 世紀　高：15.5cm　個人蔵

第 13 章　アルハン朝

図 13-1　キーンギーラの銘文　国王騎馬狩猟文鍍金銀製碗（図 13-23）の部

　　　　　分　大英博物館
図 13-2　封泥　バクトリアないしはガンダーラ出土　2.3×3.1cm　アマン・ウル・レヘマーン
図 13-3　ソールト・レインジ　遠望
図 13-4　ヴィラーハ　5 世紀末　高：340cm　エーラン
図 13-5　シャープール 2 世　銀貨　径：2.7cm　個人蔵
図 13-6　シャープール 2 世（アルハン発行）　銀貨　径：2.7cm　個人蔵
図 13-7　シャープール 2 世（アルハン発行）　銀貨　径：3.0cm　ウイーン美術史美術館
図 13-8　シャープール 2 世（アルハン発行）　銀貨　径：3.0cm ウイーン美術史美術館
図 13-9　シャープール 2 世（アルハン発行）　銀貨　径：3.0cm　ウイーン美術史美術館
図 13-10　S1　タムガ
図 13-11　アルハン無名の王　銀貨　径：2.9cm　ウイーン美術史美術館
図 13-12　キーンギーラ　銀貨　径：2.9cm　大英博物館
図 13-13　キーンギーラ　銀貨　径：3.2cm　ウイーン美術史美術館
図 13-14　メーハマ　銀貨　径：2.8cm　個人蔵
図 13-15　メーハマ　ディーナール金貨　径：3.4cm　ウイーン美術史美術館
図 13-16　ジャヴューカ　銀貨　径：2.9cm　個人蔵
図 13-17　ジャヴューカ　銀貨　径：1.5cm　ウイーン美術史美術館
図 13-18　ジャヴューカ　銀貨　径：2.7cm　ウイーン美術史美術館
図 13-19　ザボーコー　銀貨　径：2.1cm　ウイーン美術史美術館
図 13-20　アドマノー　銀貨　径：2.4cm　浜名梱包シルクロード・ミュージアム
図 13-21　トーラマーナ　銀貨　径：1.5cm　大英博物館
図 13-22　トーラマーナ　金貨　径：1.8cm　ボストン大学
図 13-23　ミヒラクラ　銀貨　径：2.5cm　ウイーン美術史美術館
図 13-24　ミヒラクラ　銅貨　径：1.8cm　ウイーン美術史美術館
図 13-25　トーラマーナ 2 世　銅貨　径：2.5cm　ウイーン美術史美術館

図 13-26　国王騎馬狩猟文　鍍金銀製碗　伝スワート出土　5-6世紀　径：17cm　大英博物館
図 13-27　六人の踊り子　銀製碗　チレク出土　5-6世紀　径：18cm　国立サマルカンド歴史芸術博物館
図 13-28　バフラム2世　銀製碗の部分　ザルグヴェシ出土　3世紀後半　径：12.5cm　ジョージア民俗学博物館

第14章　ネーザク・フン族
図 14-1　名称不詳ネーザクの王　銀貨（āコイン）　径：2.5cm　個人蔵
図 14-2　名称不詳ネーザクの王　銀貨（śコイン）　径：2.6cm　ウイーン美術史美術館
図 14-3　名称不詳ネーザクの王　銀貨（アルハン・ネーザクのクロスオーバー）　径：2.6cm　個人蔵
図 14-4　水牛を屠る女神頭部像　鍍金銀製リュトン　アフガニスタン出土　6-7世紀　高：19.4cm　クリーヴランド美術館
図 14-5　西大仏　バーミヤン　高：55m
図 14-6　東大仏　バーミヤン　高：38m

第15章　テュルク・シャー朝
図 15-1　テュルク・シャー朝の国王　ビロン貨　径：3.0cm　ウイーン美術史美術館
図 15-2　バクトリアのヤブグの銘をもつライオン頭冠を戴く国王シュリー・ラナシュカーリー　ビロン貨　径：2.9cm　アマン・ウル・レヘマーン・コレクション
図 15-3　テュルク・シャー朝の国王　銀貨　径：3.3cm　ウイーン美術史美術館
図 15-4　アルダシール3世　銀貨　径：3.3cm　個人蔵
図 15-5　イルテベルの銘をもつテュルク・シャー朝の国王　ビロン貨　径：3.0cm　アマン・ウル・レヘマーン・コレクション
図 15-6　テギンシャーの銘をもつテュルク・シャー朝の国王　銀貨

径：2.8cm　ウイーン美術史美術館
図 15-7　フロム・ケサル　銀貨　径：2.9cm　美術史美術館
図 15-8　フロム・ケサル　銅貨書き起こし　径：2.6cm　アマン・ウル・レヘマーン・コレクション
図 15-9　マルターン・シャーの銘をもつテュルク・シャー朝の国王　銀貨　径：3.0cm　浜名梱包輸送シルクロード・ミュージアム
図 15-10　ホスロー 2 世　銀貨　径：3.3cm　個人蔵
図 15-11　スーリヤ　大理石製彫刻石膏レプリカ　ハイル・ハネー出土　高：42cm　ギメ美術館
図 15-12　スーリヤ立像　大理石製彫刻　ハイル・ハネー出土　高：140cm　カーブル博物館
図 15-13　ホスロー 2 世ないしはアルダシール 3 世立像　ターキ・ブスターン　高：140cm
図 15-14　ガネーシャ像　大理石製彫刻　ガルデーズ出土　高：91cm　ダラム・サル・ヒンドゥーワ寺院

第 16 章　ヒンドゥー・シャー朝
図 16-1　シュリー・スパラパティーデーヴァの銘をもつコイン　ビロン貨　径：1.8cm　大英博物館
図 16-2　シュリー・ヴァッカデーヴァの銘をもつコイン　銅貨　径：1.7cm　大英博物館
図 16-3　シュリー・サーマンタデーヴァの銘をもつコイン　銀貨　径：1.8cm　大英博物館
図 16-4　シュリー・サーマンタデーヴァの銘をもつコイン　銅貨　径：1.9cm　大英博物館
図 16-5　シュリー・クーダラヤカの銘をもつコイン　銀貨　径：1.9cm　個人蔵
図 16-6　女神像　ビール・コート・グワンダイ遺跡出土　像高不詳
図 16-7　行者像　カーフィル・コート出土　高：58cm

図版参考文献

第 1 章　アケメネス朝ペルシア

図 1-1〜1-4　筆者撮影

図 1-5　田辺勝美／松島英子（編）『世界美術大全集』東洋編，第 16 巻，西アジア，2000 年，小学館，266 頁，挿図 235.

図 1-6、1-7　田辺勝美氏提供

図 1-8、1-9　筆者撮影

図 1-10、1-11　田辺勝美氏提供

図 1-12〜1-14　筆者撮影

図 1-15　大英博物館提供

図 1-16　田辺／松島（編）前掲書，245 頁，図 212.

図 1-17　田辺勝美氏提供

図 1-18　J. Curtis/N. Tallis, *Forgotten Empire*: *The World of Ancient Persia*, 2005, London, p. 122, fig. 119.

図 1-19　Miho Museum『オクサスのほとりより』Miho Museum，2009 年.

第 2 章　アレクサンダー大王

図 2-1　大英博物館提供

図 2-2　田辺勝美氏提供

図 2-3　筆者撮影

図 2-4　O. Bopearachchi, *When West Met East*: *Gandhāran Art Revisited*, vol. II, New Dehli, 2020, p. 187, Cat. No. 3.

図 2-5　筆者撮影

図 2-6　東京国立博物館／NHK／NHK プロモーション『アレクサンドロス大王と東西文明の交流展』NHK／NHK プロモーション，2003 年，130 頁，図 129.

図 2-7　中近東文化センター（編）『トルコ文明展』平凡社，1985 年，図 222.

図 2-8　東京国立博物館／NHK／NHK プロモーション（編）前掲書，55 頁，

図 29.

図 2-9　水田徹（編）『世界美術大全集』第 4 巻，ギリシア・クラシックとヘレニズム，小学館，1995 年，159 頁，図版 118.

図 2-10　筆者撮影

第 3 章　セレウコス朝

図 3-1、3-2　大英博物館提供

図 3-3　田辺勝美氏提供

図 3-4　B. Kritt, *New Discoveries in Bactrian Numismatics*, 2015, Lancaster/Pennsylvania, color pl. B.

図 3-5〜3-9　大英博物館提供

図 3-10　田辺／前田（編）『世界美術大全集』東洋編，第 15 巻，中央アジア，小学館，2000 年，35 頁，図 43.

図 3-11　田辺／前田（編）前掲書，73 頁，図 76.

第 4 章　マウリヤ朝

図 4-1　筆者撮影

図 4-2　Coin India: Virtual Museum of Indian Coins 提供　2024 年 09 月 11 日ダウンロード

図 4-3　田辺勝美氏提供

図 4-4　肥塚隆／宮治昭（編）『世界美術大全集』東洋編，第 13 巻，インド（1），小学館，2000 年，17 頁，図 1.

図 4-5　肥塚／宮治（編）前掲書，20 頁，図 4.

図 4-6　肥塚／宮治（編）前掲書，22 頁，図 9.

図 4-7　筆者撮影

第 5 章　グレコ・バクトリア朝

図 5-1　田辺勝美氏提供

図 5-2　大英博物館提供

図 5-3、5-4　田辺勝美氏提供

図 5-5　大英博物館提供

図 5-6　田辺勝美氏提供

図 5-7〜5-9　大英博物館提供

図 5-10　田辺勝美氏提供

図 5-11　O. Bopearachchi, *From Bactria to Taprobane: Selected Works of Osmund Bopearachchi*, vol. I, Manohar, 2015, 表紙。

図 5-12、5-13　田辺勝美氏提供

図 5-14〜5-16　大英博物館提供

図 5-17〜5-19　田辺勝美氏提供

図 5-20　大英博物館提供

図 5-21　田辺勝美氏提供

図 5-22　H. P. Francfort/F. Grenet（et al.）, *Il y a 50 ans… la découverte d'Aï Khanoum : 1964-1978, fouilles de la Délégation Archéologique Française en Afghanistan*（*DAFA*）, Paris, 2014, p. 20.

図 5-23　田辺／前田（編）前掲書，75 頁，図 79.

図 5-24　田辺／前田（編）前掲書，124 頁，挿図 62.

図 5-25　W. Seipel, *Weihrauch und Seide: Alte Kulturen an der Seidenstraße*, 1996, Wien, p. 261, fig. 126.

第 6 章　インド・グリーク朝

図 6-1　筆者撮影

図 6-2、6-3　田辺勝美氏提供

図 6-4〜6-9　大英博物館提供

図 6-10　田辺勝美氏提供

図 6-11〜6-13　大英博物館提供

図 6-14　Bopearachchi, *op. cit.*, 2015, p. 233, Additional Photographs. 6.

図 6-15、6-16　大英博物館提供

図 6-17　田辺勝美氏提供

図 6-18、6-19　大英博物館提供

図 6-20　田辺勝美氏提供

図 6-21　筆者撮影

図 6-22　田辺勝美氏提供

第 7 章　インド・スキタイ朝

図 7-1　筆者撮影

図 7-2　O. Bopearachchi and Ch. Landes (eds), *De l'Indus à l'Oxus Archéologie del'Asie Centrale*, Lattes, 2003, p. 159, no. 115a, b.

図 7-3〜7-10　筆者撮影

図 7-11　田辺勝美氏提供

図 7-12　筆者撮影

図 7-13　田辺勝美氏提供

図 7-14　Coin India: Virtual Museum of Indian Coins 提供　2024 年 9 月 12 日ダウンロード

図 7-15　田辺勝美氏提供

図 7-16　筆者撮影

第 8 章　インド・パルティア朝

図 8-1、8-2　田辺勝美氏提供

図 8-3〜8-6　筆者撮影

図 8-7　田辺勝美氏提供

図 8-8〜8-10　筆者撮影

図 8-11　D. von Drachenfels/Ch. Luczanits, *Gandhara The Buddhist Heritage of Pakistan Legends, Monasteries, and Paradise*, 2008, Mainz, p. 99, Cat. No. 31.

図 8-12　筆者撮影

図 8-13　von Drachenfels/Luczanits, *op.cit.,* p. 139, Cat. No. 67.

第 9 章　クシャン朝

図 9-1　筆者撮影

図 9-2　F. Grenet, "Découverte d'un relief sassanide dans le Nord de l'Afghanistan (note d'information," *Comptes rendus des séances de l'Académie des Inscriptions et Belles-Lettres*, 149ᵉ année, No. 1, 2005. p. 118, fig. 3.

図 9-3　J, Marshall/A. Foucher/N. G. Majumdar, *The Monuments of Sanchi*, vol. III, 1940, pl. 124-b.

図 9-4、9-5　田辺勝美氏提供

図 9-6　G. A. Pugachenkova, *Skul'ptura Khalchayana*, Moscow. 1971, p. 63.

図 9-7　川崎健三「ノイン・ウラ古墳出土刺繡毛織考―新出資料の紹介を中心に―」『佛教藝術』340 号，2015 年，口絵 6.

図 9-8　J. Cribb, "The 'Heraus' coins: their Attribution to the Kushan king Kujula Kadphises, c. AD 30-80," In *Essays in honour of Robert Carson and Keneth Jenkins*, eds. by M. Price et al., London, 1993, pp. 118, fig. 4.

図 9-9　大英博物館提供

図 9-10、9-10　田辺勝美氏提供

図 9-12～9-14　大英博物館提供

図 9-15　O. Bopearachchi, "Chronologie et généalogie des premiers rois Kouchans: nouvelles données," *Comptes rendus des séances de l'Académie des Inscriptions et Belles-Lettres,* 150ᵉ année, No. 3, 2006, p. 1437, fig. 4.

図 9-16　田辺勝美氏提供

図 9-17　Musée Guimet（ed.）, *Tajikistan*: *Au pays des fleuves d'or*, 2021, Paris, Cat. 78.

図 9-18、9-19　大英博物館提供

図 9-20、9-21　田辺勝美氏提供

図 9-22　大英博物館提供

図 9-23　田辺勝美氏提供

図 9-24　大英博物館提供

図 9-25　田辺勝美氏提供

図 9-26　大英博物館提供

図 9-27～9-31、33　田辺勝美氏提供

図 9-32　大英博物館提供

図 9-34～9-36　田辺勝美氏提供

図 9-37　大英博物館提供

図 9-38　田辺勝美氏提供

図 9-39　J・クリブ氏提供

図 9-40〜9-42　田辺勝美氏提供

図 9-43　大英博物館提供

図 9-44　筆者撮影

図 9-45　CNG, *Triton*, XXVII, 2024, p. 153, fig. 430.

図 9-46　筆者撮影

図 9-47　大英博物館提供

図 9-48　田辺勝美氏提供

図 9-49　大英博物館提供

図 9-50　筆者撮影

図 9-51　田辺勝美氏提供

図 9-52　筆者撮影

図 9-53　C. Lo Muzio, *Archeologia dell'Asia centrale preislamica: Dall'età del Bronzo al IX secolo d. c*, 2017, Milano, p. 125, fig. 5.6.

図 9-54　J・クリブ氏提供

図 9-55　筆者撮影

図 9-56　H. Zhang "Figurative and Inscribed Carpets from Shanpula, Khotan: Unexpected Representations of the Hindu God Krishna. A Preliminary Study," *Journal of Inner Asian Art and Archaeology*, vol. 5, 2010, fig. 19.

図 9-57　田辺／前田（編）前掲書，115 頁，図 150.

図 9-58　田辺／前田（編）前掲書，114 頁，図 145.

図 9-59　賀来達三氏提供

図 9-60、9-61　筆者撮影

図 9-62　田辺／前田（編）前掲書，112 頁，図 141.

図 9-63　筆者撮影

図 9-64　田辺勝美（編）『平山コレクション　ガンダーラ佛教美術』講談社，2007 年，78 頁，図 I-70.

図 9-65　田辺勝美氏提供

第 10 章　クシャノ・ササン朝

図 10-1、10-2　筆者撮影

図 10-3　O・ボペアラッチ氏と A・U・レヘマーン氏提供

図 10-4　筆者撮影

図 10-5　田辺勝美氏提供

図 10-6〜10-8　筆者撮影

図 10-9　大英博物館提供

図 10-10　K. Tanabe, "The Lions at Sar Mašhad and the Lion-Hunt of Bahram II- An Additional note to Leo Trümpelmann's Monograph-," *Al-Rāfidān*, vol XI, 1990, p. 30, fig. 2a.

図 10-11　筆者撮影

図 10-12、10-13　田辺勝美氏提供

図 10-14　筆者撮影

図 10-15〜10-20　田辺勝美氏提供

図 10-21　筆者撮影

図 10-22　F. Femange et al., *Les Perses Sassanides*: *Fastes d'un empire oublié（224-642）*, Paris, 2007, p. 203, fig. 145.

図 10-23　筆者撮影

図 10-24　田辺勝美氏提供

図 10-25　筆者撮影

図 10-26　大英博物館提供

図 10-27　筆者撮影

図 10-28　田辺勝美氏提供

図 10-29　肥留間恒寿『犍駄邏の美』里文出版，1986 年，図 24.

図 10-30　田辺勝美「王侯騎馬馬虎狩文鍍金銀製皿に関する一考察」『國華』1252 号，2000 年，色刷 3 頁上.

図 10-31　L. V. Berghe/B. Overlaet et al., *Splendeur des Sassanides*: *L'empire perse entre Rome et la Chine* [224-642], 1993, Bruxelles, p. 201, pl. 57.

図 10-32　田辺／前田（編）前掲書，149 頁，図 160.

図 10-33　*Res Orientales*, XVI の表紙

第 11 章　キダーラ朝

図 11-1　田辺勝美氏提供

図 11-2　D. Jongeward/J. Cribb/P. Donovan, *Kushan, Kushano-Sasanian, and Kidarite Coins: A Catalogue of Coins from the American Numismatic Society*, 2015, New York, p. 306、Table 6.

図 11-3　筆者撮影

図 11-4　大英博物館提供

図 11-5〜11-8　田辺勝美氏提供

図 11-9　ウイーン美術史美術館提供

図 11-10〜11-12　田辺勝美氏提供

図 11-13、1-14　ウイーン美術史美術館提供

第 12 章　エフタル

図 12-1　CNG, *Triton*, XXVII, 2024, p. 159, fig. 454.

図 12-2　田辺勝美氏提供

図 12-3　M. Alram "Ein Schatzfund Hephthalitischer Drachmen aus Baktrien," *Numismatische Zeitschrift*, vol. 116/117, 2008, p. 16, fig. 50.

図 12-4　田辺勝美氏提供

図 12-5　P. Callieri, "The Bactrian Seal of Khingila," *Silk Road Art and Archaeology*, vol. 8, 2002, p. 135, fig. 1a.

図 12-6　Musée Guimet (ed.), *Tajikistan: Au pays des fleuves d'or*, 2021, Paris, Cat. 29.

図 12-7　東京国立博物館（他編）『シルクロードの遺宝〜古代中世の東西文化交流』日本経済新聞社，1985 年，図 127.

図 12-8　R. Rante/Y. Lintz, *Splendeurs des oasis d'Ouzbékistan: Sur les routes caravanières d'Asie centrale*, Paris, 2022, p. 105, fig. 72.

図 12-9　大屋孝雄氏撮影

第 13 章　アルハン朝

図 13-1　筆者撮影

図 13-2　J. A. Lerner/N. Sims-Williams, *Seals, Sealings and Tokens from Bactria to Gandhara*（4th to 8th century CE）, Wien, 2011, pp. 83, pl. II, AA6.4.

図 13-3　筆者撮影

図 13-4　肥塚／宮治（編）前掲書，p. 183，図 155.

図 13-5、13-6　田辺勝美氏提供

図 13-7〜13-9　ウイーン美術史美術館提供

図 13-10　Alram, op. cit., 2008, p. 16, fig. 49.

図 13-11　ウイーン美術史美術館提供

図 13-12　大英博物館提供

図 13-13　ウイーン美術史美術館提供

図 13-14　田辺勝美氏提供

図 13-15　ウイーン美術史美術館提供

図 13-16　Coin India: Virtual Museum of Indian Coins 提供　2024 年 8 月 13 日ダウンロード

図 13-17　ウイーン美術史美術館提供

図 13-18　Coin India: Virtual Museum of Indian Coins 提供　2024 年 9 月 15 日ダウンロード

図 13-19　ウイーン美術史美術館提供

図 13-20　浜名梱包シルクロード・ミュージアム提供

図 13-21　大英博物館提供

図 13-22　P. Tandon, "The Coin and History of Toramāṇa," Paper presented at the Tenth Annual B. D. Kochnev Memorial Seminar, Hofstra University, March 18, 2018, p. 311, fig. 4.

図 13-23〜13-25　ウイーン美術史美術館提供

図 13-26　田辺／前田（編）前掲書，p. 152，図 166.

図 13-27　K. V. Trever, *Pamyatnikii Greko-Baktrijskogo Iskusstva*, Moscow/Leningrad, 1940, pl. 15.

図 13-28　田辺勝美氏提供

第 14 章　ネーザク・フン族

図 14-1　田辺勝美氏提供

図 14-2　ウイーン美術史美術館提供

図 14-3　田辺勝美氏提供

図 14-4　田辺／前田（編）前掲書，155 頁，図 171.

図 14-5　田辺／前田（編）前掲書，184 頁，図 205.

図 14-6　田辺／前田（編）前掲書，182 頁，図 203.

第 15 章　テュルク・シャー朝

図 15-1　美術史美術館提供

図 15-2　K. Vondrovec, *Coinage of the Iranian Huns and their Successors from Bactria to Gandhara（4th to 8th century CE）*, vol. II, Wien, 2014, p. 621, Type 254-4.

図 15-3　ウイーン美術史美術館提供

図 15-4　田辺勝美氏提供

図 15-5　Vondrovec, *op. cit*., 2014, vol. II, p. 637, Type 314A-1.

図 15-6、15-7　ウイーン美術史美術館提供

図 15-8　Vondrovec, *op.cit*., 2014, vol. II, p. 676, Type 327-1.

図 15-9、15-10　田辺勝美氏提供

図 15-11　J. Hackin/J. Carl, *Recherches archéologiques au col de Khair khaneh près de Kābul*, Paris, 1936, pl. XIV.

図 15-12　G・フュスマン氏提供

図 15-13　田辺勝美氏提供

図 15-14　桑山正進『カーピシー＝ガンダーラ史研究』京都大學人文科學研究所，1990 年，図版 26.

第 16 章　ヒンドゥー・シャー朝

図 16-1　筆者撮影

図 16-2〜16-4　大英博物館提供

図 16-5　CNG インターネットサイトよりダウンロード　2024 年 8 月 29 日

　　　　　https://www.cngcoins.com/Coin.aspx?CoinID=201893
図 16-6　A. Filigenzi, "The Shahi Period: A Reappraisal of Archaeological and Art Historical Sources," *Coins, Art and Chronology II*: *The First Millennium C.E. in the Indo-Iranian Borderlands*, M. Alram／D. Klimburg-Salter／M. Inaba（eds.）, Wien, 2010, p. 422, fig. 11.
図 16-7　Meister, *Temples of the Indus*: *Studies in the Hindu Architecture of Ancient Pakistan*, Leiden／Boston, 2010, fig. 90.

地図参考文献

地図 1　ガンダーラ：田辺勝美／前田耕作（編）『世界美術大全集』東洋編，第 15 巻，中央アジア，小学館，1999 年，p. 435 の地図を参照して作成した。
地図 2　広域ガンダーラと周辺地域：J. M. Rosenfield, *The Dynastic Arts of the Kushans*, Berkeley／Los Angeles, 1967, Map. 1 を参照して作成した。

索　引

（あ）

アーティチョーク　169, 181, 182, 184, 191, 199, 214
アードゥル／アータル　301
アーナンダパーラ　308, 312, 313
アイ・ハヌム　33, 39, 40, 59, 60, 67, 74, 77
アウリカラ　245, 247
アウレウス　121
アヴェスター　200
アカイメネース　7
アガトクレイア　78, 80, 81, 82
アガトクレス　58, 59, 65, 66, 67, 68, 78, 158
アカンサス　157, 257, 258, 259, 260, 263, 268, 271, 272, 281, 326
アキナケス　43
悪竜退治　176
アーケード冠　178, 180, 187, 195, 201, 219
アケシネース河　23, 35
アケメネス　3, 4, 6, 7, 9, 10, 11, 12, 13, 14, 15, 16, 17, 18, 21, 25, 30, 38, 43, 50, 52, 53, 153, 167, 323, 324, 325, 326, 328
アシオイ　59, 106
アシャエイクショー　142
アショーカ　46, 47, 48, 49, 50, 52, 54, 55
アショーカ王柱　52
阿育王伝　48
アスパヴァルマ　103
アゼス1世　81, 94, 96, 100, 101, 102
アゼス2世　94, 96, 102, 103, 130
アゼス＝ヴィクラマス紀元　157
アジリセス　94, 96, 101, 102, 126
アテナイオス　48, 55
アテナ女神　39, 64, 82, 103, 111
アッティカ　24, 38, 60, 82
アッバース朝　122, 294, 295, 309, 312
アッピアノス　36
アッリアノス　22, 31, 32, 44
アテナ・アルキデモス　82, 83, 84, 100
アテナ・プロマコス女神　144
アトック　312
アトショー　139, 140, 142

アドマノー　238, 265, 266, 268
アナーヒター女神　172, 173, 174, 178, 187, 188
アナストレー　29
アネモス　138, 164
アパダーナ　9, 15, 52
アフシュンワール　226, 228
アブダガセス　108, 109, 110, 111, 113
アブダラー・イブン・ウマイヤ　291
アブダロニモス　29, 30
アプラチャ　95, 103, 104, 105
アフラ・マズダー神　17, 25, 143, 173, 182, 184, 199
アポロドトス1世　58, 59, 68, 69, 78, 159
アポロドトス2世　79, 81, 95
アポロファネス　79, 81
アポロン神　40, 41, 72, 84, 90
アミール・アブ・バクル・ラウィーク　311
アミュンタス　79, 81, 88
アム・ダリア　18
アラコシア　22, 36, 58, 59, 64, 65, 69, 78, 81, 95, 108, 109, 110, 119, 158
アラハバード　213
アラブ　225, 289, 290, 291, 293, 294
アリア　22, 36, 37
アルケビオス　79, 81
アルサケス朝　3, 37, 97, 108, 110, 112, 115, 117, 119, 123, 133, 137, 159, 167, 324
アルシュタート　144
アルタクセルクセス1世　7
アルタクセルクセス2世　7, 14
アルタクセルクセス3世　7
アルダシール　166, 172, 173, 174
アルダシール1世　110, 112, 123, 145, 159, 166, 167, 173, 174, 189, 195
アルダシール2世　185, 197, 209
アルダシール3世　195, 297, 304
アル・タバリー　122, 123, 227, 229
アルテミス女神　88
アルドクショー女神　147, 149, 150, 151, 213, 214, 215, 216, 261, 266, 325
アル・ハッジャージ　291

355

アル・バラードゥーリー　290
アルハン・タムガ　263, 284
アルハン朝　222, 232, 233, 237, 238, 239, 240, 241, 242, 243, 245, 247, 248, 250, 251, 254, 255, 258, 259, 260, 270, 271, 272, 281, 284, 324, 326
アルハン・ネーザクのクロスオーバー　269, 283, 284
アルハン・フン族　205, 212, 217, 220, 222, 225, 230, 232, 237, 238, 240, 247, 248, 250, 254, 256, 257, 258, 260, 261, 266, 267, 270, 271, 272, 274, 275, 283, 284, 302
アルプテギーン　311
アル・マハディ　295
アル・マームーン　309
アルモースィ　119
アル・ヤークービー　294
アレクサンダー大王　9, 10, 11, 21, 22, 23, 24, 25, 27, 28, 29, 30, 31, 32, 33, 34, 35, 36, 38, 39, 43, 62, 65, 70, 79, 87, 89, 90, 323, 324
アレクサンダー・モザイク　30
アレクサンダーの石棺　29
合弓　99, 102
アンタキア　33
アンティアルキダス1世　78, 80, 81, 86
アンティオケイア　42
アンティオコス1世　33, 37, 40, 43, 48
アンティオコス2世　33, 37, 41, 58, 60, 65
アンティオコス3世　33, 37, 41, 49, 58
アンティゴノス　34, 35, 36
アンティマコス　57, 58, 59, 60, 63, 64, 69, 70, 88, 158, 159
アンドラゴラス　37

(い)

イアムショー　143
イッソス　21, 29, 30
イクテュオケンタウロス　157
イステミ　289
イシュマホ　104, 105
猪　82, 193, 197, 198, 200, 234, 244, 271
イブン・ムスリム　291
イルテベル　290, 292, 297, 298, 309

インダス河　5, 10, 11, 16, 22, 23, 24, 27, 32, 34, 35, 36, 46, 67, 117, 125, 167, 252, 308, 309
インド犀　193
インド誌　36, 309
インド・スキタイ朝　81, 94, 95, 96, 104, 105, 108, 111, 115, 126, 129, 130, 323, 324
インド象　26, 27, 37, 39, 42, 62, 82, 86, 87, 98, 141, 194
インド・パルティア朝　108, 109, 110, 115, 116, 117, 118, 119, 126, 129, 133, 323, 324
インドラヴァルマン　105

(う)

ヴァイシャーリー　14
ウァクショー　143
ヴァーシシュカ　118, 125, 137, 147, 149, 175, 195
ヴァースデーヴァ1世　118, 122, 123, 137, 144, 145, 146, 147, 148, 154, 167, 174, 176, 177, 179, 180, 325
ヴァースデーヴァ2世　118, 125, 126, 137, 145, 149, 177
ヴァッカ　314, 316
ウァドー　139, 140, 143, 164
ウァニンドー女神　139, 143
ウァラフラン　166, 191, 192, 198, 210, 213, 214, 215, 216, 217, 218, 220, 221
ヴィクラマス紀元　157, 158
ヴィシュヌ神　66, 244
ヴィディシャー　80
ウィマ・カドフィセス　118, 119, 120, 121, 128, 131, 134, 137, 138, 141, 151, 325
ウィマ・タクトー　96, 118, 119, 120, 128, 131, 132, 133, 134, 151, 152
ウェーシュパルカル　177
ウェーショー神　145, 147, 149, 176, 177, 325
ウシュラグノー　139
ウダバーンダプラ　310, 312, 319, 321
ウディヤーナ　249, 250, 294
ウマー女神　143
ウマイヤ・イブン・アブダッラー　291
ウバイド・イブン・ズィヤド　290
ウバイド・アッラー・ビン・アビー・バク

ラ　291
ウルスラグナ　110, 139, 144, 172, 191, 199

（え）

エウクラティデース 1 世　57, 59, 68, 70, 72, 78
エウクラティデース 2 世　57, 59, 72
エウデーモス　24
エウティデーモス 1 世　37, 43, 57, 58, 62, 65
エウティデーモス 2 世　57, 58, 63, 65
エウメネス　34, 35
エクバタナ　39
エパンドロス　79, 81
エフタル　205, 208, 212, 225, 226, 227, 228, 229, 230, 231, 232, 233, 234, 235, 236, 237, 249, 251, 261, 271, 278, 279, 283, 285, 288, 289, 291, 305, 323, 324, 326
エーラン　243, 244, 245
エリュトラー海案内記　117
エロース　157
閻膏珍　120, 160
閻魔大王　19, 143

（お）

王権神授　124, 138, 143, 172, 178, 181, 184, 185, 187, 188, 190, 230, 325
牡牛　14, 16, 17, 39, 40, 52, 70, 133, 149, 176, 177, 180, 182, 183, 184, 189, 191, 215, 217, 234, 246, 269, 285, 295, 313, 314, 315, 316, 319, 320
オオロモズドー　143
オーディ　95
オクサスの遺宝　17, 25, 43
オクサス河　5, 18, 22, 40, 43, 57, 64, 74, 119, 139, 143, 198, 289, 291, 294
オクタヴィアヌス　131, 133
牡羊角冠　199, 204
オボル銀貨　70, 126, 127, 281
オルサゲネス　109, 110, 113, 114, 115
オンファロス　40, 41

（か）

ガネーシャ　302, 305
カーバ・イ・ザルドゥシュト　167, 175
カーフィールコート　320
カーブリスターン　229, 278, 281, 292, 293, 309, 318
カーブル　5, 12, 22, 50, 119, 123, 124, 125, 132, 168, 175, 188, 192, 209, 240, 254, 255, 256, 258, 262, 278, 281, 282, 284, 285, 288, 289, 290, 291, 292, 293, 294, 295, 302, 306, 308, 309, 310, 311, 312, 315, 318, 319
カーブル川　10, 27, 37
カーピシー　5, 10, 12, 22, 47, 58, 59, 64, 65, 67, 69, 70, 72, 78, 81, 95, 108, 117, 118, 119, 121, 123, 124, 125, 166, 168, 175, 192, 206, 210, 225, 235, 240, 256, 258, 278, 279, 280, 281, 282, 284, 285, 288, 289, 292, 294, 305
カーピシーヤーナ　47
カールシャーパナ　14, 50
カイバル峠　124, 167, 168, 254, 284
ガウガメラ　21, 30
カウシア（帽）　64, 69, 87
カウティリヤ　47, 55
カエサル　134, 294
カクラク　270
カスピ虎　193, 195, 203
カシュミール　49, 94, 95, 96, 119, 151, 206, 211, 248, 249, 252, 253, 264, 269, 283, 293, 310, 311, 313, 314, 320
カシュミール・スマスト　262, 264, 272, 275, 276, 320
ガズナ朝　310, 311, 312, 313, 315, 319
ガズニー　58, 59, 108, 109, 278, 282, 284, 285, 302, 311
カダグスターン　242
カッラール　295, 308, 309, 310, 316, 317
カドゥケウス　98
カニシュカ 1 世　118, 119, 121, 126, 128, 137, 139, 141, 144, 152, 153, 158, 164, 173, 176, 325
カニシュカ紀元　158, 159, 160, 161
カニシュカ 2 世　118, 123, 125, 137, 146, 147,

索　引　*357*

148, 149, 174, 176, 195
カニシュカ 3 世　118, 125, 137, 148, 149
カニシュカ・ストゥーパ　121, 141, 153
カナウジ　247, 312
カマルー　308, 309, 310, 319
カマルーカ　308, 310, 319
カラダチ・テギン　288, 290, 292
カラシュ　28
カラホステス　95
ガルダ　80
ガル・イルチ　280, 289
カールシャーパナ　14, 50
ガルデーズ　282, 284, 305
カワード 1 世　228, 229, 230, 231
ガンジス河　46, 79, 121, 132
カンダハル　22, 50, 62

　　　　　　　（き）

魏書　122, 123, 161, 168, 183, 200, 206, 207, 208, 210, 212, 223, 258
キシュト・テペ　60
キダラ　207
キダラ王　206, 208, 209, 210, 211, 214, 216, 217, 218, 221, 223, 261
キダラ朝　191, 192, 198, 199, 205, 206, 207, 208, 209, 210, 211, 212, 213, 214, 216, 218, 219, 220, 221, 222, 225, 232, 236, 237, 238, 258, 261, 304, 323, 325, 326
キダーラ・フン　205, 207, 208, 209, 210, 211, 212, 213, 215, 216, 217, 218, 223, 227, 237, 258, 275
キプナダ　118, 126, 150, 213
翕侯　106, 119, 127, 128, 129, 130, 131, 160
牛頭冠　282, 284, 285, 286, 296
キュロス 2 世　7, 9, 10
キラダ　207, 210, 213, 214, 215, 216
ギリシア紀元　157, 158, 159
キンガル　280, 294, 295
キンギラ　232, 240
キーンギーラ　238, 239, 240, 241, 242, 253, 258, 259, 261, 262, 264, 267, 271, 280

　　　　　　　（く）

クー・イ・ラフマト　9
グール　311
クシャノ・ササン朝　123, 125, 146, 159, 166, 168, 169, 170, 171, 174, 175, 176, 181, 182, 183, 186, 187, 188, 190, 191, 192, 193, 194, 195, 197, 198, 199, 200, 202, 205, 206, 209, 210, 212, 213, 214, 215, 216, 217, 222, 272, 319, 323, 325
クシャン族　110, 118, 121, 122, 126, 127, 128, 129, 138, 139, 142, 145, 147, 148, 149, 151, 154, 168, 172, 181, 182, 183, 184, 186, 205, 221, 222, 237, 323
クシャン朝　43, 96, 105, 118, 119, 120, 121, 122, 123, 124, 125, 126, 127, 128, 131, 132, 133, 137, 140, 145, 146, 151, 154, 158, 159, 160, 162, 163, 164, 166, 167, 168, 169, 171, 172, 173, 174, 175, 176, 177, 180, 181, 182, 183, 189, 193, 195, 198, 199, 201, 205, 206, 212, 213, 214, 215, 216, 222, 270, 271, 303, 319, 323, 324, 325, 326
クジュラ・カドフィセス　96, 105, 110, 118, 119, 120, 126, 128, 129, 130, 131, 133, 151, 162
クセルクセス 1 世　7, 10
クセルクセス 2 世　7, 12, 14
クーダラヤカ　308, 314, 316, 317, 318
クタイバ　291
旧唐書　280, 287, 292, 293, 294, 305, 306
グプタ朝　125, 126, 212, 243, 245, 264, 266, 267, 272, 273
クラー　242
クラウディウス　131
グラニコス　21
クリシュナ　66, 145, 245
グレコ・イラン式　153
グレコ・バクトリア朝　37, 43, 57, 58, 59, 60, 65, 67, 74, 76, 77, 78, 88, 106, 121, 133, 151, 153, 158, 194, 323, 324, 325
グレコ・ローマ（美術）　144, 155, 156, 302, 325
グワーリオール　246
クンドゥーズ　60, 227, 239, 262, 289

358

(け)

ケートス　157
ゲドロシア　36
ケラン仏塔　258
玄奘　4, 12, 19, 53, 56, 121, 161, 176, 201, 274, 279, 285, 286, 287, 289, 293, 305

(こ)

ゴーカルナ　238, 253
高貴・高位の神　177, 180, 181, 182, 183, 184, 185, 188, 190, 191, 214, 215, 216, 217
高附　119, 160
後漢書　119, 120, 129, 132, 160
瘤牛　16, 51, 52, 82, 98, 100, 103, 132, 134
ゴリュトス　85, 102
コリュンボス　199
コルヌコピア　151
ゴンドファーレス　108, 109, 110, 111, 113, 126, 129, 134, 159

(さ)

サーマンタ　309, 310, 314
サーマーン　311, 312
サーマンタデーヴァ　314, 315, 316, 317, 319
ザーブリスターン　229, 259, 278, 281, 283, 290, 291, 292, 293, 295, 301, 305, 309, 311, 318
ザーブル　258, 259, 278, 290, 300
サールナート　52
サーンチー　125
サッファール　309, 310, 318
サカラウロイ　59, 106
ササン朝　3, 110, 122, 123, 124, 125, 145, 146, 159, 166, 167, 168, 169, 170, 171, 172, 173, 174, 175, 176, 177, 178, 179, 181, 182, 183, 185, 186, 187, 188, 189, 190, 191, 192, 193, 194, 195, 197, 198, 199, 200, 202, 203, 205, 206, 208, 209, 210, 211, 212, 213, 214, 215, 216, 217, 218, 219, 220, 222, 225, 226, 227, 228, 229, 230, 231, 237, 240, 241, 254, 256, 257, 260, 262, 270, 271, 272, 277, 278, 281, 282, 283, 288, 289, 290, 295, 297, 298, 299, 300, 302, 303, 304, 319, 323, 324, 325, 326
サセス　108, 109, 110, 111, 113, 133
サトラップ　10, 11, 12, 14, 15, 24, 29, 34, 35, 38
サトレジ河　23, 308
サテュロス　27
サナバレス　109
ザボーコー　238, 264, 266
サマルカンド　271, 289, 291
サマンガン　227
サムカルシャナ　66
サムドラグプタ　125, 126, 212, 213
サルト・フワデウバンダン　226, 227
サルペドネス　108, 109, 110
サル・マシュハド　178, 181
サレーネー　138
サンドゥラコットス　36, 47

(し)

シアールコート　248, 252, 269
シヴァ神　134, 135, 137, 177, 246, 247, 253, 285, 320
シグロス　12, 13
獅子頭冠　177, 180, 181, 182, 184, 201
シムルグ　300, 301
シャイハン・デーリー　111, 119
舎衛城の双変神　176
シャー・ジ・キ・デーリー　121, 141, 153
シャーバーズ・ガリー　49, 50
シャープール1世　110, 124, 125, 159, 167, 168, 172, 175, 177, 189, 193, 194, 195, 200
シャープール2世　166, 185, 192, 193, 199, 202, 209, 212, 218, 254, 255, 256, 258
シャープール3世　185, 209, 210, 218, 219, 254
シャーラダー　311, 314
ジャウーカ　242, 243
ジャヴーカ　238, 239, 240, 242, 243, 261, 262, 263, 264, 265, 268
シャオレオロー　143
シャカ紀元　158
釈迦牟尼　1, 4, 48, 104, 105, 140, 141, 155,

索引　359

176, 239
ジャヤパーラデーヴァ　308, 310, 311, 312
ジャラーラバード　5, 22, 27, 28, 29, 95
ジャンディアール　92
シュリー・ヴァッカデーヴァ　314, 316
シュリー・ヴァルマ　206, 218, 258, 275
シュリー・スパラパティデーヴァ　314, 315, 316, 317
シュンガ朝　46
ジェーラム河　11, 23
諸王の王　97, 99, 100, 102, 103, 111, 113, 114, 115, 119, 129, 131, 136, 137, 138, 139, 142, 145, 147, 148, 149, 152, 154, 171, 174, 177, 181, 182, 183, 184, 189, 195, 211, 242, 247, 311, 324, 325
シルカップ　50, 92, 108, 109, 116
シレーノス・マルスヤス　43
シンド　16, 47, 108, 109, 117, 119, 167, 229, 315
新唐書　291, 292, 306

（す）

スーサ　9, 10, 16, 24, 39
スーリヤ神　246, 302, 303, 304, 305
スィースターン　81, 108, 109, 110, 227, 291
スカンドー・コマロー・ビザゴー　143
スキュティアー　117
スコイエン・コレクション　122, 238, 241, 243
スタテール　14, 60, 121
ストラトーン1世　78, 80, 81, 84
ストラトーン2世　79, 81
ストラボン　23, 31, 36, 44, 47, 55, 79, 92
スパラガダマ　96, 98, 99
スパラパティ　314, 316, 321
スパラホーレス　96, 98, 106
スパリリセス　94, 96, 99, 100
スルハン・ダリヤ川　198
スルフ・コータル　121, 153, 154, 164
スワート　5, 22, 95, 105, 212, 240, 243, 250, 270, 293, 294, 302, 307, 311, 312, 319
スワート川　10, 270

（せ）

セーナヴァルマ　105, 107
聖火壇　173, 180, 184, 185, 187, 188, 190, 191, 192, 214, 219, 220, 221, 232, 254, 256, 258, 260, 261, 264, 265, 268, 269, 281, 300
ゼウス神　17, 24, 25, 26, 38, 39, 60, 65, 66, 70, 72, 74, 87, 88, 90, 96, 97, 99, 100, 103, 113, 132
ゼイオニセス・ジホニカ　94
ゼノン　228
セラピス　143
セレウコス朝　27, 33, 34, 35, 37, 38, 42, 43, 46, 47, 49, 51, 52, 53, 58, 60, 61, 323
セレウコス1世　33, 34, 35, 36, 37, 38, 39, 40, 43, 46, 47, 48, 52
セレウコス2世　33, 37, 41, 58
セレウコス3世　33
セラ・キュールリス　116, 162

（そ）

ソダサ　94
ソーテール・メガス　110, 131, 132
ソーファガセーナ　37, 49
ソールト・レインジ　239, 242, 312, 319
ソーンドニ　247, 248
ゾイロス1世　78, 81, 85
ゾイロス2世　79, 81
宋雲　67, 248, 249, 250, 251, 253, 274
造幣所　33, 39, 40, 60, 111, 123, 125, 130, 148, 171, 176, 183, 184, 188, 212, 216, 254, 255, 260, 261, 266, 282
ソグディアナ　22, 177, 205, 225, 230, 301, 311
ゾロアスター教　121, 122, 137, 139, 140, 141, 144, 145, 153, 177, 178, 192, 199, 204, 228, 298, 325

（た）

ターキ・ブスターン　195, 304
ターラガーン　239
ダーリック　12

第 1 次フン戦争　243, 246
第 2 次フン戦争　246, 247
大月氏　59, 95, 106, 119, 128, 159, 160, 161, 165, 205, 207, 208, 223, 225, 280, 287
大唐西域記　4, 12, 19, 53, 56, 121, 161, 176, 251, 252, 253, 269, 274, 279, 296, 305
タキシラ　5, 12, 22, 23, 26, 34, 47, 50, 51, 67, 68, 80, 81, 92, 94, 95, 96, 108, 109, 110, 111, 118, 119, 125, 126, 132, 148, 166, 192, 253, 279
タクシレス　22, 23, 34, 35
タクシャシラー　47, 48
ダシュテ・ナウル　119
ダニャヴィシュヌ　244, 245
タパ・サルダール　302
タフティ・カワード　18, 43
タフティ・サンギーン　25, 43
タフティ・バイ　109
タペ・ショトール　29
タムガ　113, 171, 173, 176, 183, 185, 187, 192, 209, 213, 215, 216, 217, 231, 232, 256, 257, 260, 261, 262, 263, 265, 267, 284, 297, 300
タルカン・ネーザク　291
ダレイオス 1 世　7, 9, 10, 11
ダレイオス 3 世　7, 11, 21, 22, 30

（ち）

チャールサダ　10, 22, 193
チャンドラグプタ　36, 46, 47, 48, 264
チューリップ　62, 63, 76, 99, 100, 233, 298
チェーナブ河　23, 308
鳥翼冠　172, 186, 187, 282, 297, 299, 300
チレク　271, 272

（て）

デーヴァクラ　151
デーナリウス　121
デーナリウス・アウレリウス金貨　126
デーメートリオス 1 世　57, 58, 62, 63, 78, 86, 98, 158, 159, 194
デーメートリオス 2 世　57, 59, 64, 69, 70
テイロー　143

ディアデム　38, 40, 41, 63, 70, 85, 96, 99, 111, 112, 113, 114, 115, 151, 172, 173, 174, 177, 179, 181, 182, 183, 184, 185, 187, 188, 190, 198, 210, 214, 217, 220, 221, 222, 231, 257, 258, 260, 262, 263, 265, 268, 271, 281, 297, 300, 303
ディアドコイ　33, 34, 35, 36
ディヴィヤ・アヴァダーナ　47, 55
ディオスクーロイ　70, 87, 102
ディオドトス 1 世　37, 43, 57, 58, 60, 61, 65
ディオドトス 2 世　57, 58, 61, 62, 65
ディオドロス　22, 31, 33
ディオニューシオス　79, 81
ディオニューソス神　27, 28, 29, 32, 66, 144, 156, 194
ディオメデス　79, 81
ディーナール　126, 171, 209, 210, 213, 214, 216, 217, 219, 227, 261, 264
ディール　5, 105
ティベリウス　131
ディリベルジン・テペ　233, 236
ティリヤ・テペ　106
デーヴァクラ　151
テオドロス　80
テオフィロス　79, 81
テギン　67, 249, 250, 279, 290, 298, 299, 314
テギン・シャー　290, 292, 293, 298, 299
テシフォン　108, 123, 167
テペ・マランジャン　192
テュケー女神　88, 90, 97
テュルク　225, 226, 281, 324
テュルク・シャー朝　278, 281, 285, 288, 289, 290, 292, 293, 294, 295, 296, 297, 302, 303, 304, 305, 308, 309, 313, 315, 316, 319, 324, 326
デルフォイ　40
テレフォス　79, 81

（と）

トーマス　109
トーラマーナ　230, 238, 239, 240, 242, 243, 244, 245, 246, 253, 265, 266, 267, 269, 272, 308, 310
トーラマーナ 2 世　238, 254, 269, 270, 284

索　引　*361*

ドゥラ・エウロポス　137
ドゥルガー・マヒシャースマルディニー女神　285
鍮石（とうせき）　285, 286, 287
突厥　229, 236, 250, 289, 292, 293, 297, 306
トハーリスターン　47, 119, 225, 227, 229, 262, 288, 289, 290, 291, 301, 305, 311
トハラ　292
トハロイ　59, 106
ドラクマ　24, 25, 26, 27, 38, 39, 40, 41, 60, 61, 62, 63, 64, 65, 66, 67, 69, 70, 72, 74, 75, 82, 84, 85, 86, 87, 88, 89, 90, 96, 99, 100, 101, 102, 110, 126, 129, 133, 171, 181, 192, 199, 209, 210, 212, 218, 220, 228, 230, 231, 232, 237, 254, 256, 257, 258, 260, 261, 263, 265, 266, 267, 268, 276, 281, 282, 283, 284, 295, 300, 325, 326
トラソーン　81
トラシャカ　158
トリートーン　93, 157
トリローチャナパーラ　308, 313

(な)

ナーガセーナ　79
ナーレンドラディティヤ・キンキラ　238, 253
ナガラ・デーヴァター　67
ナガラハーラ　279
ナクシェ・ルスタム　124, 167, 178, 187, 189, 193
棗椰子　64, 69, 70, 86, 87, 88, 96, 100, 101, 111
ナナ　140, 143, 147, 164
ナナイア　138
ナナシャオ　143
ナルセー王　172, 174, 178, 186, 187
ナンダ朝　46
ナンダナ　312, 319, 320
ナンディパダ　113
ナンディン　134, 147, 149, 177, 180, 182, 183, 184

(に)

ニキアス　79, 81
ニケ　23, 24, 39, 69, 82, 84, 87, 88, 96, 97, 100, 103, 111, 113, 115, 126, 129
ニケフォロス　69
西突厥　230, 281, 283, 288, 289, 290, 295, 324
ニュサ　27, 28

(ね)

ネーザク　278, 281, 282, 283, 284, 285, 287, 295, 296, 324, 326
ネーザク・フン族　254, 278, 279, 280, 281, 282, 283, 284, 285, 288, 289, 290, 293, 295, 296, 302, 303
ネメア　26, 62, 63, 85, 86, 234

(の)

ノイン・ウラ　128

(は)

パーイ・クーリー　174, 186, 187
パーブル・ナーマ　193, 194, 203
バーミヤン　137, 236, 287
バーラー・ヒサール　10
バール神　17
バールシャリム　14
ハイタール　225
ハイル・ハネー　236, 302, 304, 307
ハカーマニシュ　7
バクトラ　22, 33, 37, 57, 58, 67
バクトリア　5, 12, 18, 19, 21, 22, 25, 31, 32, 33, 35, 36, 37, 38, 39, 43, 57, 58, 59, 60, 63, 64, 69, 72, 74, 76, 95, 97, 106, 118, 119, 121, 122, 123, 126, 127, 128, 129, 131, 132, 145, 151, 153, 154, 159, 162, 166, 167, 168, 169, 173, 174, 175, 176, 186, 187, 188, 190, 191, 192, 194, 197, 198, 199, 205, 206, 208, 209, 211, 212, 213, 214, 215, 217, 222, 225, 226, 227, 230, 235, 241, 283, 288, 297, 298, 323, 326
バゴーラッゴー　153

パコレス　109, 110, 113, 115
ハザーラ　5, 49, 96
パサルガダエ　9
パシアノイ　59, 106
バジョール　22, 80, 95, 104, 105, 137
パータリプトラ　46, 52, 54, 121
バダフシャーン　207, 226, 289
ハッダ　5, 29, 258
波調　122, 123, 161, 167
バビロン　24, 29, 33, 35, 38
ハム・ザルガル　222
バフラム4世　192, 218, 219, 281
バフラム5世　210, 230, 231, 240
ハラジュ　288, 292, 298, 306
パラス・アテナ女神　39, 103
バララーマ　66, 98
バラリク・テペ　233, 236
バリコート　311, 319
パルダメントゥム　136, 172
ハルチャヤン　128, 151
パルティア　37, 119, 159
パルティアン・ショット　271
パルニ　37
バルハ・テギン　288, 290, 293, 296, 297
ハルポクラテス　117
バルバリコン　117
バルフ　22, 57, 122, 123, 173, 176, 180, 183, 184, 186, 187, 188, 190, 191, 207, 209, 211, 214, 216, 217, 227, 228, 232, 250, 261
パルミュラ　137
パルメット　53, 220, 221, 284, 304
パロパミサダエ　10, 36
パンジシール　315
パンジャーブ　5, 12, 24, 34, 51, 58, 59, 65, 67, 68, 69, 78, 80, 81, 91, 95, 108, 109, 110, 125, 132, 148, 194, 206, 212, 229, 239, 240, 242, 243, 247, 248, 254, 258, 270, 283, 308, 311, 312, 315
パンタレオン　58, 59, 65, 68, 78, 158
パンチ刻銀貨　13, 50

(ひ)

ビーアス川　23
ビーマデーヴァ　308, 310, 314, 316, 317, 318

ビーマパーラ　308, 313
ビーマラン　154
ビール・コート・グワンダイ　319
ビストゥーン　10, 137
ヒッポストラトス　79, 81, 90, 95
ヒドラオーテース河　23
ピパル・マンディ　134
ピャンジュ川　43
ヒュダスペース河　11, 23, 24, 34
ヒュファシス河　23
ビロン　103, 111, 115, 285, 295, 313, 314, 315, 319
ビロート　320
ビンドゥサーラ　37, 46, 47, 48
ヒンドゥー・クシュ山脈　10, 22, 37, 57, 58, 59, 60, 63, 65, 67, 68, 69, 72, 78, 121, 123, 125, 146, 166, 168, 174, 175, 192, 195, 205, 208, 210, 225, 228, 229, 250, 271, 282, 283, 285, 288, 289, 315, 319, 323
ヒンドゥー・シャー　3, 295, 305, 308, 309, 310, 311, 312, 313, 314, 315, 316, 319, 320, 324, 326

(ふ)

ブーケファロス　23, 24, 70, 87
ファイザーバード　266
ファッロー　139, 142, 199
ファルン・ササン　109, 110
フィールーザーバード　189
フェルガナ　289, 291
フヴァルナー　109, 138, 143, 199, 200, 300
フヴィシュカ　118, 121, 122, 138, 141, 142, 145, 152, 153, 154, 162, 164, 323, 325
プシュカラーヴァティー　92, 111, 119
プシュケー　116
フシュナワーズ　226, 228
ブッダミトラ　206, 218, 221
プトレマイオス朝　27
ブマーラ　303
プラカーシャダルマン　245, 246
プラトーン　57, 59, 72, 74
フラウァシ　192
プラヴァラセーナ　238, 253
プロマコス　144

索引　363

プルシャプラ　121, 124, 153, 208, 258
フロム・ケサル　293, 294, 299
フン族　47, 67, 168, 191, 192, 205, 207, 208, 209, 210, 211, 212, 213, 215, 216, 217, 218, 220, 222, 223, 225, 227, 229, 230, 232, 237, 238, 240, 247, 248, 250, 251, 253, 254, 256, 257, 258, 260, 261, 266, 267, 269, 270, 271, 272, 274, 275, 277, 278, 279, 280, 281, 282, 283, 284, 285, 288, 289, 290, 293, 295, 296, 302, 303, 323, 324, 325, 326
ブンダヒシュン　178
フンド　319

（へ）

ベースナガル　80
ヘーファイストス　138
ペウコラオス　79, 81
ヘカテ女神　65
ベグラム　5, 22, 192
ペシャワール　1, 5, 49, 81, 91, 109, 118, 121, 123, 124, 125, 134, 167, 168, 175, 180, 184, 185, 187, 190, 192, 193, 194, 208, 284, 308, 312
ベッソス　21, 22
ヘパイスティオン　23, 30
ヘラ（イ）オス　118, 126, 127, 128, 129, 162
ヘラート　22, 36, 181, 228, 290, 298
ヘラクレス　25, 26, 29, 34, 38, 62, 63, 66, 82, 85, 99, 130, 134, 144, 145, 234
ヘリオクレス1世　57, 59, 72
ヘリオクレス2世　78, 81
ヘリオス神　96
ヘリオドロス　80
ペルセポリス　9, 10, 12, 15, 16, 17, 19, 52
ペルディッカス　22, 23, 34
ヘルマイオス　70, 79, 81, 89, 90, 95, 130
ヘルマイオス・カリオペー　79, 89
ヘロドトス　10, 12, 19
ペーローズ（キダーラ朝）　198, 199, 206, 213, 214, 215, 216, 218, 219
ペーローズ王　208, 211, 212, 226, 228, 230, 231, 232, 241, 278, 282, 283, 304
ペーローズ1世　166, 175, 177, 180, 181, 182, 186, 193, 194, 195, 262
ペーローズ2世　166, 188, 272

（ほ）

ボスト　290, 311
ホスロー1世　229, 230
ホスロー2世　195, 295, 299, 300, 301, 304
ポセイドーン神　64, 100, 103, 234
法顕　4, 52, 56, 208
ホラズム　122, 291
ホラーサーン　290, 291, 293, 298, 299, 309, 311, 312, 318
ポリュクセノス　78, 81
ポリュビオス　37, 45
ホルミズド1世　166, 181, 182, 184, 185, 186
ホルミズド2世　166, 172, 186, 187, 188, 189
ポーレ・ダルーンタ　50
ポロス　23, 24, 34, 35

（ま）

マート　120, 151, 152
マールワー　244, 245, 247, 248, 269
マアセーノ　143
マウエス　81, 94, 95, 96, 97, 98, 100
マウリヤ　36, 37, 46, 47, 48, 49, 50, 51, 52, 53, 54, 68, 155, 157, 273, 323, 325
マー　189
マーンセーラ　49, 50
マオ　139, 140, 142, 189
マクセーネー　97
マクラーン　36, 122, 203
マケドニア　34, 35, 36
マザイオス　14, 29
マズドゥワノー　139
マッジャンティカ　49
マトゥラー　79, 94, 118, 120, 121, 122, 125, 132, 151, 243, 303
マナオバゴー　139, 143
マニ　194
マハーバーラタ　47
マヒ　118, 125, 126, 150
マフムード　311, 312, 313
マルギアナ　122, 166, 167, 172, 175, 186

マルターン・シャー・スプル　300
マロート　319, 320
マンキアーラ　5
マンゴー　124, 193, 194, 203
マンソール　245
マンダソール　247, 248, 253

　　　　　（み）

ミスラ神　131, 173, 178, 184
ミトラダテス 2 世　97, 324
ミネルヴァ　144
ミヒラクラ　67, 230, 238, 240, 246, 247, 248, 251, 252, 253, 267, 268, 269, 272, 274, 283, 302
ミリンダ王問経　79
ミル・ザカー　17, 18
ミンナガル　117

　　　　　（む）

ムスリム　290, 291, 294, 319
ムジャトリア　95
鞭　30, 102, 103, 113
ムルターン　311, 312

　　　　　（め）

メーハマ　238, 239, 240, 241, 242, 260, 261, 262, 264, 265, 268, 276
メーヤム　241, 242
メガステネース　12, 36, 47, 52
メセ・アイナク　222, 240, 302
メナンドロス 1 世　60, 78, 79, 80, 81, 82, 86, 88
メナンドロス 2 世　79, 81
メナンダー　82
メムノン　21
メリダルク　80
メルヴ　122, 167, 172, 181, 184, 290, 298
メロス　27, 28

　　　　　（や）

ヤアクーブ・イブン・アル・ライス・アル・サッファール　309
ヤヴァナ紀元　157
ヤヴァナジャータカ　158
ヤクシャ　54
ヤクシニー　53, 54, 100
ヤサダ　207, 210, 213, 214, 215, 216
ヤショーダルマン　247, 248, 253, 269
ヤズデギルド 2 世　208, 210, 211, 220
ヤズデギルド 3 世　290, 299
ヤズィード・イブン・ムアーウィヤ　290
ヤブグ　129, 227, 289
ヤマ　143
ヤムナ河　243

　　　　　（ゆ）

ユディシュティラ　238. 253
ユニアヌス・ユスティヌス　35, 58, 59

　　　　　（よ）

ヨーナ　157

　　　　　（わ）

ワイハンド　308, 321
ワズィーリスターン　289, 305, 311
ワハーン　315
ワルダク　121
ワルワリーズ　289

　　　　　（ら）

ラージュヴラ　81, 94
ラージャタランギニー　309, 310
ライオン　14, 17, 26, 29, 30, 32, 39, 52, 53, 62, 63, 67, 85, 86, 98, 103, 134, 142, 177, 178, 181, 183, 192, 193, 195, 197, 201, 234, 266, 271, 297, 298, 300, 313, 314, 316, 319
ラヴィ河　23
ラウキカ紀元　239
ラウリヤー・ナンダンガル　52
ラガトゥールマーン　289, 295, 309, 316
ラクシュミー　266

索　引 *365*

洛陽伽藍記　77, 233, 248, 250, 251, 274
ラカナ・ウダヤディティヤ　238
ラギ・ビビ　123, 124, 193, 194, 195
ラグマーン　50, 55, 279, 311, 312
ラシュカル・ガー　290
ラトビル　288, 290, 291, 294, 314
ラバータク　119, 120, 121, 128, 139, 143, 152, 153
ラッリヤ　308
ランバー　279

　　　　　　（り）

リグ・ヴェーダ　4
リーシュタル　245, 246
リシュトー　144
リボン・ディアデム　38, 40, 41, 63, 70, 85, 96, 99, 111, 112, 113, 114, 115, 151, 172, 173, 174, 177, 179, 181, 182, 183, 184, 185, 187, 188, 190, 198, 210, 214, 217, 220, 221, 222, 231, 257, 260, 262, 263, 265, 268, 271, 281, 297, 300, 303
リュシアス　78, 81, 86

　　　　　　（る）

ルクナ　158
ルローアスポー　139, 143

　　　　　　（れ）

リアカ・クスラカ　94

　　　　　　（ろ）

ローブ王国　227

田辺　理（たなべ　ただし）
京都大学白眉センター・文学研究科特定准教授。1979 年東京都に生まれる。中央大学文学部東洋史学専攻を卒業、大阪大学文学研究科文化形態論専攻東洋史専修修了の後、2015 年早稲田大学大学院文学研究科博士課程修了、文学博士学位取得。2023 年に第 35 回国華奨励賞受賞。研究分野は、ガンダーラ仏教美術史、比較美術史、文化交流史。著書に『ガンダーラの仏教彫刻と生天思想』（中央公論美術出版）、『ガンダーラの高級娼婦たち』（柳原出版）及び学術論文 29 編。

ガンダーラの歴史とコイン

2025 年 3 月 31 日　発行

著　者　田辺　理
発行者　片岡　敦
印　刷　創栄図書印刷株式会社
発行所　株式会社　臨川書店
　　　　〒 606-8204
　　　　京都市左京区田中下柳町八番地
　　　　電話(075)721-7111

落丁本・乱丁本はお取替えいたします。
定価はカバーに表示してあります。

ISBN978-4-653-04612-7 C1022
Ⓒ田辺　理 2025

・JCOPY・〈(社)出版者著作権管理機構　委託出版物〉
本書の無断複写は著作権法上での例外を除き禁じられています。複写される場合は、そのつど事前に、(社)出版者著作権管理機構（電話 03-5244-5088、FAX 03-5244-5089、e-mail: info@jcopy.or.jp）の許諾を得てください。

本書を代行業者等の第三者に依頼してスキャンやデジタル化することは著作権法違反です。